Linux Mandrake 9.0

Micro Application

www.microapp.com

1ère Édition - Janvier 2003

Auteur Cyril NOCTON

ISBN : 2-7429-2913-4

Couverture réalisée par Athanessopoulos Stefanos.

MICRO APPLICATION
20-22, rue des Petits-Hôtels
75010 PARIS
Tél. : 01 53 34 20 20 - Fax : 01 53 34 20 00
http://www.microapp.com

Support technique :
Tél. : 01 53 34 20 46 - Fax : 01 53 34 20 00
Également disponible sur
www.microapp.com

Avant-propos

Cette collection fournit des connaissances essentielles sur un sujet donné sans jamais s'éloigner de leur application pratique. Les volumes de la collection sont basés sur une structure identique :

- les puces introduisent une énumération ou des solutions alternatives.

1. La numérotation accompagne chaque étape d'une technique.

Conventions typographiques

Afin de faciliter la compréhension des techniques décrites, nous avons adopté les conventions typographiques suivantes :

- **gras** : menu, commande, boîte de dialogue, bouton, onglet.
- *italique* : zone de texte, liste déroulante, case à cocher, bouton radio.
- Police bâton : instruction, listing, texte à saisir.
- ✂ : indique un retour à la ligne volontaire dû aux contraintes de la mise en pages.

Au cours de votre lecture, vous rencontrerez les encadrés suivants :

ASTUCE

Il s'agit d'informations supplémentaires relatives au sujet traité.

ATTENTION

Met l'accent sur un point important, souvent d'ordre technique qu'il ne faut négliger à aucun prix.

REMARQUE

Propose conseils et trucs pratiques.

INTERNET

Renvoie à un site internet où vous trouverez des infos complémentaires ou des outils à télécharger.

CD-ROM

Mentionne un fichier exemple ou un programme disponible sur le cd d'accompagnement.

DÉFINITION

Donne en quelques lignes la définition d'un terme technique ou d'une abréviation.

RENVOI

Fait référence à un chapitre où vous trouverez des informations.

Sommaire

Introduction

Ce guide pratique est dédié à GNU/Linux. Il s'adresse à toute personne désirant comprendre les bases d'un système d'exploitation original, alliant robustesse et modèle de diffusion libre. Notre objectif est de vous amener à une utilisation autonome de l'environnement, sans abus de jargon technique. Nous vous souhaitons une agréable lecture...

Mandrake Linux 9.0

Un CD-Rom de la distribution Mandrake Linux 9.0 pour plate-forme PC est fourni avec ce livre. L'assistant graphique développé par MandrakeSoft simplifie la procédure d'installation. Vous disposez alors d'un poste de travail fonctionnel doté d'un bureau rappelant celui de Windows.

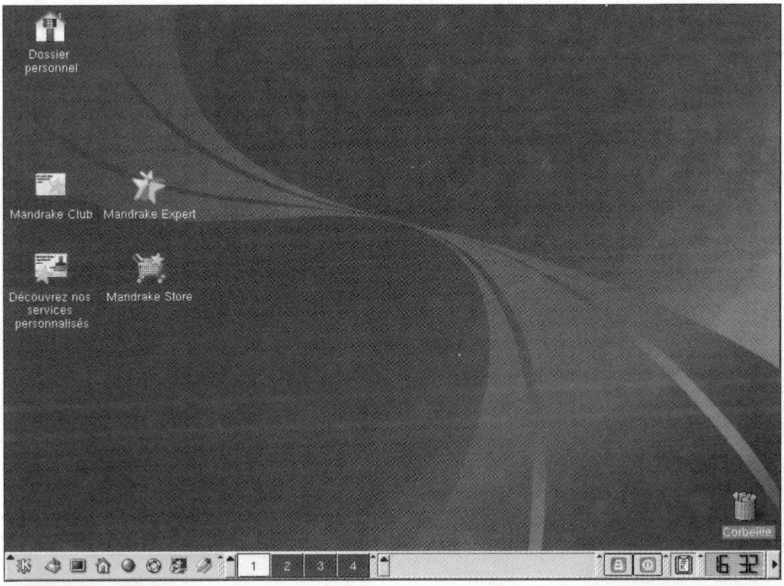

Figure 1 : *Bureau KDE*

Un environnement de travail flexible

L'architecture de Linux est plus sophistiquée que celle de Windows 9x/Me. Les bibliothèques Microsoft regroupent les fonctions nécessaires à la bonne marche du système. L'interface graphique masque la complexité de cet ensemble.

Linux privilégie une approche modulaire. Des utilitaires et des bibliothèques spécialisés gravitent autour d'un noyau régissant l'accès aux ressources matérielles. Ces programmes héritent de 30 ans de recherches en informatique théorique et appliquée (principalement UNIX). Des scripts écrits dans un langage de commande interprété assurent l'articulation des composants. Ce principe est, à notre sens, le gage d'une flexibilité maximale.

Organisation de l'ouvrage

L'ouvrage tient compte de cette dualité. Il présente les commandes textuelles qui donnent accès au cœur de Linux. Pragmatique, il ne néglige pas les applications graphiques, gage de confort d'utilisation.

Assistants Mandrake Linux

Mandrake Linux 9.0 reprend et améliore les outils graphiques qui ont fait le succès des versions antérieures de la distribution. Ainsi, l'assistant DrakX accompagne le débutant tout au long de la phase d'installation.

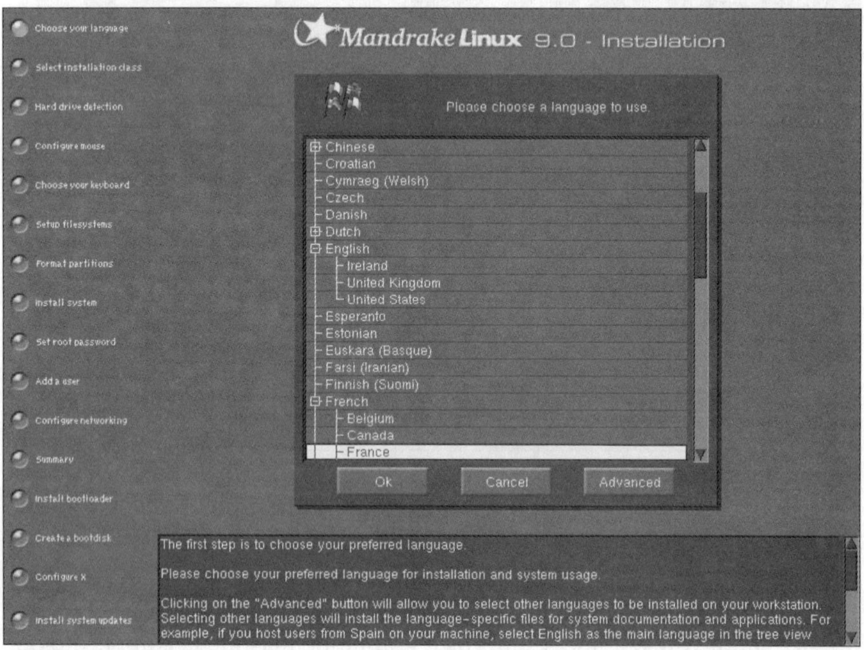

Figure 2 : *Assistant graphique DrakX*

Les frontaux Drake prennent ensuite le relais. Ils assurent la configuration des périphériques, la connexion au réseau et l'installation de nouveaux logiciels. Deux nouveaux assistants se chargent de la sauvegarde des données et de la planification des tâches répétitives.

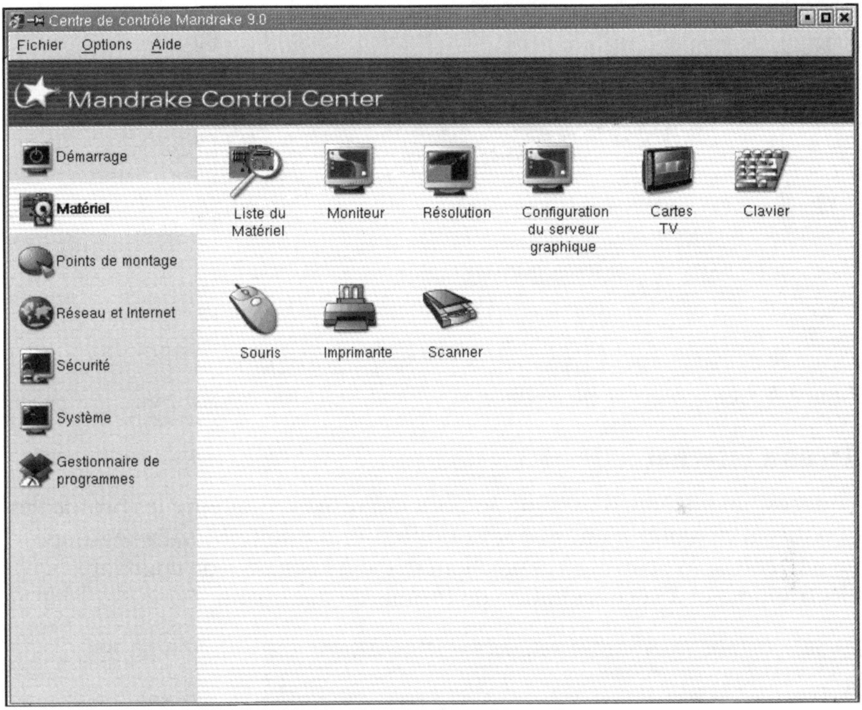

Figure 3 : *Centre de contrôle Mandrake*

Linux au quotidien

Linux propose les applications de productivité communes à tous les systèmes d'exploitation grand public. Les suites KOffice et OpenOffice s'acquittent des tâches bureautiques ordinaires, tout en ménageant une passerelle vers Microsoft Office.

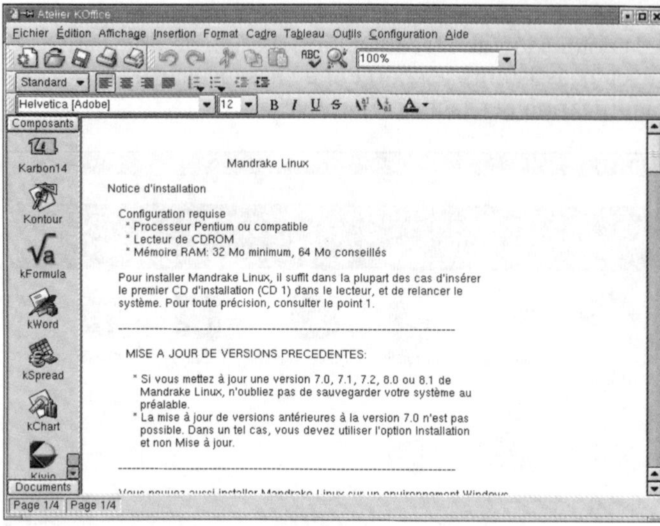

Figure 4 : *Suite bureautique KOffice*

Accès à Internet

Linux est un système d'exploitation orienté réseau. Il intègre les protocoles et outils nécessaires à une connexion Internet. La suite Mozilla regroupe un navigateur Web évolué et un client dédié à l'échange de courrier électronique et à la consultation de forums de discussion.

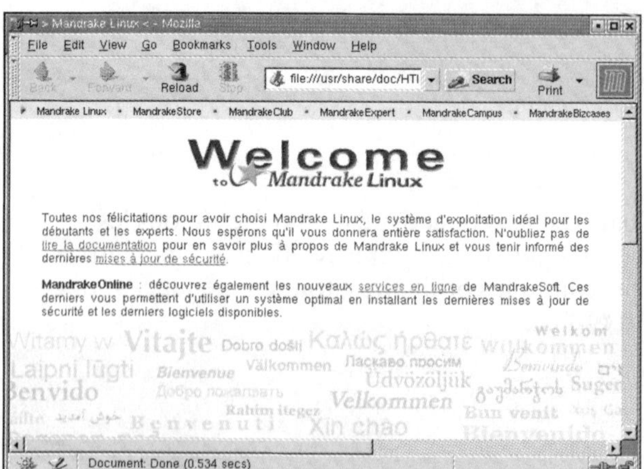

Figure 5 : *Navigateur Web Mozilla*

Des serveurs performants autorisent le déploiement rapide d'un intranet sécurisé au moyen d'un pare-feu.

Multimédia

Les amateurs de multimédia ne sont pas oubliés. The GIMP est un équivalent libre d'Adobe Photoshop. Il gère la notion de calque et les plug-in.

Figure 6 :
Retouche d'image avec The GIMP

L'importation de photographies numériques, le codage et la lecture de fichiers MP3 ou la création de compilations sur CD-Rom sont également réalisables sous GNU/Linux.

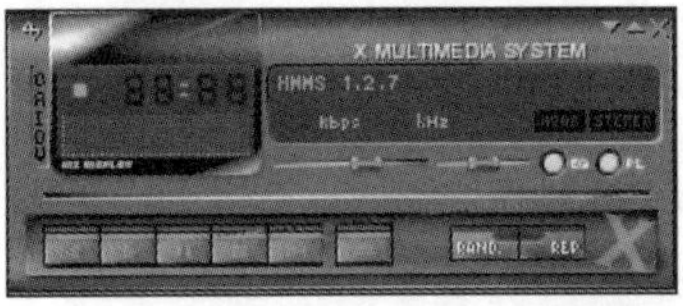

Figure 7 :
Lecteur multimédia XMMS

Quelques repères techniques

Mandrake Linux 9.0 est distribué avec un noyau éprouvé. Placé au cœur du système d'exploitation, il contrôle l'accès au matériel et ordonne les tâches en cours d'exécution. La version 2.4.19 gère les normes FireWire et USB 2.0. Les systèmes de fichiers journalisés Ext3, ReiserFS et XFS évitent un test complet des disques durs en cas d'arrêt imprévu de l'ordinateur. Les partitions Windows NT sont également accessibles en lecture et écriture.

CHAPITRE 1

Petite histoire de Linux

CHAPITRE 1

Petite histoire de Linux

"Rédigez des programmes qui remplissent correctement une tâche simple. Rédigez des programmes qui collaborent. Rédigez des programmes qui traitent des flots de texte, car ce type d'interface est universel."

Doug McIlroy (Bell Labs) à propos d'UNIX.

Cette brève introduction retrace le chemin qui a conduit des premières briques posées par Linus Benedict Torvalds à un système d'exploitation robuste et polyvalent, animant des équipements informatiques variés, du système embarqué au supercalculateur scientifique.

1.1 Genèse de Linux

Voici la traduction d'un message adressé par un jeune étudiant en informatique de l'Université d'Helsinki aux lecteurs du forum de discussion comp.os.minix.

Listing 1-1 : Message de Linus Torvalds

```
De: torvalds@klaava.Helsinki.FI (Linus Benedict Torvalds)
Forum: comp.os.minix
Sujet: Qu'appréciez-vous principalement dans MINIX ?
Résumé: Petit sondage pour mon nouveau système d'exploitation
Le: 25 août 91 20:57:08 GMT
Organisation: Université d'Helsinki

Bonjour à tous les utilisateurs de MINIX. Je réalise un système
d'exploitation (libre) pour les clones AT à base de processeurs
386 et 486 (un simple loisir, il n'aura ni la dimension ni le
côté professionnel de GNU). L'idée mijote depuis avril et
commence à prendre forme. J'aimerais vos impressions quant aux
aspects positifs et négatifs de MINIX, car mon OS s'en inspire
(même organisation physique du système de fichiers par
exemple). J'ai déjà porté bash (1.08) et gcc (1.40). Le tout
semble fonctionner. J'aurai quelque chose d'exploitable d'ici à
quelques mois et j'aimerais donc connaître les fonctionnalités
susceptibles d'intéresser le plus grand nombre. Toutes les
suggestions sont bienvenues, mais je ne promets pas que je les
implémenterai :-)

Linus (torvalds@kruuna.helsinki.fi)

PS. Oui, le système ne comporte pas de code MINIX et dispose d'un
système de fichiers multithread. Il n'est PAS portable
(utilisation de l'ordonnanceur 386, etc.) et ne gérera
probablement jamais autre chose que des disques durs AT, comme
c'est tout ce dont je dispose :-(.
```

Linus Benedict Torvalds s'exprimait ainsi, le soir du 25 août 1991.

INTERNET

Naissance de Linux

Linus Torvalds commente en ligne les messages échangés sur le forum **comp.os.minix** (**www.li.org/linuxhistory.php**).

MINIX est un clone d'UNIX, développé par le professeur Andy Tanenbaum, dans le cadre de cours universitaires. MINIX fonctionne principalement sur ordinateurs compatibles PC. Ses besoins en mémoire sont raisonnables et il s'accomode de matériels obsolètes. MINIX est sans conteste un excellent projet pédagogique, très bien décrit, mais il reste cantonné à ce domaine. Les périphériques pris en charge sont trop peu nombreux pour lui ouvrir les portes du monde professionnel.

De MINIX à Linux

MINIX sert de plate-forme de développement initiale pour Linux. Le code source de la version 0.01 est compilé sous MINIX. Linux ne dispose pas alors de système de fichiers propre. La version 0.11 sort en décembre 1991. Elle est indépendante de MINIX, un utilitaire gérant le formatage des disques. Une version 1.0 plus aboutie voit le jour en 1993.

L'essor des distributions

Une distribution regroupe un noyau et un ensemble cohérent d'utilitaires nécessaires à l'exploitation effective de Linux. Il s'agit principalement d'outils conçus dans le cadre du projet GNU (GNU is Not UNIX). Un assistant d'installation prend en charge le formatage des disques et la création d'un système de fichiers opérationnel. La simplification constante des procédures d'installation contribue à la popularité de GNU/Linux auprès d'un public néophyte.

Patrick Volkerding est l'un des premiers à proposer une distribution baptisée Slackware Linux, dès 1993. Slackware Linux bénéficie d'une conception modulaire, les logiciels étant regroupés par thème dans des archives compressées. Slackware Linux connaît toujours de nombreux adeptes, en dépit de l'arrivée en force des distributions des compagnies Red Hat et MandrakeSoft. À titre d'information, voici la liste des distributions Linux les plus diffusées en France au 1er novembre 2002.

Tableau 1-1 : Principales distributions Linux

Distribution	Site de l'éditeur	Commentaire
Debian Linux	www.debian.org/	Distribution appréciée des administrateurs système
Mandrake Linux	www.linux-mandrake.com/	Distribution particulièrement conviviale
Red Hat Linux	www.redhat.com/	Distribution orientée serveur
SCO Open Linux	www.caldera.com/	Distributions orientées réseau et développement
Slackware Linux	www.slackware.com/	Distribution historique, austère mais robuste
SuSE Linux	www.suse.com/	Distribution d'origine allemande

Ces distributions peuvent être téléchargées gratuitement via FTP ou achetées à un prix modique sur des sites spécialisés. Les logiciels commerciaux contenus dans les packs commercialisés par les éditeurs ne sont pas fournis dans ce cas.

INTERNET

Distributeur Ikarios

La société Ikarios vend en ligne des CD-Rom des principales distributions Linux (http://ikarios.com/). Elle soutient la publication d'articles techniques sur le site Linux France (www.linux-france.org/).

1.2 L'environnement graphique XFree86

La variante XFree86 du système X Window développé par le MIT (Massachussets Institute of Technology) apporte les primitives nécessaires à une utilisation graphique de Linux en mode Client-serveur. Divers gestionnaires de fenêtres s'appuient sur XFree86 : Enlightenment, Window Maker, Sawfish, etc. Ils donnent accès à des applications X d'ergonomie moyenne. Les bureaux GNOME (GNU Network Object Model Environment) et KDE (K Desktop Environment) rassemblent des outils bureautiques et d'administration partageant une apparence et des modes d'action communs. Ils évitent dans un premier temps le recours à un mode Console riche mais complexe.

1.3 Les clés d'un succès

Au-delà même de la qualité des fondations posées par Linus Torvalds, la réussite de Linux repose sur plusieurs points clés.

- Internet a favorisé la diffusion rapide du code et de la documentation. Loin d'un modèle de développement centralisé, Linux est le fruit de la collaboration de nombreux programmeurs à travers le monde. Le développement s'organise spontanément en sous-ensembles logiciels répondant aux besoins particuliers de leurs initiateurs.
- L'adoption de la licence GNU GPL (GNU General Public Licence) garantit la libre diffusion du code et de ses évolutions. Celui-ci ne saurait être capté dans une logique propriétaire. Éric S. Raymond confronte, dans un texte intitulé "La cathédrale et le bazar", les modèles de développement propres à l'industrie informatique et aux promoteurs du logiciel libre.
- Les outils de l'environnement GNU autorisent le développement rapide d'applications portables. Ils incluent entre autres des compilateurs C, C++ et un utilitaire facilitant la compilation de projets de grande ampleur.
- N'oublions pas la qualité de la documentation créée par les passionnés de Linux et des logiciels libres. La communauté Linux concentre de nombreux utilisateurs avertis, aptes à vous assister lors de vos premiers pas. L'offre des sociétés de services à destination des entreprises s'étoffe également.

INTERNET

Logiciels libres

"La cathédrale et le bazar" d'Éric S. Raymond compare le modèle de développement centralisé de l'industrie informatique et celui, ouvert, qui a inspiré Linux (**www.linux-france.org/article/these/cathedrale-bazar/**). Dans cet esprit, l'AFUL (Association Francophone des Utilisateurs de Linux et des Logiciels Libres) promeut les logiciels libres (**www.aful.org/**). Le projet GNU impulsé par la Free Software Foundation fédère le développement de logiciels publiés sous licence GNU GPL (**www.gnu.org/**).

1.4 Les racines UNIX

UNIX et ses clones combinent des caractéristiques originales qui ont inspiré la conception d'autres systèmes d'exploitation. L'objectif premier d'UNIX est le partage de ressources informatiques onéreuses. Dans les années 70, un mini-ordinateur PDP-11 fabriqué par Digital Equipment coûte 65 000 dollars US. Le temps processeur doit donc être partagé entre plusieurs projets. La solution fondée sur le traitement séquentiel de cartes perforées manque cruellement de souplesse. Le projet Multics (Multiplexed Information and Computing Service) lancé en 1965 par le MIT, Bell Labs et General Electrics n'aboutit pas à un système d'exploitation économiquement viable.

Naissance d'UNIX

Ken Thompson, Denis Ritchie et des transfuges du projet Multics décident de s'impliquer dans un projet alternatif au sein de Bell Laboratories. Une ébauche d'UNIX pour ordinateurs PDP-7 voit le jour en 1970, le portage sur PDP-11 a lieu l'année suivante.

INTERNET

UNIX vu par ses créateurs

Le rapport "UNIX Time-Sharing System", rédigé par M. Ritchie et K. Thompson, décrit les caractéristiques originales d'UNIX (**http://cm.bell-labs.com/cm/cs/who/dmr/cacm.html**).

Le système d'exploitation est alors écrit en assembleur. La première application d'envergure sert à la composition des brevets maison. En 1973, UNIX est réécrit dans un langage de programmation de haut niveau créé pour l'occasion : le langage C.

Figure 1.1 : *Thompson et Ritchie portant UNIX sur PDP-11 (source Bell Labs)*

Le paradigme UNIX

UNIX bénéficie d'un système de fichiers hiérarchique, structuré par le biais de répertoires et intégrant de manière transparente des dispositifs de stockage variés, du disque dur à la sauvegarde sur bandes. UNIX est par essence un système multi-utilisateur. Chaque utilisateur possède un identifiant unique, ou UID (User ID), qui détermine ses droits d'accès aux ressources du système. L'administrateur (root) est un utilisateur privilégié d'UID 0. UNIX est également un système multitâche, articulé autour d'un noyau qui réglemente l'exécution des programmes et leur accès aux ressources du système. Les tâches s'exécutent concurremment dans des espaces mémoire cloisonnés. Le mode Protégé garantit qu'un programme défaillant ne compromet pas l'ensemble du système. Une bibliothèque système et une myriade d'utilitaires gravitent autour de ce noyau. Ils autorisent le développement de programmes C, l'administration du système ou l'utilisation quotidienne en mode Graphique. Cette modularité est exemplaire et constitue un des paradigmes essentiels d'UNIX.

INTERNET

Histoire d'UNIX

Bell Labs consacre également un dossier à l'histoire d'UNIX (**www.bell-labs .com/history/unix**).

Et la lumière fut

UNIX évolue au fil des ans vers une architecture fortement orientée réseau. Avec la baisse des coûts des matériels, il devient intéressant de partager des informations techniques entre laboratoires convenablement équipés. Un modèle client-serveur fondé sur des normes ouvertes s'impose progressivement. Le protocole TCP/IP, brique fondamentale de l'Internet moderne, intègre les distributions BSD (Berkeley Software Distribution) dès 1977. Linux se place dans la lignée de ces systèmes historiques.

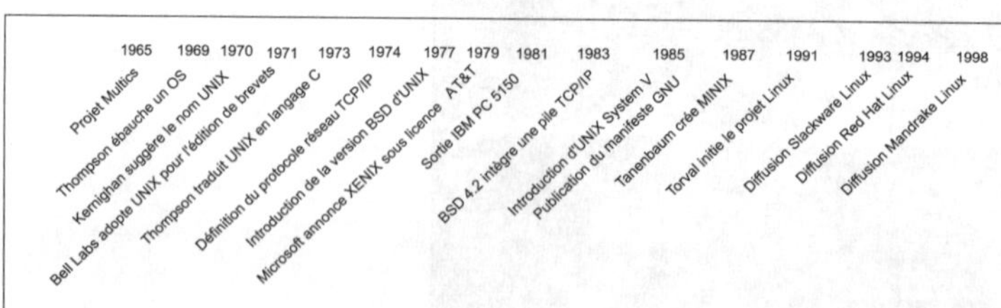

Figure 1.2 : *L'évolution d'UNIX*

1.5 Windows ou Linux ?

Un discours sectaire laisse parfois entendre que Linux serait le passage obligé de tout utilisateur de micro-ordinateur averti. La réalité est plus nuancée. Windows s'acquitte parfaitement des tâches bureautiques ordinaires et constitue une plate-forme de jeux convaincante. En revanche, si vous travaillez sur des données professionnelles, si vous vous connectez fréquemment à Internet, ou si vous souhaitez administrer un intranet, envisagez sérieusement le choix de Linux, un environnement robuste et riche d'une panoplie complète d'outils réseau.

Pour compléter ce tour d'horizon, voici une liste d'autres systèmes d'exploitation intéressants, ainsi que leur domaine d'excellence.

Tableau 1-2 : Autres systèmes d'exploitation et leurs points forts

Système d'exploitation	Site de l'éditeur	Domaine
Free & Net BSD	www.freebsd.org	Serveurs intranet et Internet
QNX	www.qnx.com	Applications embarquées, temps réel
Mac OS X	www.apple.com/macosx	Environnement UNIX et "look & feel" Mac

CHAPITRE 2

Gravure d'une distribution Linux

CHAPITRE 2

Gravure d'une distribution Linux

Ce chapitre s'adresse aux internautes disposant d'un accès Internet haut débit et d'un graveur de CD-R. Nous décrivons la procédure de gravure d'une distribution Linux sous Windows. Vous pourrez, par exemple, compléter le CD-Rom joint à ce livre.

2.1 Norme ISO 9660

La norme 9660 établie par l'ISO (International Organization for Standardization) fixe un format portable de stockage de données destiné aux supports de type CD-Rom. Une image ISO est la copie séquentielle d'un système de fichiers ISO 9660. Les distributions Linux sont archivées dans ce format sur les serveurs FTP des éditeurs. Ainsi, un internaute peut rapatrier l'image ISO d'une distribution donnée, puis la graver grâce à un logiciel spécialisé comme Nero Burning Rom.

INTERNET

FAQ CD-R

Marc Kergomard maintient une traduction en français de la FAQ CD-R, élaborée à partir des contributions d'internautes anglophones (**www.lagravuredecd.com/**).

2.2 Télécharger une image ISO

Considérons la création sous Windows des CD-Rom 2 et 3 de la distribution Mandrake Linux 9.0. Ils sont inclus dans les packs standard commercialisés par l'éditeur (voir fig. 2.1).

MandrakeSoft a placé les sources et des applications complémentaires. Libre à vous de les copier si vous disposez d'une liaison Internet rapide (câble ou ADSL), d'un graveur de CD-Rom et de 1 gigaoctet d'espace disque. L'installation requiert uniquement le CD-Rom 1. Rendez-vous sur le site Web de MandrakeSoft à l'adresse **www.linux-mandrake.com/**. Vous serez redirigé vers une page d'accueil en français (voir fig. 2.2).

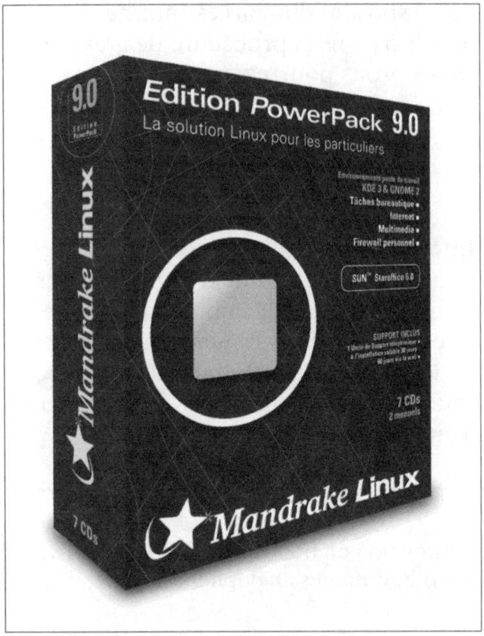

Figure 2.1 : *Pack Mandrake Linux*

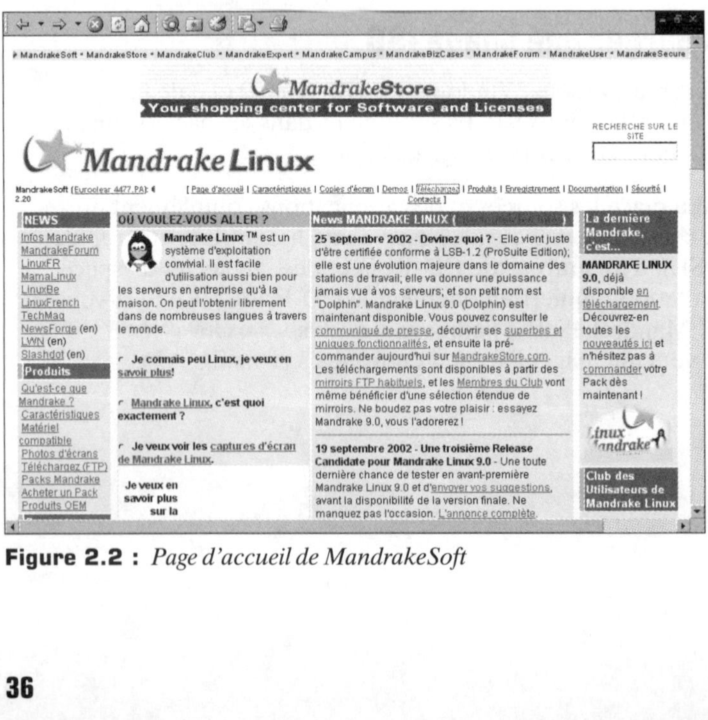

Figure 2.2 : *Page d'accueil de MandrakeSoft*

Suivez le lien *Téléchargez* placé sous le logo de la société. La page suivante vous propose d'adhérer au club des utilisateurs de Mandrake. Cette démarche volontaire marque votre soutien au développement de logiciels libres. Le lien *Page des téléchargements* conduit à une liste de serveurs FTP hébergeant les logiciels de MandrakeSoft. Suivez le lien *Mandrake 9.0/i586 ISO Image* placé en tête de page afin d'atteindre la section consacrée aux images ISO pour plate-formes i586 et supérieures.

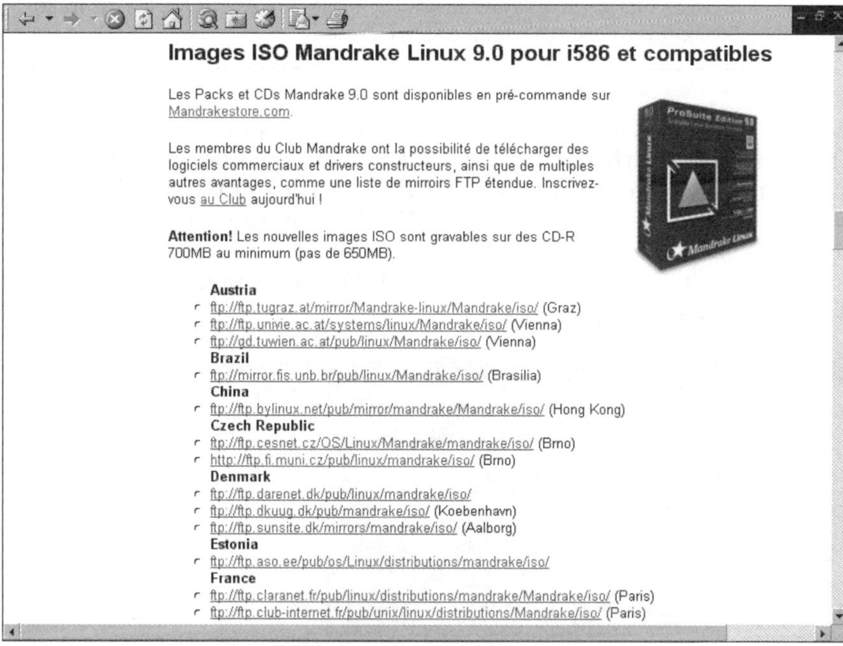

Figure 2.3 : *Miroirs hébergeant les images ISO*

Les serveurs FTP sont classés par pays. Optez pour un miroir situé dans votre pays ou dans une zone géographique proche. Téléchargez les fichiers *Mandrake90-cd2-ext.i586.iso*, *Mandrake90-cd3-i18n.i586.iso* et *md5sums.90*.

ATTENTION

Navigateurs Netscape et compte anonyme

Les produits Netscape travaillent implicitement en mode ASCII. Forcez un transfert en mode Binaire dans ce cas. Veillez également à vous connecter en mode Anonyme, c'est-à-dire avec le nom d'utilisateur "anonymous" et votre adresse électronique en guise de mot de passe.

GetRight

L'utilitaire GetRight est capable de reprendre un téléchargement interrompu avant son terme, pour autant que le serveur FTP interprète la commande REGET. Tel est généralement le cas.

> ***Logiciel GetRight***
>
> Téléchargez GetRight à l'adresse www.getright.com. Acquittez le prix modique du shareware s'il vous donne satisfaction.

Cliquez sur le lien FTP du bouton droit de la souris puis choisissez l'entrée **Download with Getright** dans le menu contextuel qui s'ouvre. Autre solution : cliquez sur **File/Enter New URL** puis copiez l'URL du lien ou faites-la glisser dans le panneau droit. GetRight affiche la progression du téléchargement. Plusieurs téléchargements peuvent être menés de front, interrompus et repris à volonté. L'image ISO de l'exemple se nomme *Mandrake90-cd2-inst.i586.iso*.

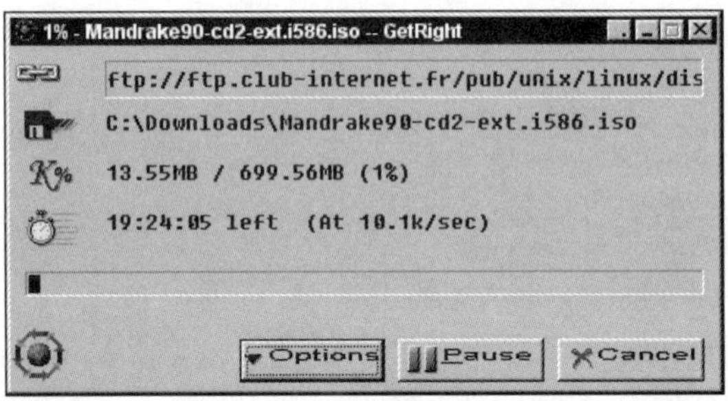

Figure 2.4 : *Progression du chargement d'une des deux images ISO*

Le bouton **Options** donne accès à une option *Segmented Downloading* qui peut accélérer le téléchargement si le débit du serveur FTP est faible. Respectez l'hébergeur du miroir et les autres internautes en n'abusant pas de cette possibilité.

2.3 Contrôler l'intégrité des images ISO

Le contenu du fichier *md5sums.90* est reproduit ici :

Listing 2-1 : Fichier md5sums.90

```
f7a093af34b8cbe1abc165213fea9deb  Mandrake90-cd1-inst.i586.iso
05a3ccafaacc37d6d1e2f260fc274549  Mandrake90-cd2-ext.i586.iso
1a2fd731fb6e30d39b0b99f504b231b3  Mandrake90-cd3-i18n.i586.iso
```

La somme MD5 est une suite de 128 bits calculée à partir des données du fichier image. Elle est représentée par 32 chiffres hexadécimaux. Pour chaque image importée, il faut recalculer la somme de contrôle, puis la comparer à la valeur initiale. Le programme Windows MD5Summer s'acquitte de cette tâche.

> **_Logiciel MD5Summer_**
> MD5Summer est un logiciel gratuit. Téléchargez-le à l'adresse **www.md5summer.org**.

Sélectionnez le répertoire contenant l'image ISO dans la boîte de dialogue qui s'affiche au démarrage. Cliquez sur **Create sums** puis pointez le fichier image proprement dit. Validez. MD5summer calcule la somme MD5 correspondante en quelques dizaines de secondes.

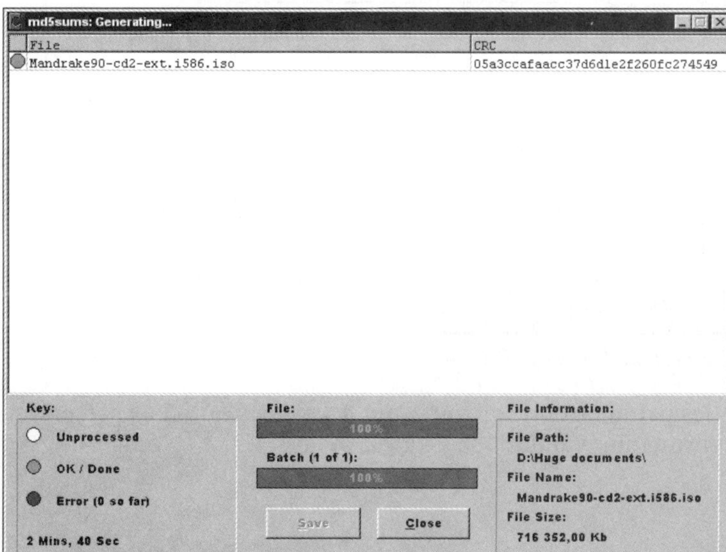

Figure 2.5 : *Somme MD5 de l'image ISO*

La somme affichée est bien identique à celle donnée dans le fichier *md5sums.90*.

2.4 Graver l'image ISO avec Nero Burning Rom

Voyons la procédure de gravure à l'aide des logiciels Nero Burning Rom. Dans notre exemple, l'archive nommée *Mandrake90-cd2-ext.i586.iso* est placée dans le répertoire *d:*.

> ***Logiciel Nero Burning Rom***
>
> Une version d'évaluation de Nero Burning Rom est disponible sur le site d'Ahead Software (**www.nero.com**).

Exécutez Nero. Cliquez sur **File/Burn image**. Dans la boîte de sélection de fichiers, indiquez l'emplacement de l'image ISO.

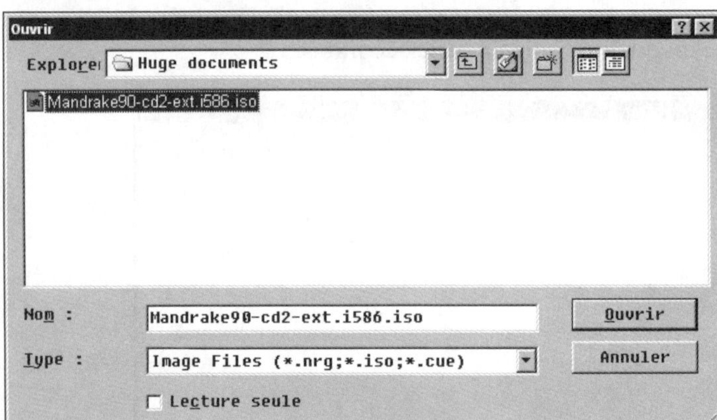

Figure 2.6 : *Sélection de l'image ISO*

Vérifiez que les paramètres de gravure sont les mêmes que ceux présentés sur l'écran suivant, puis validez.

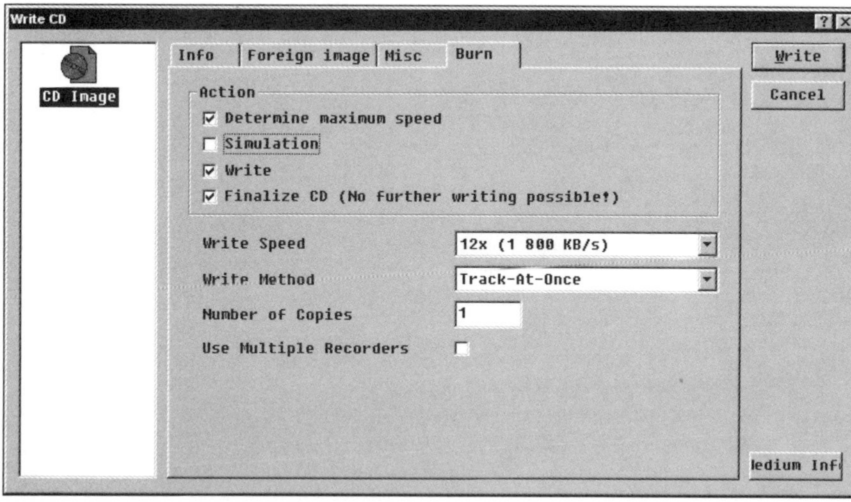

Figure 2.7 : *Paramètres de la gravure*

Le temps de gravure dépend de la vitesse de votre lecteur et de la qualité des disques vierges employés. La progression est visualisée à l'écran.

REMARQUE

Capacité des CD-R

Ces images réclament des CD-R d'une capacité de 700 Mo (soit 80 min).

CHAPITRE 3

Inventaire du matériel compatible Linux

CHAPITRE 3

Inventaire du matériel compatible Linux

Dans ce chapitre, nous montrons comment déterminer la composition d'un compatible PC à l'aide du logiciel Dr Hardware. Nous recensons également des éléments abordables reconnus par Linux. L'assistant HardDrake en détecte certes un grand nombre, mais il existe souvent un délai entre la sortie d'un matériel et la diffusion d'un pilote adapté.

3.1 Contenu d'un PC

Il n'est pas envisageable de dresser ici la liste exhaustive du matériel reconnu par Linux. Le temps est révolu où Linux n'acceptait qu'une poignée de périphériques et où le noyau devait être recompilé en fonction de l'ordinateur de destination. Les pilotes modernes prennent la forme de modules chargés à la demande. Une distribution Linux typique en compte plusieurs centaines. De plus, les fabricants prennent conscience du poids croissant de la communauté Linux et contribuent plus volontiers au développement de pilotes spécifiques. Les ressources Web suivantes vous aideront à faire le point.

INTERNET

Recherche de matériel compatible

Le HOWTO Matériel compatible présente les principales catégories d'équipements compatibles avec Linux (www.freenix.fr/unix/linux/HOWTO/Hardware-HOWTO.html). La section *Matériel compatible* du site Mandrake Linux propose un moteur de recherche performant (www.linux-mandrake.com/fr/hardware.php3/). Le site généraliste Hardware francophone consacre des articles de fond à l'univers PC (www.hardware.fr/).

Procédons à l'inventaire raisonné du contenu d'un PC classique, en progressant du cœur vers les périphériques.

Cartes mères PC

Les cartes mères modernes sont élaborées autour de jeux de composants spécialisés, comme l'illustre le schéma suivant.

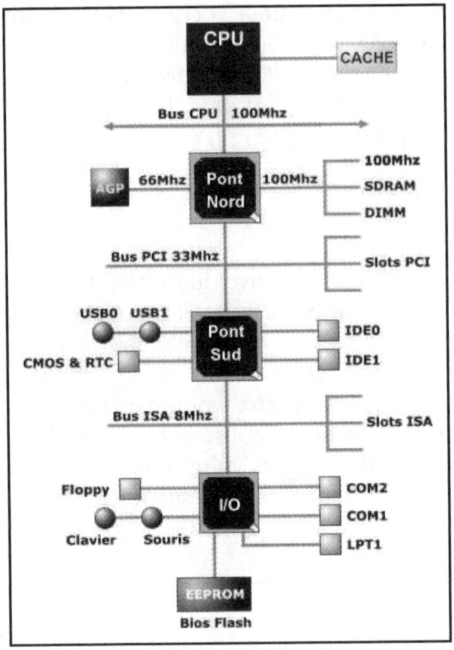

Figure 3.1 : *Architecture d'une carte mère PC (source : A. Belliard)*

Le bus système a une fréquence élevée : 100 MHz ou plus. Un premier circuit nommé "pont nord" fait le lien avec les bus PCI et AGP. Il contient également le contrôleur de mémoire vive. Le "pont sud" présente une fréquence inférieure. Il interface bus ISA, USB et disques IDE. Un circuit d'entrées-sorties regroupe finalement les connexions série, parallèle, clavier et souris. Le BIOS offre un accès normalisé à ces ressources. Voici une liste de références reconnues par Linux :

Tableau 3-1 : Chipsets PC

Fabricant	Modèle	Commentaire
ALi	ALADDiN 5/7 ALADDiN P2/P4/Pro 5 CyberALADDiN T/P4 ALiMAGIK 1, MobileMAGIK 1 CyberMAGIK, CyberBLADE i1	La gamme Cyber inclut un contrôleur graphique.
AMD	640 750, 760, 760 MP	Le 640 est conçu pour les processeurs K5 et K6.

Tableau 3-1 : Chipsets PC		
Fabricant	**Modèle**	**Commentaire**
Intel	430, 440 810, 815, 820, 830, 840 845, 850 860	Couvre la gamme de processeurs Intel.
SiS	530 620, 630	Le 530 inclut un contrôleur graphique 2D/3D.
VIA	Apollo Pro, Pro133, Pro266 KLE133, KM133, KN133, KT133, KX133 KT266 PL133, PLE133, PM133, PN133 MVP3, MVP4 P4M266, P4X266	Famille Appolo.

Sauf exception, une référence désigne une paire pont nord/pont sud. Ainsi, le jeu AMD 760 pour processeurs Athlon comprend un contrôleur système 761 et un contrôleur de bus 766 (les noms sont parfois confondus dans les bases de données). Les variantes à basse consommation placées dans les ordinateurs portables sont également reconnues.

Processeurs

Le développement de Linux s'appuie sur GCC (GNU Compiler Collection), une suite composée d'un compilateur générique et d'utilitaires annexes. GCC compile des programmes sources C, Objective C, C++, Fortran et Java. Il travaille sur une représentation intermédiaire des programmes, ou RTL (Register Transfer Language), indépendante du langage machine du processeur cible. Cette approche a facilité le portage de Linux sur plates-formes 68k, G3, G4, Alpha et ARM. Nous centrons notre étude sur les processeurs de la famille i86, produits par Intel et des fondeurs concurrents.

Tableau 3-2 : Processeurs x86

Fabricant	Modèle	Commentaire
AMD	386 SX/DX 486 SX/DX/DX2/DX4 K5, K6/II/III Duron, Athlon/MP/XP	Évitez la première génération de K6, boguée.
Cyrix	386 486 SX/DX 5x86, 6x86/+/MX/MII Media GX	Le Media GX inclut les fonctions vidéo et son.
IDT	WinChip C6/2/2A	Autre processeur économique.
Intel	386 SX/DX/SL 486 SX/DX/SL/SX2/DX2/DX4	
486 Celeron Pentium/MMX/Pro/II/III/IV	Mandrake Linux est optimisé pour Pentium.	
Transmeta	Crusoe	Processeur basse consommation.
Via C3	Processeur économique à faible dissipation thermique	

Le processeur Crusoe attaque le créneau de l'informatique mobile. Il combine des instructions internes longues et un module de traduction des instructions i86 (code morphing). Comptant un nombre restreint de transistors, Crusoe a une consommation d'énergie très basse. Sony l'a adopté sur certains modèles de la gamme VAIO.

La distribution Mandrake Linux est optimisée pour les processeurs de génération Pentium. Tournez-vous vers des distributions classiques si vous possédez un PC ancien animé par un 386 ou un 486. Notez que le coprocesseur mathématique est émulé sur les processeurs qui n'en sont pas équipés.

Mémoire vive

Linux prend en charge la RAM asynchrone EDO (Extended Data Out) et synchrone SDRAM (Synchronous Dynamic RAM). La RAM DDR

(Double Data Rate) double les débits en tirant parti des fronts montants et descendants du signal d'horloge de la carte mère. Sur certaines machines haut de gamme on trouve également de la RDRAM, plus chère mais très performante.

L'option de boot append "mem=<x>M", où x est la quantité de RAM disponible, est à employer si Linux ne reconnaît pas l'intégralité de la mémoire présente au-delà de 64 Mo. Par exemple :

Listing 3-1 : Option de boot mem

```
append "mem=256M"
```

Dans notre exemple, l'ordinateur dispose de 256 Mo de RAM.

Contrôleurs d'entrées-sorties

Les contrôleurs de ports série et parallèle standard sont reconnus. La logique est aujourd'hui embarquée dans les ponts sud.

Tableau 3-3 : Contrôleurs E/S

Fabricant	Modèle	Commentaire
NS	8250, 16450	Anciens contrôleurs série sans tampon.
NS	16550, 16550A	La version A corrige les bogues du 16550 de base.

Contrôleurs IDE/ATA

L'interface IDE/ATA (Integrated Drive Electronics/AT Attachment) est la solution standard de contrôle des disques durs. On la retrouve sur la plupart des machines d'entrée de gamme. Deux contrôleurs, un soudé sur la carte mère, généralement dans le pont sud, et l'autre embarqué sur le disque, échangent les données via une nappe de conducteurs souple. Linux reconnaît les deux interfaces IDE, chacune acceptant deux disques. Les anciens contrôleurs MFM (Modified Frequency Modulation) et RLL (Run Length Limited) sont également reconnus. Ils équipent des PC obsolètes et ne vous concernent pas a priori. Notons que Mandrake Linux gère les contrôleurs ATA 33, 66, 100 et 133. Par contre le Raid IDE n'est pas pris en charge de manière native

Contrôleurs SCSI

Le bus parallèle SCSI (Small Computer Systems Interface) popularisé par Apple permet la connexion des périphériques internes ou externes en chaîne. Il sollicite moins le processeur que son équivalent IDE. La norme SCSI se décline en plusieurs largeurs et vitesses de bus, aboutissant aux débits théoriques récapitulés dans le tableau suivant.

Tableau 3-4 : Débit des normes SCSI

Norme	Débit (Mo/s)
SCSI-1	5
Fast SCSI	10
Fast Wide SCSI	20
Ultra SCSI	20
Wide Ultra SCSI	40
Ultra2 SCSI	40
Wide Ultra2 SCSI	80
Ultra160 SCSI	160
Ultra320 SCSI	320
Ultra640 SCSI	640

Les cartes d'entrée de gamme n'offrent qu'un débit de 5 Mo/s. Adaptec commercialise un modèle AHA-19160 à 160 Mo/s, adapté aux serveurs haut de gamme.

ATTENTION

Cartes SCSI d'entrée de gamme

Les cartes SCSI d'entrée de gamme n'acceptent qu'un périphérique. C'est le cas du modèle AVA 1505 d'Adaptec. Évitez-le si possible.

Voici une liste de contrôleurs SCSI communs reconnus par Linux. Tekram produit des cartes SCSI performantes et bon marché.

Tableau 3-5 : Cartes SCSI		
Fabricant	**Modèle**	**Commentaire**
Adaptec	AVA 2906/2930 AHA 2940 19160, 29160, 39160	Modèle 2906 limité en débit
Tekram	DC 390 U2B/U2W/U3W	Modèle U2W performant et bon marché

Choisissez un modèle adapté au débit de vos périphériques.

Bus et périphériques USB

L'interface USB (Universal Serial Bus) remplace progressivement des interfaces série et parallèle trop lentes. La norme 1.1 fixe un débit théorique de 12 Mbit/s et autorise le chaînage de périphériques à l'aide de concentrateurs (hubs). Avec la variante 2.0, dite HiSpeed, ce débit passe à 480 Mbit/s.

Les cartes mères modernes possèdent des ports USB reliés au pont sud. Le surcoût engendré par cette fonctionnalité est donc quasi nul. Sur des cartes mères plus anciennes, il reste possible d'enficher une carte PCI dédiée. Deux interfaces destinées aux fabricants de contrôleurs USB se sont imposées.

Tableau 3-6 : Interfaces USB	
Concepteurs	**Protocole**
Compaq, Microsoft et Nat. Semiconductors	OpenHCI (acronyme de "Open Host Controller Interface")
Intel	UniversalHCI (acronyme de "Universal Host Controller Interface")

Mandrake Linux 9.0 reconnaît automatiquement claviers et souris USB qu'ils soient connectés à des ports USB 1.0/1.1 ou 2.0. Le site Linux USB dresse la liste des dispositifs multimédias ou de pointage reconnus.

INTERNET

Guide USB sous Linux

Le site Linux USB liste les périphériques reconnus par Linux (www.linux-usb.org/).

Bus FireWire

Le bus série IEEE 1394, plus connu du grand public sous les noms FireWire ou i.Link, est employé par Apple et Sony. La norme IEEE 1394 fixe un débit théorique de 400 Mbit/s. Cette vitesse le destine tout particulièrement aux applications multimédias manipulant des données en temps réel. La logique de synchronisation du bus IEEE 1394 est plus complexe que celle du bus USB, ce qui limite encore son déploiement à des stations haut de gamme.

ATTENTION

Portables VAIO de Sony

Le contrôleur propriétaire de certains portables Sony VAIO n'est pas reconnu au moment de la rédaction de cet ouvrage.

La page du projet IEEE 1394 for Linux liste les matériels compatibles. La prise en charge de la norme IEEE 1394 est en standard dans les noyaux 2.3.4.

INTERNET

Projet IEEE 1394 for Linux

La page d'accueil du projet IEEE 1394 for Linux liste les équipements compatibles (www.linux1394.org/).

Bus PCMCIA

Les portables possèdent des baies PCMCIA (Personal Computer Memory Card International Association). Les périphériques PCMCIA se présentent sous forme de cartes compactes de 8,6×5,4 cm. De type I, II ou III, leur épaisseur varie de 3 mm à 1 cm.

Linux PCMCIA

Le projet Linux PCMCIA liste les matériels compatibles et propose un document d'initiation intitulé *PCMCIA HOWTO* (**http://pcmcia-cs.sourceforge.net/**).

Cartes modems 56K et Ethernet étendent les capacités des portables. La mémoire Compact Flash est particulièrement pratique. Elle peut être insérée dans un adaptateur PCMCIA. Linux la traite alors comme unité de disque.

Cartes graphiques

Linux fonctionne en mode Texte avec toutes les cartes graphiques. XFree86, l'architecture graphique la plus courante sous Linux, dispose des serveurs pour les cartes AGP et PCI fondées sur les circuits suivants :

Tableau 3-7 : Cartes graphiques

Fabricant	Modèle	Commentaire
3Dfx	Voodoo/2/3/4/5 Banshee/Rush	Base de cartes accélératrices 3D.
3Dlabs	GLINT/MX/TX/Gamma Permedia/2/3	Pilotes accélérés.
ATI	3D/Charger/Pro/Rage/Xpression Mach 8/32 Radeon/7500/8500/VE Rage/128/Fury/Mobility/XL Xpert/98/128/@Play/@Work	ATI fournit un kjt de développement Linux.
Chips & Technologies	CT655xx CT64xxx CT690xx	Équipent de nombreux portables.
Cirrus Logic	GD54xx	Anciennes cartes ISA et VLB.
Creative Labs	3D Blaster/Banshee/Riva TNT2/Voodoo2 GeForce2 Riva TNT	Voir nVIDIA.
Cyrix	MediaGX	Contrôleur graphique intégré.

Tableau 3-7 : Cartes graphiques		
Fabricant	**Modèle**	**Commentaire**
Diamond	FireGL 1/1000/3000 Graphics 2000 Stealth 64/II/III Viper/770/V330/V550/V722	Moteur graphique compatible OpenGL.
Hercules	3D Prophet/4000/4500/II Dynamite GL/128 Stingray 64/128	Constructeur historique.
Intel	i740, i810, i815, i845G	Contrôleur graphique intégré.
Matrox	G100, G200, G400, G450 Marvel/G200/II Millenium G200/G400/II Mystique/G200/G220	Quelques modèles prennent en charge deux moniteurs.
Neomagic	MagicGraph 128/256	Équipent de nombreux portables.
nVIDIA	GeForce 256/2/3 Riva/128/TNT/TNT 2	Moteur 3D sophistiqué.
Number Nine	Imagine 128/T2R/R3D/R4	Production arrêtée.
S3	ViRGE /DX/GX/VX/MX Savage, Trio 3D	Cartes bon marché.
SiS	530, 540 620, 630	Contrôleur graphique intégré.
Texas Instruments	Permedia/2	Voir 3Dlabs.
Trident	Blade/Image/Pro Vidia	Collabore avec VIA sur le marché du portable.
Weitek	P9100	Équipent des stations de travail.
WinFast	S200/S430/S510/S600/S900	Cartes optimisées pour la 3D.

Le mode générique SVGA (800×600 pixels), ou à défaut VGA (640×480 pixels), est obtenu sur la quasi-totalité des cartes graphiques.

> ***Projet XFree86***
>
> Retrouvez la liste complète des cartes graphiques reconnues sur le site du Projet XFree86 (www.xfree86.org/).

Cartes son

Les cartes compatibles Sound Blaster sont prises en charge. Dans leur grande majorité, les cartes son émulent ce mode. La tendance est à la production de cartes 5.1 censées reproduire l'ambiance des salles de cinéma. On les utilise habituellement en conjonction avec une carte de décompression vidéo MPEG. Le résultat décevra probablement l'audiophile habitué au confort d'une installation haute-fidélité.

Le projet ALSA (Advanced Linux Sound Architecture) fédère le développement de librairies et pilotes de cartes son. À terme, le code ALSA devrait remplacer le code OSS/Free (Open Sound System).

> ***Projets ALSA et OSS***
>
> Retrouvez les projets ALSA (www.alsa-project.org/) et OSS (www.linux.org.uk/OSS/) en ligne.

Creative Labs a une longue tradition de fabrication de cartes audio, à tous les prix.

Tableau 3-8 : Cartes son

Fabricant	Modèle	Commentaire
Creative	Sound Blaster Pro/16/32 AWE/AWE64 PCI 64/128 Live 5.1	Modèle Pro correct
Gravis	Ultrasound ACE/MAX/Extreme/PnP	Au cœur du projet Ultra Sound

Cartes Ethernet

La technologie Ethernet à 100 Mbit/s s'est banalisée au cours de ces dernières années. On trouve maintenant des cartes PCI à moins de 15 euros. Un réseau de quelques stations peut être monté pour moins de 150 euros, concentrateur et câble inclus. Des cartes Ethernet identiques sont commercialisées sous des marques variées. L'identification du contrôleur est souvent le seul moyen d'évaluer l'intérêt d'un modèle ordinaire sous Linux.

Tableau 3-9 : Cartes Ethernet

Fabricant	Modèle	Commentaire
3Com	Etherlink II/III/XL	Évitez le modèle Etherlink de base.
Realtek	Modèles s'appuyant sur les jeux de puces (chipsets) RTL8139	
DLink	DE 528CT 530TX/538TX/550TX/570TX	Le modèle DE-528CT fonctionne à 10 Mbit/s.

Les modèles à 10 Mbit/s ne sont pratiquement plus commercialisés. Vérifiez que la carte dispose d'un connecteur BNC si vous comptez intégrer la machine à un réseau câblé en coaxial.

ATTENTION

Contrôleur 3c501

Évitez les anciennes cartes réseau 3Com fondées sur le contrôleur 3c501. Leur débit est notoirement insuffisant.

Lecteurs de CD-Rom

Les lecteurs de CD-Rom IDE/ATAPI sont reconnus par un pilote générique. Les modèles anciens, par exemple la série Sound Blaster à interface propriétaire, nécessitent un pilote spécifique.

Graveurs de CD-R et de CD-RW

Les constructeurs de graveurs de CD simples et réinscriptibles ont longtemps privilégié un bus SCSI performant. On trouve maintenant des modèles IDE convenables à moins de 100 euros, avec des vitesses de gravure variant de 8x à 48x. À 2 euros le CD-R vierge, vous obtenez une solution d'archivage de données personnelle abordable. Une mémoire tampon confortable de 4 ou 8 Mo limite les risques d'échec de la copie, même à vitesse élevée. Voici une sélection de graveurs CD-RW IDE compatibles Linux en vente en France au 1er octobre 2002.

Tableau 3-10 : Graveurs de CD-R et CD-RW

Fabricant	Modèle	Commentaire
HP	8100i	Évitez la série 7200i.
Philips	CDRW 800	Modèle éprouvé.
Samsung	SW 224/408	Modèles économiques.
Traxdata	CDRW8 432	Existe en déclinaisons 12× et 16×.

INTERNET

Logiciels cdrecord et cdwrite

La liste UNIX "CD-Writer compatibility list" énumère les graveurs reconnus par les logiciels cdrecord et cdwrite (www.linuxhelp.net/guides/misc/cdr.shtml).

Périphériques connectés au port parallèle

De son rôle initial d'interface d'imprimante, le port parallèle est devenu un moyen commode de connecter des périphériques externes.

INTERNET

Périphériques sur port parallèle

Le site Web External Parallel Port devices and Linux liste les périphériques sur port parallèle compatibles Linux (http://gear.torque.net/parport).

Ces périphériques sont très pratiques, en complément d'un ordinateur portable, en dépit d'un débit limité. En voici une sélection :

Tableau 3-11 : Périphériques sur port parallèle

Fabricant	Modèle	Description
Freecom	Portable, Traveller	Lecteurs et graveurs de CD-Rom
Iomega Zip	100, 250	Disque à support amovible
Micro Solutions	Backup	CD-RW, graveur CD-RW

Modems RTC et ADSL

Lors de l'achat d'un modem interne, bannissez les modèles dits Winmodems. Ils fonctionnent avec un pilote Windows spécifique. Préférez un modèle externe, qui évite la réinitialisation du PC à chaque blocage. L'US Robotics Messenger 56K est un modèle simple et fiable, vendu pour moins de 100 euros.

ATTENTION

Portables PC

Les portables PC sont souvent équipés de Winmodems Lucent ou Conexant, soudés sur la carte mère. Le site Linmodems indique s'il existe un pilote fonctionnant sous Linux (**www.linmodems.org/**). À défaut, envisagez l'achat d'un modem PCMCIA.

Les modems ADSL vendus en pack sont malheureusement équipés d'une connectique USB. Le modèle Speedtouch USB d'Alcatel est reconnu sous Linux. Préférez si possible un modem externe, connecté via Ethernet, dont l'installation est transparente.

Imprimantes

Avant d'acheter une imprimante, évaluez son coût d'impression à la page. En cas de gros tirages, préférez une imprimante laser dont le prix à la page est de 5 centimes d'euro ou moins, contre 15 centimes et plus pour un modèle à jet d'encre.

Dans l'idéal, le modèle choisi sait interpréter des documents au format PostScript et dispose d'une mémoire cache confortable. PostScript est un langage de description de pages introduit par Adobe. Il nécessite un interprète embarqué côté imprimante. PostScript est le format d'impression standard des systèmes d'exploitation dérivés d'UNIX. Le langage PCL (Printing Control Language) est également bien pris en charge. Dans les autres cas, l'impression passe par une interprétation du code PostScript par Linux, puis par la génération d'une image en mode Raw, avant l'envoi vers l'imprimante.

ATTENTION

Imprimantes Windows

Les imprimantes Windows ou GDI (Graphics Device Interface) ne peuvent pas être pilotées par Linux. Évitez par exemple les modèles HL-820 de Brother et LBP-820 de Canon. Consultez le site Linux Printing pour plus de détails (www.linuxprinting.org/).

Voici une liste d'imprimantes laser économiques. Le coût à la page sur la base d'un remplissage à 10 % provient d'un banc d'essai publié par Hardware Fr. Il est indiqué en centimes d'euro.

Tableau 3-12 : Imprimantes laser

Fabricant	Modèle	Coût à la page	Commentaire
Brother	HL 1240/1250	3.5	Émulation PCL4, 2 et 4 Mo de RAM
Lexmark	Optra E-312L, E312	4.3	Émulation PCL6, PostScript 2 sur la 312
Samsung	ML4600	4	Commercialisée pour moins de 300 euros avec son pilote Linux

Lecteurs MP3

Le format de compression audio MP3 (MPEG Audio Layer-3) est aujourd'hui privilégié dans les échanges de musique sur Internet. Développé par l'institut Fraunhofer, le format MP3 repose sur une compression physiologique, dans laquelle les informations supposées imperceptibles par l'oreille humaine sont supprimées. Au niveau 3, on obtient un facteur de compression de 10:1 à 12:1, soit une heure de musique stéréo en qualité FM pour 60 Mo. Le format MP3 ne concurrence pas la qualité du CD audio et de la norme SACD. Cependant, on obtient des résultats acceptables avec des lecteurs nomades, sur lesquels la qualité des écouteurs est de toute façon moyenne. La gamme Rio de Sonic Blue dispose d'utilitaires d'édition sous Linux.

Tableau 3-13 : Lecteurs MP3

Fabricant	Modèle	Commentaire
Apple	iPod	Modèle à disque dur de grande capacité.
Microboss	MP3 Pocket	Modèle Compact Flash à moins de 50 euros.
Sonic Blue	Rio PMP300 500, 600, 800	Le Rio 300 fonctionne sur port parallèle.

Webcams

Les webcams sont très en vogue à l'heure du "tout communication". Le modèle historique sur port parallèle de Connectix (société rachetée par Logitech) fonctionne sous Linux. Les derniers modèles privilégient le port USB.

Tableau 3-14 : Webcams

Fabricant	Modèle	Commentaire
Creative	Video Blaster WebCam Plus/2/3	
Logitech	Quickam Express	Évitez le modèle VC.
Mustek	Vcam 300	Également commercialisée sous d'autres marques.
Philips	PCA 645VC/646VC PCVC 675K PCVC 680K/690K/730K/740K	Modèles Vesta, Vesta Pro et ToUCam.
Trust	SpaceC@m 100/300	Webcams basse résolution.

Les webcams reconnues par Linux sont essentiellement conçues autour des circuits CPiA et 0V511.

Pilote CPiA

Le circuit CPiA anime de nombreuses webcams bon marché. Un site lui est consacré (http://webcam.sourceforge.net/).

Photoscopes

Le marché des appareils photographiques numériques est occupé aussi bien par des fabricants d'appareils argentiques traditionnels que par ceux spécialisés dans le matériel informatique. La qualité du système optique et le logiciel de calibrage des couleurs sont essentiels, avant même la résolution du capteur. Un appareil à deux millions de pixels convient parfaitement pour des prises de vue destinées à un site Web.

Mégapixel

La revue "Mégapixel" explore l'univers du numérique. Les bancs d'essai de photoscopes sont relativement complets (www.megapixel.net/).

De la webcam à peine améliorée à l'appareil sérieux, le pire et le meilleur se côtoient. Voici une petite sélection d'appareils avec stockage sur mémoire Compact Flash (voir la section *Bus PCMCIA*).

Tableau 3-15 : Photoscopes

Fabricant	Modèle	Résolution capteur	Mémoire Flash livrée	Commentaire
Canon	Powershot A30	2,1 mégapixels	8 Mo	Vendu moins de 300 euros
Nikon	Coolpix 2500	2,1 mégapixels	8 Mo	Entrée de gamme Nikon
Nikon	Coolpix 5000	5 mégapixels	32 Mo	Haut de gamme Nikon

INTERNET

GPhoto

Retrouves des ressources pour la photo numérique sous Linux sur le site de gPhoto: **http://gphoto.sourceforge.net**

3.2 Déterminer le matériel embarqué dans un PC

Vous pouvez déterminer partiellement le matériel embarqué dans votre PC en ouvrant la machine et en recherchant les indications portées sur les puces. Des utilitaires de diagnostic complètent cette approche. Nous traitons ici de l'installation et de l'utilisation de Dr Hardware.

Dr Hardware

Dr Hardware est un shareware décliné en versions DOS et Windows. La version DOS tient sur une disquette, ce qui permet le test de machines sans disque dur.

REMARQUE

Logiciel Dr Hardware

Un shareware n'est pas un logiciel gratuit. Dr Hardware pour Windows est commercialisé à 19 dollars US, dans sa version de base, sur le site **www.dr-hardware.com/**. Pensez à rémunérer l'auteur si la version d'évaluation vous donne satisfaction.

Téléchargez la version d'évaluation. Elle se nomme *drh2002x.exe*, où *x* est fonction de la version en cours. Exécutez ce programme. L'archive est décompressée automatiquement, puis le programme installé. Lancez l'utilitaire en cliquant sur **Programmes/Dr Hardware 2002/ Dr Hardware 2002** du menu **Démarrer**.

Deux des boutons placés sur la bordure gauche donnent accès à un aperçu synthétique (**Overview**) de la configuration matérielle et à une analyse détaillée (**Hardware**).

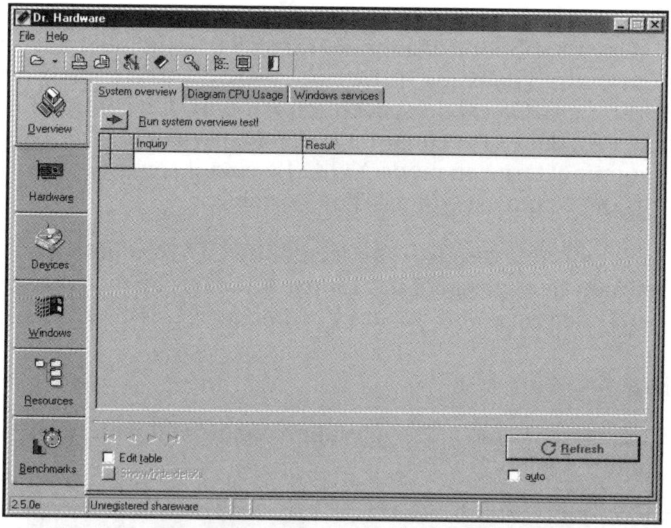

Figure 3.2 : *Fenêtre principale du shareware Dr Hardware*

Bouton Overview

Le bouton **Overview** identifie les composants matériels dont il est question dans ce chapitre. Testons un PC portable Toshiba Satellite 1620 CDS.

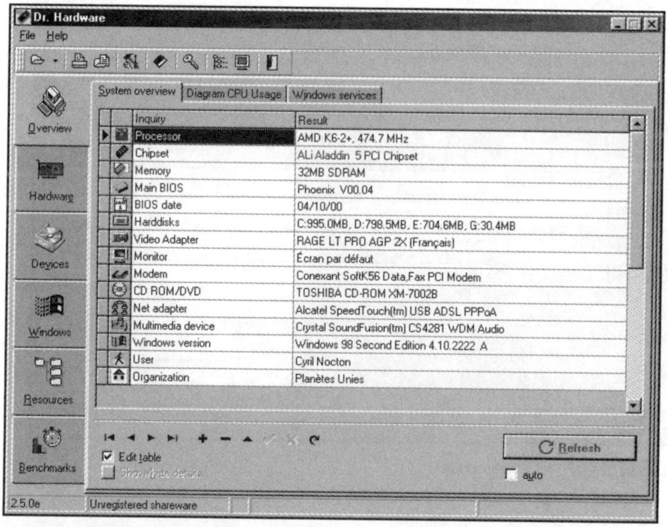

Figure 3.3 : *Vue synthétique de la configuration du portable*

Ce portable est animé par un processeur AMD K6-II, épaulé de 32 Mo de mémoire SDRAM. Une distribution Mandrake Linux 9.0 optimisée pour processeurs i586 conviendrait dans ce cas. La carte mère dispose d'un chipset Aladdin d'ALi. Le BIOS est de conception Phoenix. Un contrôleur graphique ATI Rage Pro, dans sa déclinaison portable, permet la connexion d'un moniteur externe en mode XGA. Le circuit son est conçu par Crystal Soundfusion, ce qui est typique d'un portable.

Côté périphériques, le portable dispose d'un lecteur de CD-Rom interne. Le Winmodem Conexant n'est pas géré par Linux. À défaut, un modem ADSL Alcatel SpeedTouch est connecté au PC via un port USB.

Bouton Hardware

Le bouton **Hardware** ouvre la voie à des vues approfondies du matériel, accessibles par le biais d'onglets.

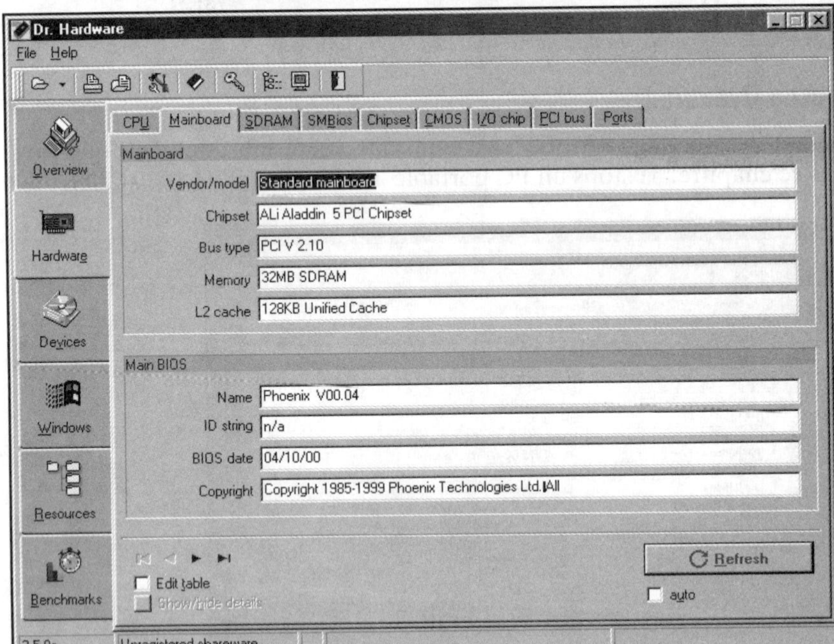

Figure 3.4 : *Vue détaillée de la carte mère*

Imprimer un rapport

Vous pouvez imprimer un rapport en cliquant sur le bouton représentant une imprimante, dans la barre située dans la partie supérieure de la fenêtre du logiciel. La boîte de dialogue suivante s'affiche.

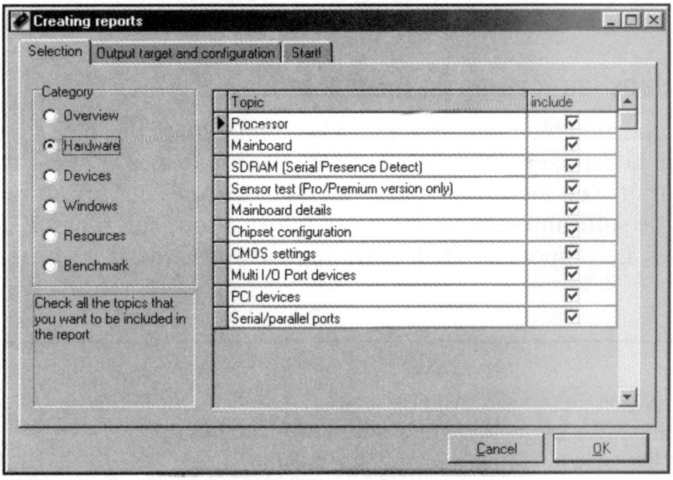

Figure 3.5 : *Sélection des éléments du rapport*

Sous l'onglet **Selection**, optez pour un rapport simple (**Overview**) ou détaillé (**Hardware**), à l'aide des boutons radio disponibles. Sous l'onglet **Output target and configuration**, choisissez la destination du rapport : imprimante ou fichier.

Validez votre choix par OK. Voici un extrait du fichier obtenu.

Listing 3-2 : Extrait du rapport de Dr Hardware

```
Dr. Hardware 2001 Report
21/07/01

System overview

Inquiry              Result
Processor            AMD K6-2+, 475.1 MHz
Chipset              ALi Aladdin  5 PCI Chipset
Memory               32MB SDRAM
Main BIOS            Phoenix  V00.04
BIOS date            04/10/00
Harddisks            C:995.0MB, D:798.5MB, G:30.4MB
Video Adapter        RAGE LT PRO AGP 2X (Français)
```

```
Monitor              Écran par défaut
Monitor              Écran par défaut
Modem                Conexant SoftK56 Data,Fax PCI Modem
CD ROM/DVD TOSHIBA CD-ROM XM-7002B
Net adapter          Carte d'accès à distance
Net adapter          Alcatel SpeedTouch(tm) USB ADSL PPPoA
Multimedia device  Crystal SoundFusion(tm) CS4281 WDM Audio
...
```

Communiquer dans les forums de discussion

Si vous avez une question technique relative à la compatibilité de votre matériel, adressez-la par exemple au forum de discussion **fr.comp.os.linux.configuration**. Pour être en mesure de vous aider, les abonnés du forum doivent disposer de suffisamment d'éléments d'informations sur la nature de votre problème. Le rapport du Dr Hardware peut vous aider à les renseigner.

REMARQUE

Usenet fr

Le site web **www.usenet-fr.net** fournit des conseils judicieux sur l'utilisation de la hiérarchie **fr**. Voici quelques indications élémentaires :

- Identifiez le forum le plus adapté à votre question.
- Choisissez un titre clair et concis.
- Indiquez les indices nécessaires à la résolution de votre problème : messages d'erreurs, extrait de journaux, configuration matérielle.
- Évitez le recours au HTML, dont la présentation varie fortement selon le logiciel du lecteur.

CHAPITRE 4

Installation de la distribution Mandrake Linux 9.0

CHAPITRE 4

Installation de la distribution Mandrake Linux 9.0

Fort des conseils du chapitre *Inventaire du matériel compatible Linux*, vous avez sélectionné un PC prêt à accueillir Linux. Nous présentons maintenant la procédure d'installation proprement dite. À son terme, vous serez l'heureux propriétaire d'une station puissante et polyvalente.

4.1 Choix d'une distribution Linux

Notre choix s'est porté sur la distribution Mandrake Linux 9.0. Elle bénéficie d'un assistant d'installation performant nommé DrakX. De plus, les bureaux graphiques GNOME et KDE sont immédiatement disponibles. Ils limitent le recours aux commandes UNIX dans un premier temps.

RENVOI

Le chapitre ***Le mode Console*** *est consacré à* ***GNOME et KDE****.*

Mandrake Linux reconnaît le format d'archive RPM (Red Hat Package Manager). La mise à jour du système n'impose pas la compilation de programmes C.

4.2 Quelques rappels sur les disques durs

Cette section rappelle les aspects essentiels de la technologie des disques durs.

Interface IDE/ATA

L'interface IDE/ATA relie cartes mères d'entrée de gamme et disques durs. Le contrôleur est inclus dans un circuit intégré complexe soudé directement sur la carte mère. Des nappes souples courent vers les disques durs fixés au châssis de l'ordinateur. Une nappe accepte deux lecteurs : un maître et un esclave. Des cavaliers fixent le mode.

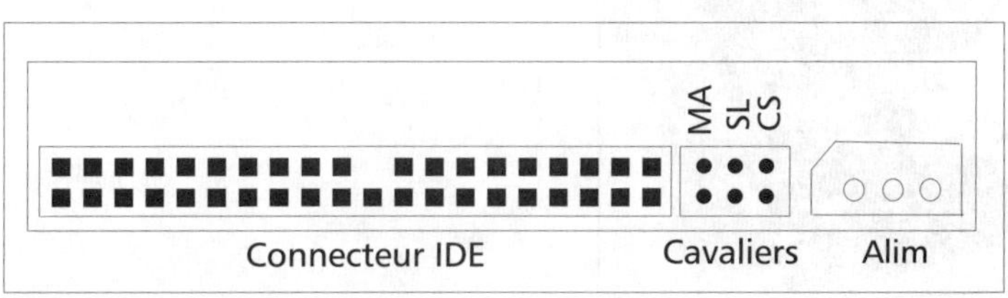

Figure 4.1 : *Face arrière d'un disque dur IDE*

Un disque dur relié seul à une nappe est placé en mode Maître. S'il partage la nappe avec un autre lecteur, l'un d'eux est positionné en mode Maître, l'autre en mode Esclave. Le liseré rouge de la nappe doit faire face aux broches numérotées 1 et 2 (côté gauche en regardant le disque, en plongée de l'avant vers l'arrière).

Dans un souci de simplification, les concepteurs de la norme IDE/ATA ont ajouté un mode de configuration automatique des lecteurs, reposant sur une variante de la nappe standard. Dans ce cas, l'un des conducteurs véhicule un signal de sélection qui n'est câblé que vers l'un des connecteurs. Le lecteur doit disposer d'une position de sélection par câble.

Interface SCSI

Apple a popularisé l'interface SCSI (Small Computer System Interface). Elle équipe des serveurs soumis à de multiples requêtes d'accès aux fichiers. Le bus système autorise le chaînage de périphériques internes ou externes. Un numéro permet d'identifier chaque périphérique SCSI. Il est matérialisé par des cavaliers ou par une roue codeuse.

Organisation du support magnétique

Un disque dur comporte un empilement de plateaux recouverts d'un film magnétique de type oxyde de fer. Des têtes solidaires et assujetties à une servocommande lisent et écrivent les informations à la demande.

Figure 4.2 : *Gros plan d'un disque dur (source IBM)*

Les informations sont placées sur des pistes concentriques. Chaque piste est scindée en secteurs d'une capacité standard de 512 octets. Un cylindre désigne l'ensemble des pistes accessibles en une position de l'ensemble de lecture.

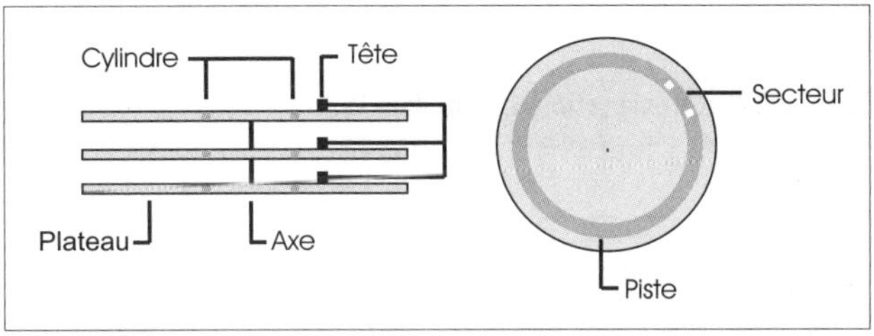

Figure 4.3 : *Découpage du support magnétique*

Partitions

Lors du démarrage d'un PC, le processeur exécute le code du BIOS débutant à l'adresse hexadécimale FFFF0. Dans une configuration standard, le BIOS passe le relais à un segment de code contenu dans le premier secteur d'un disque amorçable. Le code contenu dans le MBR (Master Boot Record) aiguille l'utilisateur vers l'un des environnements stockés sur le disque.

Une partition est une portion non fragmentée d'espace disque adaptée au stockage d'un système d'exploitation. Un disque dur est scindé en quatre partitions primaires au plus. En pratique, vous pouvez étendre le nombre de partitions afin d'allouer finement l'espace disque aux données que vous manipulez. Dans ce but, vous créerez une partition étendue qui contiendra à son tour des partitions logiques. Le schéma suivant résume la procédure.

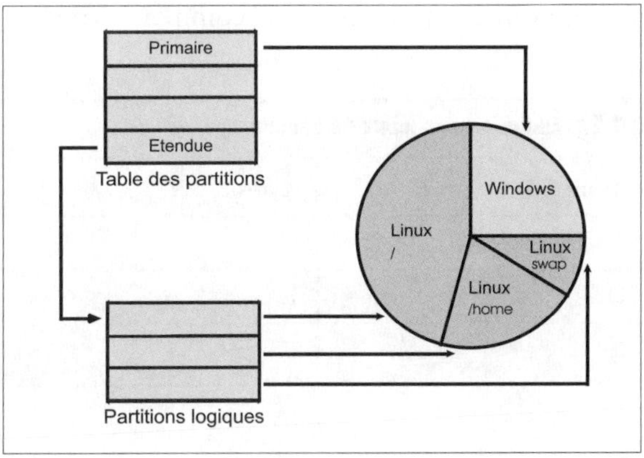

Figure 4.4 : *Partitionnement d'un disque dur*

Désignation des disques sous Linux

Linux désigne les disques par une combinaison de trois lettres. Le préfixe *hd* est affecté aux disques IDE, *sd* aux disques SCSI. L'ajout d'une lettre *a*, *b*, *c*, *d* précise la position maître ou esclave d'un disque IDE et son canal d'attachement.

Tableau 4-1 : Désignation d'un disque IDE

Canal	Maître	Esclave
1	hda	hdb
2	hdc	hdd

Finalement, un chiffre indique le numéro de la partition auquel on se réfère. Par exemple, *hda1* repère la première partition du disque maître raccordé au canal 1.

Choix du disque

DOS associe une lettre à chaque volume référencé. Malheureusement, la logique Microsoft est source de complications. Les lettres A et B sont réservées aux lecteurs de disquettes. Les lettres suivantes sont attribuées prioritairement aux partitions primaires, tous disques confondus.

Supposons le scénario suivant. Vous souhaitez installer un second disque dur dédié à Linux. Linux sera copié sur une partition primaire. Une version de Windows réside sur une partition primaire du premier disque et deux partitions logiques stockent des données annexes. Voici comment évoluera la numérotation.

Tableau 4-2 : Évolution des noms de volume

Partition	Avant	Après
Windows	C	C
Données 1	D	E
Données 2	E	F

La désignation des volumes de données a changé. Le conseil suivant vous évitera cette situation désagréable.

> ASTUCE
>
> ***Conserver la numérotation Windows***
>
> Lors du partitionnement d'un disque dédié à Linux, créez une partition étendue, puis des partitions logiques dans cette dernière.

4.3 La limite du 1 024e cylindre

Les forums de discussion spécialisés mentionnent régulièrement la limite du 1 024e cylindre. Nous expliquons maintenant l'histoire de cette contrainte ancienne et pourquoi elle ne s'applique probablement pas dans votre cas.

Mode CHS

Le BIOS dispose de fonctions d'accès au matériel standardisées. L'interruption 13H concerne les disques durs IDE. Un secteur est repéré par ses coordonnées CHS (Cylinder/Head/Sector) codées sur 24 bits, contre 28 bits pour le contrôleur.

Tableau 4-3 : Bits alloués aux coordonnées CHS

Standard	Cylindres	Têtes	Secteurs	Total
BIOS	10	8	6	24
IDE	16	4	8	28
Limite	10	4	6	20

Une coordination insuffisante des deux standards limite l'espace adressable à 528 Mo. Les BIOS postérieurs à 1994 ne sont pas soumis à cette contrainte.

Tableau 4-4 : Espace adressable du mode CHS				
Standard	**Cylindres**	**Têtes**	**Secteurs**	**Capacité**
BIOS	1 024	256	63	8,4 Go
IDE	65 536	16	256	137,4 Go
Limite	1 024	16	63	528 Mo

Mode CHS étendu (large)

Pour contourner cette limite, les BIOS étendus introduisent un mécanisme de décalage. L'idée est de combiner au mieux les limites en nombre de têtes du BIOS (256) et en nombre de cylindres de la norme IDE/ATA (65 536). Dans ce but, on divise le facteur C des coordonnées CHS par une puissance de 2 et on multiplie le facteur H par cette même puissance. Le BIOS procède au calcul inverse lors de l'appel de l'interface ATA/IDE. L'opération est transparente du point de vue des applications.

Tableau 4-5 : Décalage en mode CHS étendu				
Cylindres	**Têtes**	**Cylindres après**	**Têtes après**	**Capacité**
1<C=1 024	1<H=16	C	H	528 Mo
1 024<C=2 048	1<H=16	C/2	2×H	1,1 Go
2 048<C=4 096	1<H=16	C/4	4×H	2,1 Go
4 096<C=8 192	1<H=16	C/8	8×H	4,2 Go
8 192<C=16 384	1<H=16	C/16	16×H	8,4 Go

La norme ATA-2 maintient le nombre de secteurs par piste sous la limite de 64 fixée par le BIOS.

Mode LBA

L'interruption 13H ne réserve que 24 bits à l'adressage des disques, soit 8,4 Go. La refonte de l'interruption s'est accompagnée d'une révision des contrôleurs IDE. Le mode LBA (Logical Block Addressing) repère chaque secteur par un numéro codé sur 64 bits. Un disque dur gérant le mode LBA est automatiquement reconnu comme tel par un BIOS récent.

Et sous Linux ?

Deux outils standard assurent l'amorçage de Linux. Le chargeur GRUB possède son propre pilote de disque IDE. Les problèmes d'adressage ont lieu sous LILO, et uniquement dans la phase initiale de boot. LILO dépend alors de l'interruption 13H pour le chargement du noyau. Cependant, LILO recourt au mode LBA depuis la version 2.1. La limite du 1 024e cylindre ne vous concerne donc pas a priori.

Si Linux se bloque lors du chargement, après l'affichage des lettres LI, rebootez avec la disquette créée lors de l'installation, puis ajoutez l'option `linear` au fichier de configuration */etc/lilo.conf*. Exécutez ensuite la commande `lilo`. Les coordonnées du noyau seront stockées en mode LBA.

> INTERNET
>
> ***Disques de grande capacité***
>
> Le HOWTO Disques de grande capacité approfondit les notions abordées dans cette section (**www.freenix.fr/unix/linux/HOWTO/Large-Disk-HOWTO.html**).

4.4 Test et défragmentation du disque dur

Mandrake Linux sait récupérer l'espace libre d'un volume Windows si vous ne disposez pas de partitions libres.

> ATTENTION
>
> ***Données personnelles***
>
> Procédez à la sauvegarde de vos données personnelles ou professionnelles avant de défragmenter.

Testez et défragmentez le volume Windows avant de procéder à l'installation. Les utilitaires Windows Scandisk et Defrag effectuent ce travail. Ils sont placés dans le menu **Programmes/Accessoires/Outils système**.

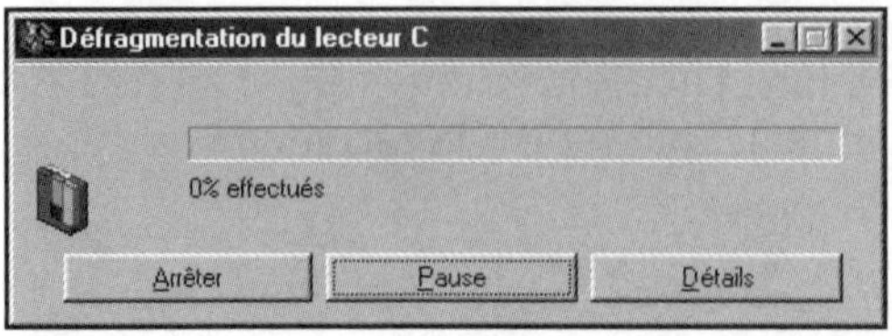

Figure 4.5 : *Défragmentation d'un volume Windows*

4.5 Début de l'installation de Mandrake Linux 9.0

Nous abordons maintenant l'installation proprement dite de la distribution Mandrake Linux 9.0. Munissez-vous du CD-Rom inclus dans ce manuel. Plusieurs cas de figure sont à envisager, en fonction de l'équipement.

> ASTUCE
>
> ***Fichier README***
>
> Le fichier *INSTALL.txt* placé à la racine du CD-Rom contient les informations les plus à jour sur les images et les techniques d'amorçage de Mandrake Linux. En complément, un manuel illustré est situé dans le répertoire */tutorial*.

L'idéal est de disposer d'un PC équipé d'un processeur de génération Pentium, de 128 Mo de RAM et d'un lecteur de CD-Rom. Une installation standard réclame 1 à 2 Go d'espace disque, mais réservez si possible 1 Go supplémentaire par sécurité.

PC équipé d'un lecteur de CD-Rom amorçable

Cette situation est la plus simple. Bootez depuis le CD-Rom d'installation.

PC équipé d'un lecteur de CD-Rom non amorçable et d'un lecteur de disquettes

Vous devez créer une disquette d'installation. Placez une disquette haute densité formatée dans le premier lecteur.

Sous Windows

Placez le CD-Rom d'installation dans le lecteur. La fenêtre suivante s'affiche si le mode Autorun est actif.

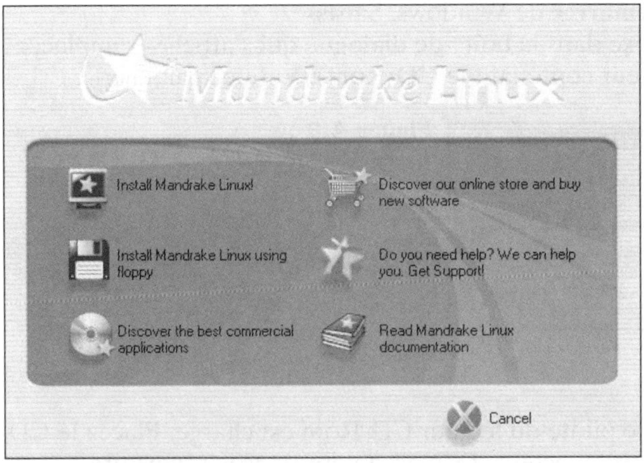

Figure 4.6 : *Fenêtre en mode Autorun*

À défaut, lancez le programme *autorun.exe*, situé dans le répertoire *\dosutils*. Cliquez sur **Install Mandrake Linux using floppy**. L'utilitaire Rawwrite (notez les deux w) va transférer une image de Linux sur disquette. Elle regroupe un noyau Linux et un système de fichiers réduit qui seront chargés en mémoire vive lors du boot. Le lecteur A est sélectionné par défaut. Dans le champ *Image file*, choisissez l'image *cdrom.img* contenue dans le répertoire *\images* du CD-Rom. Cliquez sur **Write**.

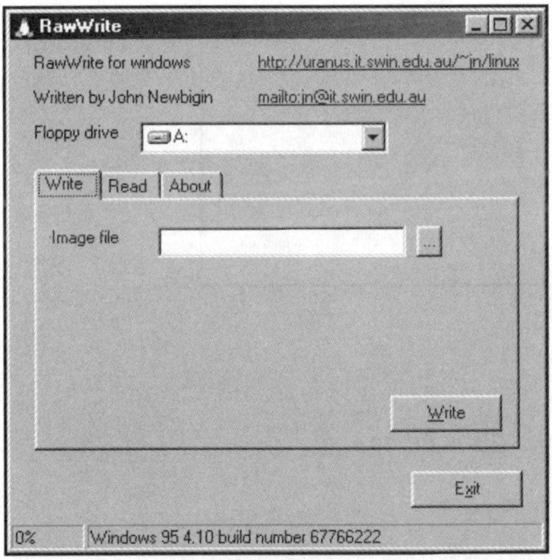

Figure 4.7 : *Utilitaire Rawwrite*

Rawwrite peut être activé directement. Lancez l'explorateur Windows, positionnez-vous dans le répertoire *\dosutils* du CD-Rom, et cliquez deux fois sur l'icône du fichier *rawwrite.exe*. Vous pouvez aussi cliquer sur

Exécuter du menu **Démarrer** de Windows. Saisissez X:\dosutils\rawwrite.exe dans la boîte de dialogue qui s'affiche (remplacez X par la lettre du lecteur contenant le CD-Rom). Validez par [Entrée].

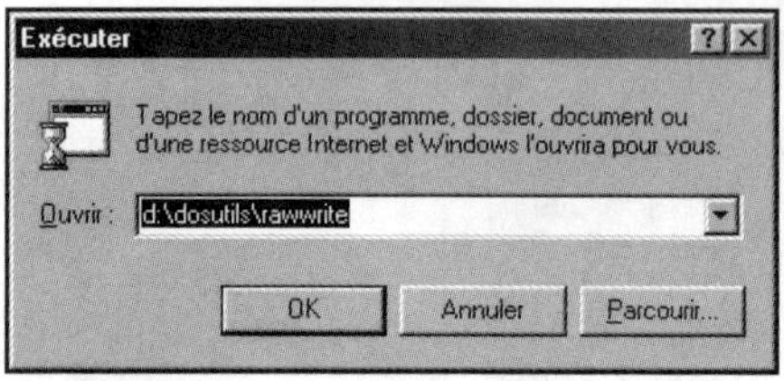

Figure 4.8 : *Exécution directe de Rawwrite*

Sous DOS

Nous supposons que le pilote du lecteur CD-Rom est chargé. Placez le CD-Rom d'installation dans le lecteur. Déplacez-vous dans le répertoire *\dosutils*. Exécutez la version DOS de Rawwrite, nommée *rawrite.exe* (un seul w). Saisissez le nom du fichier image, soit ..\images\cdrom.img. Spécifiez ensuite le lecteur cible, soit a:. L'image est copiée sur la disquette.

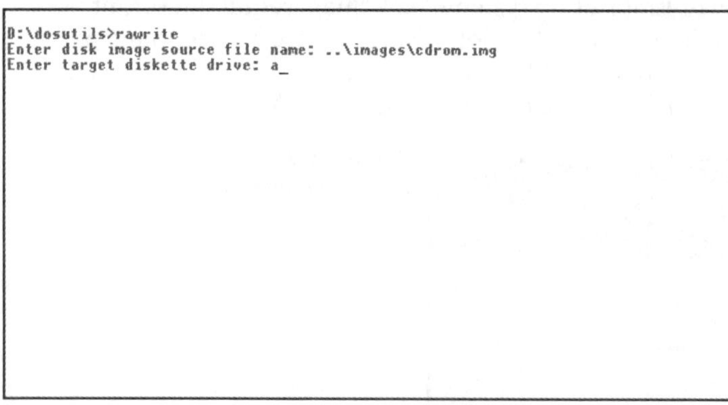

Figure 4.9 : *Variante DOS de Rawwrite*

PC sans lecteur de CD-Rom

La situation est un peu plus complexe dans ce cas.

Installation en réseau

Si la machine cible possède un lecteur de disquettes et une carte réseau classique ou PCMCIA, envisagez une installation réseau depuis un serveur offrant l'un des services suivants.

Tableau 4-6 : Méthodes d'installation en réseau	
Service	**Description**
FTP (File Transfer Protocol)	Transfert depuis un serveur de fichiers
HTTP (HyperText Transfer Protocol)	Interrogation d'un serveur Web
NFS (Network File System)	Intégration d'un système de fichiers distant

Transférez l'image *network.img* sur disquette. Elle contient des pilotes pour cartes réseau classiques et PCMCIA. Nous avons montré comment réaliser cette opération sous DOS et Windows. Sous Linux, exécutez dans une fenêtre de terminal la commande suivante :

```
# dd if=src_image of=dev_lecteur
```

Par exemple, src_image correspond à /mnt/cdrom/images/network.img dans le cas d'une arborescence Linux standard, dev_lecteur à /dev/fd0 pour une copie sur la disquette placée dans le premier lecteur.

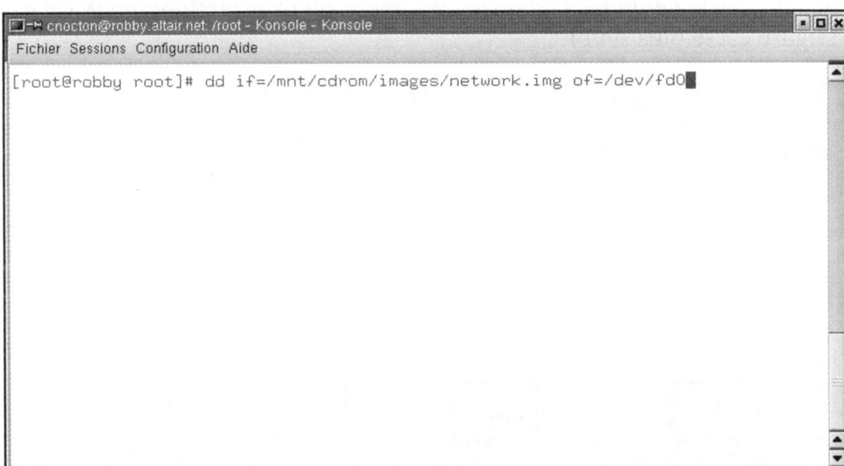

Figure 4.10 : *Copie de l'image depuis une fenêtre de terminal*

Le portable possède une carte réseau Ethernet insérée dans un slot PCMCIA. Le CD-Rom d'installation est monté sur un serveur distant. Saisissez la commande suivante :

```
# dd if=/dev/cdrom/images/network.img of=/dev/fd0
```

Connectez les deux machines en réseau, puis bootez la machine cible avec la disquette nouvellement créée. Choisissez le service réseau activé sur le serveur.

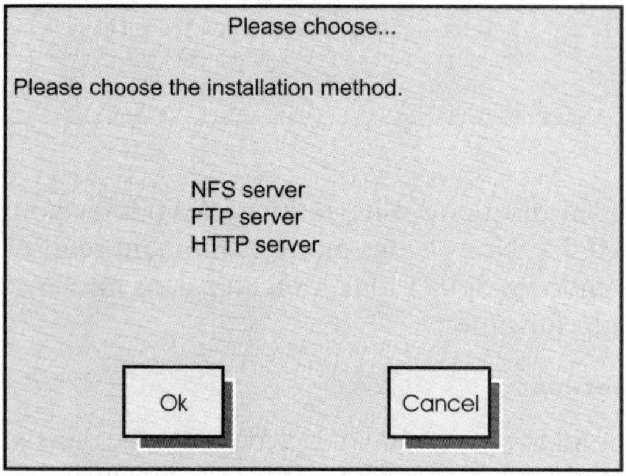

Figure 4.11 : *Choix du service*

La carte réseau est détectée et le pilote adéquat chargé. L'adresse IP de la machine locale peut être réclamée au serveur ou fixée statiquement. Ce cas de figure est le plus simple.

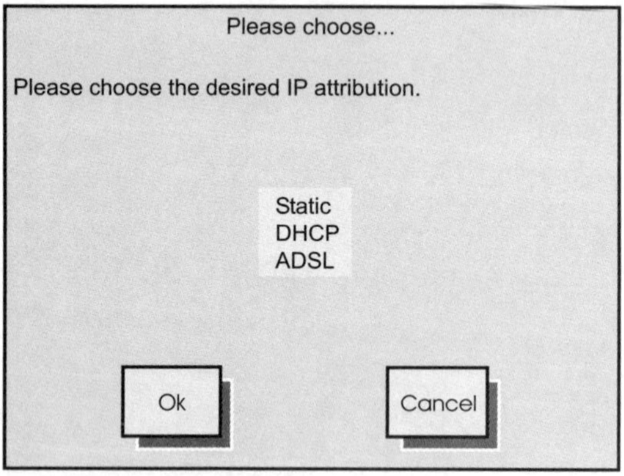

Figure 4.12 : *Mode d'attribution de l'adresse IP*

L'adresse IP choisie doit appartenir au réseau du serveur. L'administrateur vous communiquera une valeur adéquate. L'exemple suivant correspond au cas d'un petit réseau privé de classe C arbitrairement nommé altair.net.

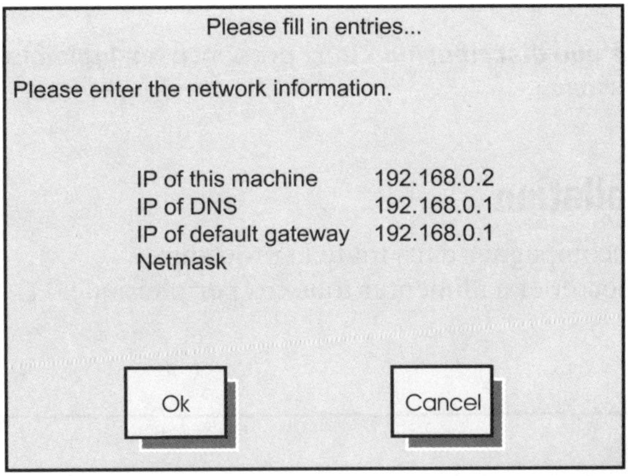

Figure 4.13 : *Adresse IP privée*

DrakX réclame le nom et le domaine d'attachement de la machine locale si le serveur DNS ne peut être contacté. Ces valeurs seront reprises dans la suite de l'installation. Indiquez finalement la localisation du serveur.

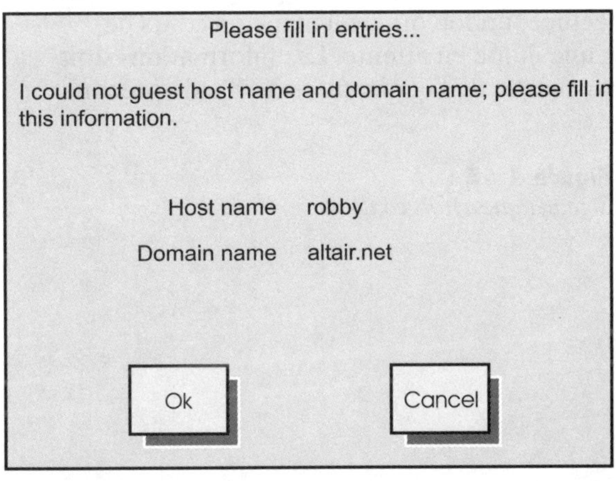

Figure 4.14 : *"Baptême" de la machine*

Copie depuis un disque dur

Vous pouvez également installer Linux depuis le disque dur. Copiez l'image ISO de la distribution dans un volume Windows puis bootez depuis une disquette élaborée avec l'image *hd.img*. L'image ISO peut être téléchargée en ligne comme indiqué au chapitre *Graver une distribution Linux*. Elle peut également être extraite du CD-Rom d'installation et copiée sur un disque 2,5 pouces muni d'un adaptateur.

Le chapitre* Gravure d'une distribution Linux *présente les logiciels requis pour cette opération.

4.6 Étapes de l'installation

L'assistant DrakX va vous accompagner dans toute la procédure d'installation. Veillez à connecter et à alimenter tous vos périphériques puis bootez le média.

Séquence de boot

Vérifiez dans le menu du BIOS que le boot se fait prioritairement sur disquette ou CD-Rom (consultez la documentation de l'ordinateur).

Une signalétique à trois couleurs rend compte de la progression. Un feu vert marque une étape effectuée, un feu orange l'étape en cours de réalisation et un feu rouge une étape en attente. Les informations sont rapportées dans le panneau gauche de l'écran, un texte d'aide prenant place dans un encadré.

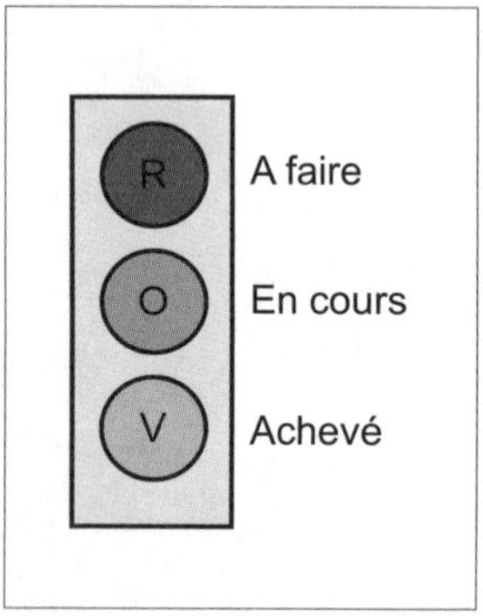

Figure 4.15 :
Signalétique à trois couleurs

Les touches du clavier complètent l'action de la souris.

Tableau 4-7 : Touches de navigation	
Touche	**Fonction**
Flèches de tabulation	Déplacer le focus
Flèches verticales	Scrolling
Entrée, Barre d'espace	Sélection
F1	Afficher l'aide
F11	Étape précédente
F12	Étape suivante

Invite

Un écran d'accueil affiche la progression du chargement de DrakX.

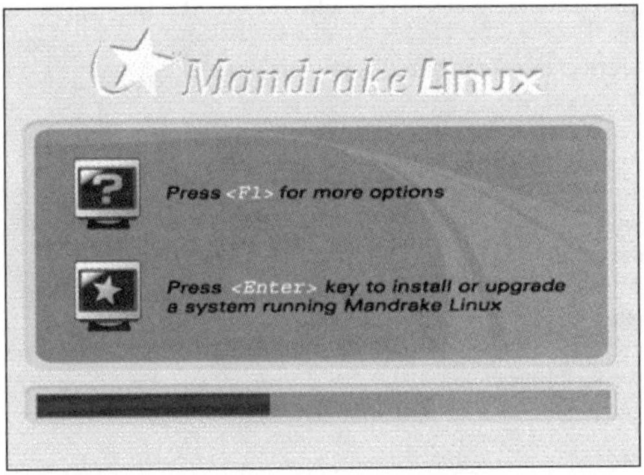

Figure 4.16 : *Écran d'accueil de DrakX*

En pressant la touche F1, vous accédez à des commandes complémentaires.

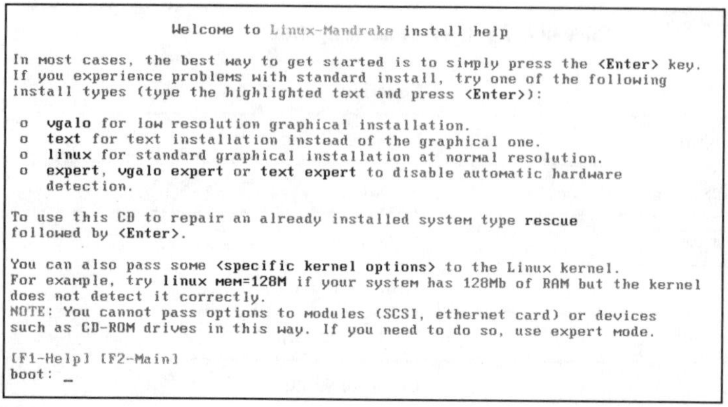

Figure 4.17 : *Commandes disponibles*

Voici les principaux choix mis à votre disposition :

Tableau 4-8 : Commandes de DrakX

Commande	Description
expert	Pas de détection automatique des périphériques
linux	Installation par défaut
rescue	Restauration d'un système Linux endommagé
text	Mode Texte
text expert	Expert en mode Texte
vgalo	Mode Basse résolution

Le mode rescue est réservé à la réparation d'un système Linux endommagé. Le mode Basse résolution vgalo est à essayer en cas de problèmes d'affichage avec le mode Graphique standard. Le mode text est utile dans le cas d'un PC ayant moins de 32 Mo de mémoire vive. La couche graphique est en effet coûteuse en RAM. Finalement, le mode expert désactive la détection automatique des périphériques. Par défaut, pressez la touche [Entrée]. Si Linux ne reconnaît pas l'intégralité de la RAM, saisissez la commande suivante :

```
linux mem=x
```

x représente le nombre de mégaoctets embarqués.

Choix de la langue

La première étape définit la langue nationale.

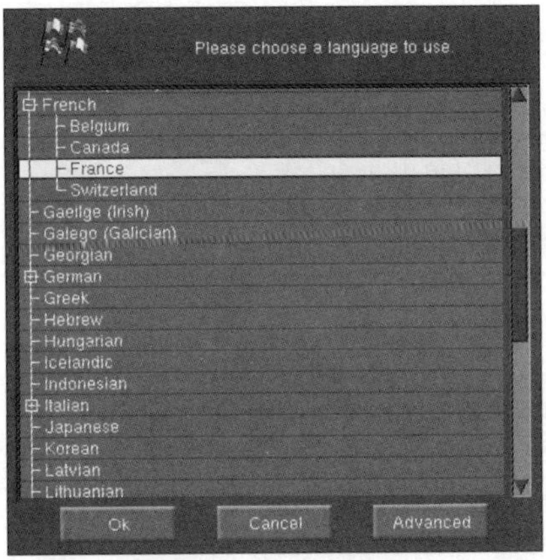

Figure 4.18 : *Choix de la langue nationale*

DrakX bascule dans cette langue dès l'écran suivant. Choisissez par exemple **French/France** dans la liste proposée.

Licence d'utilisation

L'écran suivant vous demande d'approuver les termes de la licence d'utilisation de la distribution. Les développements MandrakeSoft sont placés sous licence GNU GPL, mais d'autres applications distribuées sont soumises à des licences particulières.

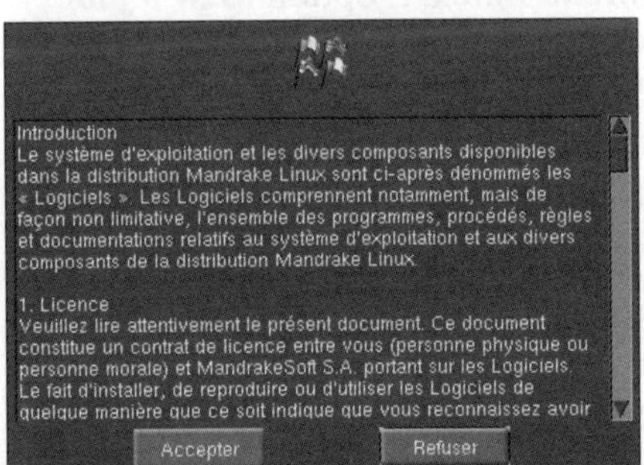

Figure 4.19 : *Termes de la licence d'utilisation*

Cliquez sur **Accepter**.

Choix du mode d'installation

DrakX propose deux modes d'installation :

Tableau 4-9 : Modes d'installation	
Mode	**Description**
Recommandé	DrakX pilote la plupart des choix.
Expert	Vous gardez le contrôle des opérations.

En mode Recommandé, DrakX adopte des réglages par défaut qui limitent les interventions de l'utilisateur. Le mode Expert nécessite une petite expérience de l'environnement Linux. Nous vous conseillons de choisir la classe **Recommandée** pour cette prise en main de Linux.

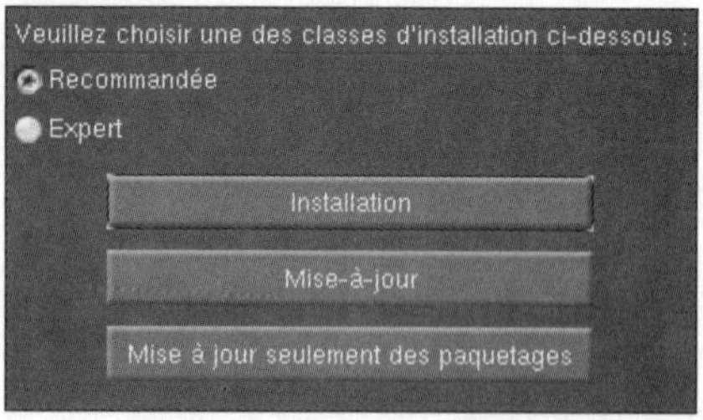

Figure 4.20 : *Les deux modes d'installation*

Cliquez sur **Installation**, ou sur **Mise à jour** si vous souhaitez mettre à niveau une version antérieure de Mandrake Linux. L'option **Mise à jour des paquetages**, disponible depuis la version 8.2, préserve les fichiers de configuration des applications en place.

Détection et configuration des disques (mode Expert)

DrakX détecte tous les disques IDE présents sur la machine et une éventuelle carte SCSI enfichée dans un slot PCI. Dans cette hypothèse, le pilote est chargé automatiquement.

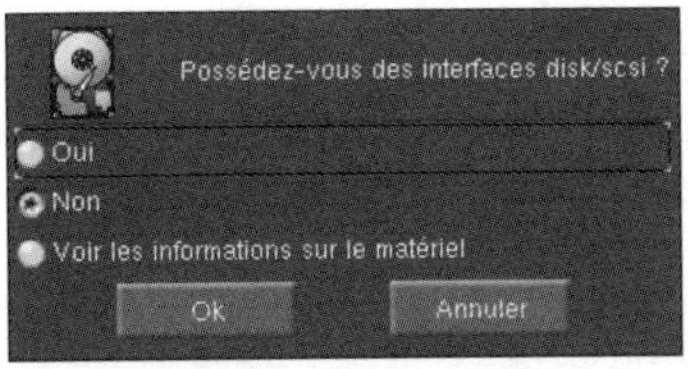

Figure 4.21 : *Sélection manuelle d'une carte SCSI*

Si la reconnaissance échoue, répondez **Oui** pour procéder au choix de la carte dans la liste des modèles reconnus par Linux.

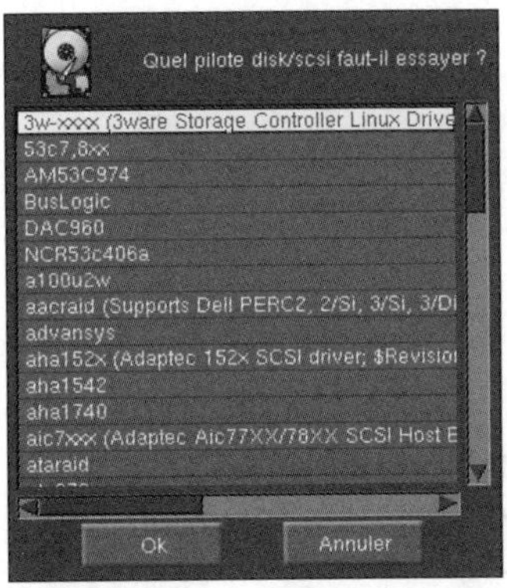

Figure 4.22 : *Liste des cartes SCSI reconnues*

L'option **Voir les informations sur le matériel** affiche les composants détectés. La machine de test embarque des circuits NVidia.

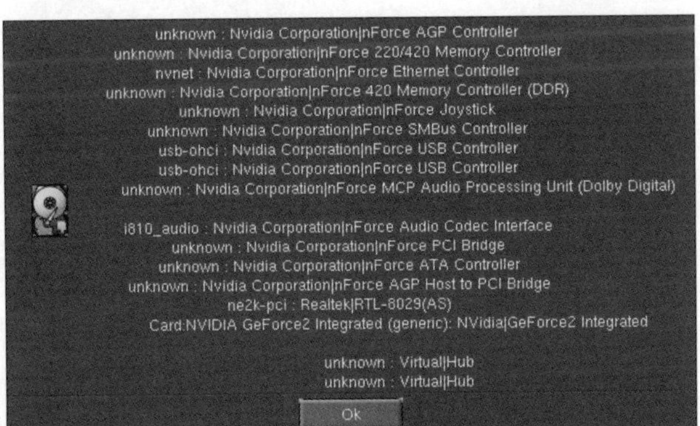

Figure 4.23 : *Composants détectés*

Configuration de la souris (mode Expert)

DrakX détecte un éventuel dispositif de pointage. Dans le cas d'une souris à deux boutons, leur pression simultanée simule l'action d'un bouton central.

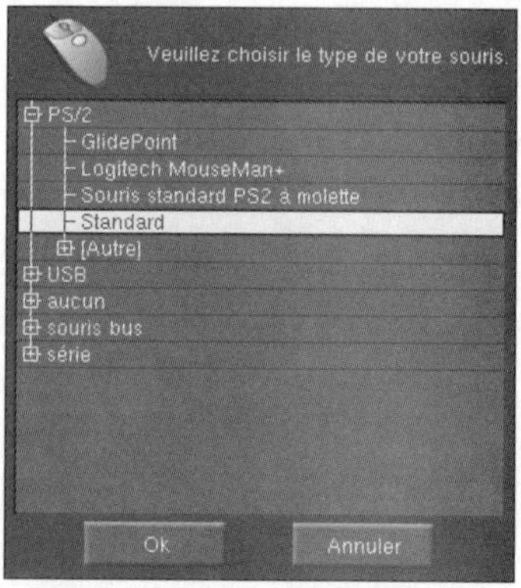

Figure 4.24 : *Détection de la souris*

La connexion est de type USB, PS/2, bus ou plus simplement série. Dans ce dernier cas, vous devez éventuellement préciser le port de connexion. COM1 désigne le premier port série, COM2 le deuxième, etc. DrakX vous propose de tester la souris si vous n'avez pas conservé le choix par défaut. Les clics et le mouvement de la molette sont traduits à l'écran. Validez par OK.

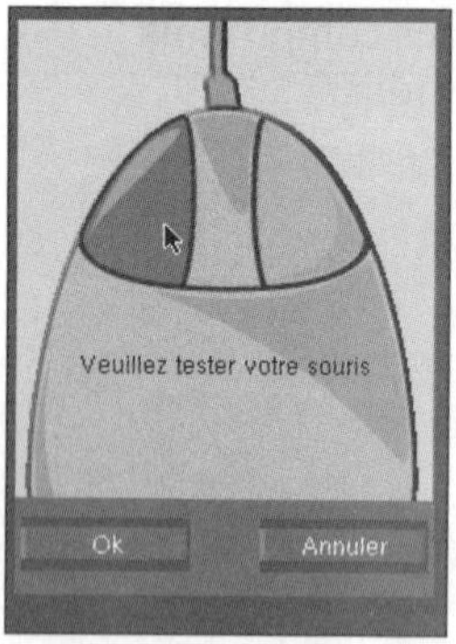

Figure 4.25 : *Test de la souris*

Configuration du clavier (mode Expert)

La disposition du clavier est déduite de la langue d'installation. Validez par OK.

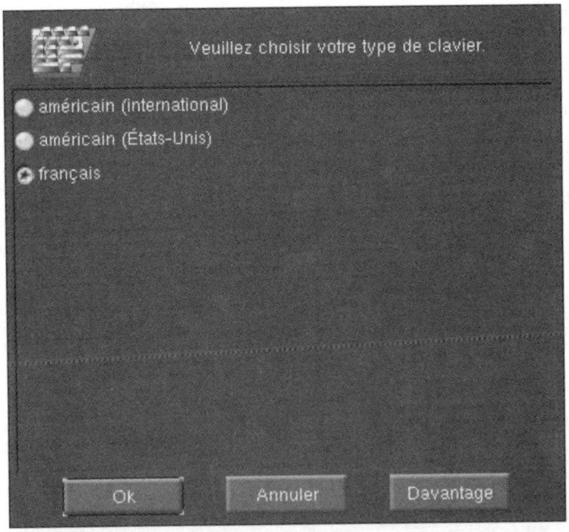

Figure 4.26 : *Disposition du clavier*

Niveau de sécurité (mode Expert)

En mode Expert, vous choisissez le niveau de sécurité de votre système.

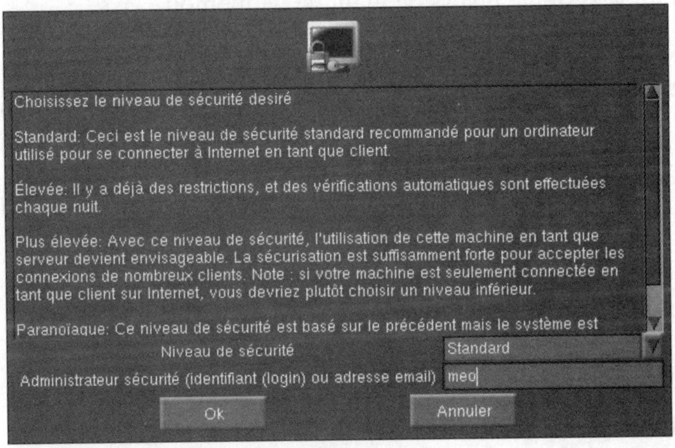

Figure 4.27 : *Niveau de sécurité*

Un niveau de sécurité élevé est plus contraignant pour les utilisateurs. Il est conseillé dans le cas d'une machine placée en réseau. Réservez le niveau de sécurité faible à une station indépendante. Choisissez **Standard** par défaut.

Partitionnement des disques

Le partitionnement varie selon que le disque est vierge ou qu'il contient déjà des partitions Linux ou Windows. En mode Recommandé, un assistant simplifie l'attribution judicieuse de l'espace disque libre à Linux.

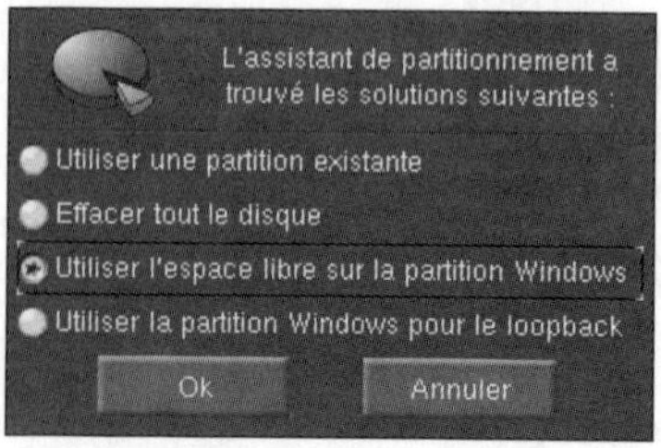

Figure 4.28 :
Mode de partitionnement du disque

Utiliser l'espace libre

Le disque dispose d'espace libre. DrakX procède automatiquement au découpage de cet espace en une partition principale, contenant l'essentiel de Linux, une partition réservée aux données des utilisateurs et une partition dite de swap, épaulant le système en cas de manque de mémoire vive.

DÉFINITION

Partition de swap

La partition d'échange (swap) sert au déchargement temporaire sur disque des pages de code les moins utilisées par le processeur, libérant de l'espace en RAM pour le code plus sollicité.

L'organisation des fichiers Linux est hiérarchique. La racine de l'arborescence est notée / et correspond à une partition principale. Les fichiers sont regroupés dans des répertoires. Les périphériques sont également accessibles par le biais de fichiers.

Cependant, à la différence de Windows (excepté Windows NT), Linux accepte qu'un répertoire devienne un point d'accès vers une partition secondaire, autorisant ainsi une affectation souple et pérenne de l'espace de stockage.

RENVOI

***Ce point fait l'objet d'une section au chapitre* Administration système.**

REMARQUE

Points de montage et fichiers de périphériques

L'arborescence d'un système Linux désigne l'organisation hiérarchique de l'espace de stockage en répertoires imbriqués. Un point de montage désigne le répertoire de rattachement d'une partition. Par extension, tous les périphériques sont accessibles par le biais de fichiers placés dans le répertoire */dev*.

La racine de l'arborescence est comparable à une armoire de classement. Les répertoires sont des dossiers, les fichiers étant les documents qui y sont rangés. Les points de montage sont des renvois vers d'autres armoires de classement. La notion d'arborescence signifie qu'un dossier peut lui-même contenir d'autres dossiers.

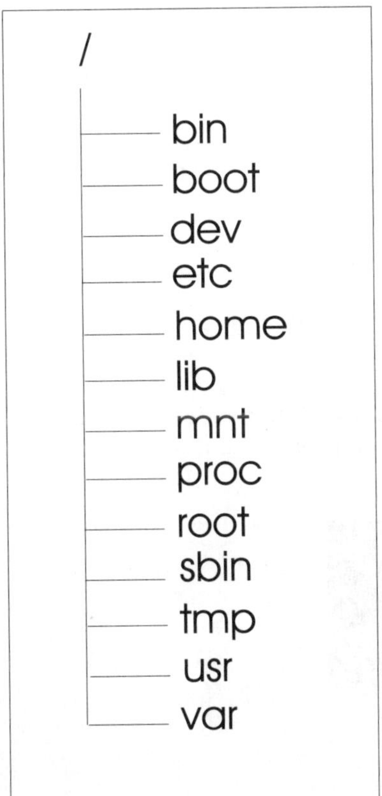

Figure 4.29 : *Organisation hiérarchique du système de fichiers*

Voici un découpage adapté au cas d'une station personnelle :

Tableau 4-10 : Partitions par défaut		
Partition	**Point d'accès**	**Contenu**
Principale	/	Le système
Auxiliaire	***/home***	Données des utilisateurs
Échange	-	Déchargement de pages de code

L'option **Partionnement personnalisé** lance l'utilitaire DiskDrake, traité un peu plus loin. Dans ce cas, vous décidez du découpage de l'espace disque. La partition utilisateur /home et la partition d'échange sont chaudement recommandée.

RENVOI

Nous reviendrons sur ce point au chapitre* Administration *système..

Effacer le disque

Le disque contient des données qui seront irrémédiablement perdues. DrakX s'attribue l'espace libéré.

Utiliser les partitions Linux en place

DrakX utilise les partitions résultant d'une installation précédente de Linux. Des points de montage cohérents sont proposés en fonction de la taille des partitions.

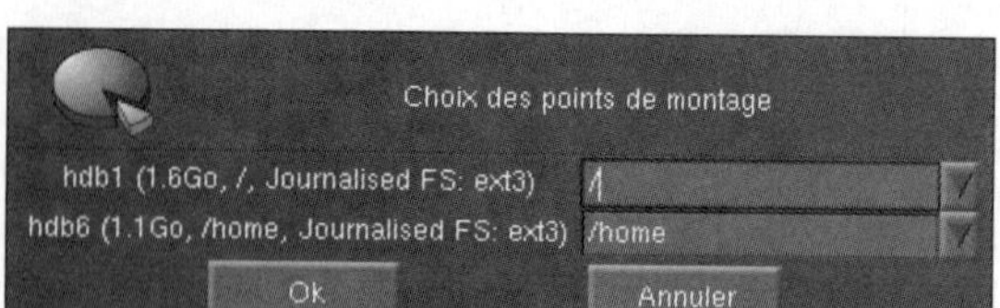

Figure 4.30 : *Validation des points de montage*

Utiliser l'espace libre de la partition Windows

Le disque contient une partition Windows. DrakX va en modifier physiquement la taille puis attribuer l'espace libéré à Linux. Le volume Windows doit donc être testé et défragmenté au préalable.

Accès à la partition Windows

Si une partition Windows est présente sur le disque, DrakX vous propose de l'intégrer au futur système Linux. Le système de fichiers Windows sera rendu accessible en lecture et en écriture en un point du système de fichiers Linux.

Tableau 4-11 : Point de montage de la partition Windows

Partition	Point d'accès	Contenu
Windows	*/mnt/windows*	Données Windows

Accès aux lecteurs de disquettes et de CD-Rom

Les lecteurs de disquettes et de CD-Rom sont automatiquement intégrés à l'arborescence.

Tableau 4-12 : Points de montage des lecteurs de disquettes et de CD-Rom

Périphérique	Point de montage
Lecteur de disquettes	*/mnt/floppy*
Lecteur de CD-Rom	*/mnt/cdrom*

Une fois toutes ces informations fixées, DrakX va procéder au formatage des partitions.

Formatage des partitions (mode Expert)

Réclamez le formatage de toutes les partitions, hormis celles de données, récupérées d'une ancienne installation de Linux.

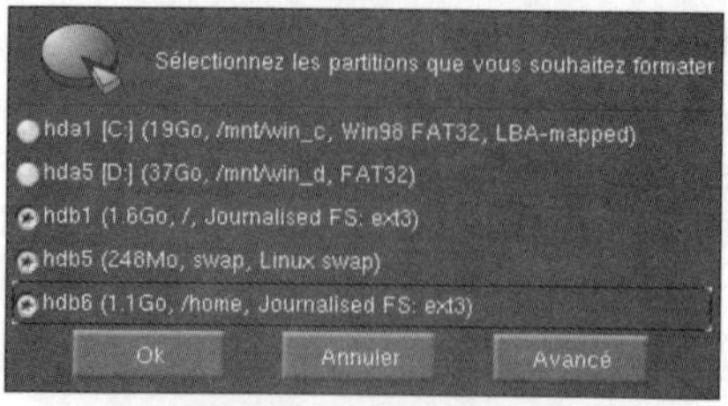

Figure 4.31 : *Choix des partitions à formater*

Choix des paquetages Linux

Vous devez maintenant sélectionner les composants logiciels, ou paquetages, qui compléteront la base de votre futur système Linux. En mode Expert, DrakX réclame le décompte des CD-Rom optionnels dont vous disposez. Cliquez sur **Annuler** si vous travaillez avec le CD-Rom accompagnant ce manuel.

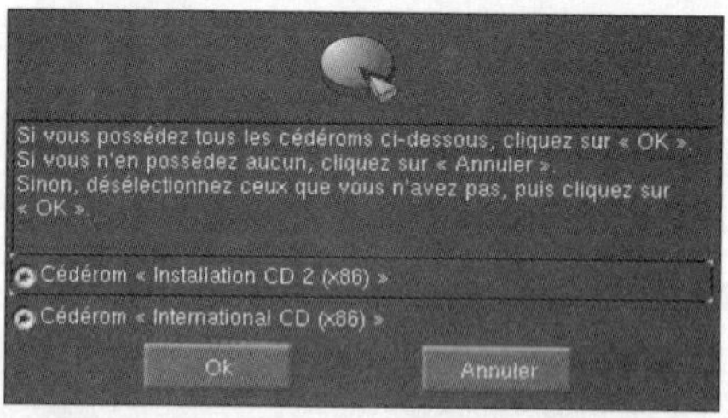

Figure 4.32 : *Sélection de CD-Rom supplémentaires*

DrakX propose alors une liste de paquetages.

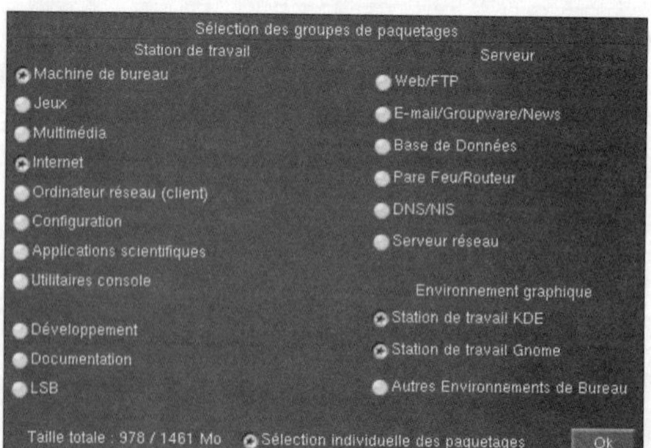

Figure 4.33 : *Liste des paquetages*

La notion de paquetage

Les paquetages sont censés contenir des logiciels.

> DÉFINITION
>
> ***Paquetage***
>
> Un paquetage est un composant logiciel se présentant sous la forme d'une archive compressée.

Un paquetage peut être simplement installé, mis à jour ou supprimé, à l'aide d'un utilitaire dédié. Les formats RPM et Deb, introduits respectivement par Red Hat et Debian, sont les plus populaires. Slackware Linux utilise un format brut TGZ (Tar+GZip), un peu moins souple.

DrakX installe automatiquement les paquetages RPM nécessaires à un fonctionnement minimal de Linux. Vous choisissez les paquetages complémentaires classés par thème. Effectuez une première sélection adaptée à vos besoins. N'ayez pas d'inquiétude si vous en oubliez. L'utilitaire rpm permet de les intégrer ultérieurement.

Les paquetages apportent une grande souplesse à Linux. Ils sont un avantage majeur par rapport au mode d'installation de logiciels sous Windows 9x/Me/XP. Les utilitaires d'installation maintiennent une base de données globale et unique, qui garantit la cohérence de l'ensemble des logiciels en termes de versions ou de dépendances.

Thèmes

Les paquetages sont disposés à l'écran en deux colonnes, prenant en compte la destination principale de la machine d'accueil : *station de travail* à gauche, *serveur* à droite. Placez le curseur de la souris sur un élément de la liste pour obtenir une brève description de son contenu. Cliquez pour activer ou pour annuler la sélection d'un composant. Validez vos choix par OK.

Tableau 4-13 : Groupes de paquetages

Paquetage	Contenu
Station de travail bureautique	Traitements de texte, tableurs, afficheurs PostScript et PDF
Jeux	Jeux de patience et d'actions

Tableau 4-13 : Groupes de paquetages	
Paquetage	**Contenu**
Multimédia	Lecteurs audio et vidéo
Internet	Clients pour la consultation du courrier et des nouvelles, navigateurs Web
Ordinateur réseau (client)	Clients pour divers protocoles IP dont SSH
Configuration	Outils de configuration Linux
Applications scientifiques	Tracé de graphes, calcul en précision arbitraire
Utilitaires console	Éditeurs, interpréteurs de commandes, gestionnaires de fichiers
Développement	Bibliothèques C et C++, outils de compilation
Documentation	Guides et HOWTO
Web/FTP	Serveurs Web et FTP
Email/Groupware/News	Serveur de courrier et de nouvelles
Base de données	Serveurs de bases de données relationnelles
Firewall/Routeur	Passerelle et pare-feu IP
DNS/NIS	Serveurs DNS et NIS
Serveur réseau	Serveurs de fichiers NFS et SAMBA, serveurs proxy
Station de travail KDE	Bureau KDE
Station de travail Gnome	Bureau GNOME
Autres environnements de bureau	Bureaux économiques en termes de mémoire

Si des serveurs sont sélectionnés, DrakX vous demande de confirmer leur activation.

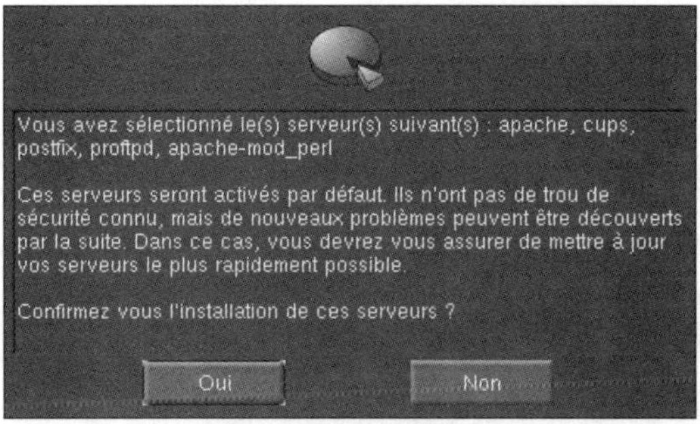

Figure 4.34 : *Activation des serveurs*

La création de l'arborescence et la copie des paquetages durent un temps variable, selon la puissance de votre processeur et les performances de votre disque. Comptez environ 30 minutes sur un PC Pentium.

Figure 4.35 : *Installation des paquetages*

Une estimation du temps d'installation apparaît dans la partie inférieure de l'écran.

Sélection individuelle des paquetages (mode Expert)

En mode Expert, cliquez sur **Sélection individuelle des paquetages** pour choisir précisément les paquetages à installer.

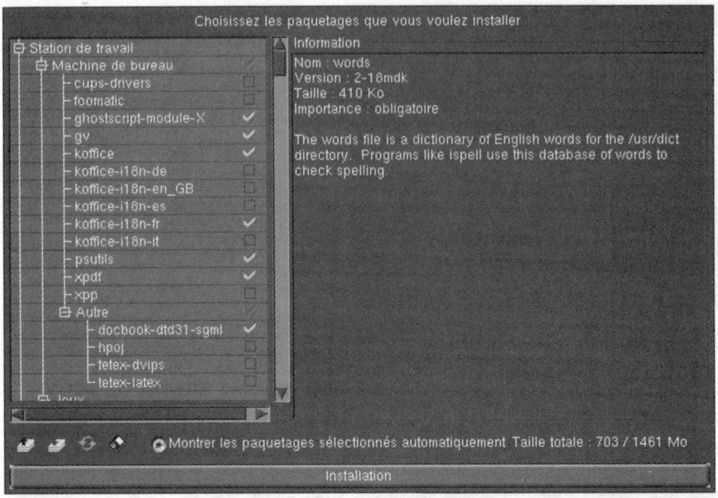

Figure 4.36 : *Arborescence des paquetages*

Les boutons situés sous la liste déroulante déploient et replient les branches de l'arborescence des paquetages. L'icône représentant une disquette rappelle une sélection sauvegardée au cours d'une installation antérieure.

Jeux de CD-Rom

Selon l'origine de votre distribution, vous possédez de un à trois CD-Rom. DrakX réclame, si nécessaire, un changement de CD-Rom.

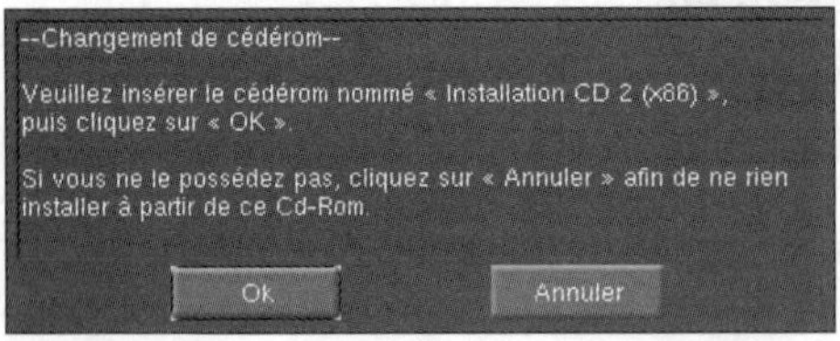

Figure 4.37 : *Changement de CD-Rom*

Vous conservez la possibilité d'annuler l'action en cours.

Saisie du mot de passe de l'utilisateur root

Choisissez le mot de passe de l'utilisateur root.

Utilisateur root

L'utilisateur privilégié, aussi nommé root, possède des droits d'accès étendus au système Linux dans son ensemble. Un utilisateur ordinaire possède des droits d'accès restreints, fonction de la politique de sécurité décidée par l'administrateur du système. Chaque utilisateur est authentifié par un identifiant et un mot de passe.

Le mot de passe compte au moins six chiffres et lettres. Lors de la saisie, les caractères sont remplacés par des astérisques, ce qui assure une confidentialité maximale à l'opération. Confirmez le mot de passe. Conservez le mode d'enregistrement des mots de passe dans un fichier local. Les modes **LDAP** et **NIS** reposent sur des bases de données globales.

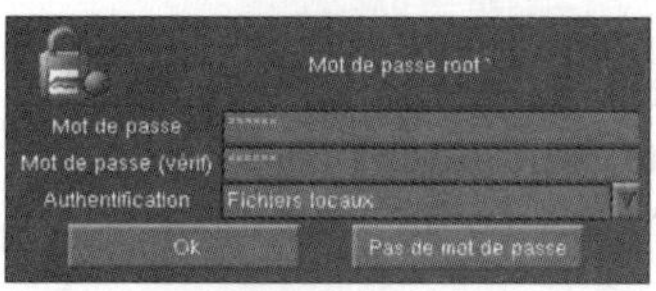

Figure 4.38 : *Choix du mot de passe root*

Ne notez pas votre mot de passe sur un papier. Ne choisissez ni votre nom, ni votre prénom, ni votre date de naissance. Évitez toute combinaison de ces éléments. Les initiales d'une phrase facile à mémoriser, complétées de chiffres, forment un mot de passe judicieux. Par exemple, la phrase "les voyages électriques d'Ijon Tichy" et une année de naissance (1978 par exemple) donne le mot de passe "lveit78". Ces conseils sont particulièrement importants si la machine Linux fait partie d'un réseau local, ou si elle est connectée à Internet. Le mot de passe root est le verrou essentiel du système.

Création d'un compte utilisateur

DrakX impose la création d'au moins un compte utilisateur.

Compte utilisateur

Un compte utilisateur est la combinaison d'un nom et d'un mot de passe, attribuée à un utilisateur. Par extension, il désigne les données qui lui sont associées.

Votre identifiant et votre mot de passe sont réclamés par le système préalablement à toute session. Ils conditionnent vos droits.

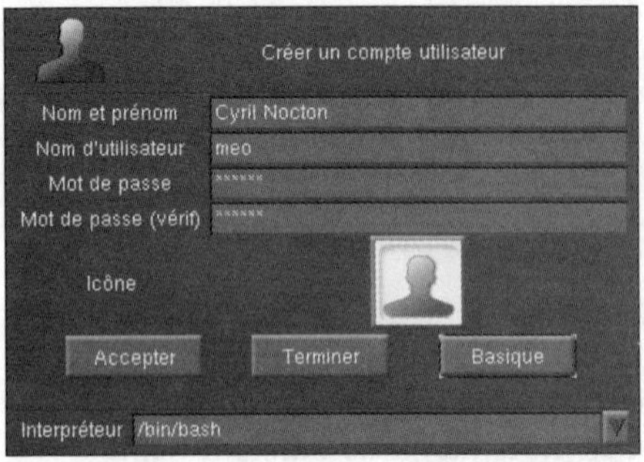

Figure 4.39 : *Création d'un premier compte utilisateur*

Saisissez, dans l'ordre, le nom et le prénom de la personne, un nom d'utilisateur et un mot de passe différent de celui de root. Validez en cliquant sur **Accepter**, ou sur **Terminer** si vous ne souhaitez pas créer d'autres comptes. Le bouton **Avancé** modifie le shell (interpréteur de commandes) par défaut.

DÉFINITION

Shell

Un Shell est un programme interprétant les commandes de l'utilisateur. Les commandes peuvent être regroupées en programmes ou en scripts pour un traitement automatique. Nombre des fonctionnalités de Linux reposent sur de tels scripts.

Deux shells standard sont normalement présents sur tout système Linux. Bash est sélectionné par défaut.

Tableau 4-14 : Shells de base

Shell	Description
bash (abréviation de "Bourne Again Shell")	Shell standard
tcsh (abréviation de "TENEX C Shell")	Shell à la syntaxe dérivée de C

Vous vous connecterez le plus souvent sous ce compte, et éviterez ainsi tout risque de corrompre Linux. Les utilisateurs de Windows 9x/Me, habitués à un environnement peu sécurisé, seront surpris dans un premier temps par cette approche, mais elle est gage de fiabilité, même dans le cadre d'un usage personnel.

Login automatique

Sous Mandrake Linux 9.0, il est possible d'utiliser la procédure de connexion automatique, laquelle épargne la saisie du mot de passe. Cette option limite sérieusement la sécurité de Linux. Répondez **Non** si plusieurs utilisateurs ont accès à l'ordinateur.

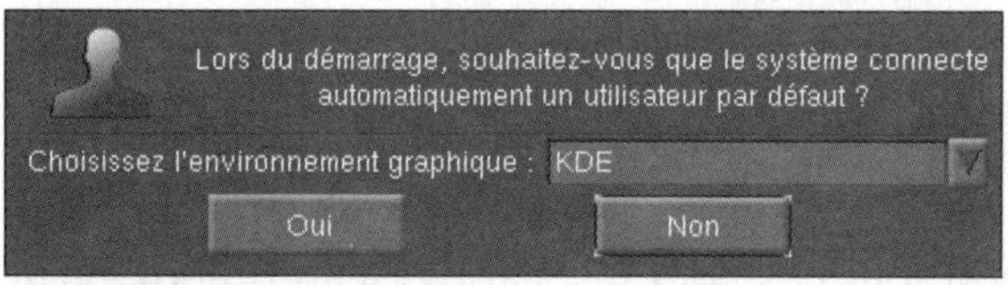

Figure 4.40 : *Login automatique*

Configuration du réseau

DrakX va maintenant procéder à la configuration du réseau. Cette section vous concerne si vous possédez une carte réseau et/ou un modem RTC, câble ou ADSL.

RENVOI

Les chapitres Services Internet et Linux en réseau font le point sur ces aspects réseau.

Type de connexion

DrakX vous laisse le choix entre plusieurs types de connexions.

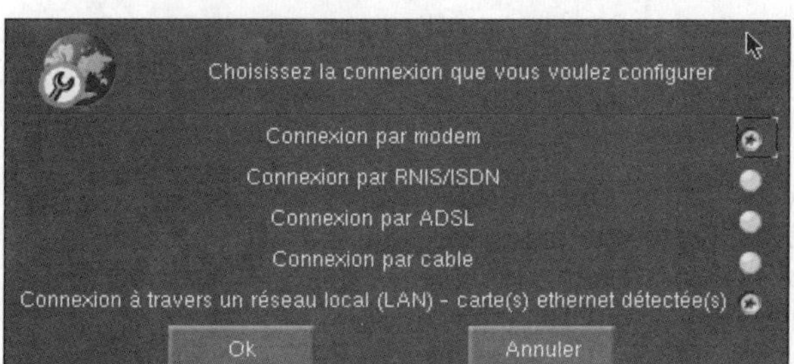

Figure 4.41 : *Type de connexion réseau*

Voici la description des différentes possibilités :

Tableau 4-15 : Types de connexions	
Connexion	**Support**
Modem	Réseau téléphonique commuté
ISDN	Réseau à intégration de services
ADSL	Réseau rapide sur paire cuivrée
Câble	Réseau câblé
LAN	Réseau local

Choisissez **Connexion LAN** si vous possédez une carte réseau Ethernet. Un composant peut également être soudé directement sur la carte mère. La carte réseau est détectée automatiquement.

Mode d'attribution de l'adresse IP

DrakX vous demande ensuite si la machine disposera d'une adresse IP fixe, ou si cette adresse sera allouée dynamiquement par un serveur BOOTP ou DHCP connecté au réseau.

Tableau 4-16 : Mode d'attribution de l'adresse IP	
Mode	**Description**
Statique	Adresse IP fixe
BOOTP (Boot Protocol)	Obsolète
DHCP (Dynamic Host Configuration Protocol)	Adresse IP allouée par un serveur

Choisissez **Statique** si vous désirez monter un petit réseau personnel, sans connaissances particulières. Optez pour **DHCP** si l'administrateur de votre réseau vous fournit cette information.

Sélection d'une adresse IP privée

Dans le cadre d'un réseau personnel, vous pouvez choisir une des adresses statiques réservées par l'IANA (Internet Assigned Numbers Authority) : par exemple, une adresse privée de type 192.168.0.x, où 192.168.0 désigne un réseau privé, et x un numéro de machine compris entre 1 (inclus) et 254 (inclus). Vous avez l'assurance que l'adresse choisie n'entrera pas en conflit avec une adresse IP du domaine public.

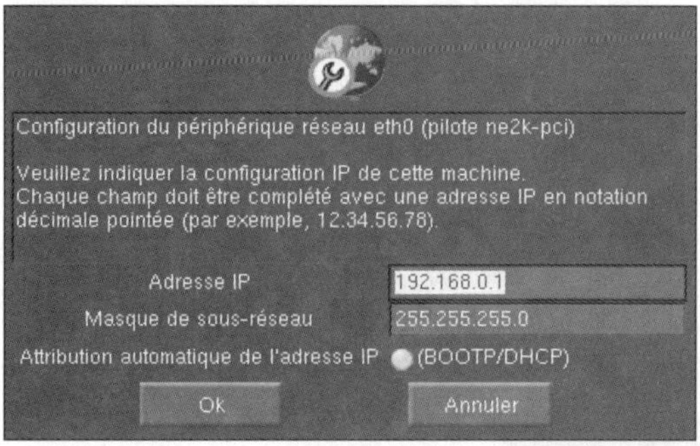

Figure 4.42 : *Attribution d'une adresse privée*

Dans ce cas, le masque réseau est 255.255.255.0. Les trois octets situés à l'extrême gauche d'une adresse de classe C désignent un réseau, l'octet à droite une machine. Validez par OK.

Choix d'un nom de machine et d'un nom de domaine

La fenêtre suivante réclame le nom de votre machine et le nom du domaine auquel celle-ci est rattachée.

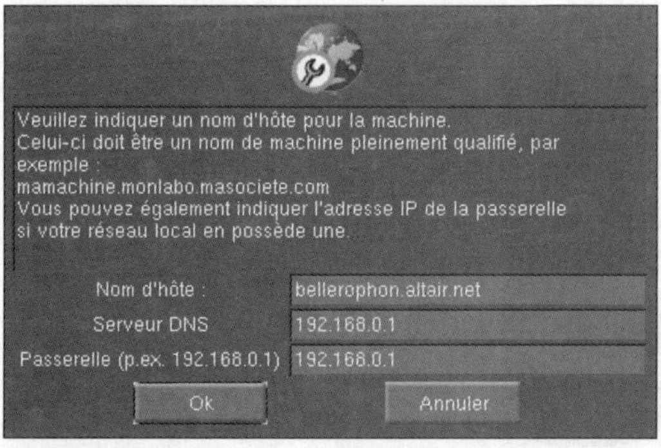

Figure 4.43 : *Attribution du nom de la machine*

Saisissez l'information sous la forme *nom_machine.nom_domaine*.

Serveur de noms

Un serveur de noms établit la correspondance entre les noms de machine et les adresses IP. Indiquez l'adresse IP d'un serveur de nom, si vous la connaissez. Sinon, vous saisirez cette information ultérieurement. Dans le cas d'un petit réseau privé, cette zone peut rester vide pour l'instant.

Passerelle

Une passerelle fait la liaison entre deux réseaux. Réclamez cette information à votre administrateur. Validez par OK.

Proxy

Une nouvelle fenêtre s'ouvre, où vous pouvez saisir les adresses des serveurs proxy communiquées par votre fournisseur d'accès Internet.

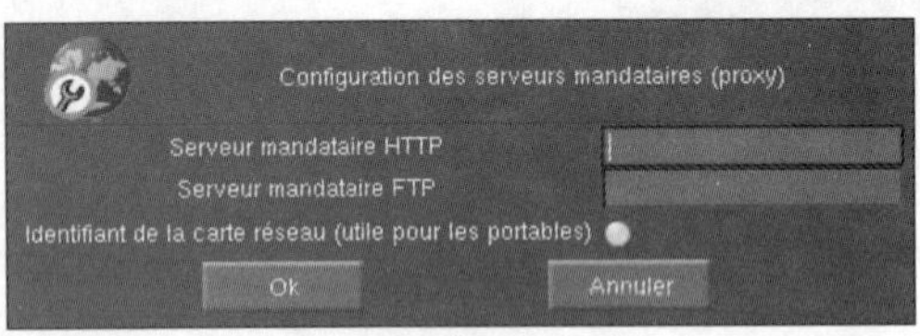

Figure 4.44 : *Proxy*

Connexion par modem

Cette option concerne la connexion par modem analogique au service d'un FAI. Choisissez tout d'abord le port série auquel le modem est connecté. Le port est sélectionné par défaut dans le cas d'une carte modem PCI.

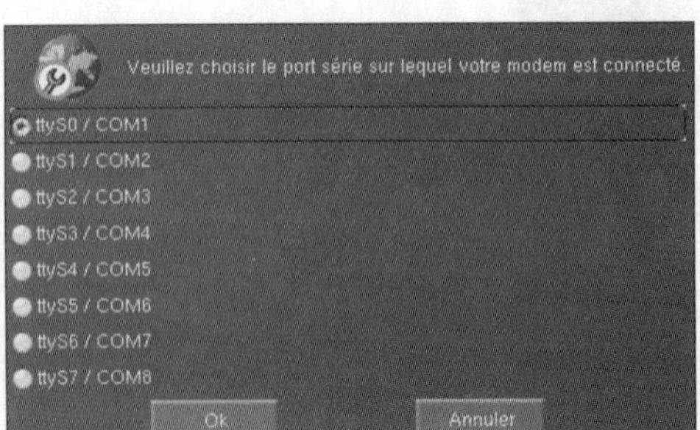

Figure 4.45 : *Port série du modem*

Nommez ensuite le compte.

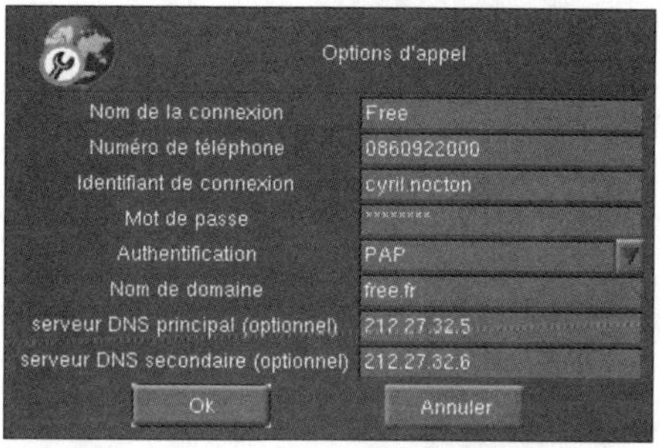

Figure 4.46 : *Informations sur le compte*

Indiquez le numéro de téléphone du FAI, l'identifiant et le mot de passe. Pour le mode d'authentification, vous avez le choix entre **PAP** et **CHAP**. DrakX vous propose de lancer automatiquement la connexion à chaque démarrage de Linux ; normalement, la réponse est **Non**.

Résumé

Une page résume les choix de configuration opérés.

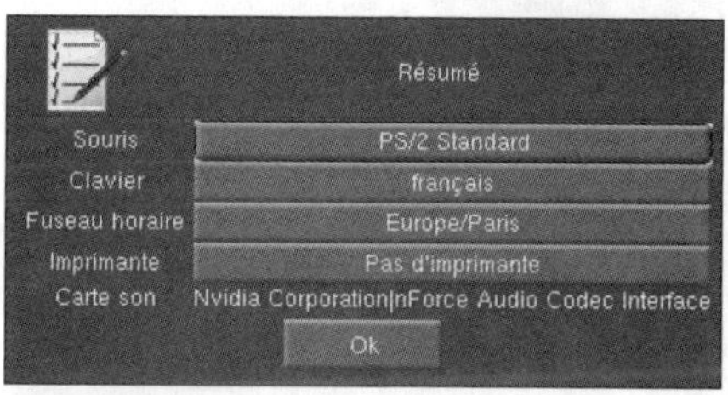

Figure 4.47 : *Résumé de la configuration*

Le fuseau horaire et le type de clavier sont déduits de la langue que vous avez choisie dans la première étape de l'installation. Le type de la souris a été déterminé automatiquement par DrakX, en mode Recommandé. En fonction de votre équipement, des entrées *Carte son*, *Carte TV* ou *Carte ISDN* sont éventuellement affichées. Pour revenir sur l'un de ces choix, cliquez sur le bouton correspondant.

Configuration d'une imprimante

Nous allons configurer une imprimante locale. Le système d'impression CUPS (Common Unix Printing System) est le plus évolué. Il est sélectionné à ce titre.

Figure 4.48 : *Système d'impression*

Cliquez sur **Ajouter une imprimante**.

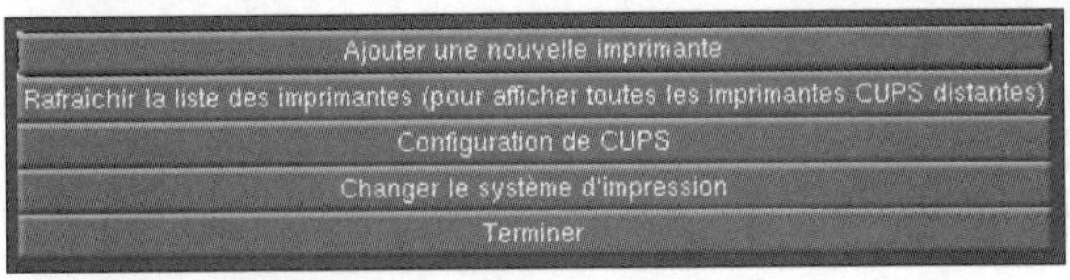

Figure 4.49 : *Ajout d'une imprimante*

Choisissez l'option **Imprimante locale** si votre imprimante est raccordée directement à l'ordinateur.

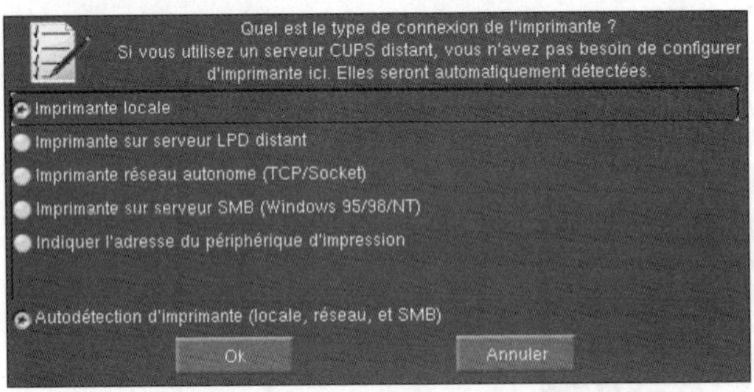

Figure 4.50 : *Mode de raccordement de l'imprimante*

DrakX détecte ensuite les interfaces parallèles et le modèle de l'imprimante.

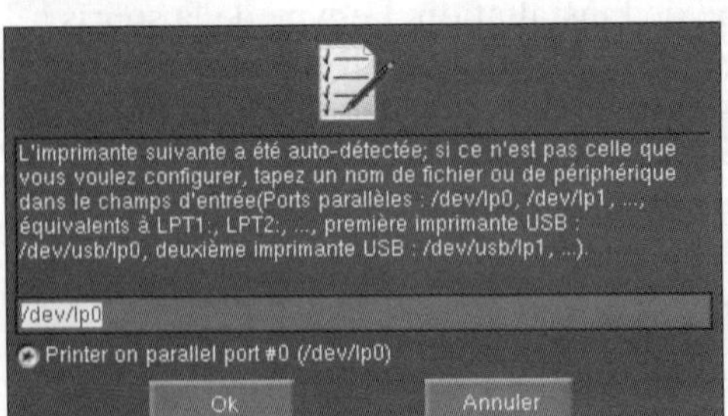

Figure 4.51 : *Détection de l'imprimante*

Les fichiers de périphériques respectent la nomenclature suivante :

Tableau 4-17 : Fichiers de périphériques	
Fichier de périphérique	**Interface**
/dev/lp0	1
/dev/lp1	2
/dev/lp2	3
/dev/lp3	4

Si l'imprimante est connectée à un port USB, le fichier de périphérique prend la forme */dev/usb/lpx*.

Nommez l'imprimante.

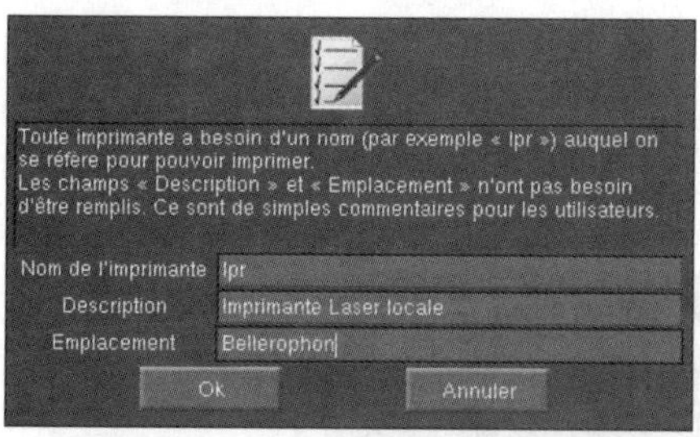

Figure 4.52 : *"Baptême" de l'imprimante*

Confirmez le choix du filtre d'impression proposé par DrakX.

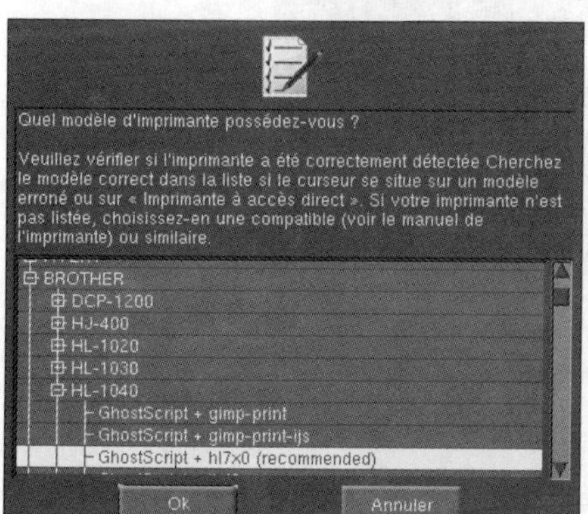

Figure 4.53 : *Choix du filtre d'impression*

Indiquez finalement les paramètres d'impression, comme le format du papier.

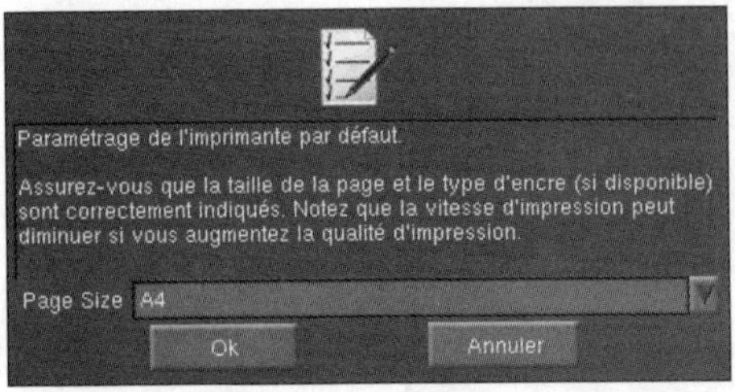

Figure 4.54 : *Paramètres d'impression*

Configuration des services (mode Expert)

La modularité de Linux repose en partie sur un découpage des fonctions du système en services, que l'administrateur active librement.

RENVOI

Nous reviendrons longuement sur ce point au chapitre Administration système.

DrakX affiche une liste de ces services, variable selon les paquetages installés.

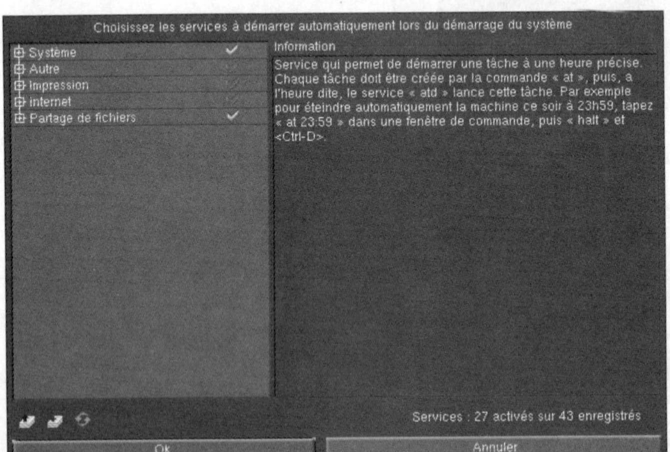

Figure 4.55 : *Liste de services*

Validez la liste en l'état.

Création d'une disquette d'amorçage (mode Expert)

Nous vous conseillons de répondre **Oui** à la proposition de création d'une disquette d'amorçage. Vous pourrez ainsi amorcer Linux en cas de dommage causé au secteur de boot du disque dur.

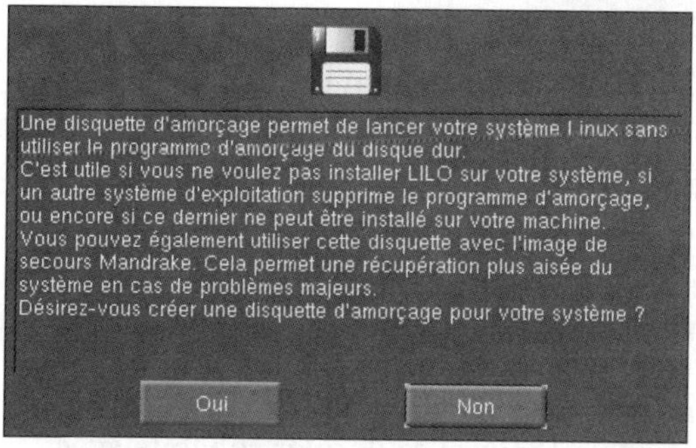

Figure 4.56 : *Création d'une disquette d'amorçage*

La disquette d'amorçage est également utile si vous installez Windows 9x/Me après Linux. Dans ce cas, Windows écrasera le secteur de boot. Il vous suffira d'amorcer Linux à l'aide de la disquette, puis de saisir la commande suivante :

```
# /sbin/lilo
```

Il vous est demandé d'insérer une disquette haute densité. Si vous avez opté pour une installation en mode Recommandé, il est bien évidemment possible de créer cette disquette à l'occasion de la première session Linux.

RENVOI

*Le chapitre **Administration système** indique la marche à suivre.*

Installation du chargeur (mode Expert)

DrakX est fourni avec deux gestionnaires d'amorçage : LILO (LInux LOader) et GRUB (GRand Unified Bootloader). GRUB offre davantage de souplesse, mais LILO reste efficace pour une configuration élémentaire. DrakX tient compte de la présence éventuelle de Windows sur le disque. Dans ce cas, le chargeur est configuré de sorte qu'il reste possible d'exécuter Windows.

Dans certains cas, DrakX vous demande d'indiquer vos préférences.

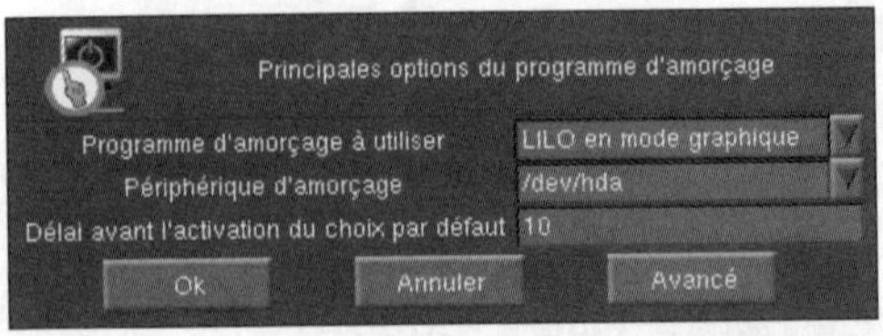

Figure 4.57 : *Choix du chargeur*

Optez pour **GRUB**, **LILO** ou **LILO avec menu graphique**. Le disque dur sélectionné par défaut est normalement correct. Le délai de 10 secondes peut être changé. Passé ce délai, Linux est chargé par défaut.

Où placer l'amorce de LILO ?

Placez l'amorce de LILO au niveau du MBR si le lancement de tous les systèmes d'exploitation repose sur ce chargeur. Tel est le cas si Linux réside seul sur le disque, ou en combinaison avec Windows 9x. Placez l'amorce de LILO en tête de la partition principale Linux si ce dernier cohabite avec Windows NT.

Configuration de l'environnement graphique

DrakX va maintenant détecter la carte graphique et configurer X Window. Il s'agit de l'environnement graphique commun, sur lequel reposent les bureaux GNOME, KDE, WindowMaker, etc.

Choix d'un type de moniteur

La fréquence de balayage horizontal est une caractéristique essentielle d'un moniteur

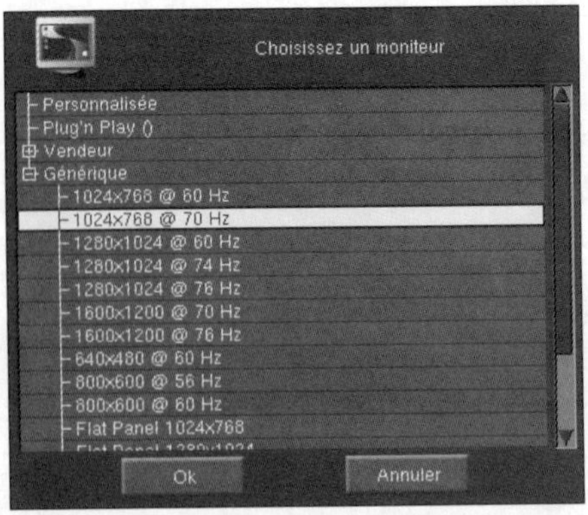

Figure 4.58 : *Choix d'un moniteur*

Choisissez des fréquences et des résolutions prises en charge par votre écran.

> **Fréquence et résolution du moniteur**
>
> Fréquence de balayage et résolution doivent effectivement être reconnues par votre moniteur, des indications erronées pouvant mener à la détérioration du matériel. Dans le doute, optez pour un mode SVGA à 56 Hz conservateur.

Pilote de la carte graphique

DrakX détecte automatiquement le contrôleur vidéo embarqué.

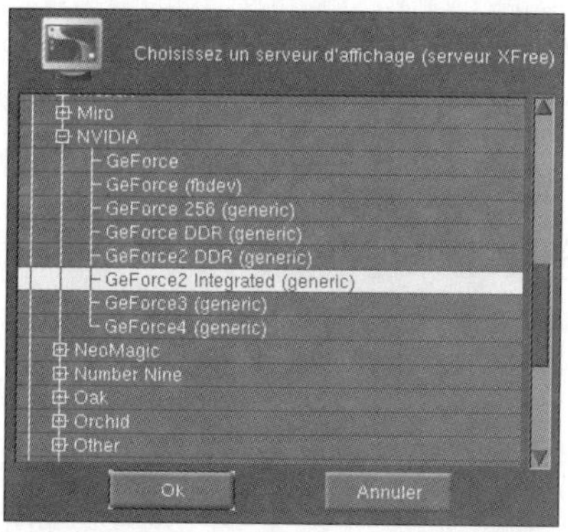

Figure 4.59 : *Détection du contrôleur vidéo*

Le pilote est extrait du CD-Rom d'installation. La résolution et le nombre de couleurs sont calculés au mieux des possibilités de la carte.

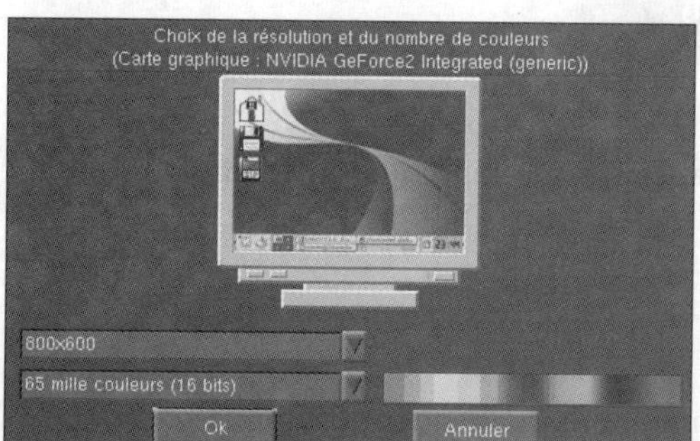

Figure 4.60 : *Choix de la résolution et du nombre de couleurs*

Validez par **Oui**. En mode Expert, vous pouvez opter pour l'une des versions 3.3.6 ou 4.2.1 de l'environnement graphique. Lors du test de fonctionnement, la mire doit apparaître stable et riche de toutes ses couleurs. Si vous posséder une carte graphique muni d'un accélérateur 3-D, DrakX vous demandera si vous voulez l'activer ou utiliser le serveur X sans accélérateur.

Lancement automatique de X Window

DrakX vous propose de lancer automatiquement le mode Graphique à chaque démarrage du système. Nous montrerons ultérieurement comment basculer d'un mode à l'autre.

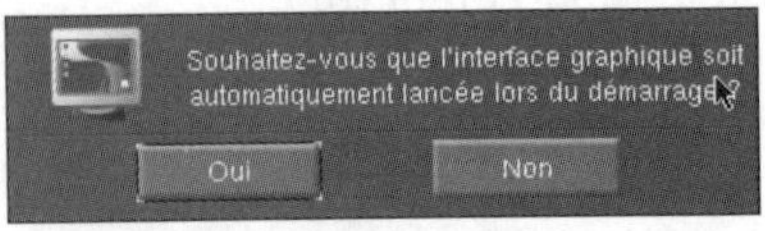

Figure 4.61 : *Lancement automatique de X*

Fin de l'installation

Votre station Linux est opérationnelle. Retirez disquette et CD-Rom des lecteurs et rebootez.

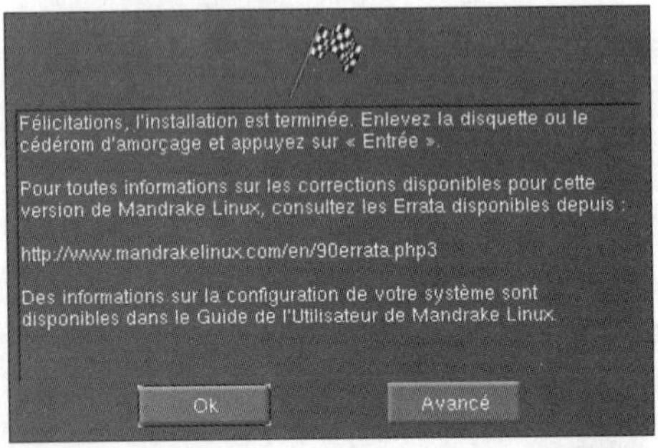

Figure 4.62 : *Une installation réussie*

En mode Expert, cliquez sur **Avancé** si vous souhaitez créer une disquette de sauvegarde des paramètres d'installation.

4.7 DiskDrake

DiskDrake est l'outil de partitionnement de disques développé par MandrakeSoft. Entièrement graphique, il est plus simple d'usage que ses équivalents en mode Texte. Un site Web et une FAQ lui sont consacrés.

FAQ DiskDrake

Une foire aux questions peut être consultée à la page **www.linux-mandrake.com/diskdrake/**.

DiskDrake fait partie de DrakX, mais existe également comme programme Perl indépendant.

L'interface de DiskDrake

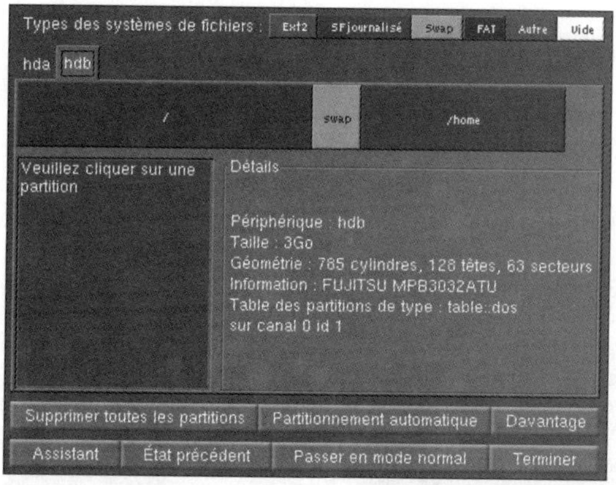

Figure 4.63 : *Fenêtre principale de DiskDrake*

Des onglets permettent de commuter entre les disques durs détectés par DiskDrake. Dans notre exemple, deux disques durs ATA/IDE sont repérés par les séquences *hda* et *hdb*. Dans la zone adjacente, les partitions sont représentées graphiquement à l'aide d'un code à quatre couleurs.

Nous distinguons une partition principale racine du système de fichiers Linux (/), une partition de swap, caractérisée par une taille très inférieure, et une partition séparée, destinée aux données des utilisateurs (*/home*).

La zone médiane de la fenêtre est coupée en deux : à gauche figure un menu contrôlant les propriétés de la partition sélectionnée, à droite sont réunies les informations essentielles relatives à cette partition.

La partie inférieure de la fenêtre affiche un menu général. L'option **Partitionnement automatique** a déjà été évoquée. **Tout supprimer** efface toutes les partitions présentes sur le disque. Ne choisissez cette option que si vous avez préalablement sauvegardé toutes vos données importantes. **Passer en mode expert** donne accès à des options spécialisées. Cliquez sur la représentation d'une partition pour accéder à un menu contextuel.

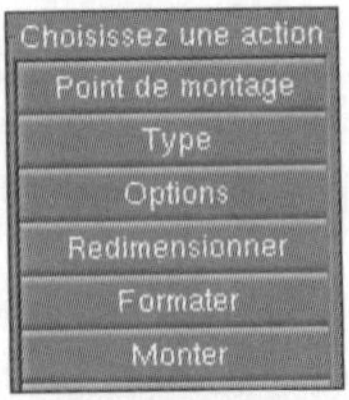

Figure 4.64 : *Menu contextuel*

Redimensionnement d'une partition

Redimensionner une partition modifie l'espace disque alloué à une partition. Par exemple, pour réduire la taille allouée à la partition */home* et attribuer l'espace libéré à une nouvelle partition, dédiée au stockage de données de gravure, cliquez sur la représentation de la partition */home*.

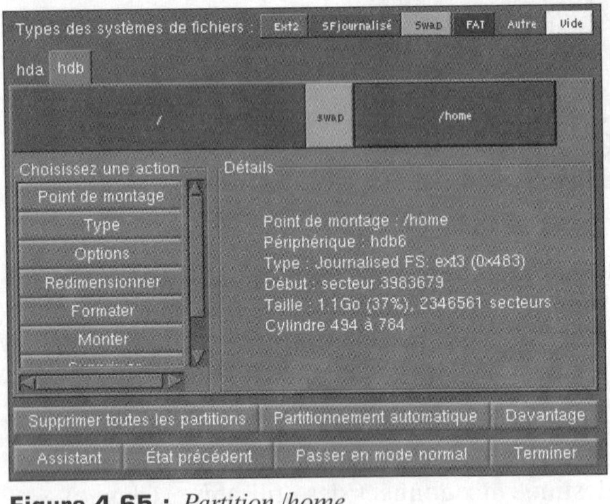

Figure 4.65 : *Partition /home*

Cliquez sur **Redimensionner**. Une boîte de dialogue s'ouvre, dans laquelle vous fixez la nouvelle taille de la partition à l'aide d'un curseur, ou directement dans la zone de saisie.

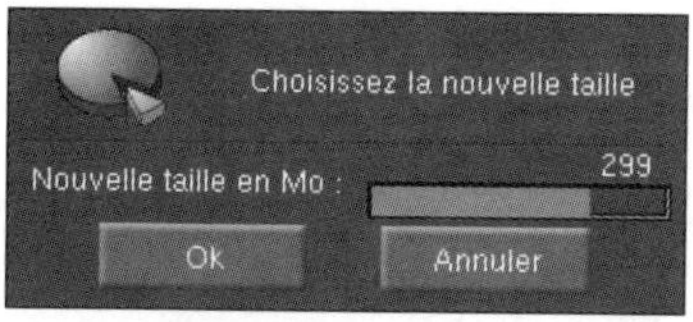

Figure 4.66 : *Saisie de la taille de la partition*

Vous disposez maintenant d'espace libre sur le disque. Cliquez dans la zone libre.

Création d'une partition

Cliquez sur **Créer**.

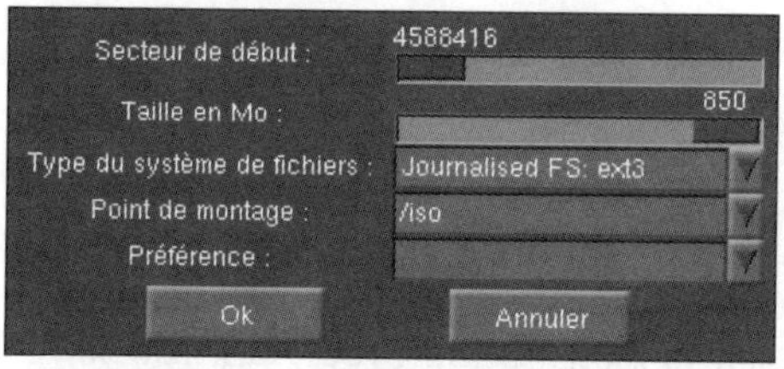

Figure 4.67 : *Création d'une partition*

Dans la boîte de dialogue qui s'affiche, pour *Type de système de fichiers*, choisissez *Journalised FS : ext3*. Un point de montage possible est */iso*. DiskDrake répercute la modification à l'affichage.

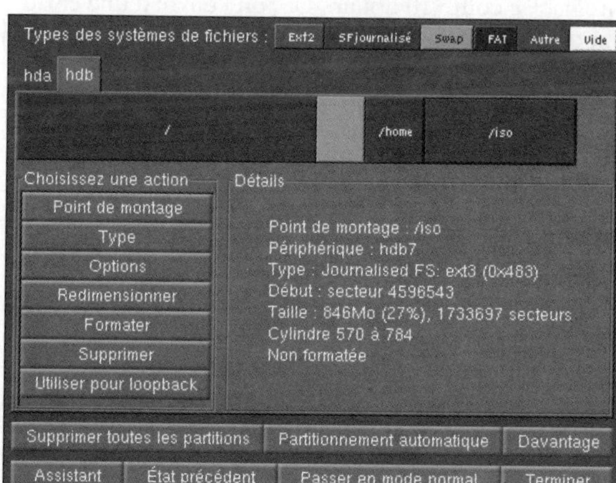

Figure 4.68 : *Nouvelle occupation du disque*

Formatez la partition. Cliquez sur sa représentation, puis sur **Formater**. Confirmez l'écriture de la nouvelle table de partitions.

4.8 Suppression de Linux

Si vous ne souhaitez pas poursuivre plus profondément l'exploration de Linux, voici comment procéder à sa désinstallation. Elle nécessite une ou deux étapes :

- suppression des partitions Linux ;
- rétablissement de l'amorce de Windows ou d'un autre système d'exploitation.

Présentation de Ranish Partition Manager et du projet FreeDOS

La méthode proposée repose sur le shareware DOS Partition Manager, créé par Mikhail Ranish. Il n'est pas nécessaire qu'une version opérationnelle de Linux soit disponible pour opérer la désinstallation. À la place de MS-DOS, vous pouvez choisir la distribution FreeDOS, 100 % compatible MS-DOS et distribuée sous licence GNU/GPL.

INTERNET

Partition Manager

Mikhail Ranish met une version d'essai de Partition Magic à la disposition du public. La version enregistrée coûte 10 dollars US, ou l'envoi d'une carte postale si vos revenus sont modestes (www.ranish.com/part/). Le projet libre FreeDOS est hébergé à l'adresse www.freedos.org/.

Installation de Partition Manager

Téléchargez l'archive de Partition Manager, puis décompressez-la dans le répertoire de votre choix, à l'aide d'un utilitaire de type PkZip. Placez-vous dans le répertoire en question. Exécutez le programme *part.exe*, ou *part_sim.exe* si vous souhaitez seulement simuler le fonctionnement du logiciel, sans risquer d'altérer la table des partitions. La mention "Simulation" vous informe de ce fait. Vous pouvez également copier l'un de ces deux programmes sur une disquette DOS.

Informations sur les partitions

L'écran principal de Partition Manager présente une vue synthétique des partitions inscrites sur le disque dur de la machine concernée.

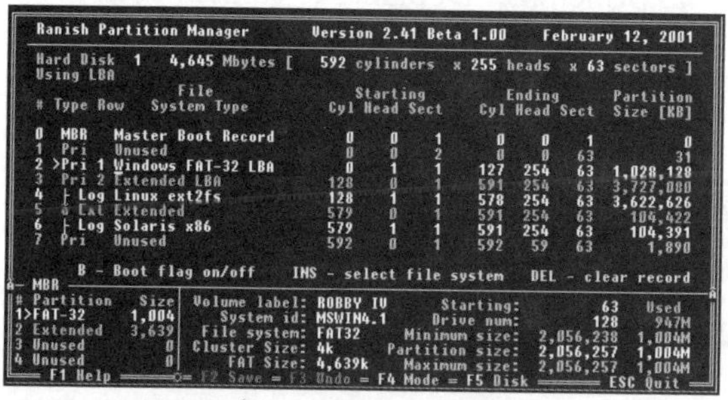

Figure 4.69 : *Écran principal de Partition Manager*

Les partitions sont décrites en ligne, avec leur type et leur emplacement sur le disque. Appuyez sur les touches fléchées pour vous déplacer sur la liste des partitions. Le détail de la partition sélectionnée apparaît dans l'angle inférieur droit de la fenêtre.

L'amorce MBR est placée conventionnellement sur le premier secteur du disque. Une partition principale de 1 Go contient Windows. Une partition étendue de 3,6 Go contient deux partitions logiques. La première contient un système Linux, la seconde est réservée au swap. Cette configuration est typique d'une installation Linux standard.

Suppression des partitions non-DOS

Déplacez-vous tour à tour sur chacune des partitions créées par Linux en pressant la touche [Suppr].

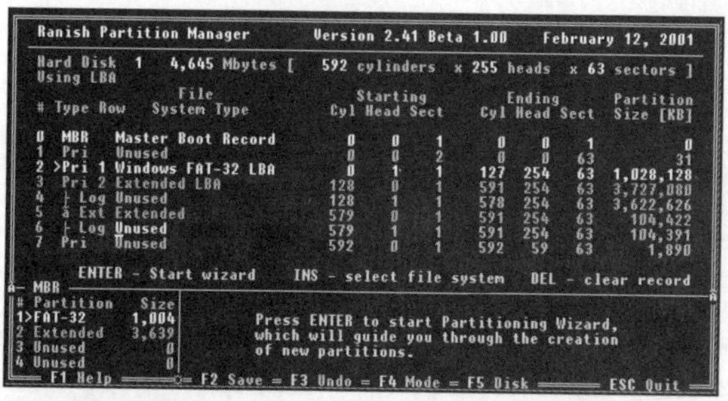

Figure 4.70 : *Suppression des partitions non-DOS*

Récupération de l'espace libéré

À ce stade, vous pouvez par exemple allouer l'espace libéré à une partition logique DOS annexe. Elle pourra servir de zone de stockage, en complément de la partition DOS principale. Déplacez le curseur sous la ligne représentant la partition étendue, puis appuyez sur la touche [Entrée]. Une boîte de dialogue s'ouvre, dans laquelle vous allez indiquer les propriétés de la partition.

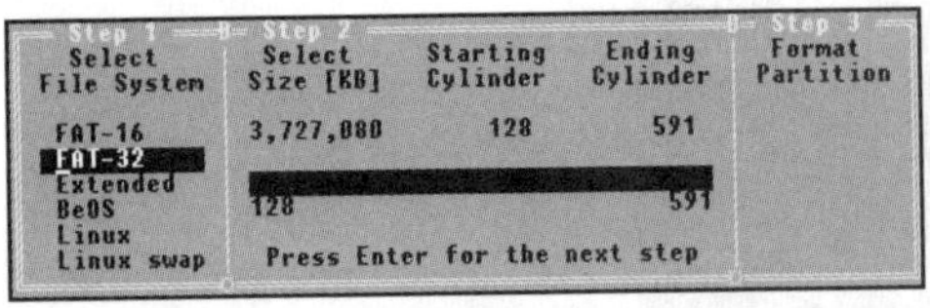

Figure 4.71 : *Boîte de configuration d'une partition*

Dans une première étape, sélectionnez le type de partition FAT-16 ou FAT-32 pour une utilisation sous Windows 9x/Me. Pressez la touche [Entrée]. Dans une deuxième étape, indiquez l'espace disque alloué à la partition. Vous pouvez confirmer la valeur par défaut. Appuyez sur la touche [Entrée]. Confirmez le changement, puis formatez la partition. Nommez finalement la nouvelle partition. Quittez en pressant la touche [Echap].

Fonctions avancées

La touche [F1] affiche la liste complète des commandes de Partition Manager, et leurs raccourcis clavier. La touche [F2] sauvegarde les changements dans la table de partitions, la touche [F3] annule la dernière opération effectuée. La touche [F5] bascule d'un disque à l'autre.

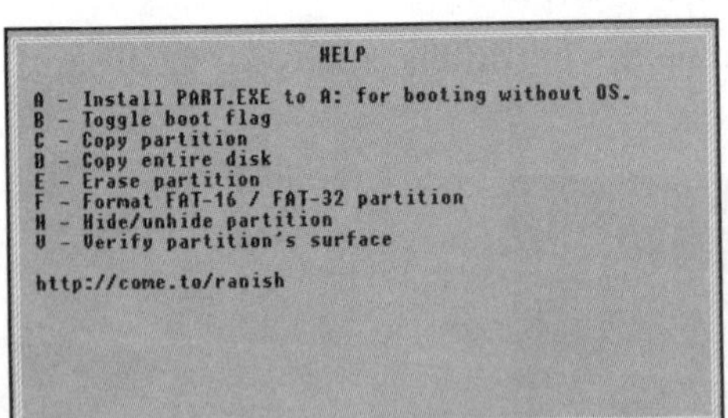

Figure 4.72 : *Page d'aide de Partition Manager*

Une description approfondie des fonctions avancées de Partition Manager dépasserait le cadre de cet ouvrage. Retenez que Partition Manager intègre son propre système d'amorçage. Lisez le fichier *Readme.txt* qui accompagne le logiciel, pour de plus amples informations.

Restauration de l'amorce Windows

Pour restaurer l'amorce de Windows, bootez avec une disquette DOS puis saisissez :

```
fdisk /mbr
```

4.9 Démarrage de Linux avec Loadlin

Étudions maintenant une procédure de chargement de Linux sous DOS/Windows. L'utilitaire Loadlin sait booter Linux "à chaud", en lieu et place d'une session DOS ou Windows 9x. La limite du 1 024e cylindre tombe dans ce cas. Les opérations suivantes ont lieu en mode DOS. Effectuez-les à l'aide de l'explorateur Windows si vous possédez cet environnement de travail.

Copie du noyau de Linux sous Windows

Vous devez copier le noyau de Linux dans la partition Windows. Amorcez pour cela Linux à l'aide de la disquette de démarrage, que vous avez eu la précaution de créer lors de la phase d'installation. Ouvrez une session root. Montez la partition Windows :

```
# mount -t vfat /dev/hda1 /mnt/windows
```

Le point de montage peut varier si vous avez rempli ce champ lors de l'installation. Créez un répertoire dans la partition Windows et copiez-y le noyau :

```
# mkdir /mnt/windows/loadlin
# cp /boot/vmlinuz-<x>mdk  /mnt/windows/loadlin/kernelz
```

Remplacez <x> par le numéro de version du noyau actif : par exemple, 2.4.18-6.

Installation de Loadlin sous Windows

Copiez *loadlin.exe* dans le répertoire *\loadlin* du volume Windows :

```
C:>copy loadlin.exe \loadlin
```

Exécutez éventuellement la commande suivante :

```
C:>smartdrv /C
```

Lancement de Linux

Afin de passer la main à Linux, exécutez la commande suivante :

```
C:>c:\loadlin\loadlin c:\loadlin\kernelz root=/dev/<x>
```

Remplacez <x> par la désignation de la partition principale Linux : par exemple, hda5. Linux remplace Windows. Créez éventuellement un court script de lancement sur le modèle suivant :

Listing 4-1 : Script de lancement de Linux

```
rem ** Lancement de Linux **
smartdrv /C
C:\loadlin\loadlin C:\loadlin\kernelz root=/dev/hda5
```

Remplacez C: par la lettre adaptée. Exécutez le script à chaque fois que vous décidez de basculer de DOS/Windows vers Linux.

CHAPITRE 5

De Windows à Linux

CHAPITRE 5

De Windows à Linux

Ce chapitre s'adresse plus particulièrement aux utilisateurs de Windows 9x/Me/XP, formés au pilotage graphique des applications. Nous soulignons les similitudes entre les Bureaux Windows 9x/Me/XP et KDE 3.0.3, puis nous montrons comment travailler au quotidien dans ce dernier environnement.

5.1 KDE

KDE est l'abréviation de "K Desktop Environment". KDE combine un gestionnaire de fenêtres et le lot commun d'utilitaires. Les primitives graphiques sont fournies par Qt, une bibliothèque C++ mise au point par la société norvégienne Trolltech SA. Qt existe en éditions libre et commerciale. La première est diffusée sous licence GPL, ce qui garantit sa diffusion au sein de l'ensemble GNU/Linux.

INTERNET

Projet KDE

Le site KDE rassemble sources et annonces relatives au projet (www.kde.org/). La société Trolltech SA diffuse la bibliothèque Qt, complétée d'un guide de programmation complet (www.trolltech.com/).

Si vous avez suivi les conseils du chapitre *Installation de la distribution Mandrake Linux 9.0*, les composants fondamentaux de KDE résident sur votre disque dur et le démarrage en mode Graphique est activé. L'organisation générale du Bureau varie sensiblement d'une distribution Linux à l'autre, mais les informations rassemblées ici sont suffisamment générales pour s'appliquer dans la majorité des cas.

5.2 Démarrage et arrêt de Linux

Allumez votre ordinateur et éjectez tout disque amorçable. Un bref message confirme que LILO est le chargeur par défaut installé par l'assistant DrakX.

Menu de démarrage

L'écran d'accueil propose un menu en fonction des systèmes d'exploitation reconnus lors de l'installation.

Tableau 5-1 : Menu de boot

Entrée	Système d'exploitation
failsafe	Linux en mode Sans échec
floppy	Linux sur disquette
linux	Linux en mode Standard
windows	Windows

Linux est chargé après un délai de 10 secondes. Déplacez-vous à l'aide des touches fléchées pour lancer une autre version. Le mode *failsafe* peut être comparé au mode Sans échec de Windows. Linux démarre un nombre minimum de tâches puis bascule en mode Console. L'environnement graphique est exécuté dans un second temps.

Chargement du noyau

Conservez le choix par défaut et validez l'action avec la touche Entrée. Le noyau est lu, décompressé puis exécuté en mémoire. Des messages rendent compte de la détection du matériel et du lancement des services.

Session X

Linux commute en mode Graphique si le service XDM (X Display Manager), ou une de ses variantes, est actif. Un serveur X adapté au composant de votre carte graphique est initialisé. Le système X Window adopte un modèle client-serveur. Un serveur X met des ressources graphiques à la disposition de clients exécutés ou non sur la même machine.

En cas de problème d'affichage, appuyez simultanément les touches Ctrl+Alt+F2, afin de vous placer dans la deuxième console virtuelle.

RENVOI

Reportez-vous au chapitre Le système X Window pour obtenir des conseils de dépannage.

Authentification

Une fenêtre d'authentification accueille le visiteur, lequel doit prouver sa qualité d'utilisateur dûment enregistré, avant d'entamer une session. Cette étape porte le nom de login. Elle est comparable à la procédure d'identification du client lors d'un retrait d'argent à un distributeur de billets : on vous demande d'insérer une carte personnelle et de saisir un code secret à quatre chiffres.

> DÉFINITION
>
> ***Login***
>
> Le Login est la procédure d'authentification d'un utilisateur. Par extension, cela désigne aussi le nom de cet utilisateur (on préfère cependant parler d'identifiant).

Le login conditionne l'accès aux ressources Linux. Par défaut, un utilisateur ne peut entreprendre d'action compromettant l'intégrité des données d'un tiers ou l'intégrité du système dans son ensemble. Cette propriété caractérise les systèmes d'exploitation multi-utilisateurs dans la lignée d'UNIX. En comparaison, Windows 9x/Me/XP propose une gestion de profils notoirement insuffisante.

L'identifiant root est réservé à l'administrateur, également nommé "superutilisateur". Dans le cas d'un ordinateur individuel, une même personne cumule les deux rôles. En raison du risque inhérent de corruption du système, les sessions root sont à réserver aux tâches d'administration. Dans un premier temps, saisissez l'identifiant et le mot de passe du compte créé pendant la phase d'installation. Soyez attentif à la casse, les caractères du mot de passe étant masqués à l'écran par des étoiles.

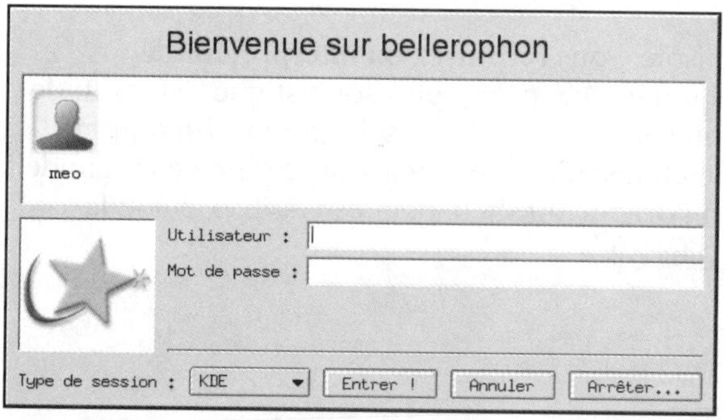

Figure 5.1 : *Fenêtre de login*

Cliquez sur l'une des icônes alignées dans le bandeau pour sélectionner directement un utilisateur. Dans la liste déroulante des environnements graphiques disponibles, optez pour le Bureau KDE, qui accueillera ainsi cette session de travail. Validez par **Entrer** !.

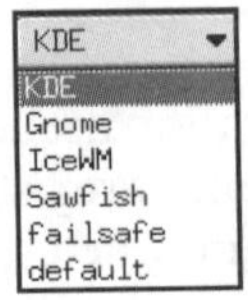

Figure 5.2 : *Liste des environnements graphiques*

L'entrée **Menu/Redémarrer le serveur X**provoque le rechargement du serveur X. Cette option est pertinente si vous modifiez la configuration à la volée.

RENVOI

***Ce point est approfondi au chapitre* Le système X Window.**

Quitter Linux

Le bouton **Arrêter** permet de quitter Linux en douceur. Vous pouvez au choix **Arrêter** ou **Redémarrer** le système avec Windows ou Linux. Ne placez jamais une machine Linux hors tension sans passer au préalable par une de ces commandes.

ATTENTION

Quitter Linux

Ne quittez pas Linux en coupant brutalement l'alimentation de votre ordinateur. Activez impérativement la commande adéquate. En effet, de nombreuses données de Linux sont stockées temporairement dans des tampons et risquent d'être perdues si aucune synchronisation n'intervient avant l'arrêt.

En basculant en mode Console, vous retrouvez un interpréteur de commandes traditionnel, quoique beaucoup plus sophistiqué que celui de MS-DOS. Une boucle d'interprétation du texte saisi par l'utilisateur et d'affichage des résultats a lieu jusqu'à la reconnaissance d'une commande de fin de session qui, selon l'origine du shell, peut être exit, logoutou la combinaison de touches Ctrl+D.

5.3 Bureau KDE

Le Bureau KDE s'ouvre une fois l'identité de l'utilisateur validée. De grandes icônes en relief marquent le chargement des modules de communication, des services et du gestionnaire de fenêtres KWM (KDE Window Manager).

Figure 5.3 : *Chargement du Bureau KDE*

Assistant de prise en main

Un assistant de prise en main aide à personnaliser l'environnement de travail en quelques clics de souris. Dans une première étape, sélectionnez le Bureau KDE et appliquez le thème par défaut.

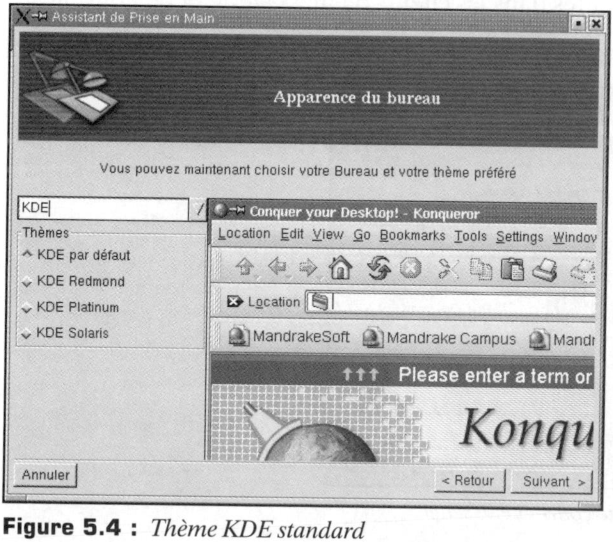

Figure 5.4 : *Thème KDE standard*

La société MandrakeSoft collecte des informations destinées au suivi commercial et technique de ses clients. Le remplissage du formulaire n'est pas obligatoire.

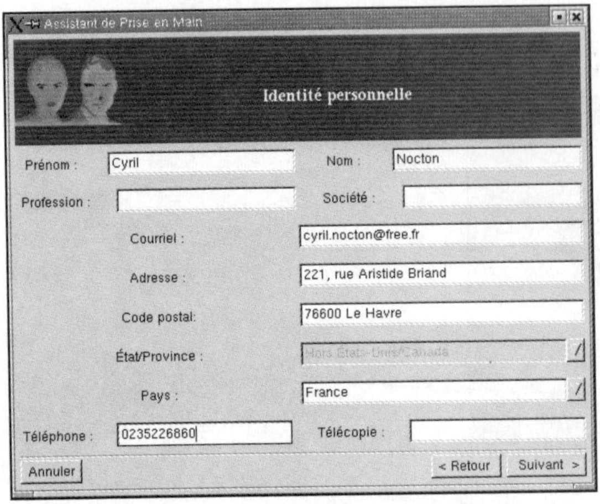

Figure 5.5 : *Profil de l'utilisateur*

L'étape suivante concerne la configuration des comptes email et Usenet. Votre FAI vous a communiqué un nom de serveur pour la collecte de courrier (type POP ou IMAP) et un autre pour l'envoi (type SMTP). Ces paramètres sont répercutés dans les clients de messagerie et de nouvelles.

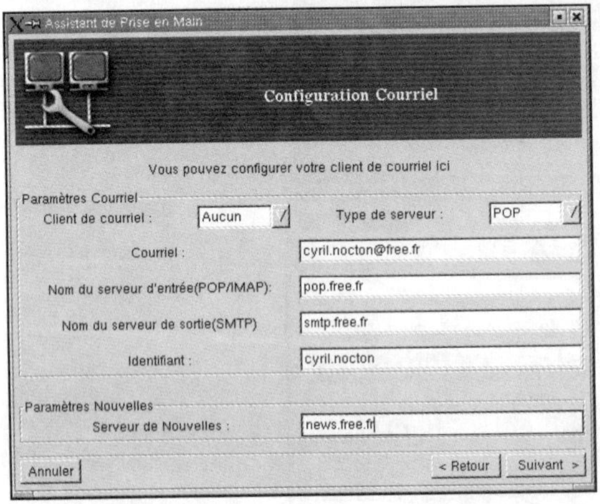

Figure 5.6 : *Serveurs de courrier et Usenet*

Quittez l'assistant. Le bureau prend l'aspect que vous avez retenu.

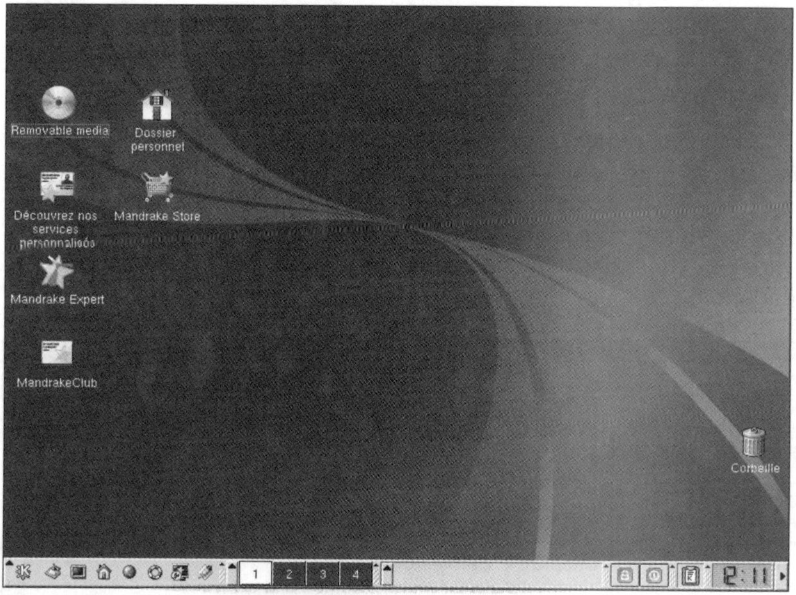

Figure 5.7 : *Habillage KDE classique*

Astuce du jour

Selon la version de Mandrake Linux, une astuce du jour s'affiche en début de session ou lors de l'exécution d'une application KDE. Provenant d'utilisateurs confirmés, ces astuces vous montrent comment améliorer simplement votre productivité.

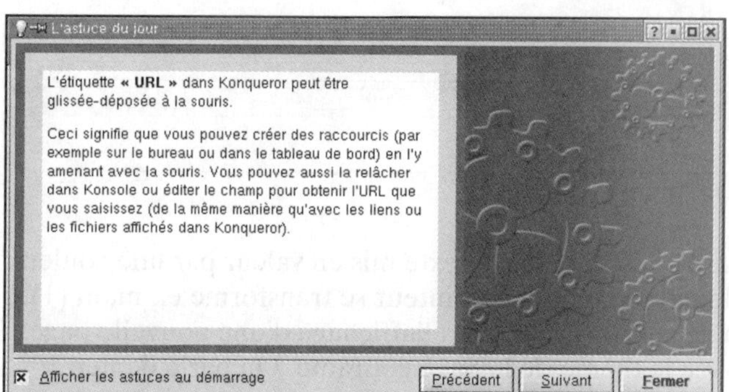

Figure 5.8 : *Astuce du jour*

Passez d'une astuce à l'autre à l'aide des boutons **Suivant** et **Précédent**. Désactivez l'affichage des astuces au démarrage en décochant *Afficher les astuces au démarrage*. Quittez Kandalf en cliquant sur **Fermer**.

Aide en ligne

Cliquez sur l'icône représentant une bouée de sauvetage située sur le tableau de bord pour accéder au centre d'aide KDE. Les thèmes sont listés dans le panneau gauche de la fenêtre. À l'occasion d'une première lecture, consultez les sections *Bienvenue dans KDE* et le *Initiation rapide au bureau KDE*. L'onglet **Glossaire** donne accès au vocabulaire technique employé dans le manuel.

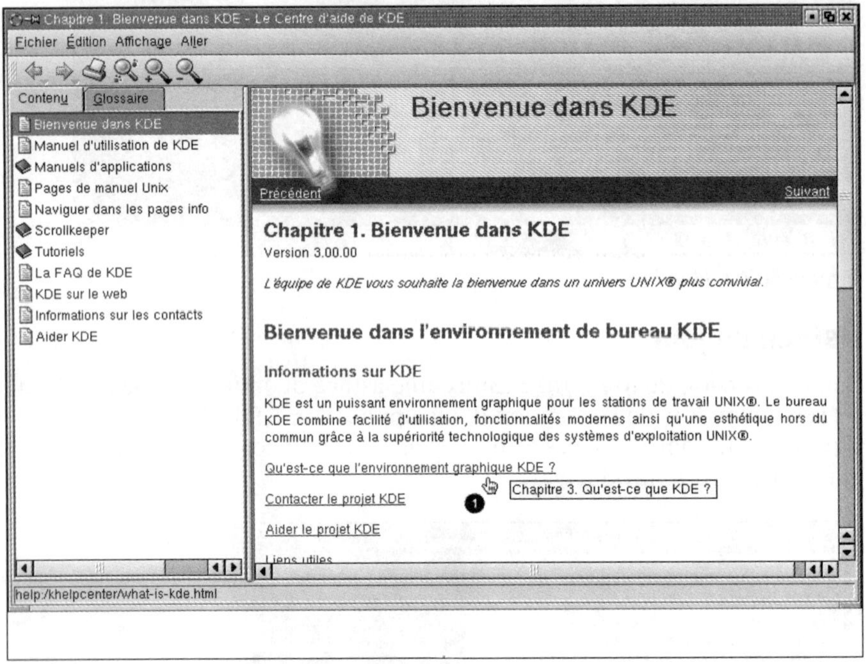

Figure 5.9 : *Aide en ligne*

Déplacez le pointeur de la souris sur le texte mis en valeur par une couleur particulière, normalement le bleu. Le pointeur se transforme en main (1), indiquant qu'un clic de souris provoquera l'affichage d'une nouvelle page d'aide, en relation avec le thème de la page courante. On parle de lien hypertexte.

DÉFINITION

Lien hypertexte

Un lien hypertexte est un balisage particulier d'une zone d'un document, renvoyant vers un autre document qui lui est rattaché sémantiquement.

Tableau de bord

Le tableau de bord regroupe un menu déroulant noté **K** (1), des boutons graphiqucs donnant accès aux commandes essentielles de KDE (2) et des programmes légers (3). À titre d'exemple, cliquez sur le cadenas blanc sur fond bleu. L'écran est verrouillé. Saisissez votre mot de passe pour retourner à la session KDE.

Figure 5.10 : *Le tableau de bord*

Deux boutons spéciaux masquent les fenêtres des applications (4) et le tableau de bord (5). Balayez les icônes du pointeur de la souris. Des bulles d'information (6) résument la fonction déclenchée lors d'un clic du bouton gauche de la souris.

Au centre du tableau de bord, des boutons numérotés **1**, **2**, **3** et **4** permettent d'accéder à quatre Bureaux virtuels, autorisant la spécialisation de l'espace de travail. Le Bureau actif apparaît en bleu clair.

Menu K

Intéressons-nous maintenant au menu **K**. Son fonctionnement se rapproche de celui du menu **Démarrer** de Windows. Cliquez sur le bouton **K**. Un menu de premier niveau s'affiche, organisé en sections séparées par des filets grisés.

La section 1 reprend les programmes exécutés récemment. La section 2 regroupe les principales applications et la documentation. Mandrake Linux 9.0 ajoute une entrée **Que faire ?** qui liste les tâches de base. La section 3 accélère la navigation sous KDE. On y trouve une base globale de signets et des pointeurs vers les derniers documents consultés.

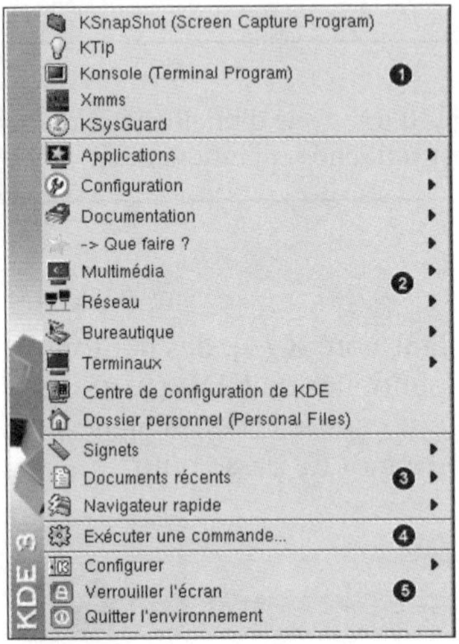

Figure 5.11 : *Menu K*

Barre de tâches et fenêtres

Lancez par exemple le moniteur système **K/Applications/Surveillance/KSysGuard**. La fenêtre principale apparaît sur le Bureau actif, après les quelques secondes nécessaires au chargement du code. Une animation dans la barre de tâches vous signale la progression de l'opération.

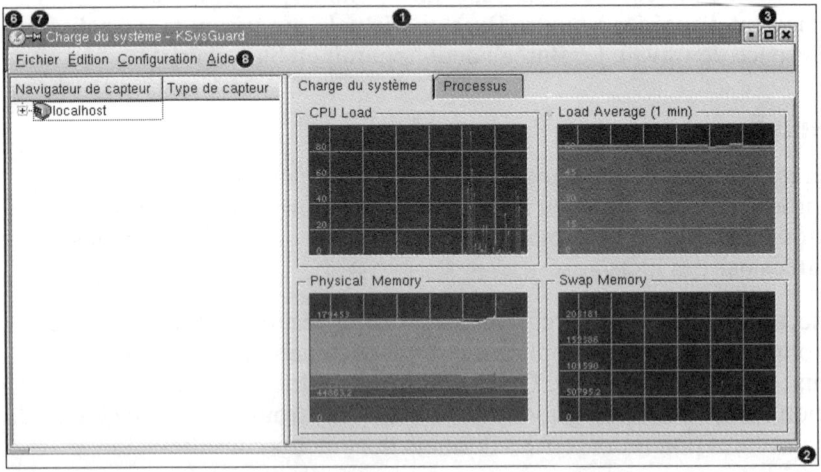

Figure 5.12 : *Moniteur KSysGuard*

Le titre de l'application est rappelé dans la barre qui chapeaute la fenêtre (1). Si vous cliquez sur sur cette barre et que, sans relâcher le bouton de la souris, vous vous déplaciez, la fenêtre suit les mouvements du curseur. Saisissez la bordure pour redimensionner précisément la fenêtre, dans les limites fixées par les concepteurs du programme (2). Les éléments graphiques s'adaptent aux nouvelles dimensions. Un double clic réduit une fenêtre à sa barre de titre.

Trois boutons situés à droite de la barre de titre calquent les fonctions Windows de réduction (point), d'agrandissement (carré) et de fermeture (croix) de la fenêtre (3). Vous pouvez ramener au premier plan une application réduite en cliquant sur sa représentation dans la barre de tâches (4).

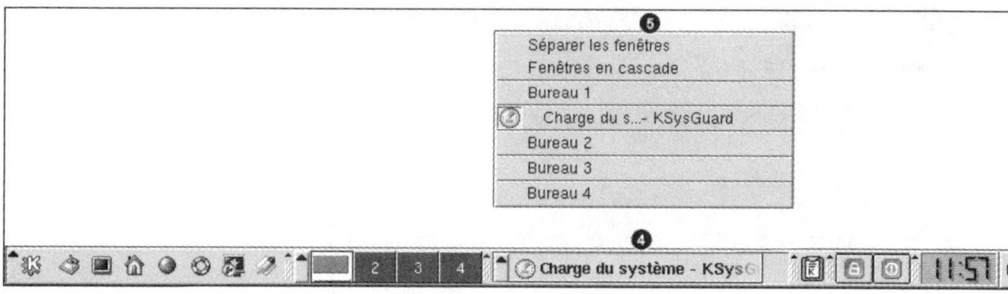

Figure 5.13 : *Entrée KSysGuard dans la barre de tâches*

Le bouton en forme de flèche déroule la liste de toutes les fenêtres (5). **Séparer les fenêtres**et **Fenêtres en cascade** améliorent leur agencement. La combinaison de touches Alt+Tab active tour à tour chaque fenêtre.

Figure 5.14 : *Navigation de fenêtre en fenêtre*

À gauche de la barre de titre, un menu représentant l'icône réduite de l'application reprend les actions citées précédemment (6).

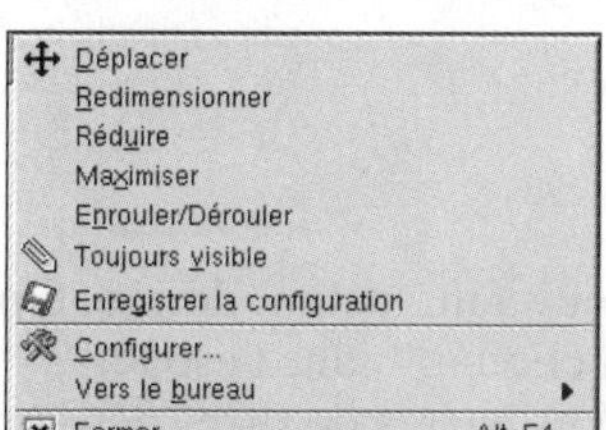

Figure 5.15 : *Menu de la barre de titre*

Toujours visible empêche le recouvrement de la fenêtre par les fenêtres des autres programmes. Le sous-menu **Sur le bureau** déplace la fenêtre sur le Bureau de votre choix, ou la rend visible sur *Tous les bureaux*si vous cochez cette case. La punaise située à gauche de la barre de titre joue un rôle identique (7).

Généralement, un menu déroulant est présent sous la barre de titre (8). Il donne accès à l'ensemble des fonctions de l'application. Par convention, la première entrée du menu se nomme **Fichier**. Elle regroupe les actions de lecture et de sauvegarde des documents. Toujours par convention, la dernière entrée du menu se nomme **Aide** ou **?**. L'entrée **Aide/Contenu** affiche l'aide de l'application. L'entrée **Aide/À propos** renseigne sur la version et le(s) auteur(s) de l'application.

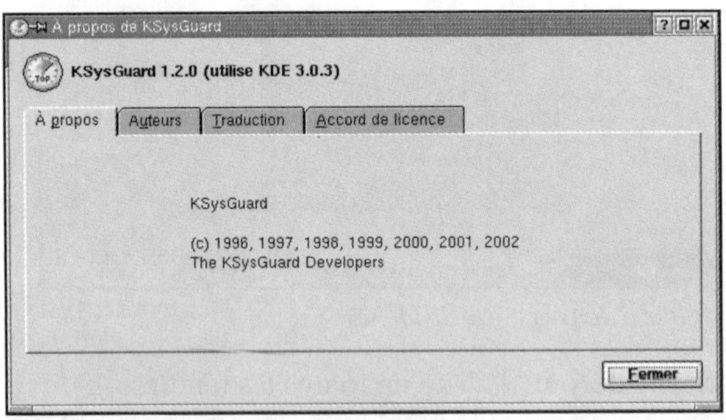

Figure 5.16 : *À propos de KSysGuard*

Une barre d'outils peut également offrir un accès rapide aux principales fonctions d'une application. Placez le curseur sur l'une des icônes, pour afficher une bulle d'aide précisant la fonction du bouton. Cliquez sur la poignée placée à gauche ou en haut de la barre, pour l'escamoter (1). Maintenez le bouton de la souris enfoncé pour la déplacer sur le côté de votre choix ou la faire flotter à l'extérieur de la fenêtre.

Figure 5.17 : *Une barre d'outils*

Focus

Une seule fenêtre capture les actions de l'utilisateur à un instant donné. On dit qu'elle possède le focus, obtenu en plaçant ou cliquant dans l'espace qu'elle délimite, selon la configuration de KDE. Les barres de titres des autres fenêtres apparaissent estompées.

Lancez par exemple deux instances de l'éditeur **K/Bureautique/Éditeurs de texte/KWrite** (aussi accessible par l'applet dont le pictogramme est un crayon sur le tableau de bord). Cliquez alternativement sur les deux fenêtres. Seule celle possédant le focus reçoit le texte saisi au clavier.

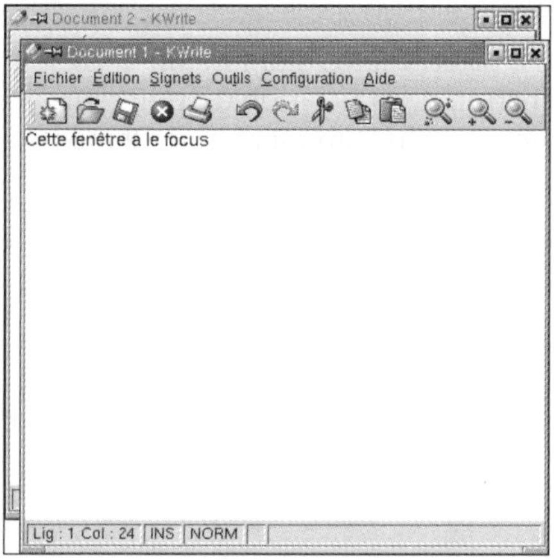

Figure 5.18 : *Fenêtre avec focus*

Boîtes de dialogue

Les boîtes de dialogue réclament des informations qui ne peuvent être fournies d'un simple clic de souris. Elles concernent par exemple l'ouverture et la sauvegarde de documents, ou bien encore le choix d'une couleur dans une palette.

L'utilitaire **K/Multimédia/Graphique/KSnapShot** a servi à réaliser les captures d'écran de ce chapitre. Son interface rassemble des contrôles typiques.

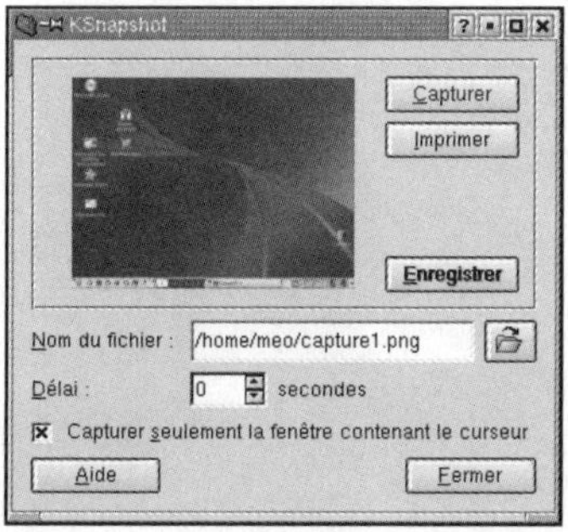

Figure 5.19 : *Sélection d'un document*

Le contrôle possédant le focus apparaît entouré d'un liseré ou en surimpression. Ici, un appui sur la touche [Entrée] déclenche la sauvegarde de l'écran capturé. Les touches de tabulation déplacent le focus.

Menu contextuel

En cliquant du bouton droit de la souris, vous accédez à un menu contextuel, dont le contenu varie en fonction de la position du pointeur. Voici une vue du menu obtenu dans une zone du Bureau libre d'éléments graphiques.

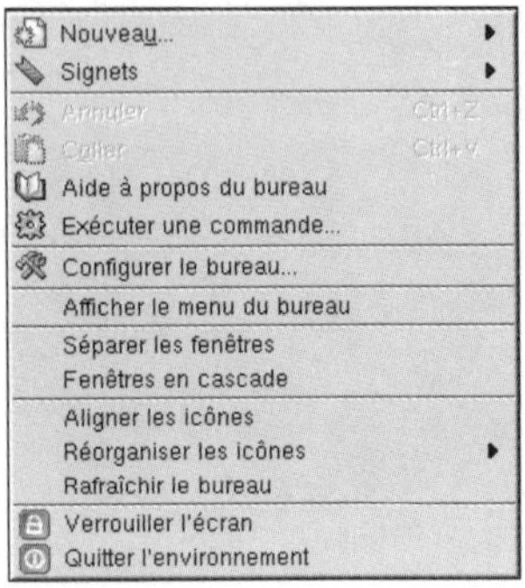

Figure 5.20 : *Menu contextuel*

Nous retrouvons des fonctions passées en revue précédemment. L'entrée **Rafraîchir le bureau** corrige d'éventuels défauts d'aspect du Bureau.

Tuer une application

Cliquer sur l'icône en forme de croix ou presser la combinaison de touches [Alt]+[F4] entraîne la fermeture en douceur de l'application possédant le focus.

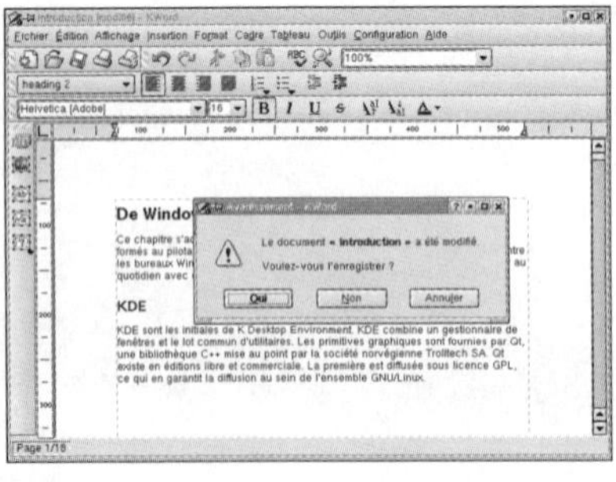

Figure 5.21 : *Une application attentive*

La combinaison de touches Ctrl+Alt+Echap (raccourci vers **K/Applications/Surveillance/Xkill**) modifie l'aspect du curseur en tête de mort. Cliquez sur une fenêtre pour quitter l'application correspondante. Les documents en cours de traitement ne sont pas sauvegardés à cette occasion..

5.4 Explorateur KDE

Konqueror est l'explorateur de fichiers standard de KDE. À l'instar de son équivalent Windows, Konqueror sait afficher des documents HTML ou des images. Il a notamment servi à l'affichage de l'aide évoquée à la section *Aide en ligne*.

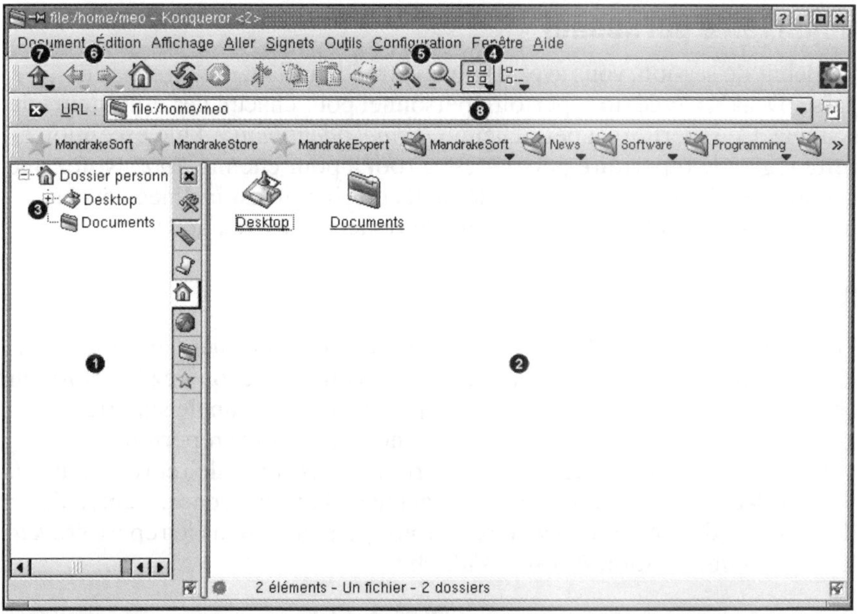

Figure 5.22 : *Explorateur Konqueror*

Des composants supplémentaires peuvent être embarqués, grâce à la technologie KParts. Konqueror est réellement un outil puissant, qui simplifie le travail au quotidien sous KDE.

> **INTERNET**
>
> ***Konqueror en ligne***
>
> Un site entier est consacré à Konqueror et aux technologies embarquées (**www.konqueror.org/**).

L'arborescence des répertoires est affichée dans le panneau gauche (1), le contenu du répertoire courant dans le panneau droit (2). Déployez ou repliez les branches en cliquant sur les cases notées +ou - (3). Vous basculez entre l'affichage par icônes et l'affichage en liste en cliquant sur le bouton ad hoc de la barre d'outils (4). La loupe agrandit ou réduit la taille des éléments affichés (5).

Répertoire personnel

En début de session, vous avez décliné votre identifiant et votre mot de passe. DrakX a créé un répertoire personnel pour chacun des utilisateurs du système. Ce répertoire a pour chemin */home/<identifiant>*. Une exception à cette règle : le répertoire personnel de root a pour chemin */root*. Notez que la barre de séparation entre les éléments du chemin est inclinée vers la droite et non vers la gauche, comme de rigueur sous Windows.

Droits

Le répertoire personnel d'un utilisateur n'est pas équivalent au répertoire *\Mes Documents*de Windows. Pour vous en convaincre, ouvrez l'explorateur en cliquant sur le raccourci en forme de maison dans l'angle supérieur gauche du Bureau. Konqueror affiche une vue de votre répertoire personnel. Cliquez sur l'icône de la barre d'outils verticale représentant un dossier. Vous obtenez une vue de la racine de l'arborescence. Tentez de déplacer un document de votre répertoire personnel dans le répertoire */etc*. La boîte d'information suivante s'affiche.

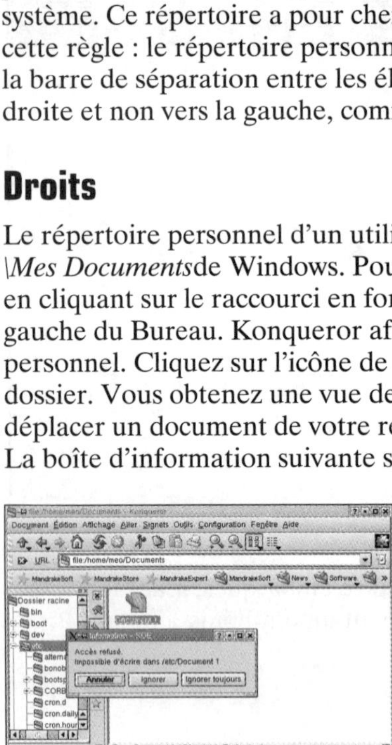

Figure 5.23 : *Échec de la copie du fichier*

Vous ne pouvez pas copier ou supprimer des fichiers dans la plupart des répertoires du système. Le répertoire */tmp* reçoit les données temporaires des utilisateurs, et vous est ouvert à ce titre.

Signets

Tout document peut être placé dans une liste personnelle de signets, grâce à la commande **Signets/Ajouter un signet** ou à la combinaison de touches Ctrl+B. Il s'agit indifféremment de documents locaux ou de ressources Internet. Les documents locaux apparaissent dans la zone de saisie *URL*, sous la forme *file:/chemin*, et les documents distants sous la forme *type://ressource*, où *type*vaut *http*pour les ressources Web. L'équipe MandrakeSoft a placé quelques liens vers les sites Web de la distribution maison, visibles dans le menu **Signets**.

Figure 5.24 : *Signets MandrakeSoft*

Historique

Les flèches orientées vers la gauche et la droite de la barre d'outils permettent de parcourir l'historique des documents affichés (6). La flèche orientée vers le haut réclame la vue du répertoire parent du répertoire courant (7). Le menu **Aller** reprend les entrées de l'historique.

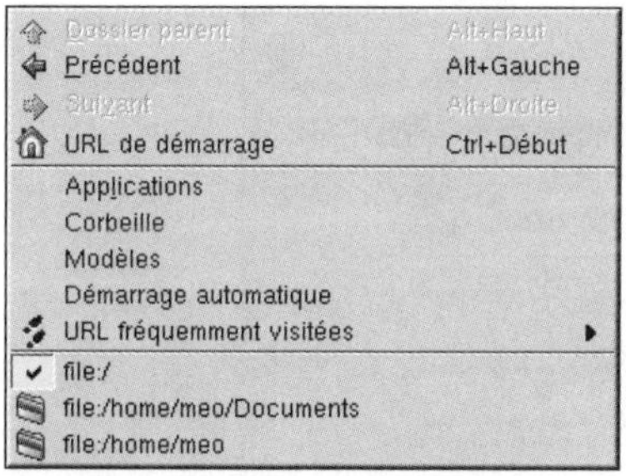

Figure 5.25 : *Historique de la navigation*

Propriétés des fichiers

Un clic du bouton droit de la souris sur la représentation d'un fichier ouvre un menu contextuel. Vous pouvez **Renommer** le fichier considéré, modifier ses **Propriétés**, le jeter à la **Corbeille** ou le **Supprimer** définitivement.

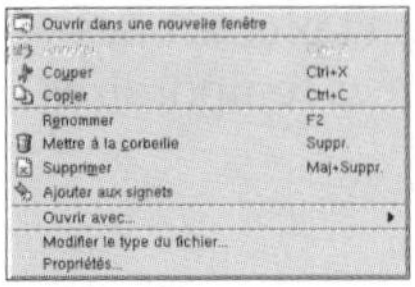

Figure 5.26 : *Menu contextuel de Konqueror*

Navigation rapide

Le sous-menu **K/Navigation rapide** donne accès à des points clés de l'arborescence.

Figure 5.27 : *Navigation rapide*

Navigation Web

L'explorateur de fichiers Konqueror est également un navigateur Web sophistiqué. Il reconnaît les derniers standards normalisés par le consortium W3, dont HTML (HyperText Markup Language) en version 4.0 et les feuilles de styles CSS (Cascading Style Sheets) de niveau 1 et 2. Konqueror interprète également les programmes Java et JavaScript.

Pour accéder à une ressource Web, saisissez son URL dans la zone ad hoc (8). Konqueror contacte le serveur concerné et rapatrie la ressource. La vue suivante montre la page d'accueil du projet KDE (www.kde.org/).

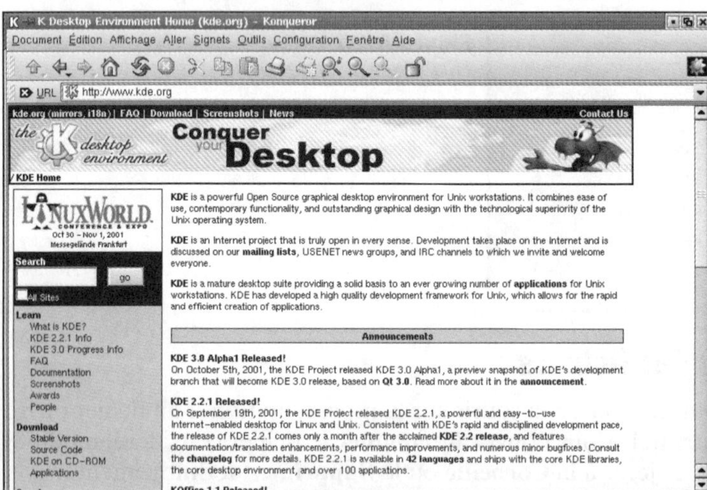

Figure 5.28 : *Le projet KDE*

5.5 Corbeille

Figure 5.29 :
Placer un document dans la Corbeille

La suppression des fichiers est sans appel sous Linux. Le système de fichiers Ext3 ne propose pas de méthode simple de récupération des données. La Corbeille contourne cet écueil. Elle offre un espace de stockage temporaire pour les documents supprimés. Vous placez un document dans la Corbeille en faisant glisser l'icône du fichier en question, à partir du Bureau ou de Konqueror, sur l'icône de la Corbeille. La Corbeille elle-même ne peut pas être supprimée.

L'apparence de la Corbeille évolue en fonction de son remplissage. Cliquez sur la Corbeille avec le bouton gauche de la souris, pour explorer son contenu avec Konqueror et, éventuellement, pour restaurer celui-ci. Vous constatez à cette occasion que les documents sont stockés dans le dossier */home/<identifiant>/Desktop/Corbeille*.

Cliquez du bouton droit pour ouvrir le menu contextuel. Choisissez l'entrée **Vider la corbeille** pour en détruire définitivement le contenu.

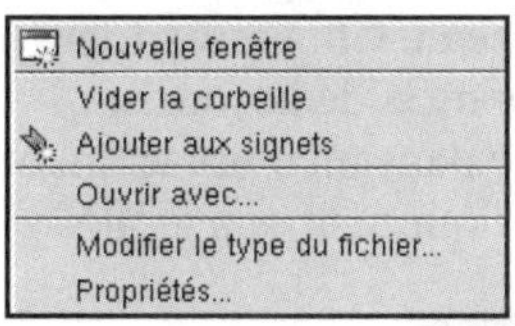

Figure 5.30 :
Menu contextuel de la Corbeille

5.6 Glisser-déposer

Le glisser-déposer est une opération reconnue par KDE. L'action entreprise dépend de l'application cible : suppression de document lors d'un dépot dans la Corbeille, copie ou création dans Konqueror, etc. Dans la vue suivante, le source d'une page HTML est visualisé dans l'éditeur K standard.

Figure 5.31 : *Code d'une page HTML*

5.7 Raccourcis sur le Bureau

Comme sous Windows, des alias d'applications peuvent être placés sur le Bureau. En ce sens, ouvrez Konqueror et naviguez à la recherche du programme adéquat. Utilisez le formulaire de recherche, accessible à partir du menu **Outils**, si vous connaissez tout ou partie du nom du programme. Faites glisser l'icône du fichier de Konqueror sur le Bureau. Choisissez **Lier ici**, dans le menu qui s'ouvre lorsque vous relâchez le bouton de la souris. Dans l'exemple suivant, un alias de l'éditeur K est placé dans un emplacement libre du Bureau. Pour exécuter directement l'éditeur, cliquez sur son icône.

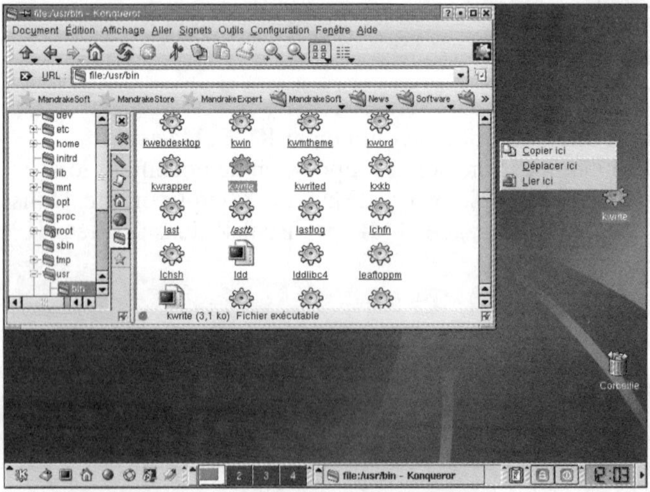

Figure 5.32 : *Création d'un alias de programme*

5.8 Modèles de documents

Les modèles généralisent le principe précédent. Cliquez du bouton droit de la souris dans une zone libre du Bureau. L'entrée **Nouveau** donne accès à des modèles de documents génériques.

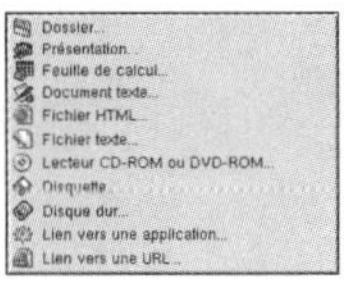

Figure 5.33 :
Modèles KDE

Des exemplaires peuvent être placés sur le Bureau. Les informations sur les modèles sont situées dans le répertoire */usr/share/templates*. Voici l'explication des entrées précédentes.

Tableau 5-2 : Modèles KDE

Type	Description
Dossier	Création d'un dossier vide
Présentation	Présentation KOffice
Feuille de calcul	Feuille de calcul KOffice
Document texte	Texte KOffice
Fichier HTML	Squelette de fichier HTML
Fichier texte	Texte ordinaire
Lecteur CD-Rom ou DVD-Rom	Lien vers un système de fichiers de type CD-Rom
Disquette	Lien vers un système de fichiers de type disquette
Disque dur	Lien vers un système de fichiers de type disque dur
Lien vers une application	Lien vers un programme
Lien vers une URL	Lien vers une ressource Web

La création d'un alias d'application a été présentée précédemment. Illustrons la création de liens vers un lecteur et un site Web.

Création d'un lien vers une ressource Web

Supposons que vous souhaitiez créer un lien vers la version française du site KDE. Choisissez **Nouveau/Lien vers une URL**. Dans la boîte de dialogue, saisissez l'URL de la page Web, ici www.kde.org/fr/.

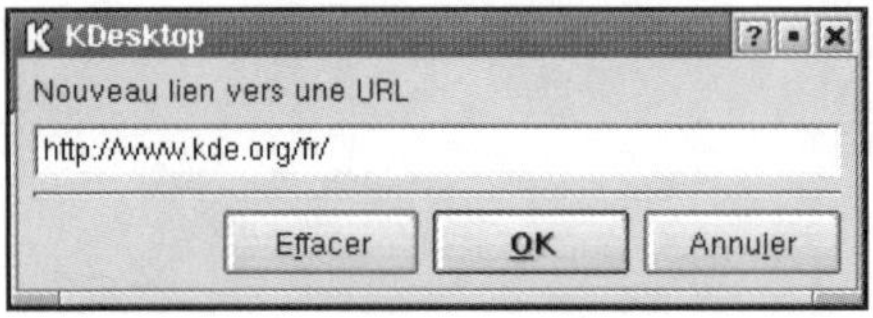

Figure 5.34 : *URL du site KDE*

Dans le menu contextuel de l'icône, choisissez la commande **Renommer**pour modifier la légende à votre convenance.

Création d'un lien vers un lecteur

Le premier disque dur de la station contient une partition Windows principale associée au fichier de périphérique */dev/hda1*. Son contenu est monté en */mnt/win_c*. Choisissez **Nouveau/Disque dur** pour ajouter un lien vers la partition. Dans la boîte de dialogue qui s'affiche, cliquez sur l'onglet **Périphérique**. Remplissez le champ **Périphérique**. Validez par OK.

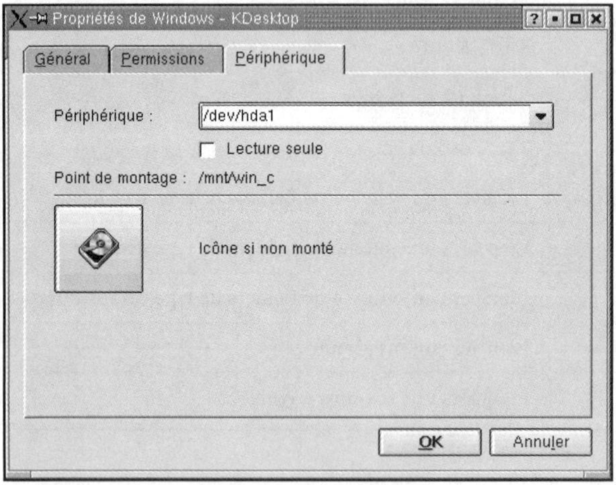

Figure 5.35 : *Emplacement de la partition Windows*

Voici une vue du Bureau ainsi modifié.

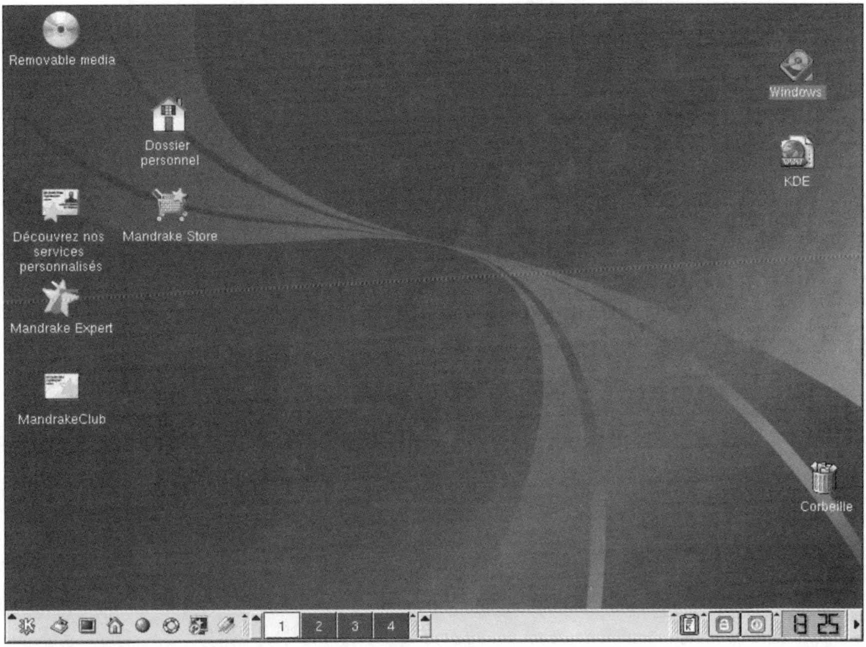

Figure 5.36 : *Le Bureau modifié*

5.9 Montage et démontage des lecteurs

L'organisation des supports de masse est différente sous Linux et sous Windows.

RENVOI

Lisez à ce propos le chapitre ***Installation de la distribution Mandrake Linux 9.0****.*

Le contenu d'un CD-Rom ou d'une disquette n'apparaît qu'une fois le support monté dans l'arborescence de fichiers Linux. Cette arborescence offre une vue unifiée sur les données. Windows 9x/Me/XP préfère une organisation en volumes distincts, repérés par les lettres A, B, C, etc.

Précédemment, vous avez appris à placer les raccourcis adéquats sur le Bureau. Par défaut, seul root peut monter et démonter les lecteurs à l'aide des options **Monter** et **Démonter**.

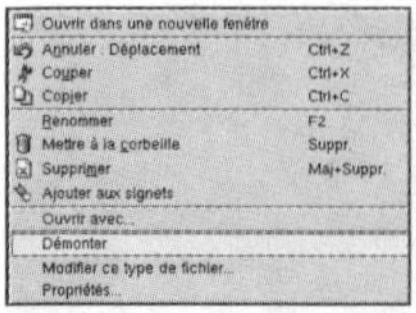

Figure 5.37 :
Menu contextuel d'un lecteur

L'option *supermount*, activée par défaut, règle ce problème par le montage automatique d'un média lors de son insertion.

Rendez-vous au chapitre* Le système de fichiers *pour en apprendre davantage.

5.10 Exécution directe de commandes

Vous pouvez exécuter un programme à partir du menu **K** ou du Bureau. Vous disposez également de la combinaison de touches [Alt]+[F2], qui ouvre une boîte de dialogue.

Figure 5.38 :
Boîte d'exécution de commandes

Entrez le nom de la commande dans la zone de saisie ou sélectionnez-la au moyen de la boîte de fichiers. Validez par [Entrée] ou d'un clic sur **Exécuter**. Saisissez par exemple kwrite pour lancer l'éditeur KDE.

Notez la présence d'un bouton **Options**, dans l'angle inférieur gauche de la fenêtre. Il donne accès à une liste d'options avancées. Le curseur modifie la priorité de la commande dans un contexte multitâche. La case à cocher *Exécuter dans un terminal*lance le programme désiré dans une fenêtre émulant un terminal en mode Texte.

La case à cocher *Exécuter sous un autre nom d'utilisateur* est la plus intéressante car elle modifie le propriétaire effectif durant le temps du déroulement d'un programme. Vous pouvez ainsi réussir la copie d'un fichier dans le répertoire */root* en déclinant l'identifiant et le mot de passe du superutilisateur.

5.11 Obtention des privilèges de root avec KDESu

L'application KDESu applique le principe précédent à root. Elle est exécutée automatiquement lorsque vous lancez un programme réclamant un accès privilégié au système. Utilisez la combinaison de touches [Alt]+[F2] et saisissez le texte kdesu konsole. La boîte de dialogue suivante s'affiche.

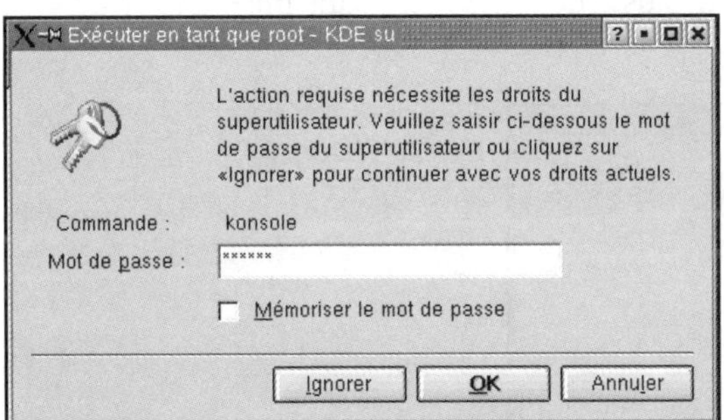

Figure 5.39 : *Saisie du mot de passe de root*

Saisissez le mot de passe de root. Une console s'affiche dans laquelle vous pouvez saisir des commandes.

RENVOI

***Lisez à ce sujet le chapitre* Le mode Console.**

La présence de l'invite # indique que vous disposez de tous les droits de root.

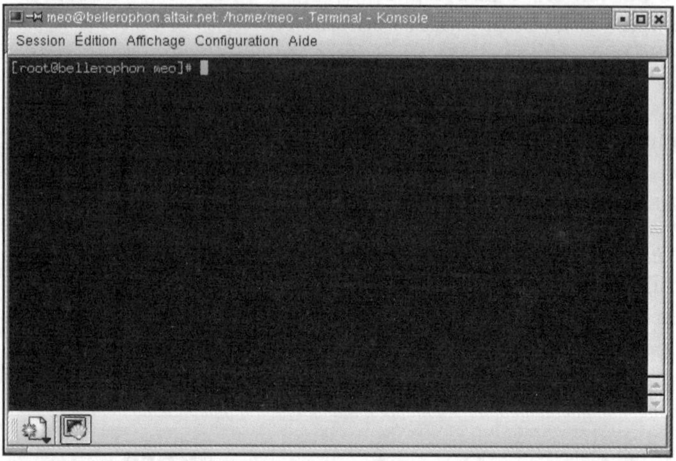

Figure 5.40 : *Console root*

5.12 Édition de texte avec KWrite

L'éditeur de texte KWrite est un outil pratique assez semblable au Bloc-notes de Windows. Il permet la saisie de texte brut, sans mise en forme particulière.

Figure 5.41 : *Éditeur KDE*

5.13 Le centre de configuration KDE

Le panneau de contrôle KDE regroupe les principaux paramètres de l'environnement. Cliquez sur **K/Centre de configuration KDE**.

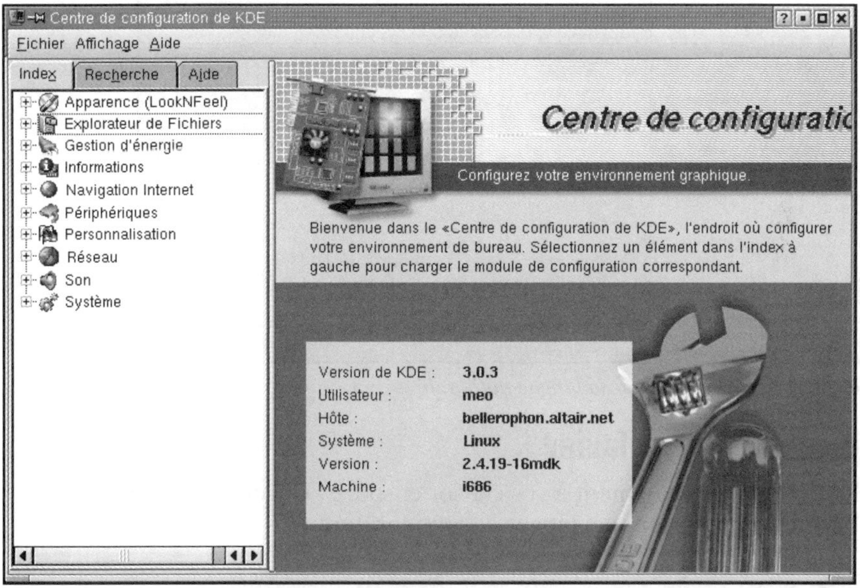

Figure 5.42 : *Le centre de configuration KDE*

Les réglages disponibles sont placés dans le panneau gauche de la fenêtre, le panneau droit étant initialement occupé par une page de bienvenue, résumant les principales propriétés de l'environnement. Le menu **Affichage** permet de basculer entre la vue arborescente et l'affichage en liste des modules de configuration. L'onglet **Recherche** autorise une recherche rapide par mot-clé. Les modules de configuration incluant le mot recherché sont affichés dans la partie inférieure du panneau.

Langue nationale

KDE est un projet international et prend en charge, à ce titre, de nombreuses langues. Cliquez sur **Personnalisation /Pays & langue**.

Choisissez votre langue maternelle dans la liste. En tant que francophone, conservez le jeu de caractères ISO 8859-15. Menus et dialogues des applications seront rédigés dans cette langue, lors d'une prochaine exécution.

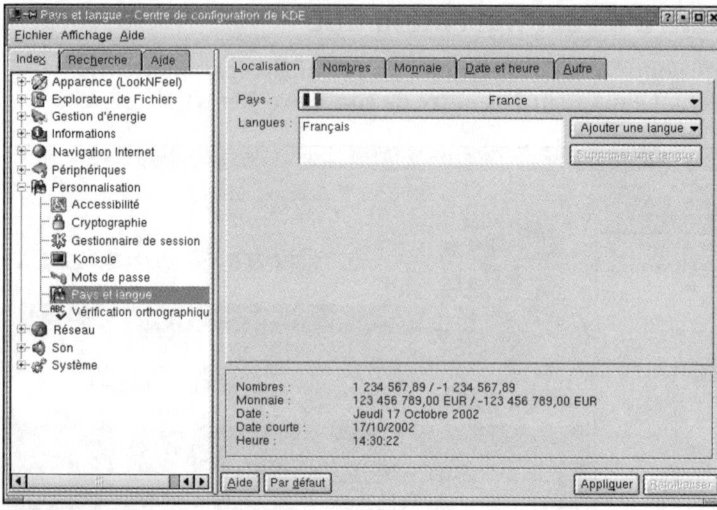

Figure 5.43 : *Choix de la langue nationale*

Disposition du clavier

KDE s'adapte également à vos clavier et souris. Développez la branche **Périphériques** pour en changer la configuration.

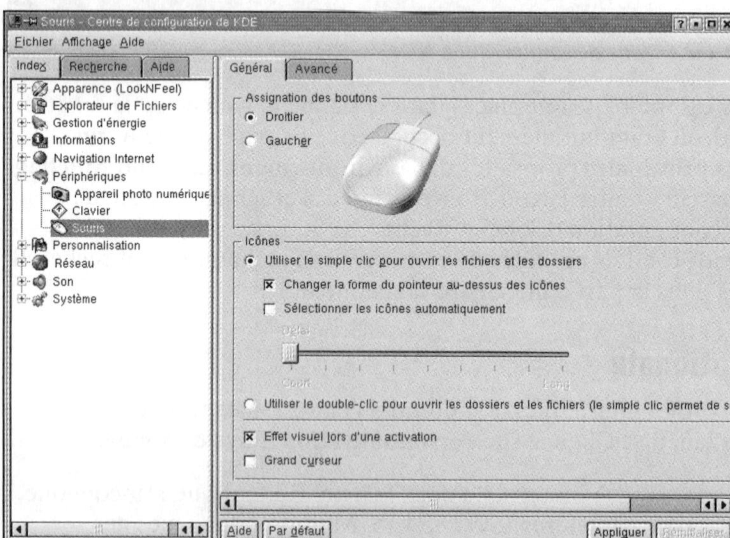

Figure 5.44 : *Configuration de la souris*

Raccourcis

Cliquez sur **Apparence/Raccourcis clavier** pour obtenir la liste des raccourcis clavier interprétés par KDE. Vous pouvez les personnaliser en cliquant sur le bouton **Personnalisée** et en appuyant sur la nouvelle séquence de touches.

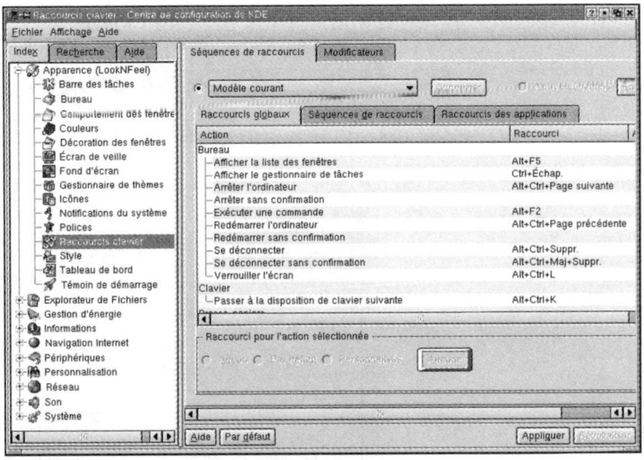

Figure 5.45 : *Raccourcis clavier*

Matériel embarqué

La branche **Informations** affiche les caractéristiques du matériel embarqué dans l'ordinateur.

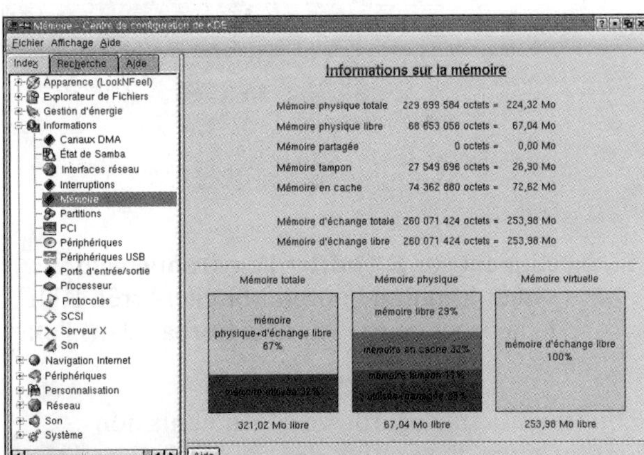

Figure 5.46 : *Matériel embarqué*

Types MIME

Un type MIME (Multipurpose Internet Mail Extensions) définit une association entre extension de fichier et type de document. Développez la branche **Explorateur de fichiers**. L'item **Associations de fichiers** affiche la liste des types MIME pris en charge par KDE, et des programmes à lancer lorsqu'un de ces types est rencontré. Dans l'exemple suivant, Konqueror est l'application par défaut, exécutée pour visualiser les pages HTML.

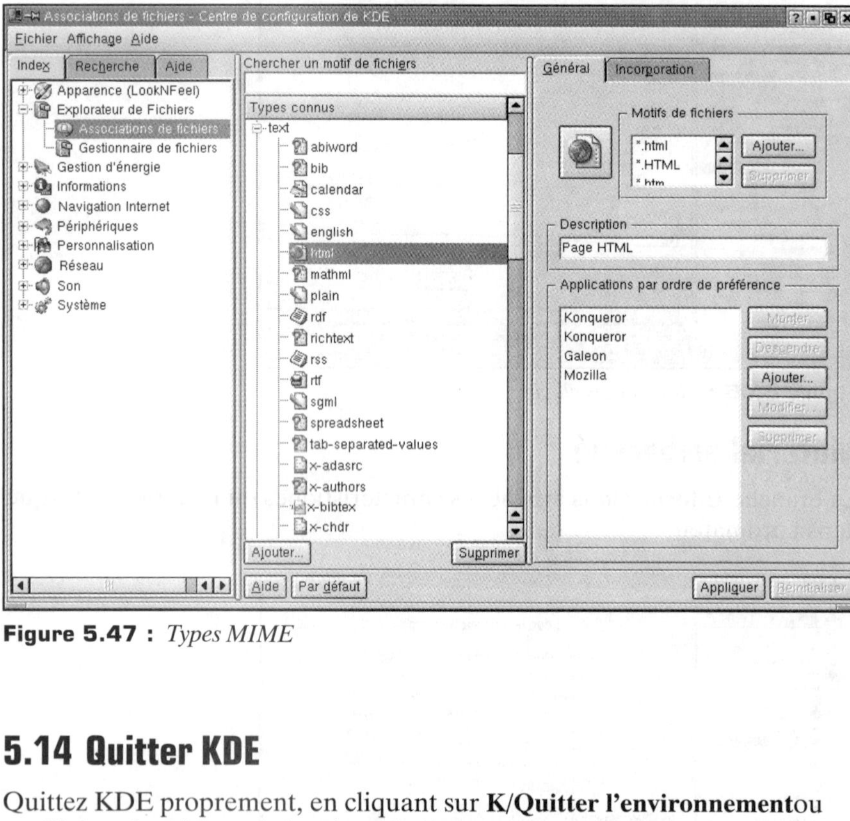

Figure 5.47 : *Types MIME*

5.14 Quitter KDE

Quittez KDE proprement, en cliquant sur **K/Quitter l'environnement**ou sur l'icône du tableau de bord symbolisant un bouton Marche/Arrêt. KDE vous propose de rétablir, lors de la prochaine session, le Bureau dans l'état où vous l'avez quitté.

KDE vous demande de confirmer la sauvegarde des documents non enregistrés des applications en cours d'exécution. En cas de blocage de l'environnement, appuyez sur la combinaison de touches

[Ctrl]+[Alt]+[Retour arrière]. La session X Window est interrompue brutalement. Vous retournez en mode Console ou à la fenêtre de login graphique selon le choix que vous avez fait lors de l'installation de Mandrake Linux sur votre poste de travail.

CHAPITRE 6

Le mode Console

CHAPITRE 6

Le mode Console

Le chapitre *De Windows à Linux* souligne les similitudes entre les Bureaux graphiques Windows et KDE. Nous allons introduire ici le mode Console, passage obligé pour des traitements sophistiqués. Nos exemples s'appuient sur le shell standard de Linux : le Bourne Again Shell.

6.1 Le paradigme Linux

Windows et Linux divergent radicalement dans leur conception. Les applications Microsoft mêlent intimement traitements et affichage. Des bibliothèques maison ou API (Application Program Interface) contrôlent l'accès au système. En pratique, ce modèle interdit la combinaison de programmes en vue de réaliser une tâche originale.

Les applications graphiques Linux sont des frontaux masquant des appels à des commandes ou à des bibliothèques open source largement décrites. Ces commandes peuvent être combinées à loisir. L'accès au cœur du système reste ouvert, Linux vous invitant à explorer les méandres de son architecture.

6.2 Émulateurs de terminaux

Au chapitre *Installation de la distribution Mandrake Linux 9.0*, nous avons opté pour un démarrage en mode Graphique. Dans ce contexte, plusieurs programmes ouvrent une fenêtre en mode Texte.

XTerm

XTerm est l'émulateur de terminal X standard. Il simule le fonctionnement des terminaux DEC VT102 et Tektronix 4014. Les terminaux VT fonctionnent en mode Texte. Ils ne sont plus guère exploités que comme consoles d'appoint, reliées par liaison série à une station principale. La série 100 accepte un jeu de commandes ANSI normalisé. Les terminaux Tektronix fonctionnent en mode Graphique, permettant par exemple l'affichage de courbes.

INTERNET

Terminaux VT

Nostalgique ou simplement curieux ? La page **http://vt100.net/vt_history** expose des terminaux VT.

Autres émulateurs

Des émulateurs allégés se contentent du mode VT102. Leur présence dépend des paquetages sélectionnés lors de l'installation.

Tableau 6-1 : Autres émulateurs

Émulateur	Description
ATerm	Terminal Afterstep
ETerm	Terminal Enlightenment
Gnome Terminal	Terminal GNOME
Konsole	Terminal KDE
Rxvt	Terminal couleur

Propriétaire d'une session ouverte en mode Graphique

Le propriétaire d'une session ouverte dans une fenêtre de terminal est le propriétaire de l'environnement graphique. L'invite confirme si l'utilisateur possède ou non un accès privilégié au système. Un $ signale une session ordinaire, un # une session root.

6.3 Terminaux virtuels

La combinaison de touches Alt+Fn (mode Texte) ou Ctrl+Alt+Fn (environnement X Window) active l'un des terminaux virtuels proposés par Linux. Mandrake Linux 9.0 en propose six par défaut. Vous pouvez ainsi mener plusieurs sessions de front.

RENVOI

Nous vous conseillons de consulter la section Init System V du chapitre Administration système, pour apprendre à modifier ce paramètre.

Le terme "console" désigne le moniteur de votre station Linux. La console affiche les messages du système et est associée au fichier de périphérique */dev/tty0* vers lequel pointe le lien symbolique */dev/console*. Un seul terminal virtuel y est rattaché à un instant t.

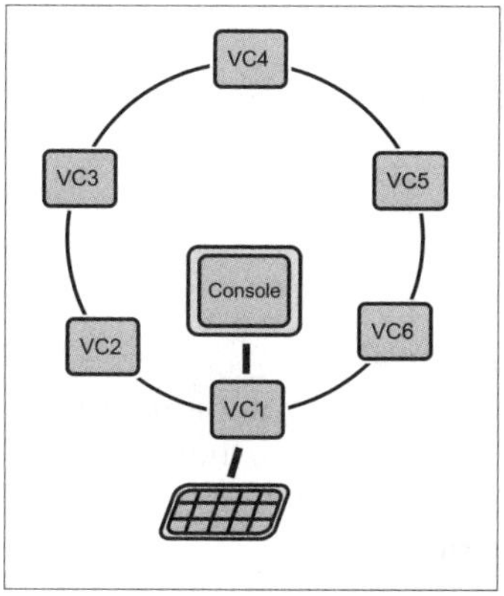

Figure 6.1 : *Terminaux virtuels*

On retourne sous X en appuyant sur [Alt]+[Fx], où [x]= Nombre de terminaux virtuels+1. La combinaison adéquate est donc [Alt]+[F7] dans cet exemple.

6.4 Session en mode Texte

Vous devez décliner le nom d'utilisateur et le mot de passe pour entamer une session.

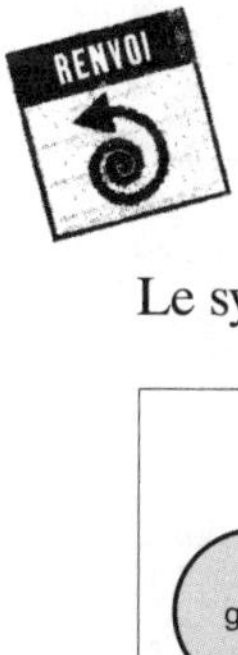

La procédure de connexion décrite au chapitre* De Windows à Linux *s'applique ici.

Le système enchaîne les commandes getty, login et un shell utilisateur.

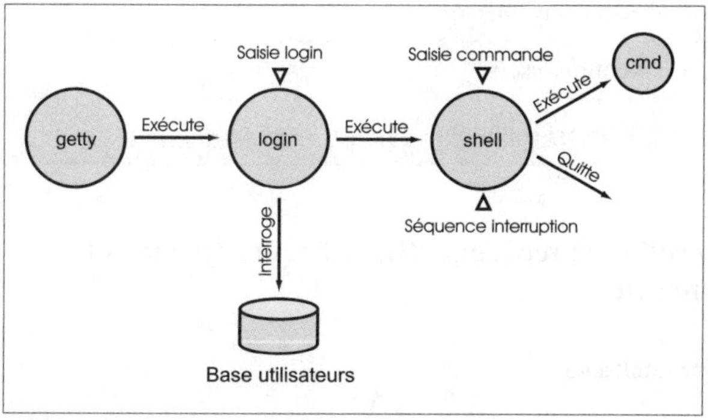

Figure 6.2 : *Démarrage d'une session*

Commande getty

La commande getty, ou une de ses variantes, souvent mingetty, affiche la bannière lue dans le fichier */etc/issue*. En voici le texte :

Listing 6-1 : Fichier /etc/issue

```
Mandrake linux release 9.0 (dolphin) for i586
Kernel 2.4.19-16mdk on an i686 / \l
```

Des séquences débutant par \ sont remplacées par des informations sur l'environnement Linux. La séquence \l indique le terminal virtuel actif. La liste suivante permet de personnaliser le message d'accueil. Le fonctionnement de l'éditeur Vi est exposé plus loin.

Tableau 6-2 : Séquences getty

Séquence	Description	Exemple
\d	Date	Fri Oct 18 2002
\l	Terminal de rattachement	tty1
\m	Architecture de la machine	i686
\n	Nom de la machine vue du réseau	bellerophon.altair.net
\o	Nom de domaine	altair.net
\r	Version du noyau	2.4.19-16mdk
\s	Nom du système d'exploitation	Linux
\t	Heure courante	16:42:06
\u	Nombre d'utilisateurs connectés	2
\U	Idem avec la mention "users"	2 users
\v	Version du système d'exploitation	1

Une variante du fichier */etc/issue* précédent affiche l'heure système et le nombre d'utilisateurs connectés :

Listing 6-2 : Variante du fichier /etc/issue

```
Bellerophon (\l) - \t
\u utilisateur(s) connecté(s)
```

La commande getty affiche l'invite modifiée. Vous déclinez alors l'identifiant choisi lors de l'installation.

```
Bellerophon (tty1) - 21:36:00
1 utilisateur(s) connecté(s)
bellerophon login : _
```

Commande login

La commande getty passe le relais à la commande login, laquelle réclame votre mot de passe. L'écho des caractères est désactivé, de sorte que la confidentialité de l'opération est préservée. Vérifiez si le verrouillage du clavier en mode Majuscules est enclenché ou désactivé. Le mot de passe est testé et la procédure réitérée en cas d'échec.

Authentification

Sous Mandrake Linux 9.0, l'authentification des utilisateurs réclame la consultation des fichiers */etc/passwd* et */etc/shadow*.

REMARQUE

PAM

La réalité est en fait un peu plus complexe. Les modules PAM (Pluggable Authentification Modules) renforcent les choix de sécurité de l'administrateur. Le cours en ligne de Denis Ducamp aborde le sujet (www.hsc.fr/ressources/cours/linux/SecLinux.html).

Voici un extrait du fichier *passwd* :

Listing 6-3 : Extrait du fichier /etc/passwd

```
root:x:0:0:root:/root:/bin/bash
meo:x:501:501:Cyril  Nocton:/home/meo:/bin/bash
```

Nous retrouvons les entrées de root et de l'utilisateur défini lors de l'installation. Bash est le shell par défaut.

Sécurité

Les tentatives d'intrusion s'opèrent parfois avec un dictionnaire spécialisé et un logiciel simulant la procédure de cryptage. Crack repose sur ce principe. La parade passe par l'enregistrement des mots de passe cryptés dans le fichier *shadow*, qui ne peut être lu que par root. Le fichier *passwd* est conservé pour des raisons de compatibilité.

Listing 6-4 : Extrait du fichier /etc/shadow

```
root:$1$HNY9H4q.$Mp3REm1R5riuz/nh7z6Kz0:11973:0:99999:7:::
meo:$1$tOuvWmkv$r477.NYpFjxwThplwhXWa1:11973:0:99999:7:::
```

Le mot de passe crypté figure en deuxième position de chaque ligne. Les champs suivants concernent le délai d'expiration de ce mot de passe, fixé par l'administrateur. La procédure de cryptage n'est pas réversible. Aucun algorithme ne sait calculer un mot de passe en clair à partir de sa représentation cryptée.

Shell

Le shell est le point central de la session que vous venez d'ouvrir. Le shell lit les commandes de l'utilisateur et les exécute. L'enchaînement est le suivant :

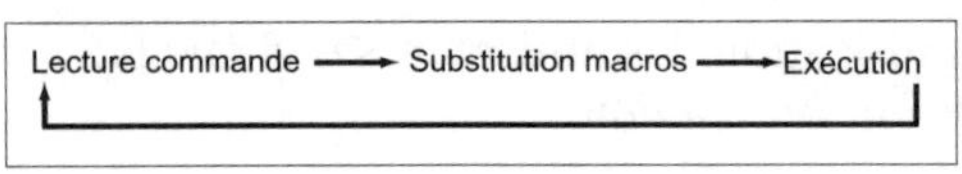

Figure 6.3 : *Boucle principale du shell*

La boucle se poursuit jusqu'à ce que l'utilisateur saisisse une commande ou une séquence de caractères de fin de session.

DÉFINITION

Shell

Un shell est une application interprétant les commandes de l'utilisateur. Les commandes peuvent être regroupées en scripts en vue d'un traitement automatique.

Il existe de multiples shells. Sh a été conçu par Steve Bourne dans le cadre du projet UNIX BSD. Bash (Bourne Again SHell) est le shell GNU standard. Cet outil essentiel accompagne toutes les distributions Linux. Il accepte la syntaxe Bourne, y ajoutant des structures inspirées de C.

Le dernier champ de chaque ligne du fichier *passwd* donne le chemin et le nom du shell à exécuter au démarrage d'une session. Bash sera notre shell de référence dans la suite du texte. Il a été retenu par défaut lors de la création d'un utilisateur au chapitre *Installation de la distribution Mandrake Linux 9.0*.

6.5 Saisie de commandes

Placez-vous dans une console virtuelle ou dans une fenêtre de terminal.

RENVOI

***La console KDE est présentée au chapitre* De Windows à Linux.**

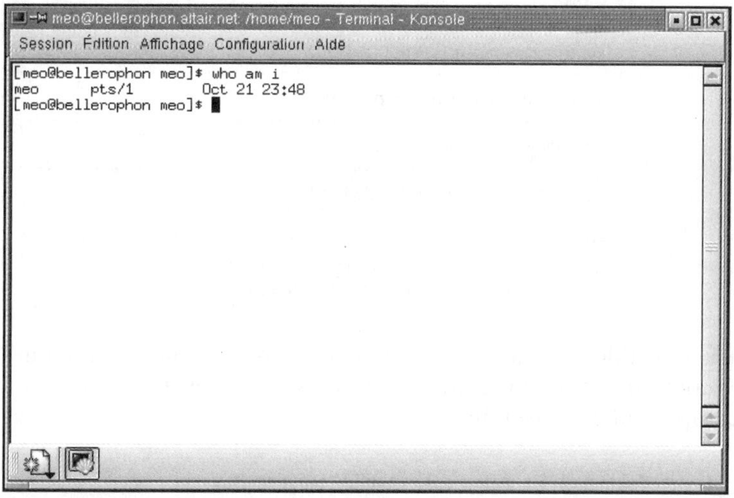

Figure 6.4 : *Fenêtre de terminal KDE*

L'invite $ signale que la session concerne un utilisateur de base. Une commande est saisie au clavier, puis validée par la touche Entrée. Débutez par une commande simple :

```
$ uname
```

Vous obtenez la sortie :

```
Linux
```

La commande uname retourne le type du système d'exploitation : ici, Linux. Notez qu'aucune invite ne précède les lignes du résultat. Une autre commande rappelle le terminal sur lequel vous opérez :

```
$ tty
tty1
```

Édition

Vous pouvez éditer la commande en cours de saisie. Bash comporte un tampon géré par la bibliothèque GNU Readline. Les touches fléchées agissent sur la position du curseur.

Tableau 6-3 : Touches de contrôle readline

Touche	Action
Flèche gauche	Recule le curseur d'une position.
Flèche droite	Avance le curseur d'une position.
Début	Déplace le curseur en début de ligne.
Fin	Déplace le curseur en fin de ligne.
Retour arrière	Efface le caractère placé avant le curseur.
Suppr	Efface le caractère placé sous le curseur.

La touche Entrée valide la ligne saisie, indépendamment de la position du curseur. Des combinaisons de touches communes à tous les modèles terminaux complètent cet ensemble.

Tableau 6-4 : Séquences readline universelles

Séquence	Action
Ctrl+B	Recule le curseur d'une position.
Ctrl+F	Avance le curseur d'une position.
Ctrl+A	Déplace le curseur en début de ligne.
Ctrl+E	Déplace le curseur en fin de ligne.
Méta+F	Avance le curseur d'un mot.
Méta+B	Recule le curseur d'un mot.
Ctrl+D	Supprime le caractère placé sous le curseur.
Ctrl+K	Supprime le texte de la position du curseur à la fin de la ligne.
Ctrl+Y	Rappelle le texte supprimé à la position du curseur.
Ctrl+L	Efface l'écran.

La touche [Méta] est associée à la touche [Alt] située à gauche de la [Barre d'espace]. Elle concerne des modifications portant sur des mots.

Options

Des options affinent le sens des commandes. Ainsi, uname sait afficher la plupart des informations que fournit la commande getty. Les options UNIX sont très brèves et précédées d'un –. Affichez la version du noyau en cours d'exécution :

```
$ uname -r
2.4.19-16mdk
```

Des options longues, précédées de – –, sont plus simples à mémoriser. La commande précédente peut s'écrire :

```
$ uname --release
2.4.19-16mdk
```

6.6 Commandes internes et externes

Il existe deux types de commandes. Les premières sont directement intégrées au shell, ce qui en accélère l'exécution. Les secondes sont indépendantes. La commande which les localise dans des répertoires dédiés du système.

```
$ which uname
/bin/uname
```

La commande uname se trouve dans le répertoire */bin*.

```
$ which alias
which: no alias in (/bin:/usr/bin:/usr/local/bin:/usr/X11R6/bin)
```

La commande alias est interne. À ce titre, elle n'a pas été localisée dans l'un des répertoires standard.

6.7 Liste des répertoires contenant des commandes

Des efforts visent à standardiser l'arborescence de fichiers Linux. Les commandes sont classées comme suit :

Tableau 6-5 : Emplacement des commandes externes

Répertoire	Description
/bin	Commandes de base
/sbin	Commandes principales de l'administrateur
/usr/bin	Commandes principales des utilisateurs
/usr/sbin	Commandes annexes de l'administrateur
/usr/local/bin	Commandes locales
/usr/local/sbin	Commandes locales de l'administrateur
/usr/X11R6/bin	Binaires X Window

Les répertoires *../sbin/..* contiennent des commandes réservées à l'administrateur.

RENVOI

*Reportez-vous au chapitre **Administration système** pour obtenir la cartographie complète du système de fichiers Linux.*

6.8 Alias

Un alias établit une correspondance entre un nom de commande et un texte de remplacement. Bash maintient un dictionnaire des alias et déclenche la substitution lorsqu'il repère l'une des entrées sur la ligne de commande.

Liste des alias

La commande alias saisie sans arguments affiche la liste des alias.

```
$ alias
alias cp='cp -i'
alias l=ls
alias la='ls -a'
alias ls='ls -F --color=auto'
alias lsd='ls -d */'
alias md='mkdir'
alias mv='mv -i'
alias p='cd -'
alias rd='rmdir'
```

```
alias rm='rm -i'
alias s='cd ..'
...
```

Ces commandes sont abordées dans la suite du chapitre. Les alias md et rd sont destinés aux utilisateurs de Windows. Les alias mv et rm réclament confirmation de l'utilisateur (–i) avant suppression ou écrasement de fichiers. L'alias ls force l'affichage du type (–F) et la coloration en conséquence (– –color=auto) de chaque fichier du répertoire listé. Affichez le contenu du répertoire de base :

```
$ ls /
bin/   dev/  home/    lib/  opt/   root/  tmp/  var/
boot/  etc/  initrd/  mnt/  proc/  sbin/  usr/
```

Un / est accolé à chaque répertoire.

Créer un alias

La commande alias nom=def ajoute ou modifie un alias. Prenons l'exemple de la commande rm. L'option –i impose la confirmation de l'utilisateur avant toute suppression de fichier. Créez un document contenant, par exemple, une liste de contacts professionnels :

```
$ alias rm=rm -i
$ touch contacts
```

Réclamez son effacement :

```
$ rm contacts
rm: détruire'contacts'?
```

Appuyez sur [n]. Le mécanisme de substitution a fonctionné. Bash a interprété rm – i contacts.

Supprimer un alias

La commande unalias supprime un alias. Annulez le contrôle attaché à rm :

```
$ unalias rm
```

Réclamez de nouveau l'effacement de la liste de contacts :

```
$ rm contacts
$ ls contact
ls: contact: No such file or directory
```

La suppression a eu lieu sans demande de confirmation. La commande rm a retrouvé son comportement par défaut.

Bloquer la substitution

Dans un shell interactif, c'est-à-dire acceptant les commandes de l'utilisateur, placer un mot entre apostrophes simples bloque le mécanisme de substitution. Créez un raccourci de la commande free, affichant l'occupation mémoire de Linux :

```
$ alias f='free -mo'
```

L'occupation mémoire sera exprimée en mégaoctets (option −m). Invoquez l'alias "classiquement" :

```
$ f
     total used free shared buffers cached
Mem:      219 61     157 0         9 33
Swap:       248 0     248
```

Bloquez la substitution :

```
$'f'
bash: f: command not found
```

La commande f est inconnue du système. Vous pouvez également rendre à une commande son sens originel :

```
$'ls'
bin   dev  home    lib  opt   root  tmp  var
boot  etc  initrd  mnt  proc  sbin  usr
```

L'affichage n'apparaît plus en couleurs et le type des fichiers n'est plus précisé.

Limitations des alias

Le mécanisme d'alias ne fonctionne que si le shell est interactif, c'est-à-dire si les entrées et sorties sont attachées à des terminaux. Le contenu de la variable spéciale − inclut alors le caractère i.

```
$ echo $-
himBH
```

Dans ce contexte, les alias offrent un moyen élégant de compléter les commandes existantes, ou d'en créer de nouvelles. Cependant, et à la différence de l'implémentation du Shell C, ils n'acceptent pas d'arguments.

6.9 Variables

Des variables orientent le fonctionnement du shell et des programmes. Une variable établit une correspondance entre un nom et une valeur. La valeur est une chaîne de caractères qui sera interprétée selon le contexte. Bash est avant tout un langage de scripts. Il ne propose pas de mécanisme de contrôle de type, comme les langages de programmation évolués.

Variables Bourne Again

Bash fixe un jeu initial de variables.

Tableau 6-6 : Principales variables bash

Variable	Description
BASH	Chemin et nom d'appel de cette instance du shell
BASH_VERSION	Version de cette instance du shell
EUID	UID effectif de l'utilisateur
GROUPS	Liste des groupes auxquels appartient l'utilisateur
HISTCMD	Numéro d'historique de la commande courante
HISTFILE	Fichier de sauvegarde de l'historique
HISTSIZE	Nombre de commandes à stocker dans l'historique
HOSTNAME	Nom qualifié de la machine
HOME	Votre répertoire personnel
HOSTTYPE	Architecture de la machine
LANG	Langue nationale
MACHTYPE	Combinaisons processeur-éditeur-système
OLDPWD	Répertoire précédent
OSTYPE	Linux
PATH	Chemin de recherche des commandes externes
PS1	Texte de l'invite
PS2	Invite secondaire

Tableau 6-6 : Principales variables bash	
Variable	**Description**
PWD	Répertoire courant
SECONDS	Nombre de secondes écoulées depuis le lancement du shell
SHLVL	Niveau du Shell, valant 1 pour le shell initial, incrémenté à chaque appel
TMOUT	Délai d'inactivité en secondes au-delà duquel la session s'interrompt
UID	Numéro de l'utilisateur
USER	Nom de l'utilisateur

Ces variables renseignent principalement sur l'environnement système et le contexte d'exécution du shell courant.

Liste des variables

Sans argument, la commande set affiche la liste triée des variables :

```
$ set
BACKSPACE=Delete
BASH=/bin/bash
...
```

Les valeurs sont reportées derrière le signe =. Un champ vide indique une valeur nulle, et non l'absence de la variable considérée.

Consulter la valeur d'une variable

La commande echo affiche le texte passé en argument. Considérons l'exemple classique en programmation C :

```
$ echo Hello World !
Hello World !
```

L'expression $var retourne le contenu de la variable var.

```
$ echo "Utilisateur no $UID"
Utilisateur no 501
```

Le numéro UID (User ID) permet d'identifier le propriétaire de la session en cours.

Les guillemets simples bloquent l'interprétation des variables.

```
$ echo'Utilisateur no $UID'
Utilisateur no $UID
```

Vous pouvez également faire précéder le $ d'un \afin de neutraliser l'interprétation.

Des accolades délimitent le nom d'une variable suivie immédiatement d'un texte :

```
$ echo "Session ouverte il y a ${SECONDS}s"
Session ouverte il y a 90s
```

La variable PATH détermine l'ordre de recherche des commandes externes :

```
$ echo $PATH
/bin:/usr/bin:/usr/local/bin:/usr/X11R6/bin
```

Les répertoires sont énumérés dans l'ordre d'exploration souhaité. Le caractère deux-points (:) tient lieu de séparateur.

Les répertoires contenant les commandes d'administration du système sont affectés à l'utilisateur root :

```
# echo $PATH
/bin:/sbin:/usr/bin:/usr/sbin:/usr/local/bin:/usr/local/sbin:
/usr/X11R6/bin
```

ASTUCE

Ordre de recherche

Placez les répertoires contenant les commandes usuelles de préférence en début de liste. Leur exécution en sera accélérée.

Affecter la valeur d'une variable

L'expression var=val affecte la valeur val à la variable de nom var. Aucune déclaration préalable n'est nécessaire. La variable PS1 décrit le texte de l'invite précédant la zone de saisie. Nous la notons $ ou #, mais elle est généralement plus complexe :

```
[cnocton@bellerophon /]$ echo $PS1
[\u\@h \W]\$
```

Variables en lecture seule

Certaines variables sont en lecture seule. Tentez de modifier la valeur de UID :

```
$ UID=0
bash: UID: readonly variable
```

La commande readonly définit qu'une variable est en lecture seule :

```
$ SCRIPT_AUTHOR="meo"
$ readonly SCRIPT_AUTHOR
```

Exporter une variable

La commande export marque une variable de sorte que les commandes exécutées ultérieurement en héritent. Exportez la variable AUTHOR :

```
$ export AUTHOR
```

La commande env sans argument affiche la liste triée des variables héritées :

```
$ env
AUTHOR="meo"
...
```

Ce mécanisme permet d'orienter le comportement du shell. Ainsi, la commande more affiche un texte page à page :

```
$ more fichier
contenu du fichier
...
--More--(1%)
```

L'option –n fixe le nombre de lignes de la console. La variable MORE autorise le passage implicite d'un argument de ce type à chaque exécution de la commande :

```
$ export MORE=10
```

Désormais, more présentera le texte par groupe de 10 lignes.

Résultat d'une commande

La variable ? contient le résultat de la dernière commande exécutée. La valeur 0 marque un succès, une valeur différente de 0 un échec. Généralement, un code est associé à chaque type d'erreur reconnu de la commande.

La commande passwd modifie votre mot de passe. Elle réclame la saisie de l'ancien mot de passe. Entrez une valeur erronée puis réclamez le résultat de l'exécution.

```
$ passwd
Changing password for user meo.
Changing password for meo
(current) UNIX password:
passwd: Authentication token manipulation error
$ echo $?
1
```

Un code 127 est retourné après tentative d'exécution d'une commande inconnue du système :

```
$ unknown
$ echo $?
127
```

6.10 Modification de l'invite du shell

La variable PS1 fixe l'apparence de l'invite. Les séquences suivantes sont interprétées :

Tableau 6-7 : Séquences de l'invite

Séquence	Description
\h	Nom de la machine
\H	Nom et domaine de la machine
\l	Terminal d'attachement
\u	Nom de l'utilisateur
\w	Répertoire courant
\W	Répertoire courant privé de son chemin d'accès
\$	# si UID=0, $ sinon
\\	Caractère \
\nnn	Caractère de code octal nnn

Pour afficher une invite correspondant au nom du répertoire courant, suivi du caractère $, modifiez la variable PS1 comme suit :

```
$ PS1="\W $ "
```

Effacer l'écran

La commande clear efface la console ou la fenêtre de terminal :

```
$ clear
```

6.11 Historique des commandes

Un mécanisme d'historique stocke les dernières commandes saisies par l'utilisateur. La liste est sauvegardée, d'une session à l'autre, dans le fichier *.bash_history* placé à la racine de chaque répertoire personnel. La commande history affiche cette liste :

```
$ history
...
110 clear
111 history
```

Les commandes sont listées dans l'ordre chronologique et leur rang repéré par un entier.

La variable HISTSIZE fixe la taille de la liste :

```
$ echo $HISTSIZE
1000
```

Ici, la liste contient au plus mille commandes. Les commandes les plus anciennes sont sorties de la liste quand cette limite est atteinte.

Saisissez !! pour "réexécuter" la commande la plus récente :

```
$ !!
echo $HISTSIZE
1000
```

Le texte de la commande est affiché, puis la commande exécutée.

Saisissez !n pour rappeler la commande de numéro n :

```
$ !110
$ _
```

Le contenu de la console ou de la fenêtre de terminal est effacé.

Voici la liste des principales actions ayant comme préfixe le caractère ! :

Tableau 6-8 : Principales séquences d'historique

Séquence	Action
!!	Rappel de la dernière commande
!n	Commande de rang n dans l'historique
!-n	Idem, mais relativement à la commande courante
!s	Commande la plus récente débutant par la chaîne s
! ?s	Commande la plus récente contenant la chaîne s

La séquence !! est donc équivalente à !-1. En complément, les touches [Flèche haut] et [Flèche bas] font défiler les dernières commandes exécutées à l'écran. Les combinaisons [Ctrl]+[P] et [Ctrl]+[N] jouent le même rôle. Éditez la commande de votre choix et validez par [Entrée].

Changer le mot de passe

La commande passwd modifie votre mot de passe :

```
$ passwd
Changing password for user meo.
Changing password for meo
 (current) UNIX password:
New UNIX password:
Retype new UNIX password:
passwd: all authentication tokens updated successfully.
```

Les mots de passe trop simples à deviner sont rejetés.

6.12 Obtention des privilèges de l'administrateur

La commande su lance une session locale au nom d'un autre utilisateur. Vous pourrez ainsi obtenir temporairement les privilèges nécessaires à l'exécution d'une tâche d'administration :

```
$ su
Passwd:
# _
```

L'invite # confirme le changement d'utilisateur. Vérifiez ce fait :

```
# echo $UID
0
```

Vous quittez la session fille avec la commande exit.

```
# exit
$ _
```

6.13 Navigation dans l'arborescence des fichiers

Cette section s'intéresse aux commandes permettant le déplacement dans l'arborescence de fichiers Linux, la modification et l'édition des propriétés des fichiers.

RENVOI

Le chapitre intitulé* Le système de fichiers *présente l'organisation générale du système de fichiers Linux.

Répertoire personnel

Chaque utilisateur possède un répertoire */home/<identifiant>* qui héberge les données personnelles et les paramètres de l'environnement de travail. La variable HOME contient le chemin d'accès à ce répertoire :

```
$echo $HOME
/home/meo
```

Le symbole ~ est un raccourci commode vers votre répertoire personnel :

```
$ echo ~
/home/meo
```

REMARQUE

Répertoire de l'administrateur

Le répertoire personnel de l'administrateur d'un système UNIX est */root*. Notez que les répertoires des autres utilisateurs ne sont pas forcément accessibles lors du démarrage du système d'exploitation (système de fichiers distants, par exemple).

Répertoire courant

Les commandes s'appliquent par défaut au répertoire courant. La commande pwd affiche le chemin de ce répertoire :

```
$ pwd
/home/meo
```

La variable PWD reprend cette information :

```
$ echo $PWD
/home/meo
```

Le répertoire courant pointe initialement sur le répertoire personnel de l'utilisateur considéré. Il évolue au gré des changements de répertoire commandés par l'utilisateur.

Changer de répertoire

La commande cd modifie le répertoire courant :

```
$ cd /tmp
```

Vous êtes dans le répertoire temporaire */tmp*, ouvert à tous les utilisateurs.

```
$ echo $PWD
/tmp
```

Le chemin est dit absolu, car décrit en partant de la racine /.

Retournez dans votre répertoire personnel :

```
$ cd
```

Un chemin relatif est décrit à partir du répertoire courant. Vous pouvez retourner dans le répertoire */tmp* en saisissant :

```
$ cd ../../tmp
```

La notation .. symbolise le répertoire parent du répertoire courant.

Lister le contenu d'un répertoire

La commande ls affiche le contenu du répertoire courant ou passé en argument :

```
$ ls -al ~
total 108
drwxr-xr-x  15 meo   meo   4096  oct 19 22:57  ./
drwxr-xr-x  4 root   root  4096  oct 14 17:58  ../
-rw-r--r--  1 meo    meo   1817  oct 21 11:35  .bash_history
-rw-r--r--  1 meo    meo   24    oct 13 17:38  .bash_logout
-rw-r--r--  1 meo    meo   191   oct 13 17:38  .bash_profile
-rw-r--r--  1 meo    meo   100   oct 13 17:38  .bashrc
...
```

Le symbole ~ désigne votre répertoire personnel. L'option –l réclame un affichage long, l'option –a celui des fichiers débutant par un point (ces fichiers sont dits "cachés"puisqu'ils ne sont pas affichés lors de l'exécution de la commande simple ls). Cela concerne en particulier le répertoire courant (.) et son répertoire parent (..).

Un alias de la commande ls définit l'option ––color=auto. Les fichiers sont ainsi colorés selon leur type lorsque l'affichage a lieu sur le terminal. La variable LS_COLORS définit des codes de couleur pertinents.

Droits d'accès

La commande chmod modifie les droits d'accès à un fichier ou à un répertoire.

RENVOI

Les droits d'accès sont exposés au chapitre intitulé Le système de fichiers.

Pour limiter strictement l'accès à votre répertoire personnel aux personnes appartenant à votre groupe de travail, écrivez :

```
$ chmod o= ~
```

Les utilisateurs de base dits "autres" (o pour "others" en anglais) n'ont plus accès à votre répertoire.

```
$ ls -l ~
total 3
drwxr-x--- 3 cnocton cnocton 4096 nov 4 19:39 /home/cnocton/
```

RENVOI

Consultez l'annexe Commandes de base pour le détail de la syntaxe.

Créer et supprimer des répertoires

La commande mkdir crée un répertoire. Créez par exemple un répertoire *multimedia* qui contiendra les documents collectés lors de vos visites sur le Web :

```
$ mkdir /multimedia
```

La commande rmdir supprime un répertoire vide :

```
$ rmdir /tmp
```

REMARQUE

Effacer un répertoire plein

Il est possible d'effacer un répertoire qui contient des fichiers avec la commande suivante :

```
rm -r toto/
```

Cette commande efface le répertoire toto/ et ce qu'il contient. Toutefois, il vous sera demandé s'il faut parcourir le répertoire. Répondez oui (yes ou y suffit).

Créer et supprimer des fichiers

Sans argument, la commande touch crée un fichier vide :

```
$ touch document
```

La commande rm supprime un fichier. Un fichier de trace *core* est créé lors de l'interruption brutale d'un programme :

```
$ rm core
```

REMARQUE

Fichiers core

Les réglages par défaut de Mandrake Linux interdisent la création de fichiers *core*. Sous d'autres distributions, vous obtenez ce comportement en saisissant ulimit – Sc 0.

Caractères spéciaux

Nous avons abordé le rôle particulier des caractères ! et ~. D'autres symboles qualifient un ensemble de fichiers :

Tableau 6-9 : Caractères spéciaux

Séquence	Description
*	Suite de caractères, éventuellement vide, ne débutant pas par un point (.)
?	Un caractère
[...]	Un des caractères entre crochets

La commande file affiche le type des fichiers qui lui sont passés en argument. L'emploi de l'étoile permet d'étendre l'action à un ensemble plus large :

```
$ file ~/.bash*
.bash_history: ASCII text

.bash_logout: ASCII text

.bash_profile: ASCII text
.bashrc: ASCII  text
```

Ici, file a déterminé le type des fichiers de configuration Bash de l'utilisateur.

Le répertoire */var/run* contient des fichiers d'extension *.pid* créés par certaines applications. Recherchez ceux dont le nom débute par la combinaison de lettres "am" ou "at" :

```
$ ls /var/run/a[mt]*
/var/run/amd.pid  /var/run/atm.pid
```

6.14 Visualisation du contenu d'un fichier texte

La commande cat liste le contenu d'un fichier texte. La commande more affiche le même contenu, page à page. Visualisez le contenu du journal */var/log/messages* :

```
# more /var/log/messages
Oct 13 20:54:06 bellerophon  syslogd 1.4.1: restart
Oct 13 20:54:06 bellerophon  kernel: klogd 1.4.1, log source =
/proc/kmsg started
...
--Encore--(1%)
```

La [Barre d'espace] fait défiler les pages. La touche [Q] interrompt le parcours.

6.15 L'éditeur Vi

Vi est un éditeur de texte conçu par Bill Joy en 1976, une époque où les environnements graphiques étaient moins répandus. Il s'appuit fortement sur ed, un outil de manipulation de chaînes de caractères. Vi fonctionne exclusivement en mode Texte.

> ***HOWTO Vi Amélioré***
>
> Un HOWTO est dédié à la version de VI fournie avec Mandrake Linux, soit ViM pour Vi aMélioré (**www.freenix.fr/unix/linux/HOWTO/Vim-HOWTO.html**).

Pourquoi Vi ?

Vi est un éditeur éprouvé, qui accompagne toutes les distributions Linux. Vous apprécierez sa robustesse lorsque vous travaillerez sur des fichiers de configuration sensibles. Vi existe pour d'autres systèmes d'exploitation de type UNIX et Windows.

Lancer Vi

Vi peut être exécuté avec ou sans nom de fichier en argument. Appelez Vi sans argument, depuis une session root :

```
# vi
```

L'écran suivant vous accueille :

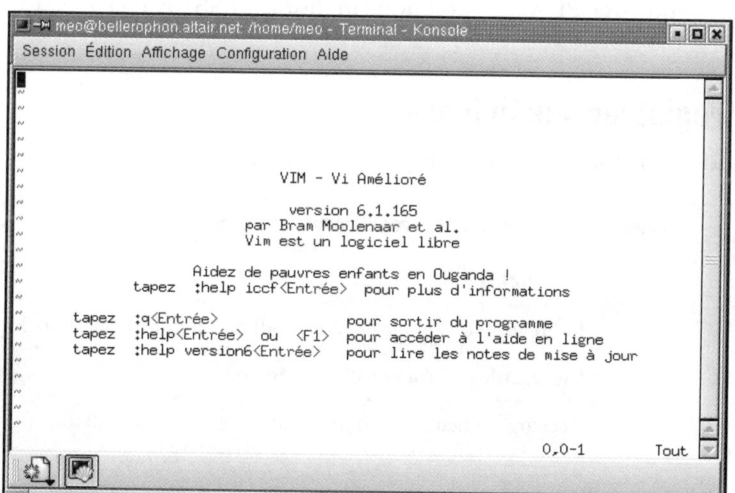

Figure 6.5 : *Écran d'accueil de Vi*

Dans cet exemple, la version de Vi installée sur la station se nomme ViM (Vi iMproved). L'utilisation de la touche [F1] ou la saisie du mot-clé :help donne accès à une page d'aide récapitulant les commandes disponibles.

Modes saisie et commande

Vi admet deux états :

- le mode Commande ;
- le mode Saisie.

Il démarre en mode Commande. Les messages d'état apparaissent sur la dernière ligne de la fenêtre d'édition. Appuyez sur la touche [I] (i majuscule) pour basculer en mode Saisie, sur [Echap] pour revenir au mode Commande. Les instructions sont précédées du caractère deux-points (:). Saisissez par exemple :help pour accéder à la page d'aide.

Lors de vos premiers pas sous Vi, vous ne manquerez pas de vous interroger sur l'état courant de l'éditeur. Prenez l'habitude d'appuyer sur [Echap] avant de saisir une commande et sur [Echap]+[I] (i majuscule) avant d'entrer du texte. Si vous appuyez sur la touche [Inser], le texte saisi remplace (mention --REPLACE--) ou non (mention --INSERT--) le texte courant.

Lire et enregistrer des fichiers

Les commandes suivantes prennent en charge les entrées et les sorties :

Tableau 6-10 : Lecture et enregistrement de fichiers

Commande	Description
:r fichier	Insère le texte d'un fichier à la position courante du curseur.
:w [fichier]	Sauvegarde le fichier en cours d'édition.
:e [fichier]	Recharge le fichier en cours d'édition ou un autre fichier.

e! recharge le fichier en cours d'édition sans sauvegarder les modifications qui lui ont été appliquées.

Insérer et supprimer du texte

Ces commandes provoquent le passage automatique en mode Saisie :

Tableau 6-11 : Commandes de base

Commande	Description
a	Insère du texte après le curseur.
A	Ajoute du texte en fin de ligne.
dd	Supprime la ligne courante.
D	Supprime le texte de la position du curseur jusqu'à la fin de la ligne.
i	Passe en mode Insertion.
I	Insère du texte en début de ligne.
o	Insère une ligne blanche sous le curseur.
O	Insère une ligne blanche au-dessus du curseur.
x	Supprime le caractère placé sous le curseur.
X	Supprime le caractère placé devant le curseur.

Défaire une modification

Vi maintient un tampon permettant la restauration de données.

:u annule la dernière action.

Rechercher du texte

Les commandes / et ? recherchent des motifs décrits par des expressions rationnelles.

RENVOI

Consultez les annexes pour le détail de la syntaxe des expressions rationnelles.

Tableau 6-12 : Recherche de texte	
Commande	**Description**
/s	Recherche de la position du curseur vers le bas du texte.
?s	Recherche de la position du curseur vers le haut du texte.
fc	Recherche un caractère à droite de la position du curseur.
Fc	Recherche un caractère à gauche de la position du curseur.

Les commandes f et F recherchent un caractère sur la ligne courante. Le curseur est déplacé à la position de l'occurrence trouvée.

Quitter Vi

Vi réclame que les modifications effectuées sur un fichier soient sauvegardées, avant que vous ne le quittiez. Le caractère ! placé derrière une commande de sortie annule ce contrôle.

Tableau 6-13 : Quitter Vi	
Commande	**Description**
:q	Quitte Vi.
:q!	Quitte Vi sans sauvegarder.

La commande :q appliquée à un fichier non sauvegardé produit l'indication suivante :

```
:q
E37: Modifications non enregistrées (ajoutez ! pour passer outre)
```

La commande :q! force l'abandon du document.

6.16 Le manuel en ligne

Les commandes Linux affichent généralement un court résumé de leur rôle et des options qu'elles acceptent, si vous les invoquez avec le paramètre -h ou --help :

```
$ uname --help
Usage: uname [OPTION]...
Afficher certaines informations identifiant le système.
...
```

Un manuel en ligne complète ces informations. Les pages qui le composent ont été rédigées par les concepteurs des logiciels GNU/Linux.

Sections

Le manuel comprend une dizaine de sections récapitulées dans le tableau suivant

Tableau 6-14 : Sections du manuel

Section	Description
1	Commandes de l'utilisateur
2	Appels système
3	Fonctions des bibliothèques
4	Fichiers de périphériques
5	Format des fichiers de configuration
6	Jeux
7	Divers
8	Outils d'administration
9	Documentation noyau
n	(obsolète)

Selon la distribution, le manuel est placé dans le répertoire */usr/man* ou */usr/share/man*. Les sections sont placées dans des sous-répertoires :

```
$ ls -d /usr/share/man/m*
man1/ man2/ man3/ man4/ man5/ man6/ man7/ man8/ man9/ mann/
```

D'autres répertoires contiennent des traductions dépendant de l'origine de la distribution. La variable LANG contient l'indication de la langue nationale :

```
$ echo $LANG
fr_FR
```

Dans ce cas, la langue est le français, noté "fr" selon la convention internationale en vigueur.

```
$ ls /usr/share/man/fr
man1/ man5/ man8/
```

Les sections traduites sont consultées prioritairement.

Format d'une page de manuel

Les pages du manuel partagent une présentation commune :

NOM

Nom d'un programme, d'une fonction de bibliothèque ou d'un fichier de configuration.

SYNOPSIS

Syntaxe de la commande. Dans le cas d'une fonction, prototype et liste des fichiers inclus.

DESCRIPTION

L'essentiel de la description est placé ici.

OPTIONS

Liste des options acceptées par le programme et leur rôle.

DIAGNOSTICS

Messages d'erreurs les plus fréquents, et l'attitude à observer lorsqu'ils surviennent.

AUTEUR

Auteur de la page. On y trouve souvent une adresse e-mail où envoyer commentaires et rapports de bogues.

VOIR AUSSI

Pages de manuel en rapport avec le sujet.

Commande man

La commande man affiche la page de manuel associée au mot-clé passé en argument. Par exemple :

```
$ man man
NAME
    man - format and display the on-line manual pages
SYNOPSIS
    man [-acdfFhkKtwW] [-m system] [-p string] [-C config_file]
    [-M path] [-P pager] [-S section_list] [section] name ...
DESCRIPTION
    man formats and displays the on-line manual pages.
    ...
OPTIONS
    -C config_file
        Specify the man.conf file to use; the default is
        /etc/man.config. (See man.conf(5).)
```

INTERNET

Pages de manuel en français

Le site de la distribution Linux Kheops compile les pages de manuel en français. La traduction est l'œuvre de Christophe Blaess (**www.linux-kheops.com**).

Commande info

Préférez la commande info d'introduction plus récente. Elle admet la navigation de terme en terme. La documentation bascule progressivement dans ce mode.

Commandes apropos et whatis

Les commandes apropos et whatis prolongent le manuel en permettant une recherche sur un ou des mots contenus dans la section NAME des pages de manuel. La commande whatis recherche des mots entiers, la commande apropos des occurrences d'une suite de caractères. Vous pouvez ainsi entamer une recherche thématique sans connaître le nom d'une commande précise. Supposons que vous recherchiez les commandes de compression de fichiers. Saisissez :

```
$ apropos compressor
bunzip2 (1) - a block-sorting file compressor, v1.0
...
```

L'utilitaire makewhatis est invoqué régulièrement par le système afin que la base de données rende compte des ajouts et des suppressions de logiciels. Vous pouvez exécuter makewhatis directement sous le compte root :

```
# makewhatis -v
adding ./alias.1.bz2
...
```

Vous constatez à cette occasion que les pages de manuel sont archivées compressées, ici avec l'utilitaire bzip2.

6.17 Combinaison de commandes et de filtres

Vous pouvez combiner plusieurs commandes afin de produire un résultat original.

En séquence

Des commandes séparées par le signe ; sont exécutées en séquence :

```
$ cd; rm core
```

Ici, vous retournez dans votre répertoire personnel, puis vous supprimez le fichier *core*.

Au moyen de tubes

Un tube est un mécanisme de redirection de la sortie d'une commande vers l'entrée d'une autre commande.

> DÉFINITION
>
> ***Tube***
>
> Un tube est un mécanisme de communication dans lequel la sortie d'une première commande est dirigée vers l'entrée d'une seconde. La synchronisation est transparente.

Un tube est symbolisé par le signe |. La seconde commande est souvent un filtre. Ainsi, vous pouvez afficher le contenu du fichier */etc/passwd* page à page, en saisissant :

```
$ cat /etc/passwd | more
root:x:0:0:root:/root:/bin/bash
...
--Encore--
```

6.18 Redirection des entrées-sorties

Dans un shell interactif, les commandes sont normalement lues à partir du clavier, les résultats et messages d'erreur sont affichés à l'écran. Des descripteurs standard sont associés à ces flux :

Tableau 6-15 : Flux standard

Descripteur	Flux
0	Entrée
1	Sortie
2	Erreur

Le caractère < redirige l'entrée standard, > la sortie standard, 2> la sortie erreur. Si vous doublez le caractère >, les données de fichiers ne sont pas écrasées. Supposons l'existence d'un programme de calcul produisant un nombre important de résultats affichés à l'écran. Saisissez :

```
$ ./code > resultats.txt 2> erreurs.txt
```

Puis éditez les fichiers *resultats.txt* et *erreurs.txt*.

6.19 Exécution de programmes en tâche de fond

Placer le signe & derrière une commande force son exécution en arrière-plan. La commande ne dispose plus des entrées-sorties standard :

```
$ ./code > resultats.txt 2> erreurs.txt &
$ _
```

Bash accepte immédiatement une nouvelle commande.

6.20 Jobs

Linux autorise l'exécution simultanée de programmes. Bash introduit la notion de "job" symbolisé par un numéro. Lorsque vous exécutez une commande en arrière-plan, Bash affiche son numéro de job entre crochets :

```
$ makewhatis -v &
[1] 684
```

Seules les commandes de premier plan bénéficient des entrées et sorties du terminal. La commande jobs affiche la liste des jobs en cours :

```
$ jobs
[1]+ Done makewhatis -v
```

La combinaison de touches Ctrl+Z suspend l'exécution du job au premier plan. Ouvrez par exemple une session Vi :

```
$ vi
```

Appuyez sur Ctrl+Z. Vous obtenez :

```
$ _
```

Vous retournez à la ligne de commande.

La commande fg rappelle un job au premier plan :

```
$ jobs
[1]+  Stopped  vi
$ fg %1
```

La commande bg place un job au second plan.

6.21 Personnalisation des sessions

Bash lit des fichiers de démarrage placés dans un ordre conventionnel. Le premier script de configuration se nomme */etc/profile*. Il ne peut être modifié que par l'administrateur du système. Les indications qu'il contient s'appliquent à tous les utilisateurs et prennent effet dès la procédure de login. Voici le code généré par une distribution Mandrake Linux 9.0 :

```
loginsh=1
[ "$UID" = "0" ] && ulimit -S -c 1000000 > /dev/null 2>&1
if ! echo ${PATH} |grep -q /usr/X11R6/bin ; then
    PATH="$PATH:/usr/X11R6/bin"
fi
if [ "$UID" -ge 500 ] && ! echo ${PATH} |grep -q /usr/games ;
then export PATH=$PATH:/usr/games
fi
umask 022
USER='id -un'
LOGNAME=$USER
MAIL="/var/spool/mail/$USER"
HISTCONTROL=ignoredups
HOSTNAME='/bin/hostname'
HISTSIZE=1000
if [ -z "$INPUTRC" -a ! -f "$HOME/.inputrc" ]; then
```

```
    INPUTRC=/etc/inputrc
fi
NLSPATH=/usr/share/locale/%l/%N
export PATH PS1 USER LOGNAME MAIL HOSTNAME INPUTRC NLSPATH
export HISTCONTROL HISTSIZE
for i in /etc/profile.d/*.sh ; do
        if [ -x $i ]; then
                . $i
        fi
done
Fichier /etc/profile
```

Le mécanisme d'exportation exposé précédemment est mis en œuvre sur de grandes variables système. Bash recherche des fichiers *.bash_profile*, *.bash_login* et *.profile* dans le répertoire racine de l'utilisateur concerné. Voici le contenu du fichier *.bash_profile* :

Listing 6-5 : Fichier ~/.bash_profile

```
# Lire alias et fonctions
if [ -f ~/.bashrc ]; then
    . ~/.bashrc
fi
export BASH_ENV=$HOME/.bashrc
```

Le fichier *~/.bashrc* est inclus s'il existe. Listez le contenu de votre répertoire racine :

```
$ ls -a ~
.bash_profile .bash_logout .bashrc
...
```

Tel est le cas ici.

Fichiers de démarrage de l'utilisateur

Dans tous les cas, Bash exécute les instructions du fichier *~/.bashrc* :

Listing 6-6 : Fichier ~/.bashrc

```
# Définitions globales
if [-f /etc/bashrc ]; then
    . /etc/bashrc
```

Le fichier */etc/bashrc* contient des définitions globales.

Personnalisation

La personnalisation de l'environnement a lieu principalement au niveau du fichier *.bashrc*. Ajoutez par exemple un alias :

```
alias startx='startx -- -depth 16'
```

CHAPITRE 7

Le système X Window

CHAPITRE 7

Le système X Window

Le système X Window englobe un protocole et des utilitaires destinés à l'exécution d'applications graphiques en réseau. Développé pour UNIX au milieu des années 80, X Window a conquis de nombreux autres systèmes d'exploitation, dont Linux. Nous présentons la variante libre au cœur du projet XFree86.

> **INTERNET**
>
> ***X Window en ligne***
>
> Le consortium X coordonne l'évolution de la version X11R6 de X Window (**www.x.org/**). Le projet XFree86 soutient la variante libre de X Window, diffusée avec Linux (**www.xfree86.org/**).

7.1 Principe

Dans une application Windows, traitements et affichage sont centralisés sur une même machine. Citrix est l'un des éditeurs commercialisant des solutions pour contourner cette limitation. Les applications graphiques Linux suivent un modèle client-serveur. Les traitements peuvent être réalisés sur un serveur et l'affichage déporté sur un client léger.

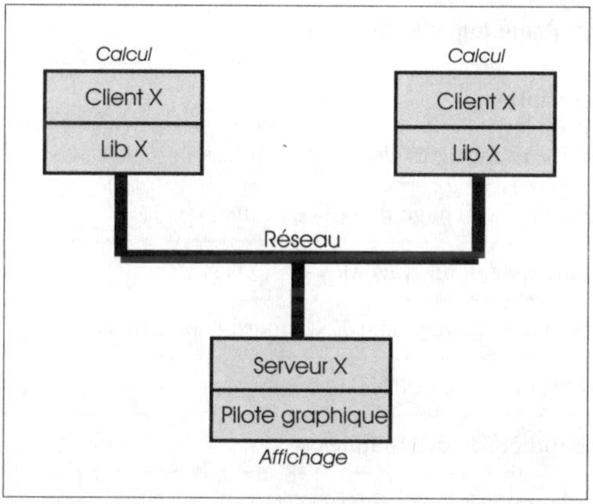

Figure 7.1 : *Modèle X Window*

Un programme conçu sur ce modèle est appelé "client X". Le module d'affichage est appelé "serveur X".

DÉFINITION

Serveur et clients X

Un client X rassemble les traitements d'une application. L'affichage est pris en charge par un serveur X.

Le protocole X normalise la communication entre ces deux parties. Il est longtemps resté confiné dans les laboratoires de recherche, en raison d'une interface graphique aride. L'introduction des bibliothèques graphiques Qt et GTK a favorisé l'émergence de Bureaux conviviaux. KDE et GNOME sont les deux environnements les plus populaires actuellement.

7.2 Installation des paquetages

L'assistant DrakX a copié les paquetages requis par X Window, si vous avez suivi les indications du chapitre *Installation de la distribution Mandrake Linux 9.0*. Cette section vous concerne si la copie en question n'a pas été réalisée ou si le démarrage du serveur X a échoué. Voici la liste des paquetages requis :

Tableau 7-1 : Paquetages X Window

Paquetage	**Description**
drakxtools	Outils de configuration, dont XFdrake
freetype	Moteur d'affichage de polices TrueType
xinitrc	Fichiers de démarrage des sessions X
xterm	Émulateur de terminal X standard (optionnel)
XFree86	Programmes et polices de base
XFree86-libs	Bibliothèques dynamiques
XFree86-server	Serveur générique (version 4.x)
XFree86-server-common	Composants communs des serveurs (version 3.x)
XFree86-X	Serveur des cartes graphiques de la famille X
XFree86-xfs	Serveur de polices
XFree86-75dpi-fonts	Polices de résolution 75 points par pouce

Tableau 7-1 : Paquetages X Window

Paquetage	Description
XFree86-100dpi-fonts	Polices de résolution 100 points par pouce

Pilotes des versions 3.3.6 et 4.2.1 de X Window cohabitent. Les paquetages de la version 3.3.6 sont notés XFree86-*X*-3.3.6 où *X* correspond à une famille de cartes graphiques. Notre station possède un contrôleur graphique NVidia GeForce 2 soudé à la carte mère.

À défaut, envisagez l'installation d'un serveur générique VGA ou SVGA. L'un et l'autre acceptent toutes les cartes graphiques fabriquées depuis 1994.

Tableau 7-2 : Serveurs X génériques

Serveur	Mode
Mono	VGA monochrome
VGA16	VGA en 16 couleurs
SVGA	SVGA

La version 4.2.1 de X Window repose sur un serveur générique nommé XFree86-Server. Il charge dynamiquement le pilote graphique adéquat. L'outil de configuration Mandrake XFDrake vous guidera au mieux dans le choix de la version du serveur. Sauf indication contraire, sélectionnez la version 4.2.1.

Le frontal Mandrake urpmi simplifie l'installation des paquetages. Il détermine les dépendances entre paquetages et propose d'installer les paquetages requis.

RENVOI

*Consultez le chapitre **Administration système** pour les détails de fonctionnement de cet utilitaire.*

Insérez le CD-Rom d'installation de la distribution Mandrake Linux dans le lecteur. La procédure se déroule en trois étapes : installation des utilitaires de base, du serveur et finalement des polices.

```
# urpmi XFree86 XFree86-Server XFree86-75dpi
```

Chargement automatique des paquetages

L'assistant XFDrake charge automatiquement les paquetages X Window requis en s'appuyant sur urpmi.

7.3 Configuration avec XFDrake

Les fichiers de configuration de X Window sont placés dans le répertoire */etc/X11*. Le fichier */etc/X11/XF86Config* (version 3.x) ou */etc/X11/XF86Config-4* (version 4.x) contient les paramètres du serveur X. L'entrée X est un lien symbolique vers le serveur X de votre carte graphique.

```
$ ls -l /etc/X11/X
lrwxr-xr-x   1  root  root  30 oct 13 22:52  /etc/X11/X ->
../../usr/X11R6/bin/XFree86
```

L'utilitaire XFDrake automatise la configuration du serveur X. Les choix sont répercutés dans le fichier *XF86Config*. XFDrake fonctionne en mode Semi-graphique si X Window n'est pas opérationnel. Vous naviguez alors à l'aide des touches fléchées.

```
# XFdrake
utilisation de /dev/scd0 pour "Installation CD 1 (x86) (cdrom1)"
utilisation de /dev/scd0 pour "International CD (x86) (cdrom3)"
```

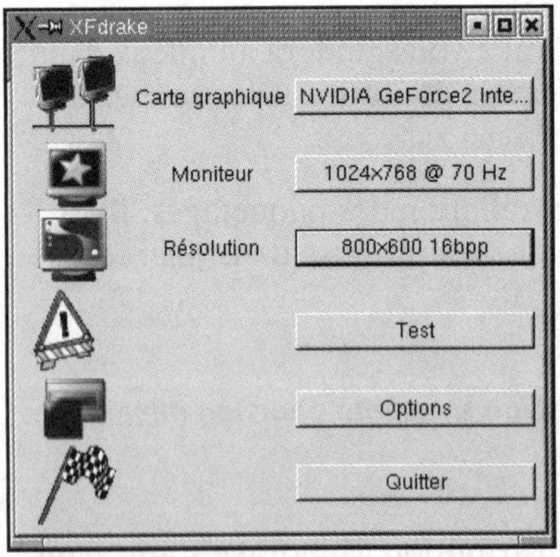

Figure 7.2 : *XFDrake en mode Graphique*

L'écran initial liste les principaux réglages du mode Graphique.

Résolution et nombre de couleurs

Cliquez sur **Résolution** pour fixer la résolution et le nombre de couleurs par pixel de l'écran.

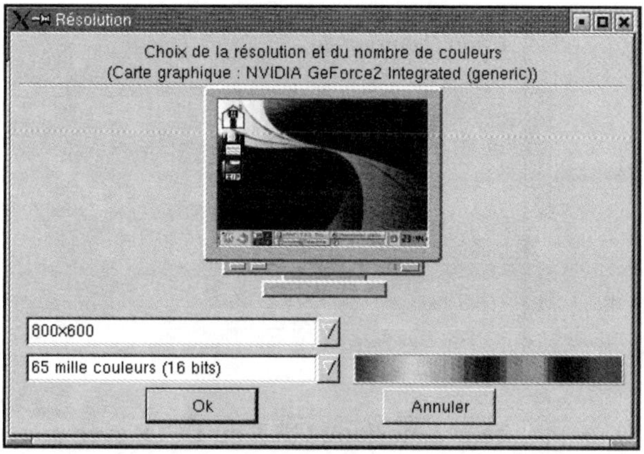

Figure 7.3 : *Résolution et nombre de couleurs*

L'indication "bpp" est l'abréviation de "bits per pixel". Le nombre de couleurs vaut 2^{bpp} .

Tableau 7-3 : Nombre de couleurs par pixel

Bits	Nombre de couleurs
8	256
16	65 536
24	16 777 216

Le mode 24 bits offre des couleurs réalistes. Le nombre de couleurs choisi doit rester compatible avec la quantité de RAM de la carte vidéo. Une résolution de x×y pixels, avec une profondeur de couleurs de bpp, requiert x×y×bpp bits de mémoire vidéo.

Notre carte vidéo GeForce 2 embarque 32 Mo de RAM. Nous optons pour le mode d'affichage *800×600 16 bpp* compatible avec cette valeur.

Moniteur

Cliquez sur **Moniteur** pour fixer les caractéristiques de votre écran. Recherchez votre modèle dans la liste triée par fabricant.

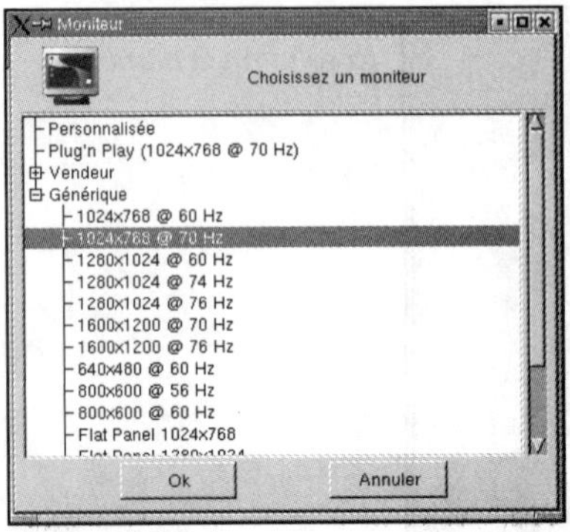

Figure 7.4 :
Choix du moniteur

S'il n'y figure pas, retenez un moniteur générique CRT ou LCD, avec une fréquence de balayage raisonnable.

> ***Fréquence de balayage***
> Le moniteur doit prendre en charge la fréquence de balayage choisie. Lisez attentivement la documentation du constructeur. Une fréquence trop élevée peut provoquer l'endommagement de votre périphérique.

En mode Personnalisé, vous indiquez directement les intervalles de fréquences admissibles.

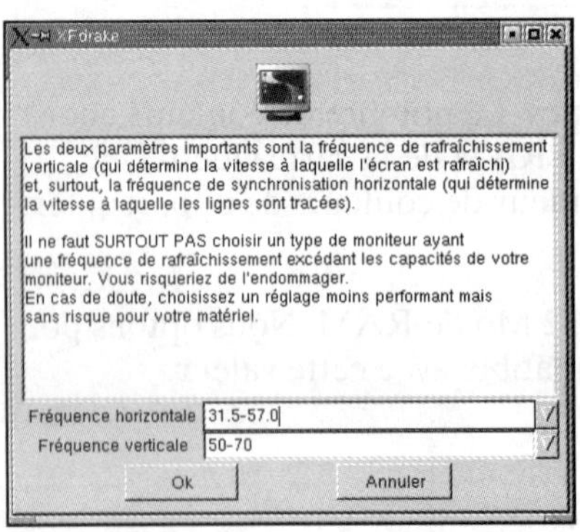

Figure 7.5 :
Sélection manuelle des fréquences

Carte graphique

Cliquez sur **Carte graphique** pour choisir le pilote de votre carte graphique ou un pilote générique. Vous devez insérer le CD-Rom si le serveur X n'a pas été installé comme indiqué à la section *Installation des paquetages*.

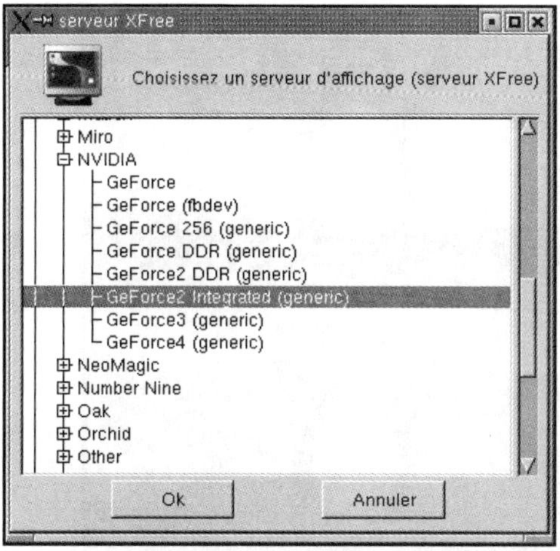

Figure 7.6 : *Choix de la carte graphique*

Optez pour *XFree 4.2.1* si XFDrake vous le propose.

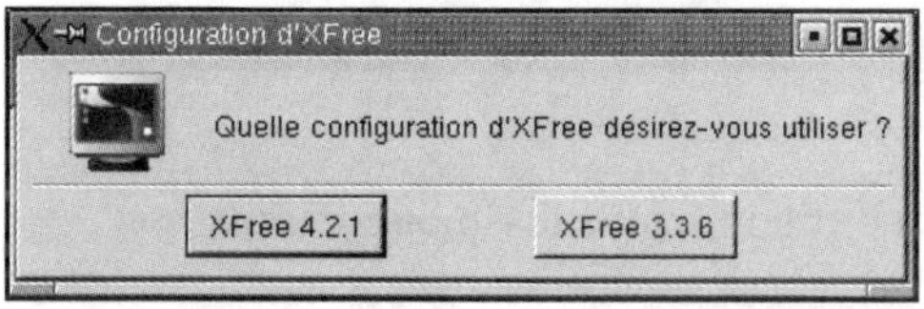

Figure 7.7 : *Choix du serveur X*

Options

Cliquez sur **Options** pour activer le démarrage de Linux en mode Texte ou Graphique. Choisissez de ne pas démarrer automatiquement en mode Graphique, pour le moment.

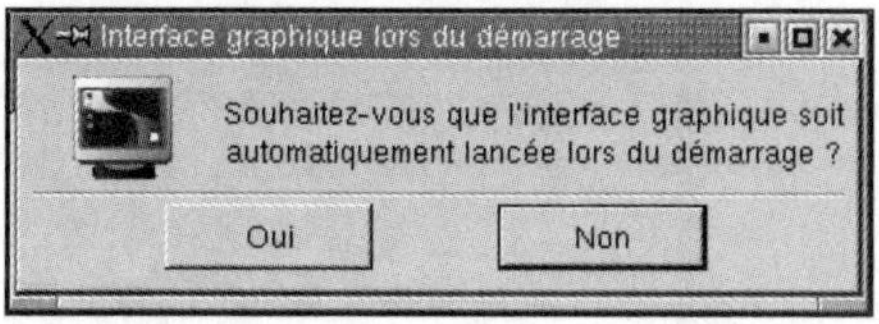

Figure 7.8 : *Démarrage en mode Graphique*

Test

Cliquez sur **Test** pour tester le serveur graphique. Si la carte graphique est correctement gérée par le pilote retenu, vous obtenez un écran de mire. L'image doit être stable et correctement centrée.

Figure 7.9 : *Test du serveur X*

Si le test réussit, cliquez sur **Quitter** et confirmez les changements.

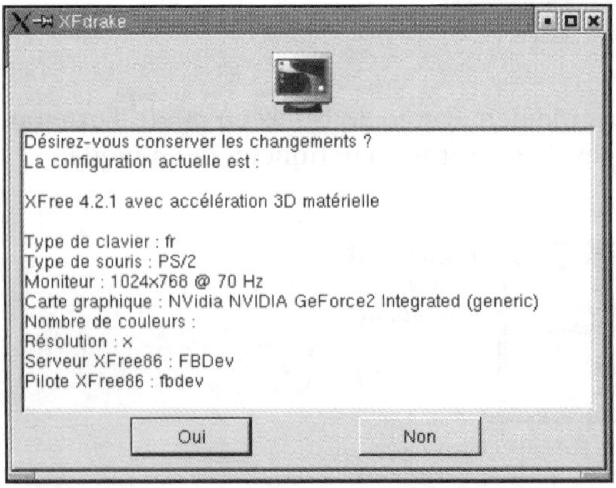

Figure 7.10 : *Confirmation de la configuration*

7.4 Diagnostic

Ouvrez une session. La commande startx lance le serveur X.

```
$ startx -- -depth 16
XFree86 Version 4.2.1 / X Window System
Module Loader present
 (==) Log file: "/var/log/XFree86.0.log", Time: Mon Oct 28
 16:39:38 2002
 (==) Using config file: "/etc/X11/XF86Config-4"
Using vt 7
```

L'option –depth 16 force le passage en 65 536 couleurs. Les messages sont inscrits dans le fichier */var/log/XFree86.0.log*. Un préfixe précède devant chaque entrée : (**) repère les réglages déduits du fichier *XF86Config*, (==) signale des valeurs par défaut, et (--) des valeurs détectées par le serveur ; (EE) marque une erreur fatale.

Listing 7-1 : Extrait du fichier /var/log/XFree86.0.log

```
(==) ServerLayout "layout1"
 (**) |-->Screen "screen1" (0)
 (**) |    |-->Monitor "monitor1"
 (**) |    |-->Device "device1"
 (**) |-->Input Device "Keyboard1"
 (**) Option "XkbModel" "pc105"
 (**) XKB: model: "pc105"
 (**) Option "XkbLayout" "fr"
 (**) XKB: layout: "fr"
 (==) Keyboard: CustomKeycode disabled
 (**) |-->Input Device "Mouse1"
 (**) FontPath set to "unix/:-1"
 (==) RgbPath set to "/usr/X11R6/lib/X11/rgb"
 (==) ModulePath set to "/usr/X11R6/lib/modules"
 (**) Option "AllowMouseOpenFail"
Using vt 7
 (--) using VT number 7
 (--) PCI:*(2:0:0) NVidia GeForce2 Integrated rev 177, Mem @
 0xec000000/24, 0xe0000000/27
 (++) FBDEV(0): Depth 16, (--) framebuffer bpp 16
 (==) FBDEV(0): RGB weight 565
 (==) FBDEV(0): Default visual is TrueColor
 (==) FBDEV(0): Using gamma correction (1.0, 1.0, 1.0)
 (--) FBDEV(0): Virtual size is 800x600 (pitch 800)
 (**) FBDEV(0): Built-in mode "current": 48.0 MHz, 46.9 kHz, 75.1 Hz
 (==) FBDEV(0): DPI set to (75, 75)
 (**) FBDEV(0): Using "Shadow Framebuffer"
 (==) FBDEV(0): Backing store disabled
 (**) Option "dpms"
 (**) FBDEV(0): DPMS enabled
```

```
(**) Option "Protocol" "PS/2"
(**) Mouse1: Protocol: "PS/2"
(**) Option "CorePointer"
(**) Mouse1: Core Pointer
(**) Option "Device" "/dev/psaux"
(**) Option "Emulate3Buttons"
(**) Option "Emulate3Timeout" "50"
(**) Mouse1: Emulate3Buttons, Emulate3Timeout: 50
(==) Mouse1: Buttons: 3
```

Nous avons exclus les nombreuses informations de débogage , qui auraient alourdi la présentation.

Prologue

Le prologue rappelle la version du serveur X, ici 4.2.1. La configuration est lue dans le fichier standard */etc/X11/XF86Config*.

REMARQUE

Versions de pilotes

Les cartes graphiques récentes réclament parfois une mise à jour du pilote. Consultez le site du projet XFree86 à ce sujet.

Dispositif de saisie

Le dispositif de saisie est de type clavier. Notre station possède un clavier étendu français de 105 touches.

Dispositif de pointage

Le dispositif de pointage est de type souris. Elle est reliée au port PS/2 (fichier de périphérique */dev/psaux*).

Emplacement des polices de caractères

Depuis la version 6.0 de Mandrake Linux, les polices sont réclamées à un serveur, ici hébergé localement (emplacement *unix/:-1*).

Détection de la carte graphique

X Window détecte le contrôleur graphique NVidia connecté au bus PCI. Le terme "framebuffer" désigne une abstraction de la mémoire d'une carte graphique masquant les aspects matériels aux applications.

Sélection du mode d'affichage

Le serveur X teste ensuite des modes d'affichage. Il rejette ceux qui ne sont pas reconnus par le moniteur. La plupart des échecs proviennent d'un parcours complet de la liste sans détection d'un mode adéquat. Ici, X Window a choisi le mode 800×600 en 65 536 couleurs.

7.5 Le fichier XF86Config

L'exploration du fichier *XF86Config* permet d'affiner la configuration. Voici le contenu généré par XFDrake :

Listing 7-2 : Extrait du fichier /etc/X11/XF86Config-4

```
# Emplacement des ressources

Section "Files"
    FontPath "unix/:-1"  # Serveur de polices local
EndSection

# Divers indicateurs

Section "ServerFlags"
    AllowMouseOpenFail  # Autorise un démarrage souris absente
EndSection

# Modules chargés dynamiquement

Section "Module"
    Load "dbe"         # Extension double-buffering
    Load "v4l"         # Video for Linux
    Load "extmod"
    Load "type1"       # Rendu de polices Adobe type I
    Load "freetype"    # Rendu de polices TrueType
    Load "glx"         # Interface X/OpenGL
EndSection

# Notre clavier PC

Section "InputDevice"
    Identifier "Keyboard1"       # Identifiant
    Driver "Keyboard"
    Option "XkbModel" "pc105"    # Clavier français étendu
    Option "XkbLayout" "fr"
    Option "XkbOptions" ""
EndSection

# Notre trackball
```

```
Section "InputDevice"
    Identifier "Mouse1"                # Identifiant
    Driver "mouse"
    Option "Protocol" "PS/2"           # Protocole PS/2
    Option "Device" "/dev/psaux"
    Option "Emulate3Buttons"           # Émulation d'un bouton central
    Option "Emulate3Timeout" "50"
EndSection

# Notre moniteur

Section "Monitor"
    Identifier "monitor1"             # Identifiant
    VendorName "Generic"
    ModelName "1024x768 @ 70 Hz"
    HorizSync 31.5-57.0                # Fréquences de balayage
    VertRefresh 50-70
EndSection

# Notre contrôleur graphique

Section "Device"
    Identifier "device1"   # Identifiant
    VendorName "NVidia"
    BoardName "NVIDIA GeForce2 Integrated (generic)"
    Option "power_saver"
EndSection

# Combinaison contrôleur/écran


Section "Screen"
    Driver "fbdev"        # Framebuffer
    Device "device1"
    Monitor "monitor1"
    DefaultColorDepth 16  # Nb de couleurs par défaut

    # 2^8 couleurs

    Subsection "Display"
       Depth 8
       Modes "default"
    EndSubsection

    # 2^15 couleurs

    Subsection "Display"
        Depth 15
        Modes "default"
    EndSubsection

    # 2^16 couleurs
```

```
    Subsection "Display"
        Depth 16
        Modes "default"
    EndSubsection

    # 2^24 couleurs

    Subsection "Display"
        Depth 24
        Modes "default"
    EndSubsection

    # 2^32 couleurs

    Subsection "Display"
        Depth 32
        Modes "default"
    EndSubsection
EndSection

# Organisation générale du serveur

Section "ServerLayout"
    Identifier "layout1"
    InputDevice "Keyboard1" "CoreKeyboard"
    InputDevice "Mouse1" "CorePointer"
    Screen "screen1"
EndSection
```

Nous n'expliquerons pas tous les mots-clés présents dans ce fichier. La section 5 de la page de manuel consacrée à *XF86Config* en fait le tour. Voici les options les plus importantes.

Sections

Chaque section est encadrée des mots réservés Section et EndSection. Un bloc respecte le format :

Listing 7-3 : Format d'une section

```
Section "Nom"
    Définition
    ...
EndSection
```

Voici la liste des principales sections du fichier de configuration :

Tableau 7-4 : Principales sections du fichier XF86Config	
Section	**Description**
Device	Caractéristiques de la carte graphique
Files	Emplacement des fichiers
InputDevice	Périphérique d'entrée
Keyboard	Caractéristiques du clavier
Modes	Modes vidéo pris en charge par l'écran
Modules	Modules dynamiques
Monitor	Caractéristiques de l'écran
Pointer	Caractéristiques de la souris
Screen	Combinaison écran/carte graphique
ServerFlags	Indicateurs de portée globale

Drapeaux

La section ServerFlags positionne des indicateurs en relation avec le comportement global du serveur X.

Tableau 7-5 : Options de la section ServerFlags	
Option	**Description**
DontZap	Neutralise la séquence Ctrl+Alt+Retour arrière de fin de session
DontZoom	Neutralise les séquences Ctrl+Alt++ et Ctrl+Alt+- de changement de résolution

Emplacement des polices de caractères

Mandrake Linux 9.0 charge les fontes en interrogeant un serveur spécialisé Xfs.

```
FontPath "unix/:-1"
```

Dans notre cas, il est situé sur la même machine que le serveur X. Il pourrait être déporté dans le cas d'un réseau.

Emplacement de la base rgb

La base rgb associe noms de couleur et valeurs de leurs composantes RGB.

```
RgbPath   "/usr/X11R6/lib/X11/rgb"
```

Ici, la base est placée dans le répertoire système */usr/X11R6/lib/X11*.

Type du clavier

Notre clavier possède 105 touches et respecte la disposition "azerty". La répétition automatique de la frappe d'une touche débute après 250 ms. L'intervalle est fixé à 50 ms.

Tableau 7-6 : Options de la section Keyboard

Option	Description
AutoRepeat délai répétition	Paramètres de répétition automatique de la frappe
ServerNumLock	Le serveur gère la touche [VerrNum] en interne
Protocol protocole	Standard ou Xqueue
XkbKeymap	"none" par défaut
XkbKeycodes	Noms symboliques des séquences du clavier
XkbTypes	Types de touches
XkbCompat	Action des touches spéciales ; comportement des leds du clavier
XkbSymbols	Table principale clavier
XkbGeometry	Organisation du clavier
LeftAlt map	Association de la touche [Alt] gauche
RightAlt map	Association de la touche [Alt] droite
AltGr map	Association de la touche [AltGr]
ScrollLock map	Association de la touche [Arrêtdéfil]
RightCtl map	Association de la touche [Ctrl]droite

La touche Meta sera simulée par un appui sur l'une des deux touches Alt. Les valeurs autorisées sont :

Tableau 7-7 : Fonctions X Window associées aux touches spéciales
Fonction X Window
Meta
Compose
ModeShift
ModeLock
ScrollLock
Control

Type de la souris

Notre souris compatible Microsoft est connectée au deuxième port série. Voici les configurations les plus répandues :

Tableau 7-8 : Protocoles souris	
Type	**Description**
BusMouse	Souris bus Logitech et ATI
Logitech	Anciennes souris Logitech
PS/2	Dispositifs de pointage des portables
USB	Souris connectée à un port USB

Sur une souris récente, testez le mode Auto. Le serveur X tente alors de déterminer le protocole adapté. D'autres options détaillent le comportement du dispositif de pointage.

Tableau 7-9 : Options de la section Pointer	
Option	**Description**
Emulate3Buttons	Simule la présence d'un bouton virtuel en cas d'action des deux boutons.
Emulate3Timeout délai	L'action des deux boutons pendant le délai déclenche un clic virtuel.

Type du moniteur

Les fréquences de balayage (VertRefresh) et de synchronisation (HorizSync) sont des paramètres essentiels du moniteur. Dans notre exemple, la fréquence de balayage sélectionnée par le serveur X doit être comprise entre 50 et 70 Hz inclus.

Modes d'affichage

Ces entrées concernent les serveurs 3.x. Chaque ligne Modeline fixe la résolution et la fréquence d'un mode d'affichage. Le serveur X choisit automatiquement la combinaison optimale. Une séquence Modeline respecte la syntaxe :

```
Modeline id           1 2   3 4   5 6   7 8   9
Modeline "800x600"  36 800 824 896 1024 600 601 603 625
```

Le champ id identifie le mode considéré. Dans notre exemple, les paramètres fixent une résolution de 800×600 pixels. Ces valeurs sont reprises au niveau des champs 2 et 6.

Le champ 1 indique une fréquence de balayage horizontale de 36 MHz. Elle correspond approximativement au nombre de pixels générés par seconde.

Les champs 5 et 9 donnent le nombre de pixels horizontaux (HFL) et verticaux (VFL) du cadre. La valeur 5 est en moyenne 20 % supérieure à la valeur 2, la valeur 9 dépasse d'environ 5 % la valeur 6. Ces indications restent empiriques. Elles tiennent compte du temps nécessaire pour que le canon à électrons revienne à la ligne, du bas au haut de l'écran.

Les champs 3, 4, 7 et 8 fixent les marges.

> **HOWTO Modeline**
> Le HOWTO Modeline détaille la procédure de création de lignes Modeline (http://marc.merlins.org/linux/Xfree.html).

Type de la carte graphique

Notre carte graphique est animée par un processeur NVidia. La quantité de RAM (VideoRam) est détectée automatiquement par le serveur X, si elle n'est pas mentionnée.

Visu

La dernière section combine un moniteur ("monitor1") et une carte graphique ("device1") en une unité fonctionnelle. Le nombre de couleurs est fixé à 65 536 par défaut (DefaultColorDepth).

7.6 Démarrage automatique de X Window

Selon l'indication fournie lors de la sortie de XFDrake, Linux démarre ou non en mode Graphique. L'indication est située dans le fichier */etc/inittab*. Isolez la ligne suivante :

```
id:n:initdefault:
```

n vaut 3 si vous avez suivi nos indications. Remplacez la valeur par 5 pour démarrer automatiquement en mode Graphique. Cette modification entraîne l'exécution des indications de la ligne suivante à chaque démarrage :

```
x:5:respawn:/etc/X11/prefdm -nodaemon
```

Un appel init force un changement de niveau immédiat :

```
# init 5
```

Une fenêtre de login graphique accueille l'utilisateur.

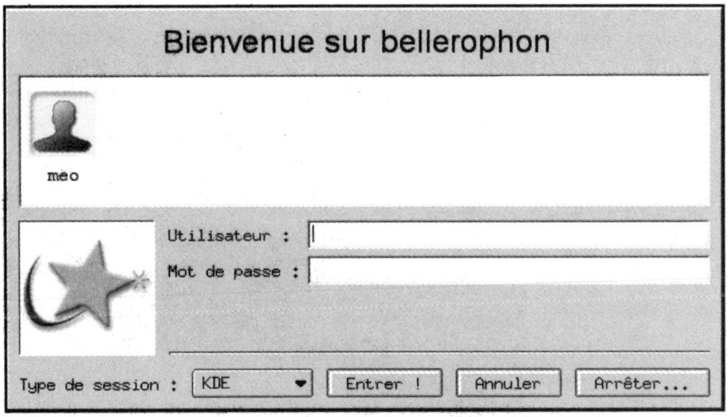

Figure 7.11 : *Gestionnaire de sessions*

Le script */etc/X11/prefdm* déduit le nom du gestionnaire de sessions du contenu du fichier de configuration */etc/sysconfig/desktop*.

Tableau 7-10 : Choix du gestionnaire de sessions	
Indication	**Gestionnaire de sessions**
GDM	GNOME Display Manager
KDM	KDE Display Manager

Sélectionnez un utilisateur en cliquant sur son icône. Choisissez le type de Bureau dans la liste déroulante.

7.7 Quitter X Window

La combinaison de touches Ctrl+Alt+Retour arrière ferme le serveur X. Elle ne doit être employée qu'en dernier recours. Les bureaux KDE et GNOME connaissent des procédures d'arrêt adaptées. La combinaison Ctrl+Alt+Fn bascule vers la console virtuelle de numéro n.

CHAPITRE 8

Le système de fichiers

CHAPITRE 8

Le système de fichiers

Linux hérite des concepts originaux du système de fichiers UNIX. Les données issues d'une ou de plusieurs partitions cohabitent dans une arborescence unique, du point de vue de l'utilisateur. Des fichiers spéciaux donnent accès aux périphériques indépendamment de leurs particularités. Ce chapitre aborde les caractéristiques du système de fichiers historique Ext2fs. Nous évoquons également les avantages du système de fichiers Ext3fs adopté par Mandrake Linux versions 8 et ultérieures.

8.1 Architecture des systèmes de fichiers dérivés d'UNIX

Un système de fichiers est généralement attaché à une partition. Les secteurs sont regroupés en fichiers, eux-mêmes organisés en répertoires. Voici l'organisation du système de fichiers Linux :

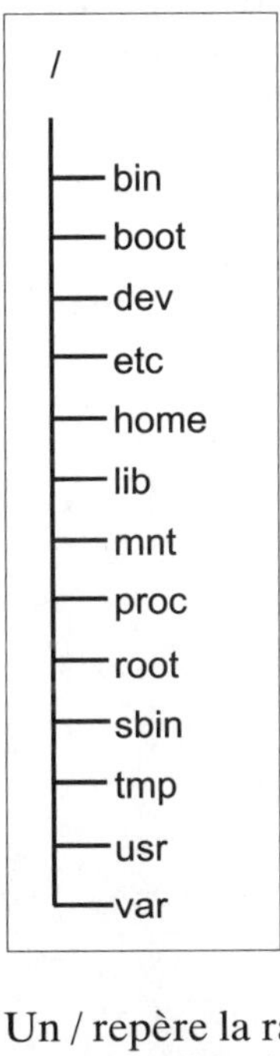

Figure 8.1 :
Vue simplifiée du système de fichiers Linux

Un / repère la racine de l'arbre des répertoires. Chaque nœud est étiqueté. Il est possible de décrire le chemin d'accès à un fichier sans ambiguïté, en énumérant les étiquettes rencontrées au fil du parcours.

Le chapitre intitulé Le mode Console explique comment naviguer de nœud en nœud.

Les notations . et .. repèrent respectivement le répertoire courant et son répertoire parent.

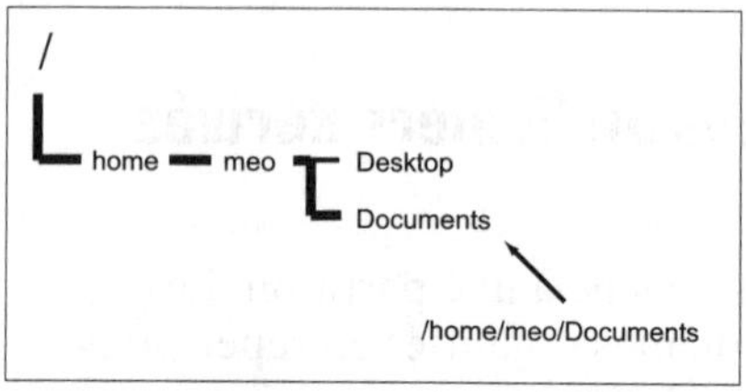

Figure 8.2 :
Un chemin d'accès

En pratique, des systèmes de fichiers secondaires peuvent être greffés au système de fichiers principal. L'arborescence est préservée. Ainsi, il est d'usage d'enregistrer les données des utilisateurs sur une partition indépendante. On observe alors un découpage de ce type :

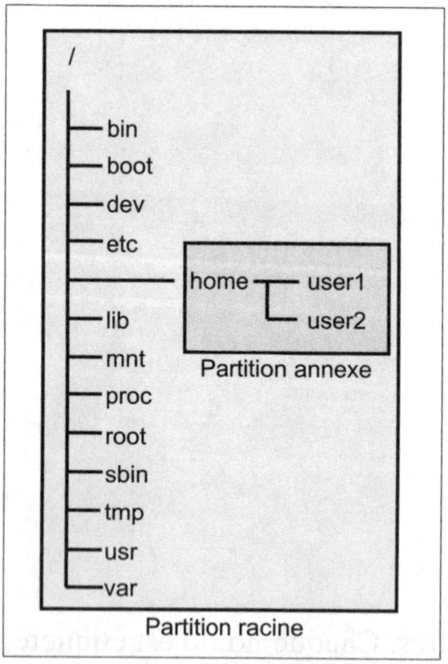

Figure 8.3 :
Relation entre système de fichiers et partitions

Cette opération porte le nom de "montage".

DÉFINITION

Montage

Monter un système de fichiers annexe consiste à le lier au système de fichiers principal.

Types de fichiers

UNIX connaît quatre types principaux de fichiers :

- fichiers ordinaires ;
- répertoires ;
- liens matériels et symboliques ;
- fichiers spéciaux.

Ils partagent une structure commune, les répertoires étant une variante des fichiers ordinaires.

Inodes

Un inode, ou inœud, est attaché à chaque fichier. Cette structure renferme les propriétés du fichier et des pointeurs vers les blocs qui en stockent les données.

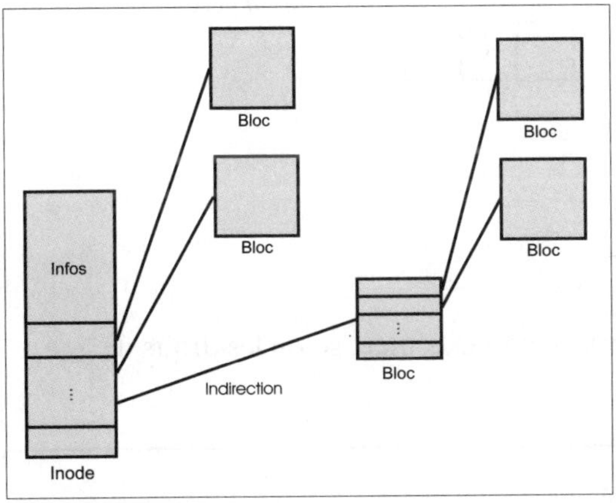

Figure 8.4 :
Vue simplifiée d'un inode

Cette véritable carte d'identité du fichier comporte les champs suivants :

- type et taille ;

- compteur de références ;
- propriétaire et groupe de travail ;
- droits d'accès ;
- données horaires.

Une table d'adressage direct assure un accès rapide aux premiers blocs de données du fichier considéré. Des liens indirects pointent vers les blocs suivants.

Droits d'accès

Des droits règlent l'accès de trois catégories d'utilisateurs :

- le propriétaire du fichier (u) ;
- le groupe du fichier (g) ;
- le reste du monde (o).

Les droits élémentaires concernent la lecture (r), l'écriture (w) et l'exécution (x) du fichier considéré. Dans le cas d'un répertoire, le droit d'exécution est un droit d'accès. On représente ces informations sous forme abrégée :

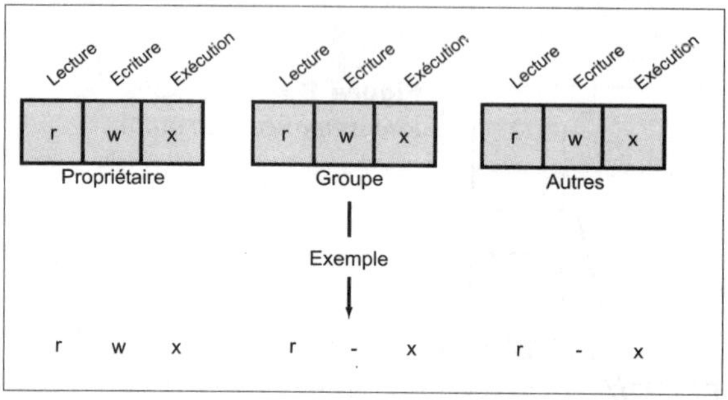

Figure 8.5 : *Représentation des droits d'accès*

Une opération sur un fichier est ou non exécutée, selon les droits de l'utilisateur qui la réclame.

> **REMARQUE**
>
> ***Exécution des scripts***
>
> Un utilisateur ne peut exécuter un script que s'il possède simultanément les droits de lecture et d'exécution sur ce fichier.

Droits spéciaux

Des droits spéciaux règlent les problèmes liés à la sécurité des accès. Ainsi, l'utilisateur de base ne sait ni lire ni modifier le fichier */etc/shadow* contenant les mots de passe cryptés du système.

```
$ ls -l /etc/shadow
-r--------   1 root  root  736  oct   23 18:41  /etc/shadow
```

L'utilisateur doit cependant pouvoir modifier ce fichier lors d'un appel passwd :

```
$ ls -l /usr/bin/passwd
-r-s--x--x  1  root  root  16192  fév 23 00:20  /usr/bin/passwd
```

Un drapeau spécial ou bit SetUID (s) déclenche l'acquisition des droits du propriétaire d'un programme le temps de son exécution. Ici, l'utilisateur bénéficie des droits étendus de root lors d'une demande de modification de son mot de passe. Il existe également un bit SetGID relatif au transfert des droits du groupe propriétaire d'un programme.

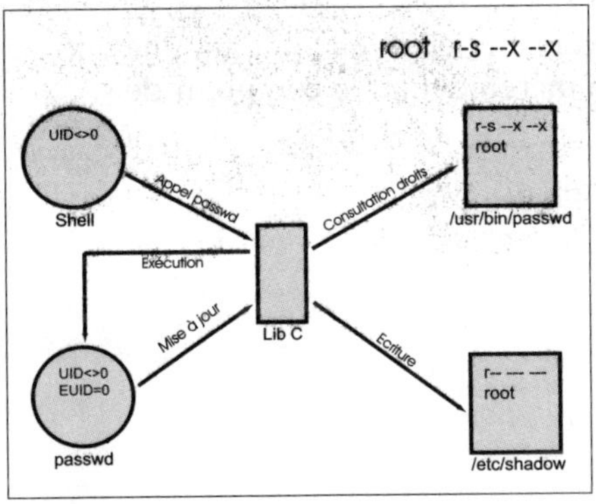

Figure 8.6 : *Acquisition des droits de root*

Le bit sticky (t) appliqué à un répertoire limite les actions de suppression d'un utilisateur aux fichiers qu'il possède. Le drapeau sticky est positionné pour le répertoire */tmp* :

```
$ ls -dl /
drwxrwxrwt  13  root  root  4096  oct 26 12:34  /tmp
```

En l'absence de cet indicateur, un utilisateur peut supprimer les fichiers d'un tiers.

Répertoires

Dans ce modèle, un répertoire est un fichier contenant des paires (nom, inode). En interne, le nom d'une ressource est traduit en numéro de inode.

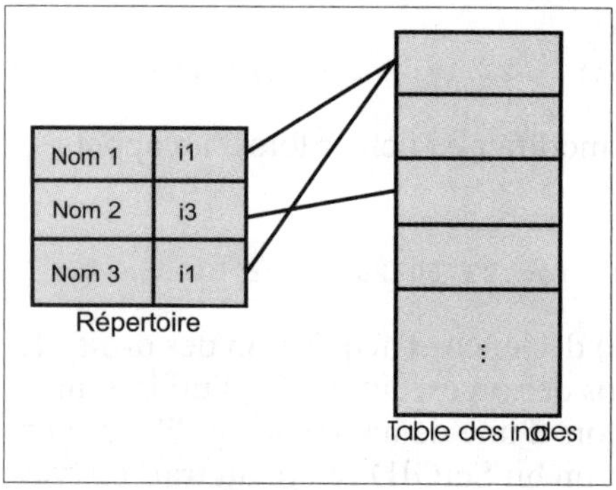

Figure 8.7 : *Structure d'un répertoire*

Liens physiques

On crée un lien physique (hard link) vers un fichier en ajoutant une entrée (nom, inode) dans un répertoire et en incrémentant le compteur de références de inode.

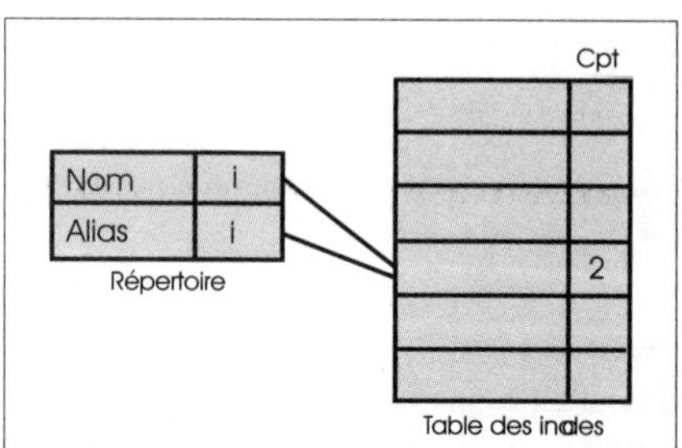

Figure 8.8 : *Lien physique*

Lors de la suppression du lien physique, le compteur est décrémenté. La structure inode est libérée lorsqu'il passe à 0.

REMARQUE

Limitations des liens physiques

Le système interdit la création de liens physiques entre systèmes de fichiers ou pointant vers des répertoires (cela évite les cycles).

Liens symboliques

Un lien symbolique (symbolic link) ne fait pas référence à un inode. Il s'agit d'un fichier contenant un chemin d'accès à un autre fichier.

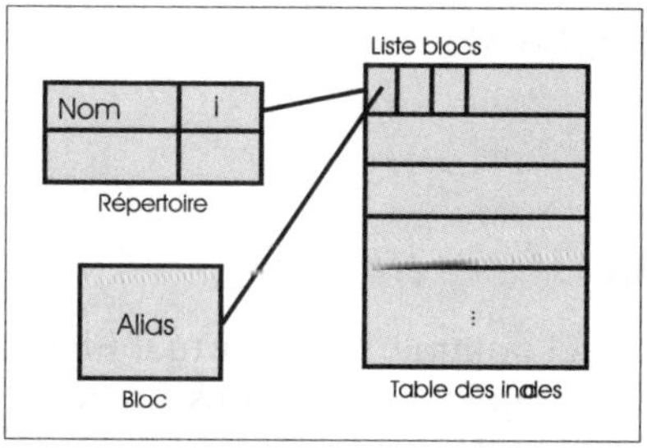

Figure 8.9 : *Lien symbolique*

Les limitations des liens physiques ne s'appliquent pas dans ce contexte.

Fichiers spéciaux

Les fichiers spéciaux servent à communiquer avec les périphériques ou à synchroniser des données. On distingue :

- les fichiers de périphériques en mode Caractère ;
- les fichiers de périphériques en mode Bloc ;
- les tubes nommés ou FIFO.

Les fichiers associés aux partitions sont de type bloc. Les données sont lues et écrites par blocs, en accord avec la structure des disques. Les fichiers associés aux terminaux sont de type caractère. Les données sont lues et écrites caractère par caractère. Les tubes nommés servent à la synchronisation de flux de données entre processus.

Les fichiers spéciaux sont rassemblés dans le répertoire */dev*. Deux nombres indiquent le type de périphérique concerné (majeur) et son rang (mineur). Les concepteurs de pilotes se réfèrent à une base globale dont voici un extrait :

Listing 8-1 : Extrait de la base des périphériques

```
1 block RAM disk
0 = /dev/ram0 First RAM disk
1 = /dev/ram1  Second RAM disk
...
```

Commande mknod

La commande mknod crée des fichiers spéciaux. Elle réclame les numéros majeur et mineur et le mode d'accès, dans le cas de fichiers de périphériques. Par exemple, l'appel suivant recrée le fichier d'accès au second disque dur IDE s'il a été effacé par erreur :

```
# mknod -m 660 /dev/hdb b 3 64
```

8.2 Système de fichiers virtuel

Linux repose sur un système de fichiers virtuel nommé VFS (Virtual File System). Cette structure masque les détails d'implémentation des systèmes de fichiers effectifs. En voici le schéma de principe :

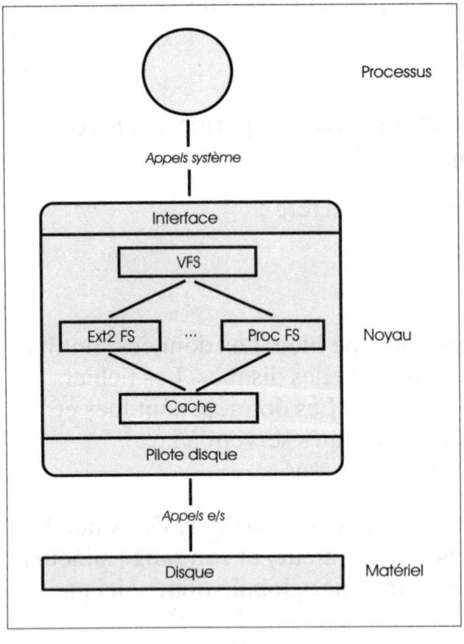

Figure 8.10 : *Système de fichiers virtuel*

Les systèmes de fichiers effectifs s'appuient sur cette couche, ce qui en simplifie la programmation. Des caches améliorent les performances générales des disques.

8.3 Types des systèmes de fichiers

Linux reconnaît donc des systèmes de fichiers variés. La liste exacte dépend des options de compilation du noyau.

RENVOI

Consultez le chapitre* Compilation du noyau et des programmes C *si vous souhaitez accéder aux données d'un système d'exploitation exotique.

Les types suivants sont compilés dans le noyau de la distribution Mandrake Linux 9.0 :

Tableau 8-1 : Principaux systèmes de fichiers

Type	Description
devpts	Terminaux virtuels
ext2	Standard Linux
ext3	Adopté par Mandrake Linux
swap	Partition de swap
iso9660	Système de fichiers des CD-Rom
proc	Système de fichiers virtuel
msdos	Système de fichiers MS-DOS
umsdos	Linux sur partition DOS
vfat	Système de fichiers Windows
reiserfs	Système de fichiers journalisé
minix	Utilisé principalement sur disquettes

8.4 Table des systèmes de fichiers

Le fichier */etc/fstab* dresse la carte des systèmes de fichiers présents sur votre machine. Voici l'exemplaire de notre station :

Listing 8-2 : Fichier /etc/fstab

```
none /dev/pts devpts mode=0620 0 0
/dev/hdb6 /home ext3 defaults 1 2
none /mnt/cdrom supermount
✂ dev=/dev/scd0,fs=auto,ro,--,iocharset=iso8859-15,code
page=850,umask=0 0 0
none /mnt/floppy supermount
✂ dev=/dev/fd0,fs=auto,--,iocharset=iso8859-15,sync,co
depage=850,umask=0 0 0
/dev/hda1 /mnt/win_c vfat
✂ iocharset=iso8859-15,codepage=850,umask=0 0 0
/dev/hda5 /mnt/win_d vfat
✂ iocharset=iso8859-15,codepage=850,umask=0 0 0
none /proc proc defaults 0 0
/dev/hdb5 swap swap defaults 0 0
```

Les commandes mount, umount et fsck consultent ce fichier. Il est donc important d'en respecter la syntaxe. Chaque ligne est composée des champs suivants :

```
fichier_dev  point_montage type options drapeau_dump priorité_fsck
```

Le premier champ indique le nom du fichier de périphérique de la partition concernée.

Le mot-clé none qualifie des systèmes de fichiers virtuels qui ne sont pas associés à un support physique.

Le deuxième champ précise le point de montage de la partition. Par convention, les systèmes de fichiers temporaires présents sur disquettes et CD-Rom sont montés dans le répertoire */mnt*. Le mot-clé swap désigne la partition de swap.

Le troisième champ indique le type du système de fichiers.

Options de montage

Le quatrième champ fixe les options de montage du système de fichiers. Celles-ci sont séparées par des virgules.

Tableau 8-2 : Options de montage

Option	Description
async	Entrées et sorties asynchrones.

Tableau 8-2 : Options de montage

Option	Description
atime	Met à jour la date d'accès lors de chaque manipulation.
auto	Montage automatique lors d'un appel mount – a.
defaults	Équivalent à rw, suid, dev, exec, auto, nouser et async.
dev	Interprète les fichiers spéciaux de périphériques.
exec	Autorise l'exécution de programmes.
noatime	Ne met pas à jour la date d'accès.
noauto	Pas de montage automatique.
nodev	N'interprète pas les fichiers de périphériques.
noexec	Interdit l'exécution de programmes.
nosuid	Les bits SetUID et SetGID ne sont pas pris en compte.
nouser	Seul root a le droit de monter le système de fichiers.
ro	Système de fichiers accessible en lecture seule.
rw	Système de fichiers accessible en lecture et écriture.
setuid	Les bits SetUID et SetGID sont pris en compte.
supermount	Montage automatique lorsqu'un accès est réclamé.
sync	Entrées et sorties synchrones.
user	Autorise les utilisateurs à monter le système de fichiers.

L'option noauto concerne par exemple les systèmes de fichiers placés sur des disques amovibles. Un montage automatique provoquerait une erreur si le disque n'était pas placé dans le lecteur, lors du boot. L'option user autorise les utilisateurs ordinaires à monter des systèmes de fichiers.

Option dump

Le cinquième champ vaut 1 pour les systèmes de fichiers concernés par une sauvegarde avec l'utilitaire dump, 0 pour les autres.

Option fsck

Le sixième champ définit l'ordre de vérification des systèmes de fichiers au démarrage. Le système de fichiers racine prend la valeur 1, les autres la valeur 2. La valeur 0 indique qu'un système de fichiers ne doit pas être contrôlé.

8.5 Montage et démontage des systèmes de fichiers

Deux commandes assurent le montage et le démontage des systèmes de fichiers.

Commande umount

La commande umount retire un système de fichiers de l'arborescence Linux.

DÉFINITION

Partition racine

La partition racine ne peut pas être démontée en cours d'exploitation.

Considérons par exemple la partition ext3 *hdb6*, montée en */home*, hébergeant les répertoires des utilisateurs. Pour la démonter, saisissez :

```
# umount /dev/hdb6
```

L'opération échoue si des processus accèdent au système de fichiers. C'est par exemple le cas si un utilisateur est connecté :

```
# umount /home
umount : /home : périphérique occupé
```

Commande fuser

La commande fuser permet de remonter au processus incriminé :

```
# fuser -m /home
/home: 1160c
```

Le processus de PID 1160 correspond au shell d'une session ouverte par l'un des utilisateurs. L'option -k réclame sa suppression :

```
# fuser -km /home
/home: 1160c
```

Commande mount

La commande mount monte un système de fichiers. Dans sa forme simplifiée, indiquez le nom du fichier de périphérique concerné, ou le point de montage. Montez la partition *hdb6* :

```
# mount /dev/hdb6
```

L'option –a réclame le montage de tous les systèmes de fichiers déclarés dans le fichier */etc/fstab*, pour lesquels ne figure pas l'option noauto. Les informations relatives au point et aux options de montage sont recherchées dans le fichier */etc/fstab*. Vous pouvez cependant les préciser lors de l'appel mount. Le format de la commande est alors :

```
mount [-t type] [-o options] fichier_dev répertoire
```

Cette syntaxe est utile quand vous souhaitez modifier les options de montage d'un système de fichiers.

Montage automatique

Le noyau standard de la distribution Mandrake Linux 9.0 est compilé avec l'option kernel automounter activée. En clair, le noyau sait monter automatiquement un système de fichiers lorsqu'un utilisateur y accède. L'option supermount placée dans le fichier */etc/fstab* précise les systèmes de fichiers concernés par ce mode. Il s'agit généralement de ceux présents sur les disquettes et les CD-Rom.

8.6 Le système de fichiers Ext2fs

Les premières versions de Linux étaient mises au point dans un environnement MINIX. Elles adoptaient le système de fichiers de cet environnement (Minixfs). Le chemin vers l'autonomie passait par la création de systèmes de fichiers plus performants. La taille des partitions MINIX et la longueur des noms de fichier devaient être dépassées, et l'organisation générale revue. Apparaissent successivement les systèmes de fichiers Extfs, Xia et Ext2fs.

Le système de fichiers Ext2fs (Second Extended File System) est le standard de fait sous Linux jusqu'à la fin des années 90. Il cède progressivement le pas aux systèmes de fichiers journalisés Ext3fs et Reiserfs. Créé en 1993 par Rémy Card, Ext2fs suppose une organisation classique du support magnétique en blocs de taille fixe. La fragmentation des données est moins présente que sous Windows. Ext2fs reprend le principe propre à BSD de cloisonnement des données en groupes. Les informations sensibles sont dupliquées. Les utilitaires de vérification et de réparation en font un système de fichiers particulièrement robuste.

8.7 Le système de fichiers Reiserfs

Le système de fichiers Reiserfs est présent en standard dans les noyaux 2.4.x. Il tire son nom de son créateur, Hans Reiser. Reiserfs maintient des informations sur l'état du disque dans un journal. En cas de panne, la restauration d'un système de fichiers cohérent ne nécessite pas le test de l'intégralité des données.

DÉFINITION

Système de fichiers journalisé

Un système de fichiers journalisé est un système de fichiers dont les transactions sont enregistrées dans un journal.

Son emploi est judicieux dans le cas d'ordinateurs portables alimentés par batteries ou de serveurs. La restauration sur panne est très rapide. Elle n'impose pas de tests d'intégrité complexes comme Ext2fs. Le gain de temps est appréciable dans le cas de partitions de plusieurs dizaines de gigaoctets.

Structuré par des arbres de recherche de type B, Reiserfs accède rapidement aux données et regroupe les fichiers de petite taille.

INTERNET

Reiserfs

Le projet Reiserfs est centralisé à l'adresse **www.namesys.com/**. Des articles techniques traitent de son architecture.

8.8 Le système de fichiers Ext3fs

Le système de fichiers Ext3fs combine la robustesse du système de fichiers Ext2fs avec lequel il reste globalement compatible et les avantages de la journalisation. Mandrake Linux 9.0 crée des partitions de ce type par défaut.

Optimisation

L'utilitaire tune2fs optimise la configuration d'un système de fichiers Ext2fs ou Ext3fs. Voici les paramètres de la partition principale de notre station :

```
# tune2fs -l /dev/hdb1
tune2fs 1.27ea (14-Mar-2002)
Filesystem volume name:   Bellerophon
Last mounted on:          <not available>
Filesystem UUID:          61b07038-dee8-11d6-90b3-d162eda63779
Filesystem magic number:  0xEF53
Filesystem revision #:    1 (dynamic)
Filesystem features:      has_journal filetype needs_recovery
✂ sparse_super
Filesystem state:         clean
Errors behavior:          Continue
Filesystem OS type:       Linux
Inode count:              217280
Block count:              434440
Reserved block count:     21722
Free blocks:              249969
Free inodes:              161638
First block:              0
Block size:               4096
Fragment size:            4096
Blocks per group:         32768
Fragments per group:      32768
Inodes per group:         15520
Inode blocks per group:   485
Last mount time:          Sat Oct 26 12:33:50 2002
Last write time:          Sat Oct 26 12:33:50 2002
Mount count:              17
Maximum mount count:      -1
Last checked:             Sun Oct 13 22:14:30 2002
Check interval:           0 (<none>)
Reserved blocks uid:      0 (user root)
Reserved blocks gid:      0 (group root)
First inode:              11
Inode size:               128
Journal UUID:             <none>
Journal inode:            8
Journal device:           0x0000
First orphan inode:       0
Inode size:               128
```

Notez la présence du journal. Vous pourriez par exemple forcer un test d'intégrité tous les 30 jours :

```
# tune2fs -i 30d /dev/hda1
```

8.9 Le système de fichiers virtuel proc

Le système de fichiers virtuel proc tire parti de VFS. Les entrées du répertoire */proc* renseignent sur l'activité du système.

RENVOI

Consultez le chapitre* Administration système *pour une cartographie sommaire de cette branche.

8.10 La partition de swap

Une partition de swap épaule la mémoire système en autorisant le stockage temporaire de pages de données.

Activation

La commande swapon active la partition de swap, la commande swapoff la désactive.

```
# free -mo | grep Swap
Swap: 248 0 248
```

La partition de swap de notre station offre 248 Mo. Pour la désactiver, il faut écrire :

```
# swapoff /dev/hda5
# free -mo | grep Swap
# Swap: 0 0 0
```

8.11 Préparation des partitions

mkfs est utilisé pour formater un système de fichiers Linux sur un périphérique, généralement une partition de disque dur. L'option -c force la recherche de blocs défectueux. mkfs est un frontal qui exécute le programme de formatage haut niveau, adapté au système de fichiers considéré. Dans le cas de la partition de swap, l'appel s'écrit :

```
# mkfs -c /dev/hdb5
```

8.12 Réparation des systèmes de fichiers

L'utilitaire fsck teste l'intégrité d'un système de fichiers et effectue les réparations nécessaires. Attention cependant, car il y a toujours un risque de perdre des données en utilisant fsck. Ainsi, avant de lancer fsck, il serait bon de faire un backup des données lorsque c'est possible

L'utilitaire fsck est invoqué automatiquement au démarrage si Linux a été interrompu brutalement. fsck est un frontal qui exécute le programme de test adapté au type du système de fichiers considéré, généralement fsck.type.

Pour tester le système de fichiers *hdb6* de type Ext3fs, saisissez :

```
# init 1
# fsck /dev/hdb6
/dev/hdb6: recovery journal
/dev/hdb6: clean ...
```

Un journal maintient la liste des transactions. Elles sont repassées rapidement en cas de problème antérieur.

8.13 Éditeur de partitions fdisk

fdisk est l'éditeur de partitions standard de Linux. Il accepte en argument le nom du disque considéré. Pour éditer les partitions du second disque IDE de notre station, nous écrivons :

```
# fdisk /dev/hdb
Commande (m pour aide) :
```

Saisissez m pour accéder à la liste des commandes. Le découpage du disque a été réalisé par DrakX, lors de la procédure d'installation. fdisk sert essentiellement à allouer l'espace libre à de nouvelles partitions Linux.

Table des partitions

Saisissez p pour afficher la table des partitions :

```
Commande: p
Disque /dev/hdb : 128 têtes, 63 secteurs, 785 cylindres
Unité= cylindres sur 8064 * 512 octets
Périphérique Amorce    Début   Fin   Blocs     Id  Système
/dev/hdb1     *          1 431   1737760+  83  Linux
/dev/hdb2 432       785 1427328    5   Etendue
/dev/hdb5 432       494 253984+   82  Echange Linux
/dev/hdb6 495       785 1173280+  83  Linux
```

L'espace est attribué harmonieusement à la partition principale (*hdb1*), à une partition dédiée aux données des utilisateurs (*hdb6*) et à la partition de swap (*hdb5*).

Types de partitions

Saisissez l pour afficher les types de partitions reconnus. Les types Linux et Echange Linux nous intéressent plus particulièrement.

```
Commande: l
82 Echange Linux
85 Linux étendu
...
```

Saisissez t pour modifier le type d'une partition.

Enregistrement des modifications

Saisissez w pour enregistrer les modifications et quitter le programme, q pour quitter le programme sans sauvegarder les modifications.

CHAPITRE 9

Processus et signaux

CHAPITRE 9

Processus et signaux

Système d'exploitation multitâche, Linux gère parfaitement l'exécution concurrente de programmes. Dès les années 70, Multics introduit la notion de processus, instance d'un programme en mémoire, et la notion d'ordonnanceur, section du noyau en charge de l'allocation équitable du temps processeur. Ce chapitre aborde l'implémentation Linux de ces mécanismes et les commandes qui en assurent le contrôle. Les adeptes de Windows 9x/Me devraient apprécier la flexibilité apportée par un cloisonnement strict de l'espace mémoire des programmes.

INTERNET

Le noyau Linux

Le guide Linux Kernel propose un tour d'horizon du noyau Linux (**http://www.tldp.org/LDP/tlk/tlk.html**).

Exécution des programmes en mémoire

Un programme sur disque est formé d'une suite d'octets. Les instructions en langage machine sont placées dans une première zone, les données statiques dans une seconde. On y trouve les chaînes de caractères de l'interface utilisateur et la liste de symboles, consultée par les utilitaires de débogage.

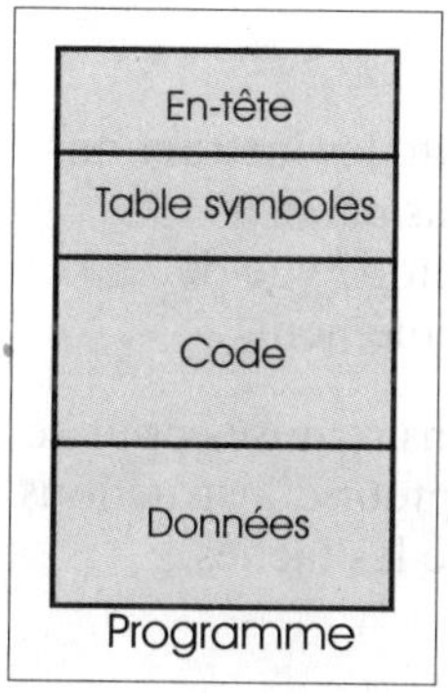

Figure 9.1 :
Structure d'un programme

Dans une première étape, code et données statiques sont transférés en mémoire. Une zone spéciale, la "pile", stocke le contexte local lors de l'exécution de fonctions. Une autre zone, le "tas", sert à l'allocation dynamique de la mémoire.

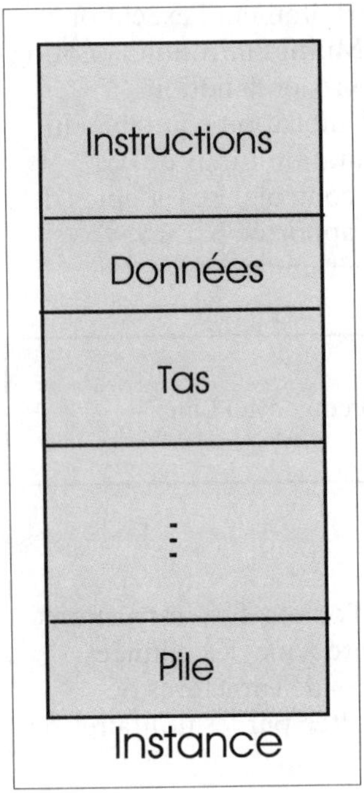

Figure 9.2 :
Le programme en mémoire

Contexte multitâche

Dans un environnement multitâche, le processeur exécute les instructions d'une tâche pendant un intervalle de temps très bref, puis passe à l'exécution des instructions de la tâche suivante. Du point de vue de l'utilisateur, les programmes semblent s'exécuter simultanément.

Un ordonnanceur maintient en mémoire les informations requises pour ce travail. Il faut par exemple mémoriser la valeur du compteur d'instructions et des registres du processeur, lors du basculement entre les tâches.

Mémoire virtuelle

Linux tire parti de la mémoire virtuelle des processeurs 32 et 64 bits. Sur une plate-forme i86, la mémoire est découpée en pages de 4 Ko, dont une partie peut être déportée sur disque. Une adresse virtuelle s'écrit index : offset. L'index pointe vers une table attachée au processus. Elle établit le lien avec une page située en RAM, ou déportée sur une partition de swap. Dans cette hypothèse, le système d'exploitation déclenche son rapatriement.

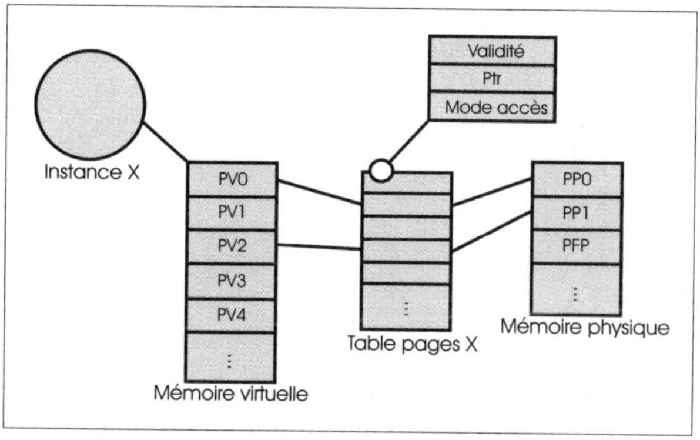

Figure 9.3 : *Pagination de la mémoire*

Cette description ne s'applique pas au code noyau qui réside toujours en RAM. En complément, deux processus savent opérer sur des pages communes, afin d'économiser la mémoire. Un drapeau conditionne les droits d'écriture selon la nature des données. Linux exploite le mode protégé des processeurs i86, interdisant la corruption d'une zone de données d'une tâche A par une tâche B.

9.1 Processus

Liste chaînée des processus

Linux maintient toutes ces informations dans des structures C chaînées en liste. Un numéro identifie chaque processus : le PID (Process IDentifier).

DÉFINITION

Processus

Un processus est une instance d'un programme en mémoire, complétée par des données contextuelles maintenues par le noyau. Un PID permet d'identifier chaque processus.

En complément, une table de hachage donne accès au processus de PID n en quelques cycles machine.

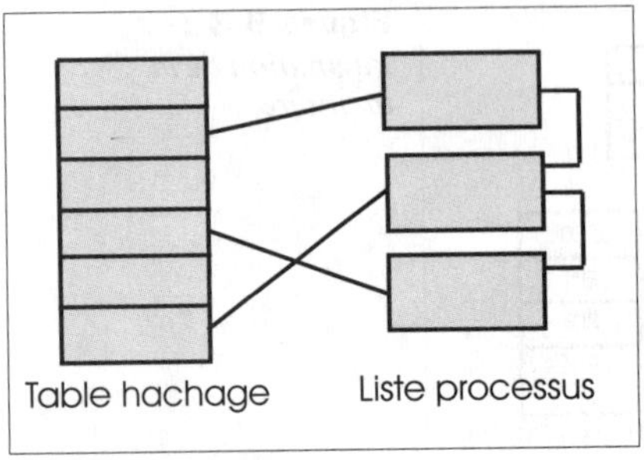

Figure 9.4 :
Liste des processus

La structure contient également les informations sur ses propriétaires et groupes propriétaires, un ordre de priorité, un indicateur d'état et un vecteur des signaux traités (nous reviendrons sur ces notions).

Filiation des processus

Les processus sont créés par dérivation d'un processus initial : init. Les appels système clone() et fork() dupliquent le processus qui les invoquent. Le processus fils possède son propre contexte d'exécution. Le champ PPID (Processus Parent ID) marque le lien de parenté.

REMARQUE

Processus fils et processus parent

Les appels système clone() et fork() dérivent un processus B d'un processus A. A est dit "processus parent" et B "processus fils". Le champ PPIDmarque ce lien de parenté.

Droits d'accès

Un processus possède un propriétaire (UID) et un groupe propriétaire (GID) qui déterminent les droits d'accès aux ressources.

RENVOI

Pour en savoir plus sur les droits d'accès, lisez le chapitre Le système de fichiers.

Deux champs complémentaires (EUID, EGID) sont associés aux programmes SetUID.

État d'un processus

L'état d'un processus évolue au cours de son cycle de vie.

Tableau 9-1 : États d'un processus

État	Description
RUNNING	Processus prêt ou en cours d'exécution
STOPPED	Processus suspendu
WAITING	Processus en attente d'un événement ou d'une ressource
ZOMBIE	Processus terminé, mais environnement conservé

L'ordonnanceur enchaîne les processus à l'état RUNNING. Les processus à l'état STOPPED sont temporairement suspendus. Un débogueur adresse des signaux SIGSTOP à un programme pour en tracer l'exécution. Un processus ZOMBIE est achevé mais conservé, pour que d'autres processus puissent consulter les informations le concernant.

REMARQUE

Tuer les zombies

Si votre navigateur web (ou une autre application) affiche ZOMBIE, il est fort probable que l'application ait planté. Pour pouvoir lancer un autre navigateur, vous devez auparavant "tuer" ce procesus avec la commande kill :

```
kill [numéro_de_processus]
```

Si cela ne fonctionne pas, ajoutez l'option -15 ou -9 (cette dernière étant la plus puissante et tuant assurément les processus récalcitrants).

Liste des processus

La commande ps liste les processus en cours. Par défaut, seuls les processus de l'utilisateur attachés à un terminal sont affichés.

```
$ ps
PID TTY      TIME CMD
886 tty1 00:00:01 bash
902 tty1 00:00:00 ps
```

L'identifiant (PID) de chaque processus est indiqué, ainsi que le nom de la commande qui a été invoquée (CMD). Le terminal d'attachement (TTY) est ici la premiere console virtuelle. Le temps d'occupation total du processeur (TIME) est affiché au format HH:MM:SS.

L'option -a réclame l'affichage des processus appartenant aux autres utilisateurs, l'option -x l'affichage des processus qui ne sont pas attachés à un terminal :

```
# ps -ax
PID TTY      TIME CMD
  1 ?    00:00:04 init
  2 ?    00:00:00 keventd
...
```

La présence d'un signe ? indique que les processus ne sont pas attachés à un terminal. Le processus init porte toujours le numéro 1.

L'option -l réclame un affichage long :

```
$ ps -lx
  F UID PID PPID PRI NI  VSZ  RSS  WCHAN STAT TTY  TIME COMMAND
100 501 955 954  12 0  2656 1560  wait4 S    tty1 0:00 -bash
800 501 971 955  10 0  2972 1104  -     R    tty1 0:00 ps lx
```

L'appel ps - lx apparaît dans la liste. Voici la signification des champs précédents :

Tableau 9-2 : Champs de la commande ps

Champ	Description
F	Drapeau
UID	Numéro de l'utilisateur propriétaire du processus
PID	Numéro du processus
PPID	Numéro du processus parent
PRI	Priorité système
NI	Priorité locale
VSZ	Occupation mémoire virtuelle
RSS	Occupation mémoire physique
WCHAN	Fonction d'attente
STAT	État du processus

Tableau 9-2 : Champs de la commande ps	
Champ	**Description**
TTY	Terminal d'attachement ou ?
TIME	Temps d'occupation du processeur
COMMAND	La commande à l'origine du processus

Le champ WCHAN fournit le nom de la fonction au niveau de laquelle un processus à l'état SLEEPING est arrêté. L'état du processus est représenté par une des lettres suivantes :

Tableau 9-3 : États du processus	
Lettre	**Description**
R (abréviation de RUNNABLE)	Processus prêt ou en cours d'exécution
S (abréviation de SLEEPING), D	Processus en attente d'un événement
T (abréviation de TRACED)	Processus tracé ou interrompu
Z (abréviation de ZOMBIE)	Processus terminé

Arbre des processus

La commande pstree présente les relations de parenté entre processus. Rappel : tous les processus, excepté init, sont créés par dérivation d'un processus existant.

```
# pstree
init -+-bdflush
      |-crond
      |-kapm-idled
      |-keventd
      |-khubd
      |-klogd
      |-kreclaimd
      |-kswapd
      |-kupdated
      |-login---bash---pstree
      |-mdrecoveryd
      |-5*[mingetty]
      |-syslogd
      `-xfs
```

Il est clair que tous les processus dérivent directement ou non du processus init. Repérez les démons des grands services système. Les processus mingetty sont attachés aux terminaux virtuels. Le processus pstree figure dans l'enchaînement login−−−bash−−−pstree.

RENVOI

*Lisez à ce sujet le chapitre **Le mode Console**.*

Suivi de l'activité des processus

La commande top produit des résultats comparables à la commande ps, mais les rafraîchit à intervalles réguliers. Le mode Interactif permet le classement des processus selon le critère de votre choix. La touche [h] donne accès à un menu d'aide.

```
$ top -d 5
8:30PM up 2:03, 3 users, load average:0,15 0,28, 0,17
CPU states: 1,4% user, 84,9% system, 0,0% nice, 13,8% idle
Mem:  30232K av, 29236K used,   996K free, 0K shred,  484K buff
Swap: 253976K av,  7768K used, 246208K free     16836K cached

 PID USER    PRI NI SIZE  RSS  SHARE STAT %CPU %MEM TIME COMMAND
1186 cnocton  13 0 1084 1084   876 R     1,2 3,5 0:15 top
1148 cnocton   9 0 6608 6284  5632 S     1,2 20,7 0:14 kdeinit
1020 cnocton   9 0 420 4     4 S     0,0 0,0 0:00 bash
1036 cnocton   9 0 120 4     4 S     0,0 0,0 0:00 xinit
...
```

L'option −d 5 fixe un délai de rafraîchissement de 5 secondes. Une session X est en cours et le classement est réalisé par occupation décroissante du processeur. Voici un jeu de commandes interactives aidant au diagnostic de la charge du système :

Tableau 9-4 : Commandes top

Séquence	Description
f	ajoute ou supprime un champ.
o	Change l'ordre d'affichage des champs.
M	Trie les processus selon l'occupation mémoire.
P	Trie les processus selon l'occupation CPU.
q	Quitte l'application.

9.2 Signaux

Les signaux sont l'un des moyens de communication entre processus. Dans la littérature UNIX, ces mécanismes sont classés dans la catégorie IPC (Inter Process Communication). Un signal informe un processus de l'occurrence d'un événement : utilisation d'une combinaison de touches, tentative d'accès à un emplacement de mémoire virtuel inexistant, etc.

Un signal est repéré par son rang dans le mot mémoire qui lui est réservé dans l'environnement de chaque processus. Le nombre de signaux reconnus dépend donc de la plate-forme. Il est généralement de 32 ou de 64. Voici une liste de signaux que vous utiliserez fréquemment :

Tableau 9-5 : Signaux classiques

Signal	Numéro	Description	Action
SIGHUP	1	Terminaison d'un processus leader.	Arrêt.
SIGINT	2	Utilisation de la combinaison Ctrl+C.	Arrêt.
SIGQUIT	3	Utilisation de la combinaison Ctrl+D	Arrêt.
SIGKILL	9	Tue le processus.	Arrêt. Ne peut être ignoré.
SIGTERM	15	Terminaison logicielle normale.	Arrêt.
SIGCONT	18	Reprise d'un processus.	Reprise.
SIGSTOP	19	Suspension d'un processus.	Attente d'un signal de reprise.

Le nom H(ANG) UP remonte à l'époque des terminaux série. Il sert à signaler la terminaison d'un processus leader, par exemple lorsque vous quittez une session shell. Dans le cas de démons, ce signal déclenche la relecture de la configuration.

Le signal SIGTERM interrompt un processus en lui laissant l'opportunité d'accomplir un traitement de sortie, comme une sauvegarde de document. Le signal SIGKILL tue un processus sans appel. Ce signal ne peut être ni ignoré ni capturé.

La liste exhaustive des signaux est contenue dans le fichier prototype */usr/include/linux/signal.h* fourni dans les sources du noyau.

RENVOI

Consultez le chapitre Compilation du noyau et des programmes C à ce sujet.

La commande kill sait également afficher cette liste :

```
$ kill -l
1) SIGHUP  2) SIGINT  3) SIGQUIT  4) SIGILL
...
```

Un shell propose généralement une version interne de la commande */bin/kill*, afin d'accélérer les traitements.

Envoi de signaux

La commande kill adresse un signal à un processus. Le signal peut être indiqué sous forme numérique (-n) ou littérale (-nom). Les règles générales d'accès aux ressources s'appliquent aux signaux. Un utilisateur ordinaire ne peut pas adresser un signal aux processus d'un tiers. Tentez de tuer le processus init. Il porte le PID 1.

```
$ ps ax | grep init
1 ?  S  0:04  init [3]
```

Adressez-lui un signal SIGKILL depuis votre compte de base :

```
$ kill -s SIGKILL 1
bash: kill: (1) : Not owner
```

L'action est refusée. En revanche, vous pouvez supprimer l'un de vos processus ne répondant plus aux actions de la souris ou du clavier. Supposons que votre session X soit figée. Allez sur une console virtuelle et saisissez :

```
$ ps | grep xinit
1185 tty1 S 0:00 xinit /etc/X11/xinit xinitrc
$ kill -9 1185
```

La variante killall accepte le nom d'une commande en argument, ce qui évite la recherche des numéros de processus :

```
$ killall xinit
```

Blocage et traitement des signaux

Un processus peut bloquer l'action des signaux de son choix, à l'exception de SIGSTOP et SIGKILL. Considérons l'exemple d'une session bash interactive. La réponse par défaut lors de l'utilisation des touches Ctrl+C est l'interruption de la commande en cours d'exécution. La commande stty confirme les combinaisons de touches actives :

```
$ stty -a | grep int
intr = ^C;  quit=^\;  kill=^U
```

L'instruction trap intercepte un signal et déclenche une fonction shell. Neutralisez l'interruption SIGINT :

```
$ trap'echo interception' SIGINT
$ ^C
interception
```

Par défaut, le noyau applique le traitement adapté à la nature du signal. Les signaux SIGKILL et SIGSTOP ne peuvent pas être bloqués.

Commande nohup

Lorsque vous quittez une session shell, les processus qui en dépendent sont tués. La commande nohup préserve un processus en filtrant le signal SIGHUP. Si la sortie est destinée au terminal, elle est redirigée vers le fichier *~/nohup.txt*.

Reconstruisez la base whatis :

```
# nohup "makewhatis -v"
```

Listez ensuite les processus :

```
# ps -x | grep makewhatis
1591 tty1 SN 0:00 /bin/sh /usr/sbin/makewhatis -v
```

L'action de la commande makewhatis continue en tâche de fond.

Priorité des processus

L'utilisateur peut changer la priorité des processus qui lui appartiennent. La commande renice admet un facteur de priorité compris entre 0 et 20, ou entre -20 et 20 dans le cas de root.

Tableau 9-6 : Priorités des processus	
Facteur	**Priorité**
-20	Élevée
0	Normale
1	Faible

Notez qu'un utilisateur non privilégié peut uniquement baisser la priorité des processus. Considérons la compilation du noyau exécutée sur une console virtuelle :

```
# make bzImage
```

En tant qu'utilisateur privilégié, augmentez la priorité de cette tâche :

```
# ps | grep make
648 tty 00:00:00 make
# renice -10 648
0: old priority 0, new priority -10
```

9.3 Modes Utilisateur et Noyau

Une implémentation robuste des mécanismes décrits au fil du chapitre impose un accès contrôlé aux ressources du système. Linux distingue les modes Utilisateur et Noyau. Les actions réclamant des privilèges sont exécutées en mode Noyau. Des fonctions regroupées dans une bibliothèque C passent les appels système adéquats.

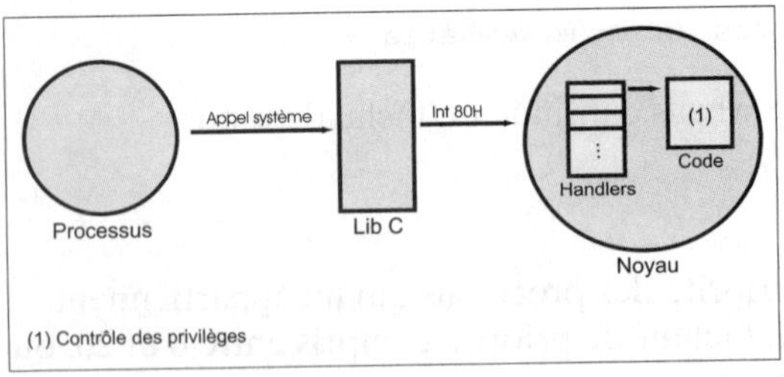

Figure 9.5 :
Passage en mode Noyau

CHAPITRE 10

Compilation du noyau et des programmes C

CHAPITRE 10

Compilation du noyau et des programmes C

Toute distribution commerciale de Linux est livrée avec un noyau standard et un grand nombre de programmes prêts à l'emploi. Cet ensemble répond parfaitement aux besoins quotidiens de millions d'utilisateurs à travers le monde. Exceptionnellement, vous serez amené à compiler un noyau avec un jeu particulier d'options. Ce chapitre détaille la procédure de mise à jour du noyau. Il propose un exemple de compilation d'application C.

10.1 Motivation

Certaines applications ont une diffusion restreinte, d'autres ne sont pas écrites spécifiquement pour Linux. Leurs auteurs renoncent souvent au lourd travail d'adaptation que représente l'élaboration de paquetages pour telle ou telle distribution. Ils préfèrent diffuser des archives contenant les sources des programmes et les directives de compilation adaptées aux plates-formes reconnues. Les archives *tar* compressées avec l'utilitaire gzip sont reconnues par UNIX et ses variantes.

Dans d'autres cas, l'ajout d'un périphérique nécessite l'activation d'une option non standard du noyau. La compilation des sources assure également le pilotage optimal des applications. Cet aspect est crucial en environnement de production.

Le travail sur le noyau est une expérience enrichissante, qui aide à comprendre la logique d'un système d'exploitation multitâche.

10.2 Principe de la compilation

Par "compilation", on entend "traduction d'un programme rédigé dans un langage informatique abstrait, en instructions qui seront exécutées directement par le processeur de la machine cible". Le langage C a été inventé par Kernighan et Ritchie en 1978, dans le cadre du projet UNIX. Les langages de programmation de l'époque n'étaient pas suffisamment proches du matériel pour permettre le développement efficace de systèmes d'exploitation. Il leur manquait en particulier des structures de données évoluées et des opérateurs pour manipuler celles-ci en mémoire. Voici par exemple un court programme C affichant un message de bienvenue :

Listing 10-1 : Programme Hello

```
#include <stdio.h>
int main() {
    printf("Hello World\n");
    return 0;
}
```

Il existe une définition historique de C, dite K&R 78, et une version normalisée par l'ISO, improprement appelée ANSI C. C est un langage structuré, dont l'étude déborde du cadre de cet ouvrage. Des cours complets peuvent être consultés sur Internet. Nous vous conseillons particulièrement la lecture du texte de Bernard Cassagne.

INTERNET

Introduction au langage C

Consultez par exemple l'« Introduction au langage C » de Bernard Cassagne, à l'adresse **www-clips.imag.fr/commun/bernard.cassagne/Introduction_ANSI_C.html**.

10.3 Les outils de compilation

La compilation de programmes C repose sur une collection d'utilitaires, de bibliothèques et de fichiers d'en-têtes :

- préprocesseur ;
- compilateur C ;
- assembleur ;
- éditeur de liens ;
- utilitaire de gestion de projets make ;
- bibliothèque standard C ;
- fichiers d'en-têtes.

Le compilateur C GNU est le pivot autour duquel s'organise le développement de Linux. Il fait partie d'une collection d'utilitaires nommée GCC (GNU Compiler Collection). Complétée des bibliothèques de développement adéquates, GCC autorise la compilation de programmes C, Objective C et C++. Le portage du compilateur est le premier pas vers la création d'une version originale de Linux. Il existe ainsi des distributions pour processeurs Intel, Motorola, ARM, etc.

La programmation C sous Linux recourt à une bibliothèque de développement C standardisée (Lib C) et à des prototypes de fonctions rassemblés dans des fichiers d'extension *.h*.

GCC en ligne

Le site officiel du projet GCC a pour adresse **http://gcc.gnu.org/**.

Le préprocesseur importe les fichiers inclus et remplace constantes et macros par leurs valeurs. Dans l'exemple, les définitions contenues dans le fichier *stdio.h* sont insérées en tête du code source.

La combinaison compilateur/assembleur traduit ce code source en fichiers objet. L'éditeur de liens regroupe finalement plusieurs fichiers objet en un exécutable à même d'être chargé par le système d'exploitation. L'appel printf() est ainsi lié au code correspondant de la bibliothèque C.

L'utilitaire make automatise la configuration et la compilation des projets C d'envergure. Il procède à la compilation des composants logiciels, puis à leur assemblage. Il peut également installer des exécutables et des fichiers de configuration dans les répertoires cibles.

La compilation du noyau sur PC réclame, de plus, la présence des sources, de l'assembleur x86 et d'outils annexes, marqués d'une étoile dans la liste suivante :

Tableau 10-1 : Environnement de développement Mandrake Linux

Paquetage	Description
binutils	Utilitaires de manipulation de fichiers objet
gcc	Compilateur C
gcc-cpp	Préprocesseur C
glibc-devel	Bibliothèque de développement C
kernel-headers	Fichiers d'en-têtes C
kernel-source	Sources du noyau (*)
libbinutils2	Requis par binutils
libncurses5-devel	Bibliothèque de développement console (*)
make	Automatise la compilation

D'autres applications, comme les bases de données, réclament des outils plus pointus :

Tableau 10-2 : Outils complémentaires

Paquetage	Description
bison	Générateur d'analyseur lexical
byacc	Générateur d'analyseur de syntaxe
flex	Générateur d'analyseur lexical

Les bibliothèques fondamentales ne sont pas mentionnées. Les sources du noyau sont placées sur le troisième CD-Rom du pack Mandrake Linux 9.0. Nous indiquons plus loin comment télécharger une version à jour du noyau sur Internet.

Dans quelles circonstances doit-on compiler le noyau ?

Votre station Linux vous donne satisfaction au quotidien ? Dans ce cas, ignorez le contenu de cette section.

Vous possédez un périphérique récent mal ou pas reconnu par la version du noyau présente sur votre machine, ou vous devez désactiver une option dans la configuration par défaut ? Cette section s'adresse à vous.

La commande uname vous renseigne sur la version du noyau animant votre système :

```
$ uname -r
2.4.19-16mdk
```

Dans cet exemple, la station fonctionne avec un noyau 2.4.19.

Versions stables et de développement

Le deuxième nombre de la notation x.y.z précise la nature stable ou expérimentale du noyau. Un chiffre pair désigne un noyau éprouvé, un chiffre impair un noyau dont certaines caractéristiques sont en cours de développement. Travaillez de préférence avec un noyau stable, à moins que vous ne souhaitiez collaborer au débogage du code.

10.4 Sources en place

Les sources du noyau sont peut-être déjà en place sur votre machine. Listez le contenu du répertoire */usr/src/* :

```
# ls /usr/src
linux@   linux-2.4.19/
```

Tel est le cas ici. Les sources du noyau 2.4.19 sont présentes dans le répertoire *linux-2.4.19*. Le fichier *linux* est un lien symbolique vers ce répertoire. Vous pouvez décider de travailler avec cette version du noyau ou installer une version plus récente. Si vous envisagez d'installer une version plus récente, supprimez le lien symbolique :

```
# rm /usr/src/linux
```

Supprimez également les sources en place. Sous Mandrake Linux, ces fichiers sont rassemblés dans le paquetage kernel-source. Saisissez :

```
# urpme kernel-source
```

Dans d'autres cas, il faut supprimer le contenu du répertoire manuellement. L'option -r de la commande rm force un effacement récursif :

```
# unalias rm
# rm -r /usr/src/linux-2.4.19
```

La commande unalias annule un éventuel alias de la commande rm. Les fichiers sont supprimés sans demande de confirmation. Soyez attentif à la saisie du nom de répertoire.

10.5 Installation des sources du noyau

Pour installer les sources du noyau Mandrake Linux standard, téléchargez les paquetages libncurses5-devel et kernel-source sur l'un des miroirs FTP de la distribution.

RENVOI

*Le chapitre **Gravure d'une distribution Linux** détaille la procédure.*

Le paquetage kernel-doc, rédigé en anglais, fournit des informations techniques pertinentes sur les fonctionnalités du noyau.

```
# rpm -i libncurses5-devel-5.2-27mdk.i58

# rpm -i kernel-source-2.4.19-16mdk.i586.rpm
```

Pour tester une version différente de celle installée sur votre système, rendez-vous sur le site Kernel Org.

> ***Sources du noyau***
> Le site Kernel Org maintient la liste des sites miroirs archivant les versions successives du noyau Linux (**www.kernel.org/**).

À l'heure où nous écrivons ces lignes, la version la plus récente du noyau porte le numéro 2.5.9. Le miroir français est attaché au domaine fr.kernel.org. Préférez toujours un serveur proche de votre lieu de connexion.

Formats de compression

L'archive *tar* du noyau est placée sous des serveurs FTP et HTTP. Compressée avec l'un des utilitaires gzip ou bzip2, elle occupe de 20 à 30 Mo. Que vous disposiez ou non d'une liaison haut débit, nous vous conseillons de récupérer l'archive au moyen d'un utilitaire capable de reprendre un téléchargement partiel, consécutif à l'interruption dc la connexion.

Espace disque libre

La compilation du noyau réclame une centaine de mégaoctets d'espace disque. La commande df vous renseigne sur le taux d'occupation de chaque système de fichiers. Passez le nom d'un répertoire en argument ; df affiche l'occupation du système de fichiers le contenant :

```
# df /usr/src
Système    Taille  Utilisé  Disponible  Utilisé%  Monté sur
/dev/hdb1 1.7G       724M 863M 46%          /
```

L'espace libre de la partition */dev/hdb1* est suffisant.

Téléchargement avec wget

La commande wget sait reprendre un téléchargement interrompu, si le serveur accepte l'ordre RESUME. Cela doit normalement être le cas. Connectez-vous à Internet, puis saisissez :

```
# cd /usr/src
# wget -t 3 ftp://ftp.fr.kernel.org/pub/linux/kernel/v2.4
  /linux-2.4.19.tar.gz
```

Adaptez le numéro de version en fonction du noyau souhaité. La progression du téléchargement est symbolisée par une suite de points. Avec l'option -t, trois tentatives de connexion sont possible avant abandon.

Décompression de l'archive

Décompressez l'archive avec la commande tar :

```
# tar xvzf linux-2.4.19.tar.gz
```

Vous pouvez également combiner les commandes tar et zcat :

```
# zcat linux-2.4.19.tar.gz | tar xvf -
```

10.6 Configuration du noyau

Déplacez-vous dans le répertoire des sources :

```
# cd linux
```

Dans une première étape, sélectionnez les fonctions qui intégreront le noyau. Le noyau Linux est dit monolithique. Les fonctions principales du système sont rassemblées dans un même espace. Le code source croît au fil des versions, ce que confirme la commande du appliquée au répertoire */usr/src* :

```
# du -sH /usr/src
176MB   /usr/src
```

D'autres approches existent. Le projet Hurd réduit au maximum la zone système. Les fonctions sont déportées dans des services conçus sur un modèle client-serveur.

INTERNET

Projet GNU/Hurd

La page française du projet GNU/Hurd présente les concepts clés de ce système (**www.gnu.org/software/hurd/hurd.html**).

La compilation intégrale des fonctions primitives et des pilotes de périphériques aboutirait à un noyau d'une taille rédhibitoire. Les concepteurs ont, dans un premier temps, choisi un mode de compilation conditionnel, dans lequel l'administrateur sélectionne les options requises dans un environnement particulier.

L'introduction de modules améliore cette approche, les fonctions les moins utilisées étant chargées en fonction de l'évolution du contexte. Cela couvre systèmes de fichiers, pilotes de périphériques et formats de binaires. Pour chaque option, vous pouvez répondre :

Tableau 10-3 : Options de compilation

Choix	Description
n	Ne pas compiler cette fonction
y ou *	Inclure la fonction dans le noyau
m	Déporter la fonction dans un module

La configuration peut se dérouler en mode Texte ou Graphique. L'utilitaire de configuration est compilé à la volée. Saisissez make mode en choisissant mode parmi :

Tableau 10-4 : Les trois présentations

Option	Mode
config	Texte brut
menuconfig	Texte avec menus
xconfig	Graphique sous X

Le mode Graphique est le plus exigeant en ressources. Il implique la présence d'un serveur X opérationnel, du langage de programmation Tcl et des extensions graphiques Tk. Optez pour un mode Texte avec menus qui, lui, n'impose que la présence de la bibliothèque de développement ncurses. Saisissez donc :

```
# make menuconfig
```

La compilation du frontal de configuration dure quelques secondes. La fenêtre suivante s'affiche :

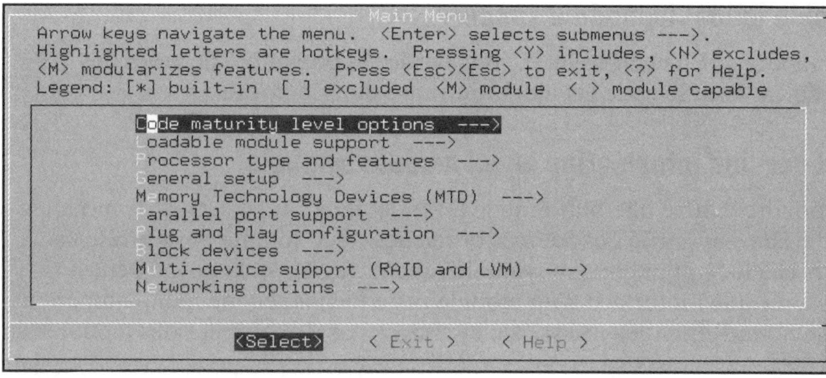

Figure 10.1 : *Configuration en mode Texte*

Les options sont organisées en sections. Pour chaque option, le bouton **Help** donne accès à une page d'aide. Sélectionnez une option et appuyez sur la Barre d'espace pour modifier son statut. Avec le bouton **Exit**, vous remontez d'un menu ou vous quittez le module de configuration.

Les choix de compilation formulés ici concernent l'utilisateur débutant. Le programmeur ou l'administrateur expérimenté a des besoins spécifiques, qui débordent du cadre de cet ouvrage.

Code maturity level options

Le code du noyau Linux s'enrichit au gré de l'évolution des machines et de la sortie de nouveaux périphériques. Les concepteurs ont choisi de séparer clairement le code stable du code expérimental.

Prompt for development and/or incomplete code/drivers

Cette option donne accès au code expérimental. Répondez n, à moins qu'une application particulière n'impose une option non standard. Ce fait est alors indiqué dans la documentation de l'application en question.

Loadable module support

Sauf exception, par exemple une version de Linux embarquée dans un équipement domotique, vous placerez l'essentiel du code dans des modules. Le fichier *modules.txt* de la documentation du noyau présente une discussion intéressante sur ce sujet (répertoire */usr/share/doc/kernel-doc-2.4.19*).

Enable loadable module support

Répondez y. En choisissant n, vous perdez la possibilité de créer des modules. Tout le code est alors centralisé dans le noyau.

Set version information on all module symbols

Répondre y offre une plus grande latitude dans l'importation de modules ne faisant pas partie des sources officielles. Une somme de contrôle est alors calculée pour chaque symbole rencontré. Ainsi, le noyau peut s'assurer que l'interface d'un module reste inchangée indépendamment de sa version. Répondez n si vous n'envisagez pas de compiler des modules de ce type.

Kernel module loader

Dans les anciennes versions, le démon kerneld chargeait les modules sur requête du noyau. Dans les versions plus récentes, cette tâche est remplie par un thread nommé kmod. Répondez y.

Processor type and features

Cette section décrit le type du processeur cible et les optimisations souhaitées. Notre étude se limite à l'architecture PC.

Processor family

Indiquez la famille de votre processeur en vous basant sur la liste suivante :

Tableau 10-5 : Familles de processeurs pris en charge

Famille	Regroupe les processeurs
386	386 DX/DXL/SL/SLC/SX, 486 DLC/DLC2
486	486 DX/DX2/DX4, 486 SL/SLC/SLC2/SLC3/SX/SX2
Pentium-Classic	Pentium
Pentium-MMX	Pentium avec jeu d'instructions MMX
Pentium-Pro	Pentium Pro/II, Celeron
Pentium-III	Pentium III, Celeron sur base Coppermine

Tableau 10-5 : Familles de processeurs pris en charge	
Famille	**Regroupe les processeurs**
Pentium-IV	Pentium IV
K6	K6 II/III (c'est-à-dire 3D)
Athlon	K7 (Athlon/Duron/Thunderbird)
Crusoe	Transmeta
Winchip-C6	Winchip
Winchip-2	Winchip II
Winchip-2A	Winchip II avec jeu d'instructions 3dNow !
Cyrix-III	Cyrix III, VIA C3

Les processeurs mobiles WinChip et Crusoe fonctionnent sous Linux.

Machine Check Exception

Les processeurs récents effectuent des tests d'intégrité portant par exemple sur la parité des données qu'ils manipulent. L'interruption 18 traite ce type d'exception. Répondez *.

Toshiba laptop support

Les portables Toshiba possèdent un mode propriétaire d'administration de l'énergie. Répondez m si le modèle n'est pas un Satellite 15xx, 16xx, 17xx, 3000 ou 35DVD (BIOS Phoenix). Des utilitaires placés dans l'espace utilisateur contrôlent le fonctionnement du ventilateur, l'éclairage de l'écran et l'affectation des touches spéciales.

INTERNET

Utilitaires Toshiba

Le code source des utilitaires Toshiba peut être téléchargé à l'adresse www .buzzard.org.uk/toshiba/.

Dell laptop support

Idem pour les portables Dell Inspiron et Latitude.

Utilitaires Dell

Le code source des utilitaires Dell peut être téléchargé à l'adresse **http://people.debian.org/~dz//i8k/**.

/dev/cpu/microcode-Intel IA32 CPU microcode support

Le microcode définit un langage intermédiaire entre les instructions en langage machine des programmes exécutables et les traitements réalisés par le processeur. La mise à jour du microcode des processeurs Intel de la famille P6 corrige des bogues matériels. Elle prend la forme d'une suite de 2 000 bits, normalement chargée par l'intermédiaire du BIOS. Ce pilote autorise une mise à jour directement sous Linux. Répondez m si vous souhaitez tester cette caractéristique. Téléchargez alors l'utilitaire de contrôle et le microcode Intel.

Utilitaire de mise à jour du microcode Intel

Vous trouverez l'utilitaire microcode_ctl, des variantes RPM et DEB, et le microcode Intel à l'adresse **www.urbanmyth.org/microcode/**.

Model specific register support

Les registres MSR (Model Specific Registers) donnent accès à des fonctions internes dépendant étroitement du processeur considéré. Répondez n.

CPU Information support

Un mot de 32 bits figé lors de la fabrication contient des informations sur les caractéristiques des processeurs x86. L'instruction CPUID retourne ces informations, excepté dans le cas des processeurs 486 de première génération. Répondez y. Les processus privilégiés accéderont à ces informations par l'intermédiaire du fichier */dev/cpu/0/cpuid*, sur un PC doté d'un processeur unique.

E820 proc support

L'interruption 15H du BIOS retourne la taille de la RAM d'un PC. Deux modes de détection sont couramment employés. Dans le premier, le registre AX du processeur prend la valeur 801H, dans le second, la valeur 820H. Le modèle E820 est retenu par Microsoft Windows ; il est à ce titre respecté par la quasi-totalité des fabricants de PC. Des appels successifs retournent une cartographie de la RAM, et particulièrement des zones qu'un système d'exploitation peut adresser. Répondez y.

rpmhelper support (only useful for BOOT kernel)

Cette option commande la compilation d'un fichier *rpmhelper.c*. Lors de l'installation, Anaconda, l'assistant Red Hat, est informé de la version du noyau à copier sur l'ordinateur. Répondez n.

High memory support

Répondez off si le PC possède 1 Go de RAM ou moins, 4GB s'il possède 1 à 4 Go de RAM, 64GB au-delà.

Math emulation

Les processeurs 386 et 486SX ne possèdent pas d'unité de calcul spécialisée dans le traitement des nombres à virgule flottante. Dans ce cas, répondez y, afin d'ajouter le code nécessaire à l'émulation d'une telle unité. Sinon répondez n. Dans la majorité des cas, le code est désactivé si vous choisissez y.

MTTR support

Les registres MTTR (Memory Type Range Registers) accélèrent les opérations de transfert de blocs de données des processeurs Intel de la famille P6. Des registres équivalents existent sur les processeurs Cyrix ou AMD. Un serveur X peut exploiter cette caractéristique. Répondez donc y.

Symmetric multi-processing support

Répondez y si votre PC possède plusieurs processeurs. Les options de gestion de l'énergie sont désactivées dans ce cas. Répondez n sinon, le code supplémentaire ralentissant les opérations.

Multiquad NUMA system (NEW)

Cette option concerne les plates-formes IBM/Sequent fondées sur l'architecture NUMA (Non Uniform Memory Access). Répondez n.

Local APIC support on uniprocessors

Les cartes mères multiprocesseurs Intel intègrent un contrôleur APIC (Advanced Programmable Interrupt Controller) capable de router les demandes d'interruption vers un groupe de processeurs particulier. Répondez y si votre carte possède un contrôleur de ce type.

IO-APIC support on uniprocessors

Répondez y.

ISA bus support

Le bus ISA remonte aux premiers ordinateurs compatibles PC. Il a cédé le pas au bus PCI. Les cartes mères récentes ne proposent plus de slots ISA. Répondez y si votre ordinateur contient des cartes d'extension de ce type, n sinon.

General setup

Cette section regroupe des options de portée générale. L'architecture de votre PC y est précisée.

Networking support

Des fonctions essentielles de Linux dépendent du code réseau, même sur une machine isolée. L'environnement graphique X fonctionne par exemple en mode client-serveur. Répondez impérativement y.

SGI Visual Workstation support

Ce code est dédié au matériel rencontré sur les stations Silicon Graphics 320 et 540. Elles sont axées sur une architecture accélérant le transfert des données graphiques. Répondez n.

PCI support

Ce code gère le bus PCI présent sur tout PC moderne. Répondez impérativement y.

PCI access mode

La détection des périphériques PCI peut passer par le BIOS (bios) ou être traitée directement par le noyau (direct). Conservez le choix any. Ainsi, le noyau tentera une détection directe dans un premier temps, via le BIOS en cas d'échec. Les problèmes liés à un BIOS bogué sont restreints dans cette configuration.

PCI device name database

Chaque carte PCI peut être identifiée par un code constructeur. Par exemple, la combinaison hexadécimale 10EC:8029 correspond à une carte réseau compatible NE2000 de marque Realtek. Répondez y pour inclure une base de données textuelles contenant ces correspondances. Occupant 80 Ko en RAM, elle est supprimée après la phase de boot.

EISA support

Ce bus ISA étendu, conçu pour concurrencer le bus MCA d'IBM, a connu une diffusion confidentielle dans les années 80. Répondez normalement n.

MCA support

Le bus Microchannel équipait les premières gammes PS/2 d'IBM. Répondez normalement n.

Support for hot-pluggable devices

Cette option permet l'insertion et le retrait à chaud de périphériques. Cela concerne les périphériques USB et PCMCIA. En complément, il faudra installer l'utilitaire hotplug, en charge de l'initialisation des modules. Répondez y.

INTERNET

Hotplug

L'adresse du projet Hotplug est **http://linux-hotplug.sourceforge.net/**.

PCMCIA/Cardbus support

Les périphériques PCMCIA sont des cartes de format réduit, qui complètent l'équipement des portables. Répondez m si vous possédez une machine nomade. Les options suivantes concernent ce type de matériel.

Cardbus support

L'architecture cardbus étend la largeur du bus PCMCIA de 16 à 32 bits. Les cartes modernes sont de ce type. Répondez y.

i82365 compatible bridge support

Le contrôleur i82365 d'Intel est un pont entre bus PCMCIA et PCI. Répondez y si votre portable en est équipé.

i82092 compatible bridge support

Cette variante est moins répandue. Répondez normalement n.

Databook TCIC host bridge support

Le contrôleur TCIC est plus exotique. Répondez normalement n.

System V IPC

Le mécanisme d'IPC (Inter Process Communication) synchronise l'échange de données entre processus. Répondez impérativement y.

BSD Process Accounting

Cette option autorise un programme à réclamer des informations système sur un processus. Répondez y.

Sysctl support

Si vous activez cette option et l'option */proc file system support*, des paramètres du noyau peuvent être modifiés à la volée, sans recompilation. On procède par écriture dans des fichiers du répertoire */proc/sys*. La configuration d'un pare-feu destiné à protéger un réseau d'intrusions extérieures exploite par exemple cette possibilité. Répondez y.

Kernel core (/proc/kcore) format

Si vous répondez y à l'option */proc file system support*, une image du noyau est copiée dans le fichier */proc/kcore*. Elle peut servir au débogage du code au moyen de l'utilitaire GNU gdb. Deux formats sont disponibles : le format a.out est tombé en désuétude, au profit du format ELF. Cochez ELF.

Kernel support for a.out binaries

Le format d'exécutable a.out a cédé la place au format ELF. Répondez cependant y par précaution, certains composants de votre distribution Linux reposant peut-être encore sur ce format.

Kernel support for ELF binaries

Le format ELF régit les bibliothèques et les programmes de plusieurs systèmes d'exploitation, dont Linux. Répondez impérativement y.

Kernel support for MISC binaries

Des extensions correspondant à de nouveaux formats d'exécutables peuvent être greffées au noyau. Les applications sont alors aiguillées directement vers l'interpréteur ad hoc. Cette option intéresse tout particulièrement les programmeurs Python, Java ou encore Lisp. Répondez m.

Power Management support

Répondez y pour activer le mode de gestion de l'énergie APM ou ACPI de votre PC. Les options suivantes contribuent à augmenter l'autonomie des portables.

Advanced Power Management BIOS support

Le mode APM (Advanced Power Management) contrôle l'énergie d'une carte mère dotée d'un BIOS adapté. Répondez m si vous possédez un PC portable. Les options suivantes se rapportent aux détails d'implémentation du mode APM.

Ignore User Suspend

Répondez y si vous possédez un portable NEC Versa M, en raison d'un bogue du BIOS.

Enable PM at boot time

Répondez n si vous possédez un portable Toshiba Satellite 400 CDT ou NEC Versa Ultralite 33. Plus généralement, désactiver cette option limite les risques de blocage au boot.

Make CPU Idle calls when iddle

Cette option active un appel CPU Idle lorsque le noyau est dans la boucle de temporisation pendant plus de 333 ms. Cet appel contribue à économiser de l'énergie sur certaines machines, mais provoque un blocage au boot sur d'autres. Répondez y, et choisissez n en cas de gel du noyau.

Enable console blanking using APM

Cette option active l'économiseur d'écran du terminal en mode Texte. Sur certains portables, le néon éclairant l'écran est éteint dans cet état. Répondez y si vous utilisez Linux principalement en mode Console. La commande setterm définit alors le délai en minutes avant extinction de l'écran :

```
$ setterm -blank 5
```

Dans cet exemple, le délai est fixé à 5 minutes. Après ce laps de temps, un appel est passé au BIOS si le mode APM est disponible. Cette option n'a aucune influence en mode X Window.

RTC stores time in GMT

Répondez y si l'horloge du PC stocke l'heure en temps GMT. Nous vous conseillons de choisir ce réglage dans le menu du BIOS. Le passage entre heure d'hiver et heure d'été sera géré au mieux.

Allow interrupts during APM Bios calls

Répondez y si votre portable se bloque lors du passage en mode Veille.

Use real mode APM Bios calls to switch off the computer

Idem.

Memory Technologies Devices (MTD)

Cette section concerne les périphériques de masse de type mémoire Flash et RAM/ROM.

Memory Technology Device (MTD) support

Répondez m ou y si vous possédez un disque flash.

Debugging

Répondez y afin d'augmenter le nombre des informations relatives au sous-système MTD archivées dans les journaux système. Répondez n si le périphérique fonctionne correctement.

Debugging verbosity (0=quiet, 3=noisy) (NEW)

Choisissez un niveau d'information de 0 (restreint) à 3 (détaillé).

MTD partitioning support

Répondez m ou y si vous désirez partitionner le périphérique.

RedBoot partition table parsing

Répondez m ou y si le périphérique est bootable.

Direct chardevice access to MTD devices

Répondez m ou y.

Caching blockdevice access to MTD devices

Répondez m ou y si vous comptez utiliser le système de fichiers journalisé JFFS.

Readonly block device access to MTD devices

Répondez m ou y afin d'autoriser un montage en lecture seule.

FTL (Flash Translation Layer) support

Répondez n par défaut.

NFTL (NAND Flash Translation Layer) support

Répondez n par défaut.

RAM/ROM/Flash chip drivers

Sélectionnez ici le modèle de votre carte mémoire. Les trois options suivantes concernent ce thème.

Detect flash chips by Common Flash Interface (CFI) probe

L'interface CFI (Common Flash Interface) normalisée par Intel, AMD, Sharp et Fujitsu fixe une méthode générale d'identification des périphériques Flash. Répondez m ou y si votre périphérique est compatible CFI.

CFI support for Intel/Sharp extended command set chips

Répondez m si le périphérique reconnaît le jeu d'instructions étendu Intel. Tel est le cas de la gamme StrataFlash.

CFI support for AMD/Fujitsu standard command set chips

Répondez m si le périphérique reconnaît le jeu d'instructions AMD/Fujitsu.

Mapping drivers for chip access

Idem.

Disk-On-Chip Device Drivers

La société M-Systems produit la famille de mémoires Flash DiskOnChip. Les modèles IDE 1000 et I2000 simulent un disque dur IDE. Choisissez votre modèle dans la liste.

INTERNET

DiskOnChip

La compagnie M-Systems présente ses produits sur le site www.m-sys.com/.

Ramix PMC551 PCI Mezzanine RAM card support

La société Ramix Inc produit des cartes RAM pour systèmes embarqués. Répondez m ou y si vous possédez un modèle PMC551.

PMC551 256M DRAM Bugfix

Cette option fixe un bogue de certaines cartes 256 Mo. Répondez n par défaut.

PMC551 Debugging

Répondez n si la carte fonctionne correctement.

Test driver using RAM

Ce pilote simule un périphérique MTD au moyen de RAM traditionnelle. La fonction vmalloc() est exécutée pour ce faire. Répondez n par défaut. Les deux options suivantes concernent ce pilote.

NTDRAM device size in KiB

Indiquez ici la quantité de RAM réservée au pilote. Elle est fixée par défaut à 4 096 Ko.

NTDRAM erase block size in KiB

Indiquez ici la quantité de RAM réservée au tampon d'effacement. Elle est fixée par défaut à 128 Ko.

Parallel port support

Un port parallèle remplit plusieurs fonctions sous Linux. Il sert à connecter des imprimantes parallèles, mais également des périphériques de stockage. Un câble Null printer permet également d'assurer une liaison réseau point à point économique.

Parallel port support

Répondez m.

Multi-IO cards (parallel and serial)

Répondez m.

PC-style hardware

Répondez m si vous possédez un PC ou une station Alpha. Les deux options suivantes concernent ce matériel particulier.

Support for PCMCIA management for PC-style ports

Répondez n.

Support foreign hardware

Cette option ajoute du code pour la gestion de ports parallèles non standard. Répondez n par défaut.

IEEE 1284 transfer modes

La norme IEEE 1284 étend la capacité des ports parallèles en décuplant les débits et en ajoutant un mode bidirectionnel. Un port étendu peut fonctionner en mode compatible avec l'ancien standard. Le mode ECP (Enhanced Capability Port) est destiné aux scanners et imprimantes de nouvelle génération, le mode EPP (Enhanced Parallel Port) aux autres catégories de périphériques. La sélection s'opère dans les menus du BIOS. Répondez n par défaut.

Plug & Play configuration

Des pilotes contrôlent les périphériques d'un ordinateur. Ces programmes résident en RAM et sont exécutés par le processeur. Les données transitent par un bus commun. Il est donc nécessaire d'allouer des ressources distinctes aux périphériques qui y sont rattachés. Ces paramètres étaient anciennement fixés à l'aide de cavaliers, sur les premières cartes ISA. Les cartes ISA plus récentes et les cartes PCI sont configurées par logiciel. La combinaison d'un BIOS Plug & Play (PnP) et de code Linux spécialisé facilite l'allocation des ressources.

Plug & play support

Répondez m. En cas de problème de configuration, choisissez n et téléchargez les utilitaires ISA PnP.

INTERNET

Utilitaires ISA PnP

Vous trouverez la source principale d'informations sur les utilitaires ISA PnP à l'adresse **www.roestock.demon.co.uk/isapnptools/**.

ISA Plug & Play support

Cette option apparaît dans les noyaux 2.4. Répondez m.

Block devices

Cette section regroupe les pilotes de périphériques en mode Bloc. Ce sont essentiellement des supports de masse, adressés localement ou en réseau.

Normal PC floppy support

Répondez m si votre PC possède un lecteur de disquettes.

Parallel port IDE device support

Répondez m si vous possédez un périphérique autre qu'une imprimante, connecté au port parallèle. Cochez également un pilote de haut niveau parmi *IDE disks*, *ATAPI disks*, *ATAPI CD-ROM* ou *ATAPI tapes* et un pilote de contrôleur. Le fichier *paride.txt* contient des informations complémentaires sur les périphériques pris en charge.

Parallel IDE protocol modules

Sélectionnez ici un pilote en fonction du fabricant de votre périphérique.

Compaq SMART2 support

Répondez m si vous possédez un contrôleur de disque dur SMART2. On rencontre ce type d'équipement sur des serveurs Compaq.

Compaq Smart Array 5xxx support

Cette variante concerne les contrôleurs Compaq de la famille 5000.

Mylex DAC960/DAC1100 PCI RAID Controller support

Cette option concerne les contrôleurs RAID de marque Mylex. La technologie RAID sécurise les disques durs en ajoutant des informations de contrôle aux données archivées. Répondez n par défaut.

Loopback device support

Avec cette option, un fichier ordinaire peut simuler un périphérique en mode Bloc. Vous pouvez alors créer un système de fichiers et le monter. Répondez m si vous possédez un graveur de CD-Rom. Ainsi, vous pourrez tester une image ISO 9660 avant de la graver.

AES encrypted loop device support

Répondez n.

Network block device support

Cette option permet de transférer des opérations de lecture/écriture d'un périphérique en mode Bloc vers un serveur distant. Les opérations portent sur un fichier de périphérique local */dev/nd**. Des requêtes TCP sont dirigées vers le serveur. Répondez n par défaut. Notez que cette option ne concerne pas le système de fichiers NFS.

RAM disk support

Un disque RAM simule un système de fichiers en mémoire. Cette possibilité est exploitée par le média d'installation des distributions Linux. Un système de fichiers réduit est créé en RAM, lors de la phase précédant la création du système de fichiers principal sur disque. Vous n'avez pas besoin de cette fonction dans votre utilisation quotidienne. Répondez n. Les deux options suivantes concernent cette fonction.

Default RAM disk size

Cette option fixe la taille du disque virtuel. Conservez la valeur par défaut.

Initial RAM disk (initrd) support

Ce disque virtuel est créé par le chargeur lors de la phase de boot. On y charge typiquement des pilotes avant le montage du système de fichiers réel.

Multi-device support (RAID and LVM)

Les options de cette section agrègent disques et systèmes de fichiers.

Multiple devices driver support (RAID and LVM)

Répondez y si vous souhaitez tester le gestionnaire de volumes logiques (Logical Volume Manager) ou le RAID logiciel (Redundant Array of Inexpensive Disks).

RAID support

Le RAID logiciel simule la répartition de données sur deux disques ou plus. Répondez `m` si vous souhaitez sécuriser des données et choisissez un niveau parmi les options suivantes.

> ***HOWTO RAID logiciel***
> Le HOWTO RAID logiciel existe en traduction française. Il compare les RAID matériel et logiciel et la fiabilité des niveaux disponibles (**www.freenix.org/unix/linux/HOWTO/Software-RAID-HOWTO.html**).

Linear mode

Cette option permet la concaténation de disques. Les données sont écrites sur un premier disque, jusqu'à son remplissage, puis sur un autre.

RAID-0 mode

Cette option permet la combinaison (ou "striping") de partitions en une partition logique unique. Les données sont écrites à tour de rôle sur chacune des partitions. Le débit augmente si les partitions sont inscrites sur des disques distincts et de taille sensiblement équivalente.

RAID-1 mode

Cette option permet la duplication (ou "miroring") des données d'un disque sur un ou plusieurs disques de taille équivalente. Vous obtenez une sécurisation des données en cas de panne de l'un des disques.

RAID-4/RAID-5 mode

Cette option permet la sécurisation des données de disques en stockant des informations de parité sur un disque au niveau 4, ou sur tous les disques au niveau 5.

Multipath I/O support

Répondez `n` par défaut.

Logical volume manager support

Un gestionnaire de volumes regroupe des systèmes de fichiers en un volume logique unique. Répondez m si vous pensez être confronté dans l'avenir à un problème de saturation d'une ou de plusieurs partitions. Consultez également le HOWTO Logical Volume Manager.

INTERNET

HOWTO Logical Volume Manager

Le HOWTO Logical Volume Manager aborde les techniques d'adaptation de la taille des partitions (**www.linuxdoc.org/HOWTO/LVM-HOWTO.html**).

Networking options

Les fonctions réseau constituent l'une des richesses essentielles de Linux. Les options suivantes personnalisent la pile IP.

Packet socket

Le protocole packet autorise une communication directe entre applications et périphériques réseau. Les protocoles de plus haut niveau sont court-circuités. L'utilitaire tcpdump affiche par exemple les paquets transitant par une interface réseau. Pour obtenir une vue synthétique du trafic empruntant la première interface Ethernet, saisissez :

```
# tcpdump -i eth0
tcpdump: listening on eth0
```

Répondez m. L'option suivante concerne ce protocole.

Packet socket : mmapped IO

Répondez n par défaut.

Netlink device emulation

Cette option est conservée pour des raisons de compatibilité. Répondez m.

Network packet filtering (replaces ipchains)

Cette option ajoute le code nécessaire à l'édition de règles de filtrage des paquets IP transitant par les interfaces réseau d'une machine. Répondez m si vous souhaitez monter un pare-feu ou partager un accès Internet. L'option suivante se rapporte au filtre.

Network packet filtering debugging

Cette option active l'enregistrement de messages de débogage dans un journal du système. Répondez n par défaut.

Socket filtering

Ce code permet d'attacher un filtre à une socket. Le noyau transmet alors les paquets, ou les rejette, selon la nature des règles de filtrage. Répondez n par défaut.

Unix domain sockets

Les sockets UNIX constituent un mode de communication essentiel d'UNIX et des systèmes d'exploitation qui en dérivent. X Window dépend, par exemple, de leur implémentation. Répondez impérativement y.

TCP/IP networking

TCP/IP est la brique fondamentale des communications réseau UNIX et, plus largement, Internet. Répondez impérativement y. Les options suivantes concernent ce mode.

IP : multicasting

Le mode Multicast permet d'adresser des flux audio ou vidéo à un ensemble de machines. Il est utilisé par le MBone (Multicast Backbone), une dorsale de communication. Répondez n par défaut.

IP : advanced router

Un routeur IP aiguille le trafic qui lui est adressé en fonction de sa destination. Cette décision repose sur des règles statiques ou calculées dynamiquement en fonction de l'état des réseaux environnants. Répondez n par défaut.

IP : kernel level autoconfiguration

Cette option autorise le chargement des adresses IP des cartes réseau et de la table de routage, lors de la phase de boot. Elle est utile sur des clients sans disque, en conjonction avec un protocole de boot en réseau. Répondez n par défaut.

IP : tunneling

Un tunnel encapsule les paquets formatés selon un premier protocole dans des paquets formatés selon un second. Répondez n par défaut.

IP : GRE tunnels over IP

La variante GRE (Generic Routing Encapsulation) est particulièrement adaptée lorsque la machine est connectée à un routeur Cisco. Répondez n par défaut.

IP : TCP Explicit Congestion Notification

Le protocole ECN (Explicit Congestion Notification) permet à un routeur de signaler à ses clients une saturation de trafic. Les clients s'adaptent en conséquence, ce qui réduit en principe le nombre de paquets détruits. L'implémentation défectueuse de certains pare-feu réduit la portée du protocole. Répondez n.

IP : TCP syncookie support (disabled per default)

L'attaque par dénis de service SYN peut saturer le trafic d'un serveur. Répondez y pour vous en protéger. Un script d'initialisation doit ensuite invoquer la séquence suivante :

```
echo 1 > /proc/sys/net/ipv4/tcp_syncookies
```

IP : Netfilter configuration

Ces options sont nécessaires si vous comptez installer un pare-feu pour protéger un réseau local de tentatives d'intrusion, ou si une machine doit partager avec d'autres une connexion IP. Dans ce cas, activez toutes les options sous forme de modules.

802.1Q VLAN Support

Répondez n.

The IPX protocol

Le protocole IPX (Internetwork Packet Exchange) est exploité par Novell NetWare pour l'interconnexion de machines en mode Non connecté. Répondez n, à moins que votre machine ne fasse partie d'un réseau hétérogène incluant des serveurs NetWare.

Appletalk protocol support

AppleTalk est le nom générique donné par Apple à la couche réseau développée dans les années 80, pour les ordinateurs Macintosh. Dans l'architecture AppleTalk, des serveurs mettent des ressources à la disposition de clients. L'opération est transparente. Répondez n, à moins que vous ne possédiez un réseau hétérogène incluant des Macintosh. Une machine Linux peut être transformée en serveur de fichiers ou d'impression. Consultez à ce propos la documentation du projet Netatalk.

> ***Projet Netatalk***
>
> La site principal du projet Netatalk propose des archives UNIX (**www.umich.edu/~rsug/netatalk/**). Il existe également un HOWTO sur le sujet (**www.anders.com/projects/netatalk/**).

DECnet support

DECnet est un protocole réseau pour les mini-ordinateurs Digital. Répondez n par défaut.

802.1d Ethernet bridging

Un pont Ethernet conforme à la norme 802.1d combine deux réseaux en un réseau étendu. Répondez n par défaut.

QoS and/or fair queueing

Ces options concernent des stratégies de routage au sein d'un réseau visant à garantir une qualité de service différenciée. Répondez n par défaut.

Network testing

Ne validez pas les options de cette branche.

IP Security Protocol (FreeS/WAN IPSEC)

Le protocole IP sécurisé crypte les communications IP. Répondez n.

Telephony support

Les liaisons IP peuvent combiner les transmissions de données et de conversations téléphoniques. Cette technique est appelée Voice over IP

(VoIP) et intéresse particulièrement les entreprises de taille moyenne possédant une liaison spécialisée.

Linux telephony support

Cette API normalise la gestion des codecs de compression audio et des événements propres au cartes téléphoniques. Répondez normalement n. Les deux options suivantes concernent ce mode.

QuickNet Internet LineJack/PhoneJack support

Répondez m si vous possédez une carte téléphonique Internet LineJack ou Internet PhoneJack de marque QuickNet.

QuickNet Internet LineJack/PhoneJack PCMCIA support

Idem pour la variante PCMCIA.

ATA/IDE/MFM/RLL support

Cette section concerne les disques non SCSI.

ATA/IDE/MFM/RLL support

Répondez m ou y si vous possédez un disque dur ATA/IDE ou un lecteur de CD-Rom ATAPI. Les anciens disques durs MFM et RLL sont également concernés. Répondez impérativement y si Linux boote depuis un disque IDE. Les options suivantes concernent ces disques.

Enhanced IDE/MFM/RLL disk/cdrom/tape/floppy support

Répondez y.

Use old disk-only driver on primary interface

Le premier contrôleur ATA/IDE peut être pris en charge par un ancien pilote Linux. Répondez n.

Include IDE/ATA-2 disk support

Répondez y si vous possédez un disque dur ATA/IDE. Les deux options suivantes se rapportent à ce type de matériel.

Use multi-mode by default

Répondez `n` à moins qu'un message d'erreur de ce type s'affiche au démarrage :

```
hdx: set_multmode: status=0x51 { DriveReady SeekComplete Error }
```

Auto-Geometry Resizing support

Cette option contourne la limitation de la capacité des disques durs Maxtor et IBM en combinaison avec un BIOS Award. Répondez `n` par défaut.

PCMCIA IDE support

Répondez `m` si vous possédez un disque connecté à une carte PCMCIA.

Include IDE/ATAPI CDROM support

Répondez `m` si vous possédez un lecteur de CD-Rom ATAPI.

Include IDE/ATAPI tape support

Répondez `m` si vous possédez une sauvegarde à bandes ATAPI.

Include IDE/ATAPI floppy support

Répondez `m` si vous possédez un lecteur de disquettes.

SCSI emulation support

Répondez `m` si vous possédez un graveur de CD-Rom IDE. Mandrake Linux y accède par l'intermédiaire d'un fichier de périphérique */dev/scdX*.

IDE Taskfile Access

Répondez `n`.

IDE chipset support/bugfixes

Laissez les options de cette section inchangées. Elles sont normalement sélectionnées et corrigent des bogues propres à certains contrôleurs.

IGNORE word93 Validation BITS

Les spécifications des normes ATA-4 et ATA-5 sont interprétées différemment par les constructeurs. Répondez y si vous constatez des performances anormalement faibles.

SCSI support

Cette section concerne les périphériques reliés à un contrôleur SCSI. Ce sont essentiellement des disques durs et optiques.

SCSI support

Répondez m ou y si vous possédez un périphérique SCSI interne ou externe. Répondez impérativement y si l'un des périphériques sert à l'amorçage de Linux.

SCSI disk support

Répondez m ou y si vous possédez un disque dur SCSI.

Maximum number of SCSI disks that can be loaded as modules

Indiquez ici le nombre maximal de pilotes de disques SCSI qui peuvent être chargés sous forme de modules. Conservez normalement la valeur par défaut (40).

SCSI tape support

Répondez m si vous possédez une sauvegarde à bandes SCSI.

SCSI OnStream SC-x0 support

Les lecteurs à bandes SC30 et SC50 de marque OnStream réclament un pilote spécifique. Répondez m dans ce cas.

SCSI CD-ROM support

Répondez m si vous possédez un lecteur de CD-Rom SCSI. L'option suivante concerne ce pilote.

Enable vendor specific extensions

Les anciens lecteurs de CD-Rom de marque NEC ou Toshiba et les graveurs HP utilisent un jeu de commandes SCSI étendu. Répondez y si vous possédez l'un de ces périphériques.

Maximum number of CD-ROM devices that can be loaded as modules

Indiquez ici le nombre maximal de pilotes de lecteurs de CD-Rom SCSI qui peuvent être chargés sous forme de modules. Conservez normalement la valeur par défaut (2).

SCSI generic support

Répondez m si vous possédez un périphérique SCSI autre qu'un support de masse.

SCSI monitor support

Ce pilote de type "hotplug" suit les connexions et déconnexions de périphériques SCSI. Répondez n par défaut.

Enable extra checks in new queueing code

Ce code renforce la fiabilité des pilotes SCSI. Répondez y.

Probe all LUNS on each SCSI device

Répondez y si vous possédez un périphérique SCSI avec plusieurs identifiants logiques, par exemple un juke-box.

Verbose SCSI error reporting

Ce code ajoute des messages d'erreur en clair. Répondez y.

SCSI logging facility

Répondez y pour faciliter le débogage des périphériques. Ajoutez dans l'un des scripts de démarrage la ligne suivante :

```
echo "scsi log token level" > /proc/scsi/scsi
```

Les valeurs possibles de token sont énumérées dans le fichier *drivers/scsi/scsi.c*.

SCSI low-level drivers

Choisissez dans cette liste le pilote de votre contrôleur SCSI.

PCMCIA SCSI adapter support

Cette option concerne les adaptateurs SCSI au format PCMCIA. Choisissez votre modèle dans la liste.

I2O device support

L'architecture I2O (Intelligent Input/Output) décharge le processeur de la gestion des interruptions de bas niveau et facilite le portage des pilotes entre plates-formes.

I2O support

Répondez n par défaut.

Network device support

Cette section regroupe des pilotes de cartes réseau. Elle ne vous concerne que si vous en possédez une, ou si vous vous connectez à Internet par l'intermédiaire d'un modem.

Network device support

Répondez y si vous êtes dans la situation décrite.

ARCnet support

ARCnet est une architecture de réseau à jetons, dans laquelle les paquets circulent sans collisions. Les cartes ARCnet existent en 2,5 et 100 Mbit/s. Elles ne sont pas compatibles Ethernet. Répondez n par défaut.

Dummy net driver support

L'interface dummy affecte une adresse IP au trafic local. Répondez y.

Bonding driver support

Ce pilote agrège des connexions Ethernet en une connexion logique de débit supérieur. Répondez n par défaut.

EQL (serial line load balancing) support

Ce pilote agrège des connexions série en une connexion logique de débit supérieur. Les deux équipements terminaux doivent prendre en charge ce mode. Répondez n par défaut.

Universal TUN/TAP device driver support

Répondez n par défaut.

General Instruments Surfboard 1000

Ce pilote gère la carte modem câble General Instruments Surfboard 1000. Répondez n par défaut.

FDDI driver support

FDDI (Fiber Distributed Data Interface) est le nom d'une architecture de réseau local haut débit sur câble optique ou cuivre. Répondez n par défaut.

Ethernet (10 or 100 Mbit)

Les cartes réseau rencontrées dans les réseaux locaux et dans les configurations personnelles sont principalement de ce type. Choisissez votre modèle dans la liste. S'il n'y figure pas, choisissez un modèle fondé sur le même circuit.

Ethernet 1 000 Mbit

Les cartes réseau gigabit sont moins répandues. Cette liste ne vous concerne pas a priori.

PLIP (parallel port) support

Un câble parallèle croisé Null printer, également vendu sous le nom Turbo LapLink, constitue un moyen très économique de mise en réseau de deux machines Linux équipées de ports parallèles. En démarrant l'une des machines avec une distribution minimale, vous pouvez amorcer une installation complète. Le document *PLIP.txt* fournit le schéma de câblage.

Le protocole PLIP (Parallel Line Internet Protocol) établit une liaison IP point à point entre deux machines reliées par un câble Null printer. Répondez m ou y si vous souhaitez tester cette possibilité. Vous devez également activer la prise en charge du port parallèle dans la section *Parallel port support*.

PPP support

Le protocole PPP (Point to Point Protocol) établit une liaison IP point à point entre deux machines, reliées par un câble Null modem ou par l'intermédiaire de modems analogiques. Répondez m ou y si votre connexion Internet emprunte une ligne téléphonique. Les options suivantes concernent ce pilote.

PPP filtering

Ce code permet de filtrer les paquets empruntant l'interface PPP. Répondez n par défaut.

PPP support for async serial ports

En mode asynchrone, les données sont coordonnées entre émetteur et récepteur par l'ajout de bits de contrôle. Répondez m ou y si votre connexion emprunte un port série traditionnel.

PPP support for sync tty ports

Les données des liaisons haut débit sont synchronisées en permanence. Répondez n par défaut.

PPP Deflate compression

Le protocole PPP sait travailler sur des paquets compressés. Répondez m.

PPP BSD-Compress compression

Cette méthode de compression basée sur l'algorithme LZW (Lempel Ziv et Welch) est plus performante que la précédente. Répondez mpar défaut.

SLIP support

Le protocole SLIP (Serial Line Internet Protocol) a pratiquement cédé la place à PPP. Répondez n.

Wireless LAN (non-hamradio)

Vous trouverez ici des pilotes de cartes réseau sans fil, principalement des modèles Aironet de Cisco.

Token Ring devices

Token Ring est le nom d'une architecture réseau déterministe, fondée sur la circulation d'une trame spéciale (ou jeton) dans un anneau. On la doit à IBM. Répondez n par défaut.

Fibre Channel driver support

Ce protocole série haut débit doit remplacer à terme la norme SCSI. Répondez n par défaut.

WAN interfaces support

Les réseaux étendus WAN (Wide Area Networks) utilisent des technologies particulières, autorisant des liaisons haut débit. Cette liste regroupe des pilotes de cartes réseau WAN. Répondez n.

PCMCIA network device support

Cette section regroupe des pilotes de cartes réseau PCMCIA. Choisissez le pilote de votre carte dans la liste proposée.

Amateur Radio support

Les radioamateurs utilisent le protocole AX.25 pour établir des liaisons point à point ou pour encapsuler des communications Internet. Répondez normalement n. Les options suivantes concernent les possesseurs d'une station radio amateur et d'une carte d'interface PC.

Amateur Radio AX.25 Level 2 protocol

Le protocole AX.25 est une variante du protocole X.25 normalisé dans les années 70 pour la communication entre réseaux publics. Basé sur le principe de commutation de paquets, AX.25 peut encapsuler un trafic IP. Répondez m.

AX.25 DAMA Slave support

DAMA est un mécanisme de synchronisation limitant les problèmes de collisions AX.25 lors de communications en réseaux. Répondez n par défaut.

Amateur Radio NET/ROM protocol

Le protocole NET/ROM chapeaute AX.25 et apporte un mécanisme de routage. Répondez m par défaut.

Amateur Radio X.25 PLP

Au lieu du protocole NET/ROM, vous pouvez choisir le protocole PLP (Packet Layer Protocol).

AX.25 network device drivers

Choisissez dans cette liste le modèle de la carte d'interface PC/station. Les cartes de marque Baycon sont bien reconnues.

IrDA support

La norme IrDA définit un mode de communication courte distance entre ordinateurs équipés de ports infrarouges. On la rencontre sur des portables et des assistants personnels. Les débits varient de 9 600 bit/s à 4 Mbit/s.

IrDa subsystem support

Répondez m si votre portable dispose d'un port infrarouge.

IrLAN protocol

Le protocole IrLAN assure l'intégration d'une machine dans un réseau local. Répondez m si vous souhaitez mettre en réseau deux machines équipées de ports infrarouges ou si votre entreprise possède une borne d'accès.

IrNET protocol

Le protocole IrNET établit des liaisons point à point pour l'échange de trafic IP.

IrCOMM protocol

Le protocole IrCOMM émule un port série. Il donne accès à toutes les applications travaillant sur ce mode. Répondez m si vos besoins se limitent à des échanges de données simples entre machines.

Ultra (connectionless) protocol

Le protocole Ultra permet l'échange de données atomiques sans établissement de connexion préalable. Répondez y.

IrDA options

Cette sous-section affine les algorithmes de communication IrDA. Laissez les options en l'état.

Infrared-port device drivers

Cette liste regroupe les pilotes des contrôleurs et accessoires IrDA reconnus par Linux. Sélectionnez les options *IrTTY* et *IrPORT* et l'un des pilotes Winbond, Toshiba ou NSC.

ISDN subsystem

ISDN (Integrated Services Digital Networks) est le terme anglais pour RNIS (Réseau Numérique à Intégration de Services). En France, les abonnements RNIS des particuliers permettent la connexion à Internet à un débit de 64 ou 128 Kbit/s, par agrégation de deux canaux. Répondez m si vous possédez une carte réseau de ce type.

Support synchronous PPP

Une liaison RNIS n'impose pas de bits de contrôle pour synchroniser les débits des deux extrémités de la connexion. Répondez y si les équipements terminaux prennent en charge ce mode. Tel est le cas de matériels CISCO. Consultez la FAQ "Sync PPP" qui accompagne le code du noyau pour apprendre les détails de mise en œuvre de la variante synchrone du démon PPP. La FAQ "PPP synchrone" traite ce sujet (fichier *isdn/syncPPP.FAQ*). Les trois options suivantes concernent ce mode.

Use VJ-compression with synchronous PPP

Cette option active la compression d'en-têtes sur le modèle de Von Jacobson. Répondez y si l'autre équipement terminal la prend en charge.

Support generic MP (RFC 1717)

Le document technique RFC 1717 normalise une technique de découpage d'une liaison ISDN en liens logiques, autorisant ainsi une attribution plus fine de la capacité des lignes. Répondez n par défaut.

Support BSD compression

Lors de l'établissement d'une liaison PPP, les équipements terminaux peuvent négocier une compression des paquets sur le modèle BSD. L'algorithme LZW est alors appliqué. Répondez m.

Support audio via ISDN

Cette option donne accès à des commandes étendues de type voix. Répondez y pour transformer une carte RNIS évoluée en répondeur.

Support AT-Fax class 1 et 2 commands

Les commandes de niveaux 1 et 2 étendent le jeu de commandes Hayes rencontré sur les modems. Elles autorisent l'échange de fax.

X.25 PLP on top of ISDN

Cette option active le protocole X.25 via des liaisons RNIS. Répondez n par défaut.

Isdnloop support

Cette boucle simule l'établissement d'une liaison RNIS sur une machine. Elle sert à des fins de test. Répondez n par défaut.

Support isdn diversions services

Cette option active les fonctions de renvoi d'appel du pilote HiSax. Répondez n par défaut.

Passive ISDN cards

Choisissez dans cette liste un pilote de carte RNIS passive. Notez que les contrôleurs ISAC et HSCX de Siemens équipent toutes les cartes de ce type.

Active ISDN cards

Choisissez dans cette liste un pilote de carte RNIS active.

Input core support

Répondez `m` si vous possédez un clavier, une souris ou une manette de jeux USB.

Keyboard support

Répondez `m` si vous possédez un clavier USB.

Mouse support

Répondez `m` si vous possédez une souris USB.

Horizontal screen resolution

Indiquez ici la résolution horizontale d'un périphérique de saisie de type tablette graphique. Elle est par défaut fixée à 1 024 et ne concerne pas une souris traditionnelle.

Vertical screen resolution

Indiquez ici la résolution verticale de ce périphérique. Elle est fixée à 768 par défaut.

Joystick support

Répondez `m` si vous possédez une manette de jeux.

Event interface support

Répondez `m`.

Character devices

Cette section regroupe des pilotes de périphériques en mode Caractère.

Virtual terminal

Les terminaux virtuels simulent la présence de plusieurs consoles sur un poste de travail unique. On passe d'une console à l'autre en appuyant sur les touches [Alt]+[Fn]. Répondez impérativement y.

Support for console system on virtual terminal

La console système reçoit les messages du noyau et sert au login en mode Single. Répondez impérativement y pour que ces opérations puissent avoir lieu sur le poste de travail. La console système est attachée au fichier de périphérique */dev/tty0*.

Support for console on serial port

Les messages système peuvent aussi être envoyés à un port série. Le paramètre console=ttySn passé au noyau force alors l'émission vers le port n. Répondez n par défaut.

Standard/generic (8250/16550 and compatible UARTs) serial support

Ce pilote gère les contrôleurs série 8550, 16550 et compatibles rencontrés sur les PC. Répondez m.

Extended dumb serial driver options

Cette option concerne des caractéristiques non standard du pilote série générique. Répondez n par défaut.

Non-standard serial port support

Cette option concerne des ports série propriétaires. Répondez n par défaut.

Unix98 PTY support

Un pseudo-terminal est un terminal virtuel combinant un maître et un esclave. Le maître écrit et lit des données en relation avec l'esclave. Dans l'implémentation BSD, la communication implique des fichiers de périphériques */dev/pty** et */dev/tty**. La variante Unix98 emploie des fichiers de périphériques */dev/ptmx* et */dev/pts/**. Répondez y.

Maximum number of Unix98 PTYs in use (0-2048)

Conservez la valeur par défaut.

Parallel printer support

Répondez m si vous possédez une imprimante parallèle. L'option suivante concerne ce mode.

Support for console on line printer

Cette option permet d'imprimer les messages de la console système. Le paramètre console=lpn passé au noyau force l'impression sur l'imprimante connectée au port parallèle n. Répondez n par défaut.

Support for user space parallel port device drivers

Cette option permet d'écrire des pilotes dans l'espace utilisateur. Répondez n par défaut.

I2C support

Le bus série I2C a été créé par Philips pour faciliter le développement de cartes électroniques faisant intervenir plusieurs circuits intégrés. Répondez n.

Bus mouse support

Les souris série sont raccordées à un port série par l'intermédiaire de prises rectangulaires à 9 ou 25 broches. Cette option concerne les souris bus. Répondez m si vous possédez l'une des souris décrites par les deux options suivantes.

ATIXL busmouse support

Quelques souris sont connectées à une carte vidéo mixte ATI. Dans de rares cas, elles n'utilisent pas le protocole Microsoft. Répondez normalement n.

Logitech busmouse support

Les anciennes souris Logitech utilisent un protocole maison. Répondez normalement n.

Mouse support (not serial and bus mice)

Répondez `m` si vous possédez l'une des souris décrites par les trois options suivantes.

PS/2 mouse (aka "auxiliary device") support

Un connecteur PS/2 est circulaire et possède 6 broches. On le rencontre fréquemment sur les PC portables. Répondez `m` si vous possédez une souris ou un dispositif de pointage de ce type.

C&T 82C710 mouse port support (as on TI Travelmate)

Cette variante PS/2 se rencontre sur les portables Travelmate de Texas Instruments. Répondez `n` par défaut.

PC110 digitizer pad support

Le PC110 est un portable PC de la taille d'une cassette VHS, conçu par IBM. Il dispose d'un touchpad pris en charge par ce pilote. Répondez `n` par défaut.

QIC-02 tape support

Répondez `m` si vous possédez une sauvegarde à bandes utilisant des cartouches QIC.

Watchdog cards

Un chien de garde est un système matériel ou logiciel déclenchant une action en cas de changement d'état dans une fonction du système placée sous surveillance. Activez le watchdog logiciel si vous souhaitez disposer d'une procédure de reboot rapide. Elle est fondée sur l'écriture dans le fichier */dev/watchdog*.

Intel i8x0 Random Number Generator support

Les cartes mères à base de jeux de composants Intel 8XX possèdent un élément spécialisé de référence 82802. Ce composant sait générer des nombres aléatoires de manière non déterministe. Il exploite à cette fin le bruit thermique au sein d'un conducteur électrique. Répondez `n` par défaut.

AMD 768 Random Number Generator support

Idem pour le composant AMD 768.

/dev/nvram support

Le circuit d'horloge des PC dispose d'une mémoire non volatile de 50 octets, appelée NVRAM ou CMOS RAM. Le BIOS y stocke des données. En répondant m, vous accédez à cette zone par l'intermédiaire du fichier */dev/nvram*. Répondez n par précaution. L'écriture de données peut contrarier le BIOS.

Enhanced Real Time Clock support

Cette option donne accès à l'horloge temps réel par l'intermédiaire du fichier */dev/rtc*. Répondez n par défaut.

Double Talk PC internal speech card support

La société RC Systems fabrique la famille DoubleTalk de cartes de synthèse vocale. Répondez m si vous en possédez un exemplaire.

Siemens R3964 line discipline

Le bus série 3964 développé par Siemens permet des communications full duplex entre périphériques. Il est utilisé en informatique industrielle. Répondez n.

Applicom intelligent fieldbus card support

Ce pilote gère les cartes fieldbus d'Applicom. Répondez n.

Ftape, the floppy tape device driver

Cette option concerne les sauvegardes à bandes raccordées au contrôleur du lecteur de disquettes. Répondez n par défaut.

/dev/agpgart (AGP support)

Répondez y si votre PC dispose d'un bus graphique AGP (Accelerated Graphics Port) et si vous souhaitez tester le composant GLX.

Direct Rendering Manager (XFree86 DRI support)

Répondez y si vous souhaitez tester l'architecture DRI (Direct Rendering Infrastructure) introduite dans XFree86 4.0. Choisissez alors le modèle de votre carte graphique dans la liste.

PCMCIA serial device support

Répondez m si vous possédez une carte modem PCMCIA.

Multimedia devices

Une API spécifique gère sous Linux les périphériques multimédias, à savoir les cartes TV et radio, les cartes d'acquisition vidéo et les webcams.

Video For Linux

Répondez m si vous possédez l'un des équipements cités. Choisissez le pilote dans la liste. Cela concerne par exemple les webcams qui utilisent le contrôleur CPiA.

File systems

Les systèmes de fichiers Ext2fs (Second Extended File System) et Ext3fs (Third Extended File System) organise le stockage des fichiers d'une majorité de disques sous Linux. Le code correspondant est intégré dans le noyau, et non déporté dans un module. En effet, le chargement du module impliquerait l'accès au système de fichiers qu'il est censé activer. Le système de fichiers Ext3fs remplacera progressivement Ext2fs. Il présente l'avantage de ne pas imposer un test général de l'arborescence de fichiers en cas d'arrêt brutal du système. Linux est ouvert à d'autres systèmes d'exploitation et à leurs systèmes de fichiers, comme l'indiquent les options suivantes.

Quota support

Les quotas limitent l'espace disque alloué aux utilisateurs, en accord avec la politique de l'administrateur du système. Ils sont, par exemple, employés par les FAI pour limiter la taille des boîtes aux lettres et des pages personnelles des abonnés. Répondez m si vous comptez ouvrir votre système à plusieurs utilisateurs.

POSIX Access Control Lists

Les ACL affinent le contrôle d'accès attaché aux systèmes de fichiers. Répondez n par défaut.

Kernel automounter support

Le code automounteur automatise le montage des systèmes de fichiers distants présents sur un réseau. Répondez n si vous administrez une station isolée ou si vous ne comptez pas exporter de système de fichiers entre machines.

Kernel automounter version 4 support (also supports v3)

La version 4 étend les fonctionnalités du code automounter.

Reiserfs support

Reiserfs est un système de fichiers journalisé. Répondez m si vous souhaitez monter des partitions de ce type.

Supermount removable media support

Les systèmes de fichiers stockés sur des supports amovibles comme des disquettes, des CD-Rom ou des disques durs extractibles doivent être montés lors de leur insertion, et démontés lors de leur retrait. Le code automounter automatise cette tâche pour tous les systèmes de fichiers correctement répertoriés dans la table */etc/fstab*. Répondre m épargne tout travail superflu.

Ext3 journalling file system support

Répondez y, Mandrake Linux 9.0 adoptant ce système de fichiers par défaut.

DOS FAT file system support

Répondez m si vous bootez Linux depuis un environnement Windows ou si vous souhaitez lire ou écrire des données stockées dans des volumes DOS, Windows 9x/Me.

MSDOS file system support

Répondez m pour accéder en lecture et en écriture à un système de fichiers MS-DOS. Les noms de fichier sont limités à huit caractères, auxquels s'ajoutent les trois caractères de l'extension.

UMSDOS Unix-like file system on top of standard MSDOS fs

Répondez y si vous bootez Linux depuis un environnement Windows. Un tel système de fichiers est sensible aux virus Windows et moins performant qu'un système de fichiers Ext2fs.

VFAT file system support

Répondez m pour accéder en lecture et en écriture à un système de fichiers Windows 9x/Me non compressé. Les noms longs sont reconnus.

Compressed ROM File System support

Le système de fichiers compressé CRAMFS (Compressed ROM File System) est destiné aux systèmes embarqués dont le système d'exploitation est stocké en mémoire morte. Répondez n.

Virtual memory file system support

Le système de fichiers Tmpfs reprend le principe des disques RAM, servant par exemple au chargement initial d'une arborescence Linux en mémoire vive. Il se distingue par une réservation de mémoire dynamique évoluant en fonction des fichiers stockés. Les données sont perdues dès le système arrêté. Répondez n.

Simple RAM based file system support

Il s'agit d'un autre système de fichiers résidant en RAM. Répondez n.

ISO 9660 CD-ROM file system support

La norme ISO 9660 définit le système de fichiers standard utilisé sur les CD-Rom. Répondez m si vous possédez un tel lecteur.

Microsoft Joliet CD-ROM extensions

Les extensions Joliet de Microsoft ajoutent des noms de fichier longs au format Unicode. Répondez y.

Minix file system support

MINIX est le système de fichiers initial de Linux, remplacé depuis par le système de fichiers Ext2fs. Répondez n par défaut.

NTFS file system support (read only)

Ce pilote donne accès en lecture à des systèmes de fichiers NT. Répondez npar défaut.

OS/2 HPFS file system support

Ce pilote donne accès en lecture et en écriture à des systèmes de fichiers OS/2. Répondez n par défaut.

/proc file system support

Le système de fichiers virtuel */proc* contient des informations sur l'état courant du système. Il sert également à modifier dynamiquement certains paramètres du noyau. Répondez impérativement y.

ROM file system support

Ce pilote donne accès en lecture à un système de fichiers stocké en ROM. Répondez n par défaut.

Second Extended file system support

Le système de fichiers Ext2fs est un standard sous Linux. Répondez impérativement y.

System V/Xenix/V7/Coherent file system support

Ces pilotes donnent accès aux systèmes de fichiers des machines s'exécutant sous SCO, Xenix ou Coherent, des variantes commerciales d'UNIX. Répondez n par défaut.

UDF file system support (read only)

Ce nouveau système de fichiers figure sur certains CD-Rom et DVD-Rom. Répondez n par défaut.

UFS file system support (read only)

Les versions d'UNIX dérivées de BSD emploient le système de fichiers UFS. Répondez `n` par défaut.

Network File Systems

Cette sous-section regroupe des systèmes de fichiers accessibles en réseau. Si vous souhaitez partager des données avec des machines UNIX, sélectionnez *NFS* (Network File System). Pour partager des données avec des machines Windows, sélectionnez *Samba*.

Partitions type

Répondez `n` par défaut.

Native language support

Cette sous-section définit des pages de code employées par les systèmes de fichiers Microsoft. Sélectionnez *iso8859-1* comme page par défaut et cochez les pages de code 437 et 850.

Console Drivers

Cette section concerne l'utilisation de Linux en mode Console.

VGA text console

Cette option permet l'utilisation de Linux en mode Texte par le biais d'une carte graphique compatible VGA. Répondez impérativement `y`.

Video mode selection support

Les cartes vidéo SVGA admettent plusieurs résolutions en mode Texte. Un mode particulier peut être activé au boot si vous utilisez l'option LILO `vga=`. Répondez `n` si un démarrage en mode 80 25 caractères vous convient.

Sound

Cette section regroupe des pilotes de cartes son.

Sound card support

Répondez `m` si vous possédez une carte son. Choisissez votre modèle dans la liste.

Support for USB

L'interface série USB remplace progressivement une interface série traditionnelle, au débit devenu insuffisant. Répondez `m` si vous possédez des périphériques USB.

USB verbose debug messages

Cette option augmente le nombre de messages de débogage USB. Répondez `y` en cas de problème de gestion d'un périphérique USB.

Preliminary USB device filesystem

Si vous choisissez `y` pour cette option et pour l'option */proc filesystem support*, des informations sur les périphériques sont enregistrées dans le système de fichiers virtuel */proc/bus/usb*. Le fichier *devices* contient la liste des périphériques connectés, le fichier *drivers* la liste des pilotes chargés en mémoire. Les processus de l'espace utilisateur communiquent avec le périphérique *x* connecté au bus *y* par le biais d'un fichier */proc/bus/usb/y/x*.

UHCI support

L'interface UHCI (Universal Host Controller Interface) est le standard de communication avec un contrôleur USB défini par Intel. Il est adopté sur les chipsets 430, 440, i810 et i820 d'origine Intel, ou Apollo d'origine VIA. Répondez `m` si un contrôleur de ce type équipe votre PC.

UHCI alternate driver support

Ce pilote offre une alternative au pilote UHCI standard. Sélectionnez au plus un pilote de ce type.

OHCI support

L'interface OHCI (Open Host Controller Interface) est un autre standard de communication avec un contrôleur USB défini par Microsoft, Compaq et National Semiconductors. Il est adopté par la plupart des architectures non Intel, comme les chipsets d'origine SiS ou ALi. Répondez `m` si un contrôleur de ce type équipe votre PC. Choisissez votre périphérique dans la liste.

Kernel hacking

Cette section regroupe des options destinées à faciliter le travail de diagnostic des programmeurs travaillant à l'élaboration de pilotes ou à l'amélioration du noyau. Répondez n.

Unofficial 3rd party kernel additions

Cette section contient du code qui ne figure pas officiellement dans les sources du noyau.

Grsecurity

Renforcez ici la sécurité du noyau. Trois niveaux de sécurité sont définis. Ils contraignent plus ou moins les actions des programmes de l'espace utilisateur, tracent les actions sensibles et en rendent compte dans les journaux du système.

10.7 Compilation du noyau et des modules

Quittez le programme de configuration en confirmant la sauvegarde des options sélectionnées.

Figure 10.2 : *Sauvegarde de la configuration*

La compilation va être effectuée en plusieurs passes qui, au final, aboutiront à un noyau et à des modules opérationnels placés dans les répertoires cibles. L'opération peut durer plusieurs dizaines de minutes. Plusieurs facteurs entrent en ligne de compte, dont la puissance du processeur, la rapidité du disque dur et la quantité de RAM installée.

Détermination des dépendances

La première étape établit les dépendances entre fichiers constitutifs du code noyau.

```
# make dep
```

Suppression du code objet résiduel

La deuxième étape supprime les objets résultant d'une compilation antérieure du noyau, si elle a déjà eu lieu :

```
# make clean
```

Création d'une image compressée

La troisième étape produit l'image compressée qui servira à l'amorçage de Linux :

```
# make bzImage
```

Dans le cas d'une architecture x86, l'image est placée dans le répertoire */usr/src/linux/arch/i386/boot*. Vérifiez sa taille. Elle doit être inférieure à 1 Mo si vous avez pris la précaution de compiler l'essentiel des fonctions sous forme de modules :

```
# ls -oh arch/i386/boot/bzImage
-rw-r--r--  1  root  770k  sep 18 12:26  arch/i386/boot/bzImage
```

Ici, le code occupait 770 Ko.

Compilation et installation des modules

Compilez à présent les modules :

```
# make modules
```

Les modules prennent place dans le répertoire */lib/modules/version*, où *version* est le numéro du noyau. La commande suivante réalise la copie et construit la liste des dépendances entre modules :

```
# make modules_install
```

Liste des options

La liste des options sélectionnées est résumée dans le fichier *.config*. Effectuez une copie de sauvegarde :

```
# cp .config .config.sav
```

10.8 Test du noyau

Nous vous proposons une méthode de test robuste, qui permet de revenir à l'ancien noyau en cas d'échec de chargement du nouveau noyau. Cette méthode suppose l'utilisation du chargeur LILO.

Copie de l'image du noyau

Par convention, les images sont stockées dans le répertoire */boot*. Copiez l'image du noyau à tester :

```
# cp arch/i386/boot/bzImage /boot/vmlinuz-new
```

Configuration de LILO

Éditez le fichier de configuration de LILO. Il se nomme */etc/lilo.boot* et contient les informations relatives au menu de boot. Voici le contenu typique d'un tel fichier :

```
# Section générale

boot=/dev/hdb
vga=normal
default=linux
prompt
timeout=50

# Entrée par défaut

image=/boot/vmlinuz
label=linux
root=/dev/hdb1
read-only
...
```

Ici, l'amorce de LILO est située sur le disque dur maître, connecté au premier contrôleur ATA/IDE. L'image par défaut est placée dans le fichier */boot/vmlinuz*, situé sur la première partition de ce disque. Ajoutez une entrée sur ce modèle :

```
image=/boot/vmlinuz-new
label=new
root=/dev/hdb1
read-only
```

Adaptez les lignes boot= et root= en fonction de l'organisation particulière de vos disques durs.

Exécutez LILO :

```
# lilo

Added linux *
Added new
...
```

Rebootez. Choisissez *new* dans le menu LILO. Appuyez sur la touche [Tab] si nécessaire. Si le résultat vous donne satisfaction, modifiez la ligne default=linux en default=new. En cas d'échec, rebootez le noyau par défaut et procédez à une nouvelle compilation.

Vérifier enrichissement : *new* dans le menu LILO

Compilation d'une application à partir des sources

Pour terminer ce chapitre, nous illustrons la compilation d'une application à partir des sources. Notre choix s'est porté sur Fetchmail, un utilitaire de rapatriement du courrier hébergé par un serveur POP ou IMAP.

Une procédure typique

La procédure de compilation suit un schéma relativement standard :

- téléchargement de l'archive ;
- décompression ;
- lecture de la documentation (fichiers *README*, *INSTALL*...) ;
- configuration ;
- compilation ;
- installation dans les répertoires cibles avec make ou installation manuelle ;
- modification des fichiers de configuration.

Exemple

L'archive provient d'un CD-Rom vendu avec un magazine consacré à Linux. Nous la copions dans notre répertoire personnel :

```
$ cp fetchmail-5.5.0.tar.gz ~
```

Le caractère tilde (~) symbolise le répertoire personnel. Nous nous positionnons dans ce répertoire et nous décompressons l'archive :

```
$ cd
$ tar xvzf fetchmail-5.5.0.tar.gz
```

Un répertoire *fetchmail-5.5.0* est créé à cette occasion. Explorons son contenu :

```
$ cd fetchmail-5.5.0
$ ls -x

COPYING   FAQ   FEATURES  INSTALL
MANIFEST  NEWS  NOTES     README
...
```

Le fichier *README* présente sommairement Fetchmail. Le fichier *COPYING* rappelle les règles de diffusion du logiciel. Le fichier *FAQ* rassemble les questions les plus fréquentes sur l'installation et l'exploitation du logiciel. Le fichier *README* nous intéresse tout particulièrement car il fournit une procédure de compilation du logiciel. Suivez les instructions :

```
# ./configure
# make
# make install
```

Il reste à éditer le fichier de configuration */etc/fetchmail.conf*.

10.9 Patchs du noyau et des programmes

Un patch est une mise à jour de logiciel diffusée sous forme de sources ou de binaires. L'intérêt d'un patch réside dans sa taille réduite au regard de l'application complète.

DÉFINITION

Patch

Un patch est la mise à jour compacte d'un logiciel.

Commande diff

Linux privilégie la diffusion de fichiers sources créés à l'aide de la commande diff. Elle affiche les différences entre deux versions successives d'un texte. À ce titre, elle est particulièrement adaptée au cas des sources de programmes.

Voici un monologue extrait du film "Blade Runner" :

Listing 10-2 : Fichier 1

```
I've seen things...
seen things you little people wouldn't believe...
Attack ships on fire off the shoulder of Orion
bright as magnesium...
```

```
I rode on the back decks of a blinker
and watched c-beams glitter in the dark
near the Tanhauser Gate.
All those moments... they'll be gone.
```

Voici une variante :

Listing 10-3 : Fichier 2

```
BATTY
I've seen things...
seen things you little people wouldn't believe...
Attack ships on fire off the shoulder of Orion
I rode on the back decks of a blinker
and watched c-beams glitter in the dark
near the Tanhauser Gate.
All those moments... they'll be gone.
```

Pour comparer ces deux textes, exécutez :

```
$ diff -u 1 2
```

Vous obtenez ce résultat :

Listing 10-4 : Résultat de la comparaison

```
--- 1  Wed Apr 24 22:44:06 2002
+++ 2  Wed Apr 24 22:44:31 2002
@@ -1,7 +1,7 @@
+BATTY
 I've seen things...
 seen things you little people wouldn't believe...
 Attack ships on fire off the shoulder of Orion
-bright as magnesium...
 I rode on the back decks of a blinker
 and watched c-beams glitter in the dark
 near the Tanhauser Gate.
 All those moments... they'll be gone.
```

Les noms des fichiers comparés sont rappelés dans le préambule. Les lignes inchangées sont précédées d'un blanc. Le caractère - marque une ligne présente uniquement dans le premier fichier, le caractère + une ligne présente uniquement dans le second fichier.

Commande patch

La commande patch applique un correctif à un fichier source. Prenez l'exemple de la mise à jour d'un noyau 2.4.19 nommée *patch-2.4.19-pre7.gz*.

Vous la trouverez sur le site Kernel Org. Copiez-la dans le répertoire */usr/src* puis exécutez :

```
# cd /usr/src

# zcat patch-2.4.19-pre7.gz | patch -po
```

Les modifications sont appliquées aux sources contenues dans le répertoire *linux*.

CHAPITRE 11

Services Internet

CHAPITRE 11

Services Internet

Ce chapitre passe en revue les techniques mises en œuvre dans les réseaux informatiques fondés sur le protocole Internet (IP).

***Les connaissances théoriques acquises ici seront mises à profit dans le chapitre* Linux en réseau.**

11.1 Petite histoire d'Internet

La naissance d'Internet est intimement liée à la rivalité militaire qui a opposé États-Unis et Union soviétique. En 1962, le projet russe d'installation des missiles nucléaires stratégiques à Cuba provoque un incident diplomatique majeur. Dans ce contexte d'extrême tension internationale, une agence gouvernementale américaine, la Rand Corporation, finance des travaux de recherche portant sur la réalisation de réseaux de communication militaires, dont le fonctionnement résisterait à une destruction partielle du dispositif. Le schéma suivant présente trois topologies classiques de réseaux :

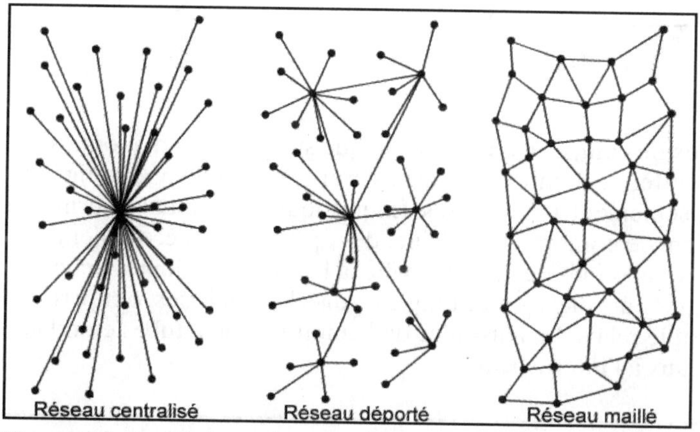

Figure 11.1 : *Trois topologies de réseaux (source Rand Corporation)*

Les échanges au sein des réseaux centralisés et en étoile transitent par un nombre restreint de nœuds de commutation. Leur panne interdit toute communication globale.

La commutation de circuits

Ce modèle hérite de principes développés à la fin du XIXe siècle, lors du déploiement des premiers réseaux téléphoniques urbains. Le problème général qui se posait alors était de relier physiquement n abonnés. Un calcul simple montre qu'il faut n(n-1)/2 câbles pour réaliser un maillage intégral. Le facteur 1/2 tient au fait qu'une liaison est par nature bidirectionnelle.

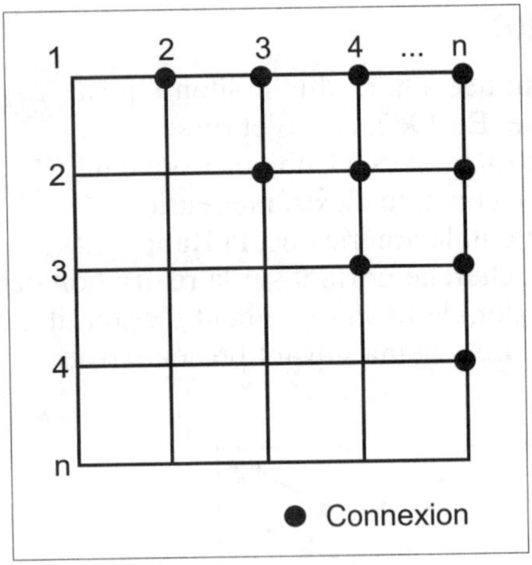

Figure 11.2 : *Maillage complet de n postes*

Une interconnexion complète n'est réaliste que si le nombre d'abonnés reste faible. En effet, le nombre de liaisons croît à raison de n^2 , atteignant le million pour seulement 1 500 postes. En pratique, un standard permet de réduire fortement ce nombre. À l'origine, des opératrices raccordaient manuellement les abonnés de la même ville, à l'aide de cordons à fiches. Les autocommutateurs électromécaniques, puis électroniques, ont pris progressivement le relais. La naissance de l'amplification à tubes étend la portée des réseaux à l'interurbain.

INTERNET

Musée des Télécommunications

Le site du musée des Télécommunications de Pleumeur-Bodou dresse un panorama historique des technologies du domaine (**www.leradome.com/mt_150ans/htdocs/mtp01.htm**).

Le principe reste d'actualité. Ainsi, le réseau commuté français repose sur des standards organisés hiérarchiquement. Des techniques de multiplexage temporel ou en fréquence améliorent le débit des liaisons.

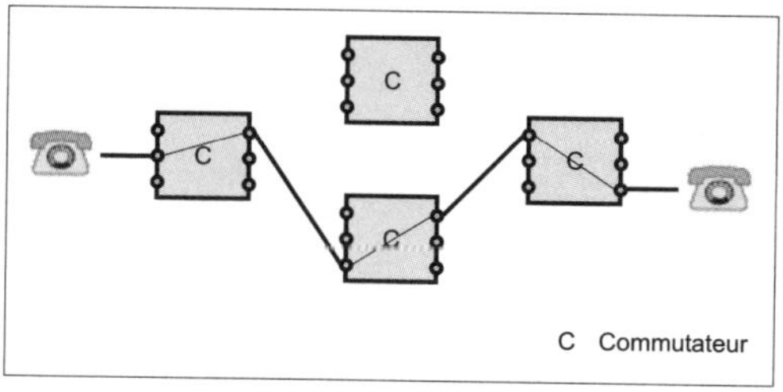

Figure 11.3 : *Principe de la commutation de circuits*

La commutation de paquets

En 1964, sous l'égide de l'US Air Force, le chercheur Paul Baran publie un mémorandum intitulé "Introduction aux réseaux de communication distribués". Ce texte établit les fondements des réseaux informatiques modernes.

INTERNET

L'article de Paul Baran

Retrouvez l'article historique de Paul Baran à l'adresse **www.rand.org/publications/RM/RM3420/**.

Le paquet de données numérisées entre au cœur des échanges. Ces paquets circulent indépendamment les uns des autres au fil des réseaux, plusieurs chemins reliant généralement deux nœuds de communication. Le calcul des routes, ou "routage", incombe aux équipements intermédiaires : les "routeurs".

DÉFINITION

Routage

Action d'acheminer des paquets de données entre un émetteur A et un destinataire B. Un routeur est un équipement intermédiaire impliqué dans ce processus.

Cette approche présente plusieurs avantages. Dans le meilleur des cas, le délai d'obtention de la ligne est éliminé. Il devient possible d'équilibrer le trafic entre plusieurs routes, ou d'en contourner une devenue momentanément indisponible.

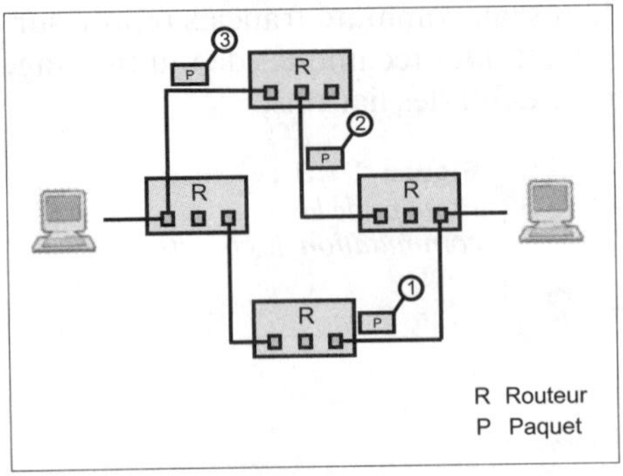

Figure 11.4 : *Principe de la commutation de paquets*

On tire ainsi le meilleur parti des infrastructures. Cependant, les temps de traitement qu'implique le calcul des routes dépasse le plus souvent le temps de propagation physique du signal. C'est un inconvénient inacceptable dans le cas de communications de type voix.

> INTERNET
>
> ***Géographie Cyber***
>
> Le site Cybergeography compile de nombreuses cartes, qui rendent compte de l'évolution des réseaux à commutation de paquets ces cinquante dernières années (**www.cybergeography.org/atlas/historical.html**).

ARPANET

En 1969, l'ARPA (maintenant connu sous l'acronyme DARPA pour Defense Advanced Research Projects Agency) finance la création d'un réseau expérimental fondé sur la commutation de paquets : ARPANET. Il devient opérationnel en 1975, date à laquelle sa première liste de diffusion, MsgGroup, est créée.

11.2 Le protocole TCP/IP

En 1983, un grand pas est franchi, avec l'implémentation du protocole TCP/IP dans la version Berkeley d'UNIX (BSD). Cette norme ouverte met une dizaine d'années à s'imposer.

Adresses IP

Une adresse IP globale permet d'identifier une machine d'un réseau. Elle est associée à son interface réseau. Une adresse de type IPv4 est codée sur

32 bits et représentée sous la forme d'un quadruplet d'entiers dans l'intervalle [0;255], soit un total de 4,3 milliards (2^{32}) de combinaisons possibles.

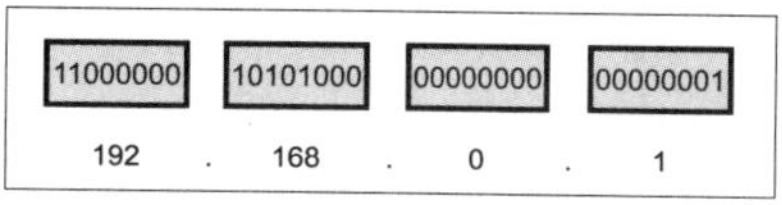

Figure 11.5 : *Représentation d'une adresse IP*

Cet espace arrive à épuisement en dépit de mesures administratives d'attributions strictes. IPv6, ou "Next Generation", en cours de déploiement, étend le codage des adresses à 128 bits. Les réseaux communiquent par le biais de plates-formes d'échange : les "dorsales".

Le processus d'aiguillage des paquets porte le nom de "routage". Des tables contiennent les informations nécessaires à ce calcul. Pour des raisons évidentes d'encombrement, il est inconcevable d'ajouter une entrée pour chaque machine connectée à Internet. On procède donc au regroupement des adresses. On introduit à cet effet la notion de préfixe réseau. Les bits les plus à gauche de chaque adresse désignent un réseau particulier. Trois classes principales permettent de répondre à un vaste éventail de besoins.

	Préfixe (réseaux)	Nb réseaux	Suffixe (hôtes)	Nb hôtes
A	0 à 127	128	0.0.0 à 255.255.255	16 777 216
B	128.0 à 191.255	16 384	0.0 à 255.255	65 536
C	192.0.0 à 255.255.255	2 097 152	0 à 255	256

Figure 11.6 : *Classes principales de réseaux IP*

Chaque réseau de classe A dispose de 16,7 millions d'adresses. Ce nombre tombe à 65 536 pour les réseaux de classe B, et à 256 pour les réseaux de classe C. Des réseaux de classe A, B et C sont réservés à un usage privé.

Classe	Préfixe (réseaux)	Nb
A	10	1
B	172.16 à 172.31	16
C	192.168.0 à 192.168.255	256

Figure 11.7 : *Réseaux privés*

De plus, une adresse de chaque réseau est réservée à la diffusion de messages à tous les hôtes (broadcast). Reprenons l'adresse 192.168.0.1 présentée en début de section. Elle désigne la machine 1 du réseau privé de classe C 192.168.0.

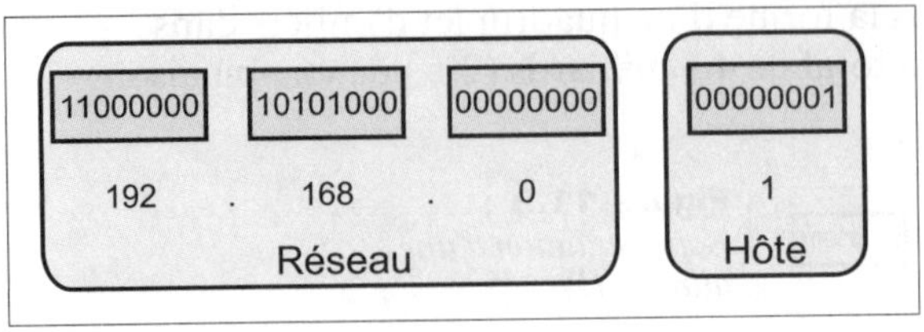

Figure 11.8 :
Adresse privée de classe C

11.3 Service de noms de domaine

Le service de noms de domaine (DNS) met en relation adresses IP et noms, ces derniers étant plus simples à mémoriser. Il s'agit d'une base de données arborescente, distribuée à l'échelle d'Internet. Des noms pleinement qualifiés sont construits par dérivation de noms de domaine principaux, les "TLD" (Top Level Domains). Les TLD historiques correspondent à des entités géographiques, administratives ou commerciales.

Tableau 11-1 : Exemples de TLD géographiques

Domaine	Description
.AT	Autriche
.AU	Australie
.CA	Canada
.CH	Suisse
.DE	Allemagne
.DK	Danemark
.FR	France
.NL	Pays-Bas

Tableau 11-2 : TLD d'organisations

Domaine	Description
.COM	Sociétés commerciales

Tableau 11-2 : TLD d'organisations	
Domaine	**Description**
.EDU	Établissements d'enseignement et de formation
.GOV	Institutions gouvernementales
.MIL	Institutions militaires aux États-Unis
.NET	Fournisseurs d'accès à Internet
.ORG	Organisations non commerciales

Le 16 novembre 2000, l'ICANN (Internet Corporation for Assigned Names and Numbers) décidait de la création de sept nouveaux domaines :

Tableau 11-3 : Sept nouveaux TLD	
Domaine	**Description**
.AERO	Industrie aéronautique
.BIZ	Sociétés commerciales
.COOP	Coopératives
.INFO	Pas de limitation d'usage
.MUSEUM	Musées
.NAME	Individus
.PRO	Consultants, professions juridiques et médicales

Le schéma suivant représente une infime fraction de l'espace des noms de domaine. La forme arborescente de racine fictive apparaît clairement.

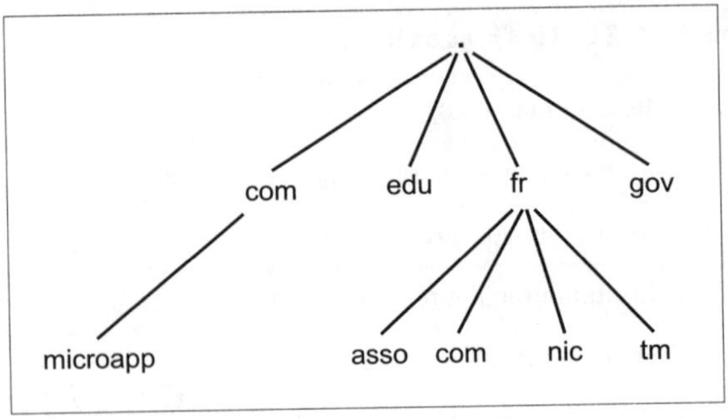

Figure 11.9 :
Une fraction de l'espace des noms de domaine

11.4 Modèle en couches

Un protocole de communication normalise les échanges d'informations entre systèmes physiques hétérogènes. Les protocoles de communication sont organisés en couches successives, reliées par des interfaces. Une telle approche rend possible la programmation de piles complexes.

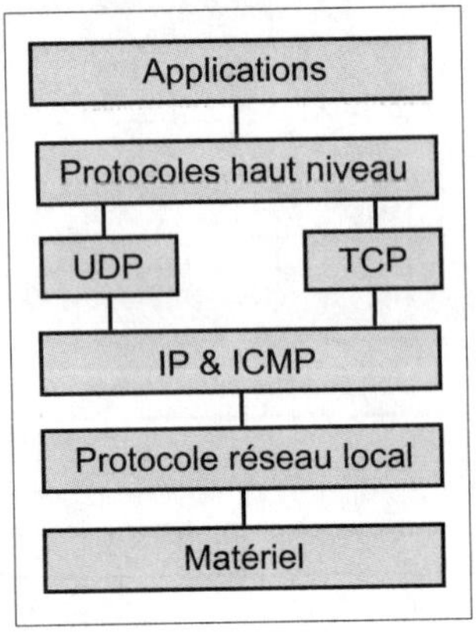

Figure 11.10 :
Modélisation des couches du protocole IP

Nous passons par abstraction du médium physique (Ethernet, Token Ring...) aux applications (messagerie, Web...). L'ISO propose en 1984 un modèle plus général à sept couches : l'OSI (Open Systems Interconnection).

Couche IP

La couche IP gère la transmission de paquets d'un émetteur A à un destinataire B, sans garantie d'acheminement ou de respect de l'ordre des données. Elle opère le fractionnement de ces paquets en accord avec la capacité des supports de transmission traversés (câble coaxial, paire torsadée, fibre optique, hertzien...). Voici une vue simplifiée à l'extrême d'un paquet IP :

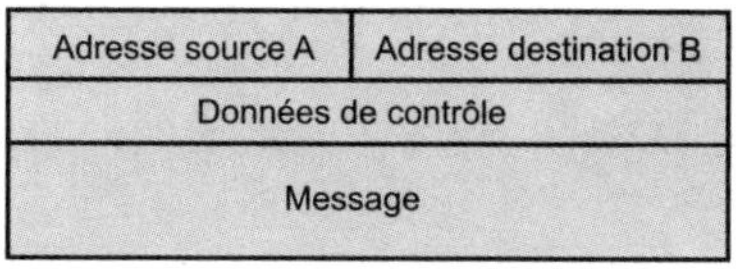

Figure 11.11 : *Vue simplifiée d'un paquet IP*

Les couches de plus haut niveau s'appuient sur la couche IP pour le transport. En clair, les paquets des couches supérieures sont encapsulés dans des paquets IP.

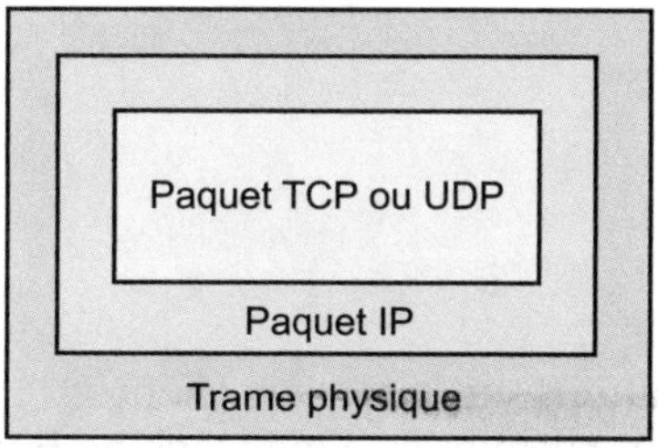

Figure 11.12 : *Encapsulation IP*

Couche ICMP

Le protocole ICMP (Internet Control Message Protocol) produit des messages de contrôle aidant à la synchronisation du réseau. Plusieurs utilitaires recourent à ICMP. C'est le cas de la commande ping d'origine UNIX, disponible sous Linux, Windows, etc. Elle teste la disponibilité d'une machine.

Couche UDP

Le protocole UDP (User Datagram Protocol) sert à l'émission rapide de paquets. Il ne garantit pas leur acheminement. On l'exploite quand la vitesse de transmission est primordiale, par exemple dans des applications de vidéo en temps réel, ou dans des opérations de supervision de réseaux.

Couche TCP

La couche TCP (Transfer Control Protocol) assure la réception correcte et ordonnée des paquets. Il s'agit d'un protocole fiable en mode connecté.

Deux machines souhaitant communiquer procèdent à une "poignée de main" initiale en trois étapes.

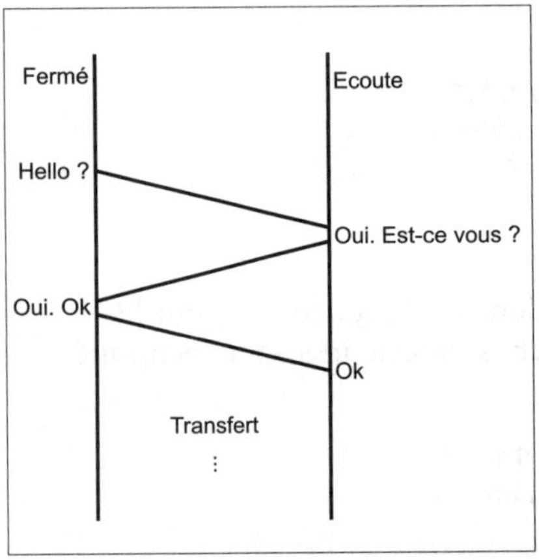

Figure 11.13 : *"Poignée de main" TCP*

11.5 Modèle client-serveur

TCP/IP gère la communication entre applications sur le modèle client-serveur. Une machine A met à disposition des ressources. Une machine B y accède.

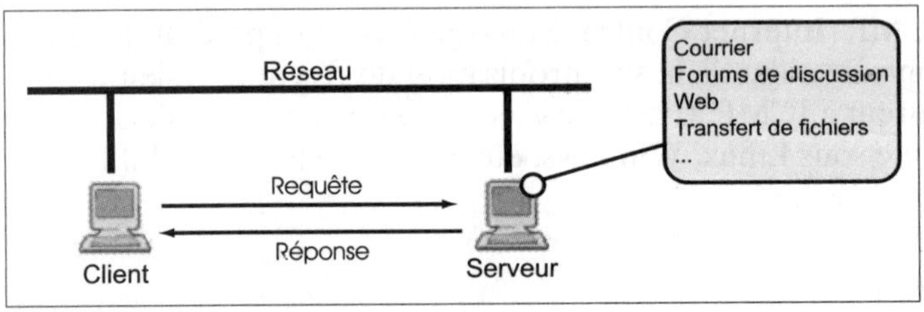

Figure 11.14 : *Modèle client-serveur*

Ports de communication

Un service met en relation deux machines à un instant t. Plusieurs transactions peuvent avoir lieu simultanément. Pour que cela soit possible, TCP/IP introduit la notion de port. Les ports sont numérotés de 0 à 65 535. Une adresse IP et un port déterminent un côté de la connexion. Deux "sockets" la caractérisent complètement. Une bibliothèque C normalisée facilite la programmation d'applications.

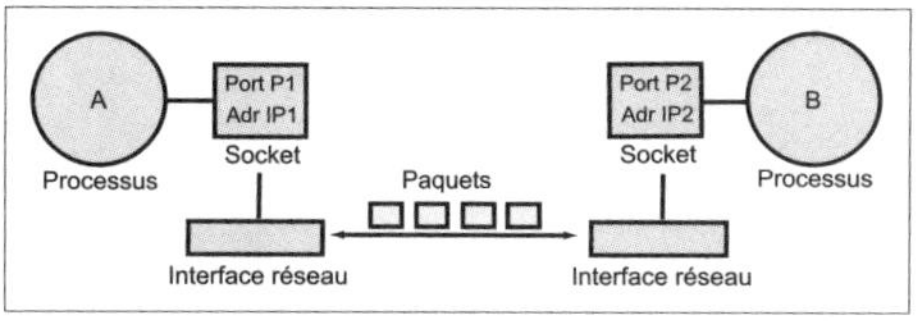

Figure 11.15 : *Multiplexage*

Well Known Services

Par convention, les services Internet les plus connus sont attachés, côté serveur, à des ports fixes dans l'intervalle [0;1023]. L'IANA (Internet Assigned Numbers Authority) maintient la liste globale de ces ports.

Tableau 11-4 : Well Known Services

Port	Service	Description
25	SMTP	Envoi de courrier via votre FAI
80	HTTP	Consultation de sites Web
110	POP3	Récupération de courrier hébergé par votre FAI
109	NNTP	Diffusion de forums de discussion
8080	Proxy HTTP	Consultation de sites via un serveur cache

RENVOI

*Les services **SMTP**, **POP3**, **HTTP** et **NNTP** sont abordés au fil du chapitre **Linux en réseau**.*

Vous pouvez également consulter les sites suivants, sources d'informations plus techniques.

INTERNET

Réseaux IP

Le site de l'Internet Engineering Task Force communique le texte des normes issues de ses travaux (www.ietf.org/). Le site ETIC consacre également plusieurs dossiers aux technologies de l'information et de la communication (www.funoc.be/etic/).

CHAPITRE 12

Linux en réseau

CHAPITRE 12

Linux en réseau

Ce chapitre donne les détails d'implémentation du protocole IP. Vous apprendrez à installer une carte Ethernet, à configurer un accès haut débit ADSL et à naviguer efficacement sur le réseau.

INTERNET

Guide de l'administrateur réseau

La traduction française du "Guide de l'administrateur réseau" d'Olaf Kirch dresse un panorama instructif de l'administration de réseaux UUCP et IP sous Linux (**ftp://ftp.lip6.fr/pub/linux/french/books/nag.french.eoit-1.0.tar.gz**).

12.1 Configuration générale

Le code réseau doit être sélectionné lors de la compilation du noyau.

- [Y] Networking support ;
- [M] Packet socket ;
- [Y] Network packet filtering (replaces ipchains) ;
- [Y] TCP/IP networking ;
- [Y] Network device support ;
- [Y] Ethernet (10 or 100 Mbit) ;
- [M] PPP (point-to-point protocol) support [y] ;
- [M] PPP support for async serial ports ;
- [M] PPP support for sync serial ports ;
- [M] PPP Deflate compression ;
- [M] PPP BSD-Compress compression.

Le protocole PPP (Point to Point Protocol) établit des connexions entre modems analogiques. Liaisons série synchrone et asynchrone correspondent aux modems RTC et ADSL. Le noyau de production de la distribution Mandrake Linux 9.0 est préparé dans ce sens.

RENVOI

Consultez le chapitre* Compilation du noyau et des programmes C *si vous désirez compiler des options non standard.

Installer des paquetages

Contrôlez la présence des paquetages de base :

```
$ rpm -qa | more
```

Comparez le résultat à la liste suivante :

Tableau 12-1 : Paquetages réseau

Type	Paquetage	Description
Base	net-tools	Commandes réseau de base
-	xinetd	Démon Internet
-	pcmcia-cs	Gestion des périphériques PCMCIA
Clients	mailx	Composition de courrier électronique
-	procmail	Agent de livraison du courrier électronique
-	ftp-client-krb5	Interrogation de serveurs de fichiers FTP
-	telnet-client-krb5	Établissement de sessions non sécurisées
-	openssh-clients	Établissement de sessions sécurisées SSH
-	nfs-utils-clients	Client serveur de fichiers NFS
-	lynx	Navigateur en mode Texte
-	mozilla	Navigateur open source
-	mozilla-mail	Client courrier open source
-	fetchmail	Rapatriement de courrier électronique
Serveur	ppp	Démon connexion point à point
-	postfix	Serveur de courrier électronique SMTP
-	leafnode	Proxy nouvelles NNTP
-	openssh	Bibliothèque SSH de base
-	openssh-server	Serveur de sessions sécurisées SSH
-	portmap	Conversion de ports NFS

Tableau 12-1 : Paquetages réseau		
Type	**Paquetage**	**Description**
-	proftpd	Serveur FTP
-	nfs-utils	Serveur de fichiers NFS

Installez les paquetages de base. Nous indiquerons l'utilité des paquetages complémentaires au fil du texte.

Nommer station et réseau

L'assistant DrakX a fixé les noms de la station et du réseau selon vos indications. Vous pouvez les renommer en éditant le fichier de configuration */etc/sysconfig/network* :

Listing 12-1 : Fichier /etc/sysconfig/network

```
NETWORKING=yes
FORWARD_IPV4=false
HOSTNAME=bellerophon.altair.net
DOMAINNAME=altair.net
...
```

L'option NETWORKING doit rester à yes. Le contenu de la variable est en effet consulté par le script */etc/rc.d/init.d/network*.

Les commandes hostname et dnsdomainname affichent le nom de la station et le domaine du réseau :

```
$ hostname; dnsdomainname
bellerophon.altair.net
altair.net
```

Le domaine altair.net n'est connu que de notre intranet.

Fixer les adresses IP des machines locales

Le fichier */etc/hosts* associe les noms de machine locale et les adresses IP. Il contient au moins une entrée localhost :

Listing 12-2 : Fichier /etc/hosts

```
127.0.0.1    localhost
192.168.0.1  bellerophon.altair.net bellerophon
192.168.0.2  robby.altair.net robby
```

Ce mécanisme historique ne vaut que pour des petits réseaux, la maintenance de tables statiques étant contraignante à grande échelle. Les conventions imposent que la machine locale soit accessible sous le nom de localhost, à l'adresse IP 127.0.0.1.

DÉFINITION

Localhost

Localhost est le nom conventionnel d'une machine UNIX, vue localement.

Resolver

Le terme "resolver" (résolution) qualifie l'ensemble de routines de la Lib C chargées d'associer les noms de machine et les adresses IP. Le fichier */etc/host.conf* détermine la priorité des sources d'informations locales et distribuées. Il contient typiquement ces deux lignes :

Listing 12-3 : Fichier /etc/host.conf

```
order hosts,bind
multi on
```

Dans un premier temps, le fichier */etc/hosts* est consulté, puis en cas d'échec, des serveurs de noms sont examinés.

Serveurs de noms

Le fichier */etc/resolv.conf* contient une directive nameserver par serveur de noms à votre disposition. Ils sont a priori hébergés par le FAI qui vous connecte à Internet :

Listing 12-4 : Fichier /etc/resolv.conf

```
search domaine.fai
nameserver ip.dns.1
nameserver ip.dns.2
```

Lorsqu'un nom de machine n'est pas complété par un nom de domaine, la recherche a lieu dans les domaines listés à la suite de la directive search.

12.2 Activation du service réseau

Le chapitre* Administration Système *explique le fonctionnement des services Mandrake Linux inspirés du système d'init Unix System V.

Le service network monte le réseau et doit, à ce titre, être validé par l'administrateur. chkconfig teste ce fait :

```
# chkconfig --list network
0:Arrêt 1:Arrêt 2:Marche 3: Marche 4: Marche 5: Marche 6: Arrêt
```

Le service devrait être actif aux niveaux 3 et 5. Si tel n'est pas le cas, saisissez :

```
# chkconfig network on
```

Vérifiez l'activité du réseau :

```
# service -s
Périphériques configurés:
lo eth0
Périphériques actuellement actifs :
lo eth0
...
```

Lancez le service au besoin :

```
# service network start
Définition des paramètres réseau          [OK]
Activation de l'interface réseau loopback [OK]
Activation de l'interface eth0 :             [OK]
```

L'opération aura lieu automatiquement au prochain démarrage du système.

12.3 Premier test du réseau

L'interface loopback simule une boucle réseau restreinte à la machine locale. Son intérêt n'est nullement anecdotique. Elle permet de tester des applications réseau sur une station de développement et, plus généralement, de tirer parti du modèle client-serveur sur une machine indépendante.

DÉFINITION

Interface loopback

L'interface loopback est Interface virtuelle de la machine locale, de nom lo.

La commande ping contrôle l'activité réseau d'une machine. Elle adresse des paquets de contrôle qui provoquent un écho de la machine cible. Un premier test s'assure de l'état de fonctionnement de l'interface loopback.

```
$ ping localhost
PING localhost (127.0.0.1) from 127.0.0.1
64 bytes from localhost (127.0.0.1): icmp_seq=0 ttl=255 time=158
✂ usec
64 bytes from localhost (127.0.0.1): icmp_seq=1 ttl=255 time=146
✂ usec
...
```

L'interface lo est opérationnelle.

12.4 Le wrapper TCP

Le wrapper TCP contrôle l'accès aux services Internet hébergés par la machine locale. Vérifiez la présence du paquetage sur votre station :

```
$ rpm -qa | grep -i wrapper
tcp_wrappers-7.6-19mdk
```

S'il est présent, les règles contenues dans les fichiers */etc/hosts.allow* et */etc/hosts.deny* doivent garantir l'accès des machines autorisées.

ATTENTION

Politique de sécurité

Certaines distributions orientées réseau appliquent une politique de sécurité restrictive par défaut (Open Linux E Server, par exemple). Pensez à consulter les fichiers *hosts.allow* et *hosts.deny* dans ce cas.

Ouvrir l'accès à un réseau local

L'accès peut être ouvert à un réseau local. Une politique de sécurité plus conséquente est élaborée dans un second temps. Éditez le fichier */etc/hosts.deny* et créez une règle bloquant tous les accès :

Listing 12-5 : Fichier /etc/hosts.deny

```
ALL: ALL
```

Éditez le fichier */etc/hosts.allow* et créez une règle ouvrant l'accès au réseau local :

Listing 12-6 : Fichier /etc/hosts.allow

```
ALL: LOCAL
```

Les règles du fichier *hosts.allow* ont priorité sur les règles du fichier *hosts.deny*.

12.5 Le démon Internet

RENVOI

Au chapitre* Processus et signaux*, nous soulignons l'exécution concurrente d'instances de programmes en mémoire. Ces processus sont actifs ou en attente d'événements.

Dans le cas de services Internet, des requêtes portent par exemple sur des pages Web ou des boîtes aux lettres hébergées localement.

La multiplication des services entraîne des besoins en mémoire croissants. Le démon Internet règle ce problème. Il intercepte les requêtes et invoque les programmes adéquats.

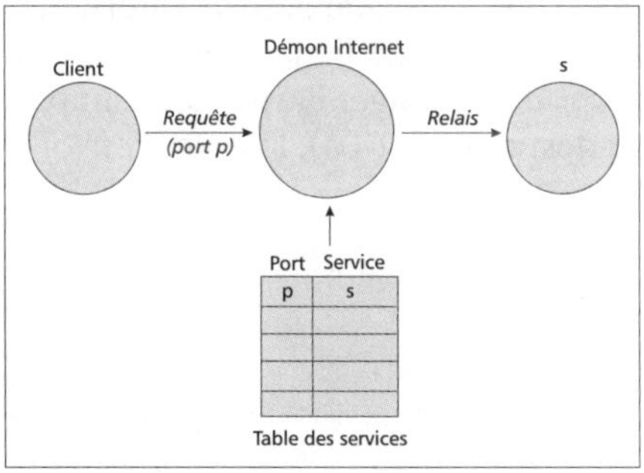

Figure 12.1 : *Démon Internet*

Mandrake Linux 9.0 recourt au démon Internet xinetd, une variante du démon inetd historique. Contrôlez son fonctionnement :

```
$ ps ax | grep xinetd
636 ? S 0:00 xinetd -reuse -pidfile /var/run/xinetd.pid
```

L'activation s'effectue également en deux étapes :

```
# chkconfig xinetd on
# service xinetd start
```

Les services administrés par xinetd sont listés à cette occasion :

```
Starting xinetd:
Nov 7 20:02:04 bellerophon xinetd[1553]: Reading included
configuration file:
/etc/xinetd.d/chargen [line=14]
...
```

12.6 Administration du courrier avec postfix

Le terme "postfix" désigne un serveur de courrier créé par Wietse Venema. Il permet à l'utilisateur de composer son courrier hors ligne et de propager les messages du système. Nous limiterons la présentation de postfix à ces deux aspects.

> ***Serveur postfix en ligne***
> Le site officiel rassemble documentation et programmes en rapport avec postfix (**www.postfix.org**).

Rappels théoriques

La norme RFC 822 établit la syntaxe des courriers échangés sur Internet. Un message est formé de simples lignes de texte. Une ligne vide marque la césure entre l'en-tête technique et le corps du message. Parmi les champs d'en-tête, citons l'expéditeur (From), le destinataire (To), la date d'envoi (Date) et le sujet (Subject) du message.

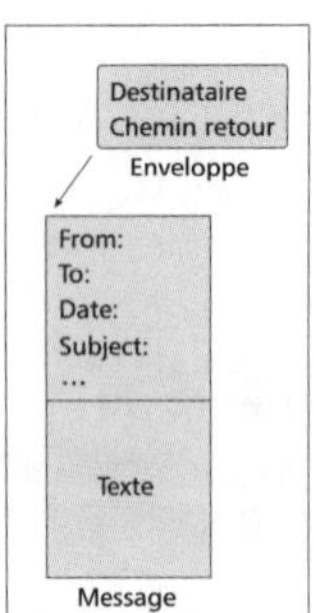

Figure 12.2 :
Format d'un message (RFC 822)

La norme RFC 821 établit un mécanisme général de transmission des messages : le protocole SMTP (Simple Mail Transfer Protocol). L'emploi de SMTP requiert la présence d'un protocole de transport fiable de type flot ordonné. Un client se connectant à un serveur SMTP se présente (HELO), indique le nom du destinataire du message (RCPT TO) et une route de retour pour les notifications d'erreurs (MAIL FROM). Suit le texte du message proprement dit (DATA).

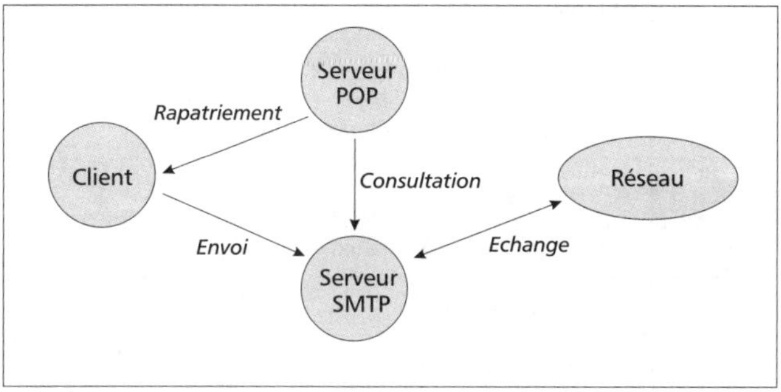

Figure 12.3 : *Circulation d'un message (RFC 821)*

Dans l'absolu, les informations précédentes composent une enveloppe destinée au routage du courrier.

Installer postfix

Le paquetage postfix figure sur le CD-Rom accompagnant ce manuel :

```
# urpmi postfix
```

Le script d'installation crée un utilisateur postfix, mentionné dans le fichier */etc/passwd* :

Listing 12-7 : Extrait du fichier /etc/passwd

```
postfix:x:77:77:system  user for
✂ postfix:/var/spool/postfix:/bin/false
...
```

Le répertoire */var/spool/postfix* contiendra les courriers en transit. Aucun shell n'est associé à cet utilisateur, qui a pour seul rôle de contrôler l'accès à la messagerie.

Organiser postfix

Le créateur de postfix a privilégié un développement modulaire. Les tâches sont distribuées à plusieurs programmes spécialisés. En voici la liste commentée :

Tableau 12-2 : Composants postfix

Module	Description
bounce	Retour à l'expéditeur.
cleanup	Normalise et met en file les messages.
error	Envoie des notifications d'erreurs.
local	Livre des courriers locaux.
master	Démon principal.
qmgr	Aiguille les courriers.
pickup	Pioche les courriers en file locale.
smtp	Client SMTP.
smtpd	Serveur SMTP.
showq	Affiche le contenu de la file d'émission.
trivial-rewrite	Réécriture et résolution des adresses.

Le schéma suivant, extrait de la documentation officielle postfix, fournit une vue d'ensemble de cette organisation.

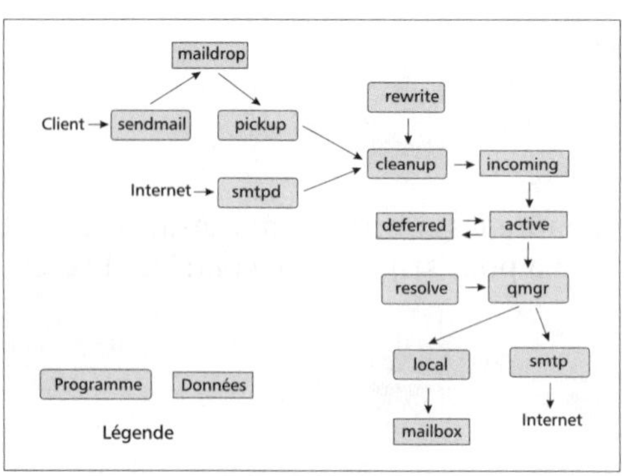

Figure 12.4 : *Organisation de postfix*

Journaux

Les activités de postfix sont rapportées dans des journaux. Mandrake Linux ventile les messages relatifs au courrier dans le répertoire */var/log/mail*.

Nom du serveur

Vérifiez que la commande hostname retourne un nom de serveur correct :

```
$ hostname
bellerophon.altair.net
```

À défaut, éditez le fichier de configuration */etc/postfix/main.cf*. Recherchez l'entrée myhostname. Indiquez le nom pleinement qualifié du serveur :

Listing 12-8 : Extrait du fichier /etc/postfix/main.cf

```
myhostname = serveur.un.domaine
...
```

Premier test

Tout est prêt pour un premier test. Appelez le service postfix :

```
# service postfix start
Lancement du service de courrier Postfix : [OK]
```

Consultez le journal */var/log/mail/info* :

Listing 12-9 : Extrait du fichier /var/log/mail/info

```
Nov 4 22:04:15 bellerophon postfix-script: starting the Postfix
✂ mail system
Nov 4 22:04:16 bellerophon posfix/master[1110]: daemon started
...
```

Listez les processus créés à cette occasion :

```
$ pstree
init-+-master-+-pickup
     |        '-qmgr
...
```

Le serveur postfix est fonctionnel.

Le démon master

Le démon master contrôle l'exécution de modules spécialisés en fonction des tâches à accomplir. Le fichier de configuration */etc/postfix/master.cf* précise les règles d'invocation de ces programmes :

Listing 12-10 : Fichier /etc/postfix/master.cf

```
# Service Type Privé root Chroot Réveil Proc Commande

  smtp    inet n      -    n      -      -   smtpd
  pickup  fifo n      n    n      60 1    pickup
  cleanup unix -      -    n      -      0   cleanup
  qmgr    fifo n      -    n      300 1    qmgr
  rewrite unix -      -    n      -      -   trivial-rewrite
  bounce  unix -      -    n      -      0   bounce
  defer   unix -      -    n      -      0   bounce
  smtp    unix -      -    n      -      -   smtp
  showq   unix n      -    n      -      -   showq
  error   unix -      -    n      -      -   error
  local   unix -      n    n      -      -   local
```

Détaillons les principaux paramètres. Service indique le service concerné, commande l'exécutable associé. Type précise la nature du mécanisme de communication employé. Nous retrouvons des sockets TCP (inet), des sockets du domaine UNIX (unix) et des tubes nommés (fifo). Root fixe les privilèges du processus concerné. La plupart d'entre eux seront exécutés avec, pour propriétaire effectif, postfix. Deux exceptions cependant : les services pickup et local nécessitent les privilèges de root, afin d'accéder aux files et d'établir des connexions internes. Les modules pickup et qmgr sont réveillés régulièrement en quête de courrier à traiter.

Station autonome

Considérons le cas d'une station autonome. Vous souhaitez échanger des courriers entre utilisateurs locaux et propager les messages système. Testez cette possibilité. Vous disposez du compte root et d'un compte utilisateur. Adressez un courrier à ce dernier :

```
# mail -v un_login
Subject: Essai Postfix
Hello
^D
...
```

Un compte rendu complet figure dans le journal */var/log/mail/info* :

Listing 12-11 : Extrait du fichier /var/log/mail/info

```
...
Nov 8 19:34:59 bellerophon postfix/local[1159]: 4B8262E7FF:
to=<meo@bellerophon.altair.net>, relay=local, delay=1, status=sent
```

Base d'alias

Un alias établit une correspondance entre des adresses électroniques. Lors d'une diffusion locale, l'agent de livraison compare l'adresse de chaque destinataire à une liste d'alias et dirige le courrier en conséquence.

DÉFINITION

Alias

Un Alias est la correspondance entre adresses électroniques.

Par convention, les remarques relatives à l'administration d'un serveur de courrier sont adressées à postmaster, les réclamations liées à un abus des ressources à abuse. Votre FAI vous a communiqué des adresses de la forme **postmaster@fai.domaine** et **abuse@fai.domaine**.

MAILER-DAEMON identifie les notifications automatiques d'échecs. Cette adresse est mentionnée lorsque le destinataire d'un message n'existe pas, ou en cas d'échec dans le processus d'acheminement.

L'option alias_maps précise l'emplacement et le format de cette table (reportez-vous à la page de manuel "aliases.postfix") :

Listing 12-12 : Extrait du fichier /etc/postfix/main.cf

```
alias_maps = hash:/etc/postfix/aliases
...
```

Voici un canevas de table d'alias à copier dans le répertoire */etc/postfix/aliases* :

Listing 12-13 : Extrait du fichier /etc/postfix/aliases

```
abuse:          postmaster
MAILER_DAEMON:  postmaster
postmaster:     root
root:           votre_login
...
```

Dans notre exemple, root administre le serveur de courrier. Les messages sont consultés par l'utilisateur de base.

Le programme postalias compile la table d'alias. L'indexation des alias autorise une redirection rapide des courriers. Vous pouvez choisir entre des recherches à base de clés de hachage (hash) ou d'arbres de recherche (btree).

```
# postalias -v hash:/etc/postfix/aliases
```

Vérifiez la mise à jour du fichier *aliases.db*. Rechargez la configuration :

```
# service postfix reload
```

Contrôlez le fonctionnement des alias en adressant des courriers à postmaster, abuse et MAILER-DAEMON.

Station connectée à Internet

Envisageons maintenant le cas d'une station connectée à Internet par intermittence. Deux problèmes sont à considérer. D'une part, les envois sont différés jusqu'à établissement d'une connexion. D'autre part, certains relais imposent que le domaine de l'expéditeur soit valide.

Supposons que votre station soit connectée à Internet par l'intermédiaire du réseau commuté. Dans cette hypothèse, vous souhaitez que les mentions **vous@votre.domaine** présentes dans les en-têtes de vos messages soient traduites en **login@votre.fai**. Créez une table */etc/postfix/canonical* sur ce modèle (reportez-vous à la page de manuel "canonical") :

Listing 12-14 : Fichier /etc/postfix/canonical

```
vous@votre.domaine login@votre.fai
```

Par exemple :

```
meo cyril.nocton@bigfoot.com
```

Créez la base associée grâce à la commande postmap (reportez-vous à la page de manuel "postmap").

```
# postmap -v hash:/etc/postfix/canonical
```

Ajoutez l'entrée suivante au fichier *main.cf* :

Listing 12-15 : Extrait du fichier /etc/postfix/main.cf

```
sender_canonical_maps = hash:/etc/postfix/canonical
...
```

Relais

En l'état actuel de la configuration, chaque courrier est remis directement à l'un des serveurs SMTP du destinataire (MX). Préférez le relais de votre FAI. Ajoutez dans ce but une entrée relayhost :

Listing 12-16 : Extrait du fichier /etc/postfix/main.cf

```
relayhost = smtp.votre.fai
...
```

Envoi différé

Votre station étant isolée, vous souhaitez différer systématiquement les envois SMTP jusqu'à établissement du lien PPP. Ajoutez l'option :

Listing 12-17 : Extrait du fichier /etc/postfix/main.cf

```
defer_transports = smtp
...
```

La commande mailq liste les courriers en attente d'émission. Les requêtes sont adressées au démon showq.

```
# mailq
-Queue ID- --Size-- ----Arrival Time---- -Sender/Recipient-------
A29D52E804 313 Mon Nov 12 13:47:02  cyril.nocton@bigfoot.com
                                           (deferred transport)
                                          eric.duval@bigfoot.com
-- 1 kbytes in 1 Request.
```

Queue ID désigne un message particulier dans la file, Size indique sa taille en octets, Arrival Time son heure d'arrivée, et Sender/Recipient les adresses de l'émetteur et des destinataires en attente.

Un appel sendmail – q tente d'envoyer tous les fichiers en queue. Il est à placer par exemple dans le script */etc/ppp/ip-up*, exécuté lors de l'initialisation de la connexion.

Spam

Le terme "spam" désigne la diffusion massive de courriers promotionnels non sollicités. Vous rencontrerez également l'abréviation UCE (Unsolicited Commercial Email). À défaut de solution définitive, postfix propose de pallier le problème de plusieurs manières.

L'option header_checks indique l'emplacement de tables permettant le filtrage de messages sur la base du contenu des champs d'en-tête. Les tests recourent à des expressions rationnelles dont la syntaxe est décrite en annexe. Établissez une table */etc/postfix/junk* :

```
header_checks = regexp:/etc/postfix/junk
```

Elle contiendra une liste d'expéditeurs et de domaines à exclure :

Listing 12-18 : Extrait de la table junk

```
/^from: .+@.*znn.com/  REJECT
...
```

Les courriers qui satisfont le test précédent sont retournés à l'expéditeur.

12.7 Rapatriement de courrier avec fetchmail

L'utilitaire fetchmail est spécialisé dans le rapatriement du courrier électronique stocké dans des boîtes aux lettres POP ou IMAP. Il remplace avantageusement le client accompagnant Mozilla Mail et fonctionne harmonieusement avec postfix.

Réunissez les informations suivantes sur le compte concerné :

- protocole POP3 ou IMAP4 ;
- login et mot de passe du compte courrier ;
- login du compte Linux.

Installer fetchmail

Le paquetage fetchmail est placé sur le deuxième CD-Rom des distributions Mandrake Linux 9.

```
# urpmi fetchmail
```

Téléchargez-le au besoin sur le site de MandrakeSoft. Cet utilitaire fonctionne en mode Démon ou est invoqué au coup par coup.

Configurer fetchmail

Créez un fichier */etc/fetchmail.conf* sur ce modèle :

Listing 12-19 : Fichier /etc/fetchmail.conf

```
poll pop.votre.fai
    protocol    pop3
    timeout  60
    user     login_pop
    pass     ******
    is       login_linux
    fetchall
```

Le mot de passe apparaît en clair. Modifiez les droits d'accès au fichier en rw- --- ---.

```
# chmod 600 /etc/fetchmail.conf
```

Rapatrier le courrier

Pour rapatrier le courrier, saisissez :

```
# fetchmail -vf /etc/fetchmail.conf
```

Avec la configuration proposée, fetchmail passe le courrier entrant au serveur postfix.

12.8 Lecture des news hors connexion avec leafnode

La version Linux de Mozilla News ne maintient pas en cache le contenu des messages lus dans les forums de discussion. Cette situation pose problème si vous ne bénéficiez pas d'une liaison Internet permanente.

Le proxy leafnode est destiné aux réseaux locaux et stations approvisionnés en nouvelles par un fournisseur de services. Il n'est pas dans ses attributions de gérer des hiérarchies locales ou d'alimenter à son tour d'autres serveurs. Tournez-vous vers INN (Internet News) si vos besoins sont de cette nature.

Principe

Le protocole NNTP (Network News Transfert Protocol) définit le format et les mécanismes généraux de diffusion des messages sur Usenet. Généralement, l'utilisateur interroge le serveur de nouvelles d'un FAI.

Le proxy s'intercale entre client et serveur. Il transmet les informations échangées et stocke localement les messages importés, autorisant ainsi leur consultation ultérieure.

DÉFINITION

Proxy ou mandataire
Un proxy transmet des informations entre serveurs et clients.

Installer leafnode

Le paquetage leafnode est présent sur le second CD-Rom de la distribution Mandrake Linux 9.0.

```
# urpmi leafnode
```

La procédure d'installation crée un répertoire */var/spool/news* qui accueillera les messages stockés localement, ceux en attente d'émission et diverses informations de synchronisation. Un second répertoire */etc/leafnode* contient la configuration du proxy. Tous deux appartiennent à l'utilisateur news.

Configurer leafnode

La version Mandrake de leafnode repose sur le démon Internet xinetd. L'entrée */etc/xinetd.d/leafnode* indique quel programme exécuter lorsqu'une requête est détectée sur le port 119 :

Listing 12-20 : Fichier /etc/xinetd.d/leafnode

```
service nntp
{
    flags       = REUSE
    socket_type = stream
    wait        = no
    user        = news
    server      = /usr/sbin/leafnode
}
```

Il s'agit ici du programme leafnode. Rechargez la configuration de xinetd :

```
# killall -USR1 xinetd
```

Charger la liste des forums

La commande fetchnews gère l'importation de la liste des forums disponibles chez un FAI, la récupération du contenu des forums auxquels vous êtes abonné, et l'envoi de vos propres contributions. Éditez le fichier de configuration */etc/leafnode/config*. Modifiez la ligne suivante en fonction du nom de votre serveur de nouvelles :

Listing 12-21 : Extrait du fichier /etc/leafnode/config

```
server = your.server.here
...
```

Lors de sa première exécution, fetchnews charge la liste des forums hébergés par votre FAI. Connectez-vous puis lancez :

```
# fetchnews -vvv
```

La procédure peut durer de quelques minutes à quelques dizaines de minutes, en fonction du nombre de forums et du débit de votre liaison. Par défaut, cette liste est entièrement relue tous les 90 jours. Nous vous conseillons d'augmenter ce délai :

```
timeout_active = 365
```

Configurer Mozilla News

Sous Mozilla News, cliquez sur **Préférences** dans le menu **Edition**, puis ajoutez une entrée localhost dans la section **Serveur de forums**.

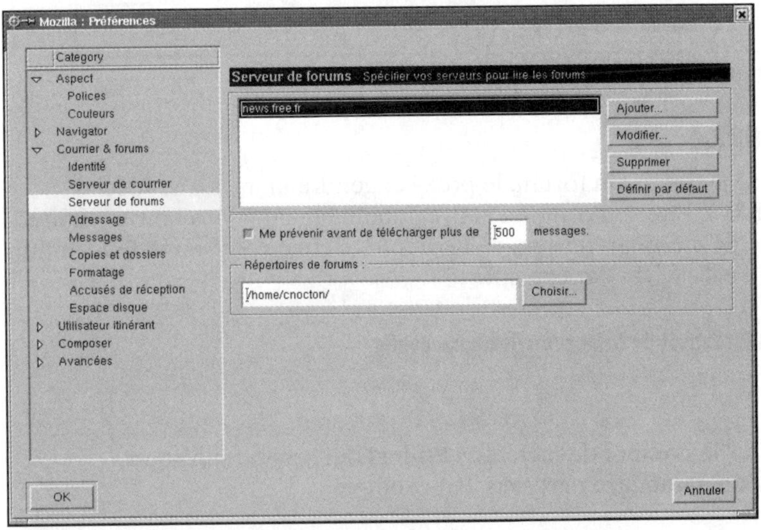

Figure 12.5 : *Ajout d'un serveur de nouvelles*

Dans la fenêtre **Messenger**, cliquez sur *localhost* du bouton droit de la souris, choisissez **S'abonner aux forums**. Messenger va interroger le proxy, puis afficher une copie conforme de la liste des forums présents chez le FAI.

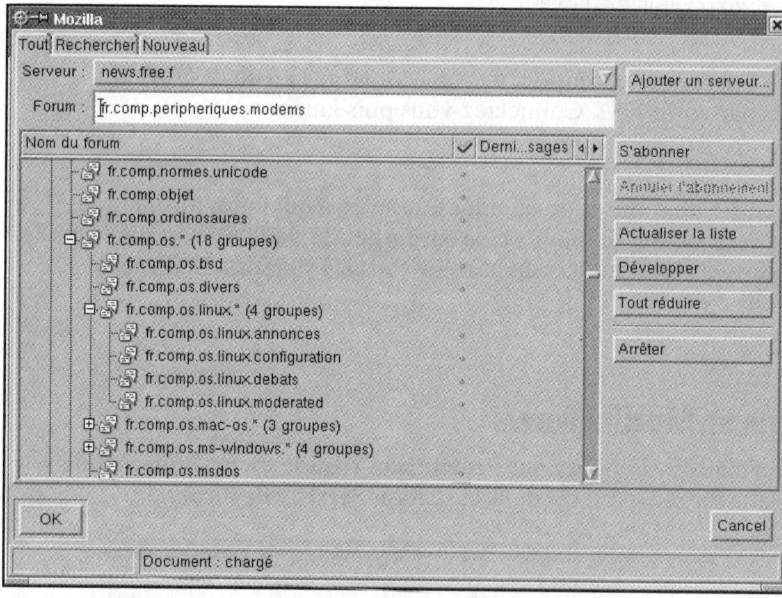

Figure 12.6 : *Liste des forums*

S'abonner

Une fois sélectionné un forum, le proxy engendre un message spécial (placeholder). Lire son contenu active l'abonnement. Vous pouvez limiter le nombre de messages lus lors de la première connexion, en définissant un paramètre initialfetch. Par exemple :

Listing 12-22 : Extrait du fichier /etc/leafnode/config

```
initialfetch = 100
...
```

Pour limiter le nombre de messages lus lors des session suivantes, définissez un paramètre maxfetch. Par exemple :

Listing 12-23 : Extrait du fichier /etc/leafnode/config

```
maxfetch = 200
...
```

Une arborescence est créée au fur et à mesure des abonnements dans */var/spool/news*. Par exemple, au forum **fr.comp.os.linux.configuration** correspondra le sous-répertoire *fr/comp/os/linux/configuration*.

Rapatrier des nouvelles

fetchnews automatise le rapatriement des nouvelles. Cependant, vous pouvez choisir de ne récupérer que les en-têtes des messages. Ceux que vous sélectionnerez seront rapatriés lors de la prochaine connexion.

Listing 12-24 : Extrait du fichier /etc/leafnode/config

```
delaybody = 1
...
```

Envoyer des contributions

Les contributions en attente d'expédition sont stockées dans */var/spool/news/out.going*. Elles ne seront accessibles localement qu'après connexion. La commande fetchnews remplit également cette fonction :

```
# echo envoi et réception des nouvelles
# fetchnews -v
```

La commande newsq retourne l'état de la file d'attente.

Un serveur dynamique

Le programme leafnode rapatrie uniquement les forums régulièrement consultés. La tolérance est fixée à deux jours pour un forum ouvert accidentellement, et à sept jours pour les autres forums. Vous pouvez réduire ces délais :

Listing 12-25 : Extrait du fichier /etc/leafnode/config

```
timeout_short  = 1
timeout_long   = 2
...
```

Expiration des messages

L'utilitaire texpire élimine les messages en spool les plus anciens, afin de préserver l'espace disque. Le délai par défaut est de vingt jours. Pour le ramener à une semaine, saisissez :

Listing 12-26 : Extrait du fichier de configuration /etc/leafnode/config

```
expire = 7
...
```

Vous pouvez définir un délai spécifique pour des groupes particuliers. Pourquoi ne pas conserver un mois entier la sous-hiérarchie de fr dédiée à Linux ?

Listing 12-27 : Extrait du fichier /etc/leafnode/config

```
groupexpire fr.comp.os.linux.* = 30
...
```

Le démon crond invoque journellement texpire.

*Consultez le chapitre **Administration système** à ce sujet.*

Listing 12-28 : Fichier /etc/cron.daily/texpire

```
su news -c /usr/sbin/texpire
...
```

Filtrage

Quelques critères simples permettent de filtrer les messages que vous jugez indésirables.

Tableau 12-3 : Règles de filtrage

Règle	Description
maxage = j	Messages de plus de j jours
minlines = l	Messages de moins de l lignes
maxcrosspost = n	Postage dans plus de n forums

Tableau 12-3 : Règles de filtrage

Règle	Description
maxlines = l	Messages de plus de l lignes
maxbytes = n	Messages de plus de n octets

Des expressions rationnelles peuvent figurer dans un fichier distinct. Ajoutez la ligne :

Listing 12-29 : Extrait du fichier /etc/leafnode/config

```
filterfile = /etc/leafnode/filters
...
```

Leur syntaxe est décrite en annexe. Pour éliminer les contributions d'Hilarion Lefuneste (e-mail : **hlefuneste@skynet.be**), ajoutez la ligne suivante à */etc/leafnode/filters* :

Listing 12-30 : FICHIER /etc/leafnode/filters

```
^From:.*hlefuneste@skynet\.be
```

Problèmes fréquents

Un index stocké dans */var/spool/news/leaf.node/serveur*, où *serveur* est le nom complet de votre serveur de nouvelles (par exemple, news.free.fr), mémorise pour chaque groupe le numéro du plus grand article lu jusqu'à présent. Cette information peut se désynchroniser, engendrant la récupération de plusieurs milliers d'articles. Si vous rencontrez ce problème, remplacez les valeurs de l'index par des 0 et fixez une valeur raisonnable à maxfetch (100, par exemple). Connectez-vous, saisissez la commande fetchnews, puis restaurez la valeur initiale de maxfetch.

L'index local */var/spool/news/leaf.node/groupinfo* peut, lui aussi, être corrompu, ce qui se traduit par une absence de rapatriement. Dans ce cas, connectez-vous et forcez la relecture de la liste des groupes :

```
fetchnews -f
```

Audit

Les actions de leafnode sont rapportées dans le journal */var/log/messages*.

12.9 Installation d'une carte Ethernet

De multiples technologies réseau cohabitent. La norme Ethernet à 10 ou 100 Mbit/s sur paires torsadées est la plus adaptée au déploiement d'un réseau personnel de deux ou trois postes.

Choisir la carte

Le HOWTO Ethernet liste les modèles de cartes Ethernet reconnus par Linux.

> ***HOWTO Ethernet***
> Le HOWTO Ethernet catalogue les cartes Ethernet compatibles Linux (**www.freenix.org/unix/linux/HOWTO/Ethernet-HOWTO.html**).

Les cartes Ethernet existent pour bus ISA, PCI et PCMCIA. Le bus ISA (Industry Standard Architecture) est né avec les premiers PC IBM. Il échangeait des données de 8 bits à la fréquence du processeur 8086, soit à 4,77 MHz. Le standard actuel fixe une fréquence de 8,3 MHz sur 16 bits. Les performances des bus répondent aux besoins croissants des cartes d'extension. La vidéo joue un rôle moteur dans ce domaine. Les bus VLB (VESA Local Bus) et PCI (Peripheral Component Interconnect Bus) voient leur fréquence passer à 33 MHz sur 32 bits.

Tableau 12-4 : Bus PC

Bus	Fréquence	Largeur	Débit
ISA	4,8 MHz	8 bits	2,3 Mo/s
ISA	8,3 MHz	16 bits	7,9 Mo/s
VLB	33,3 MHz	32 bits	127,1 Mo/s
PCI	33,3 MHz	32 bits	127,1 Mo/s

Les débits effectifs restent inférieurs aux valeurs annoncées. Il faut tenir compte de délais de synchronisation. Cependant, même le bus ISA est capable de soutenir le débit d'une carte Ethernet à 10 Mbit/s. Dans le cadre d'un réseau privé de deux ou trois postes, une carte à 10 Mbit/s est suffisante. Tenez compte de la technologie des autres postes. Vous trouverez des cartes ISA ou PCI neuves à moins de 20 euros. Comptez 50 euros pour une carte PCMCIA. Vous obtiendrez des taux de transfert compris entre 600 Ko/s et 1 Mo/s en poste à poste.

Connectique

Les câbles plats, munis de prises RJ45, remplacent progressivement les câbles coaxiaux, munis de prises BNC. La majorité des cartes Ethernet actuelles acceptent les deux formats. On parle de cartes combo. Préférez ces modèles.

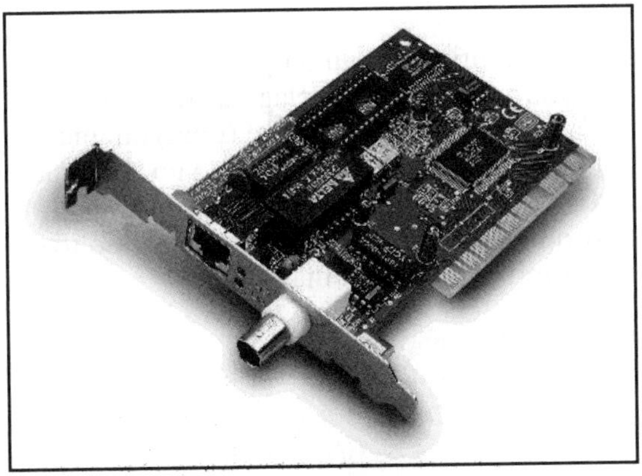

Figure 12.7 : *Carte combo*

Identifier le contrôleur embarqué

Vous trouverez peut-être la référence exacte de la carte que vous souhaitez acquérir dans le HOWTO Ethernet. Cependant, il est possible que vous récupériez une carte en vrac, ou proposée par un assembleur exotique. Identifiez le contrôleur embarqué pour pouvoir déterminer si cette carte est reconnue par Linux. Les circuits suivants sont gérés correctement :

Tableau 12-5 : Contrôleurs Ethernet (source : HOWTO Ethernet)

Contrôleur	Origine	Nom	Description
3C501	3Com	-	Antiquité à éviter
3C503	3Com	Etherlink II	-
3C509/509B	3Com	Etherlink III	3C509 -> 4 Ko
3C59x	3Com	Vortex	Bus PCI

Tableau 12-5 : Contrôleurs Ethernet (source : HOWTO Ethernet)			
Contrôleur	**Origine**	**Nom**	**Description**
7990, 79C96x	Lance	AMD	-
NE2000	Novell	D-Link DE 528	Modèle économique

Configuration matérielle

Les cartes ISA les plus anciennes se configurent au moyen de cavaliers. Sélectionnez une ligne d'interruption (int, irq), une plage d'adresses (e/s, i/o), éventuellement un canal d'accès direct à la mémoire (dma) ou une zone de mémoire partagée (memory range). Vous disposez d'un jeu limité de valeurs, affectées lors de la conception de la carte. Vérifiez que les cartes embarquées dans votre ordinateur ne mobilisent pas une ressource bus commune, situation qui aboutirait à un conflit matériel.

Figure 12.8 :
Cavaliers ISA

La génération suivante est configurable par logiciel. Si un utilitaire DOS existe, installez l'émulateur afin de l'exécuter sous Linux.

La norme ISA Plug & Play est née du travail commun d'Intel, de Phoenix et de Compaq. Elle règle certains conflits de ressources en allouant dynamiquement les paramètres des cartes compatibles avec ce mode. Le support Plug & Play ISA n'est pas totalement normalisé sous Linux. La plupart des pilotes Linux ne l'exploitent pas. Vous vous contenterez probablement du travail réalisé par un BIOS Plug & Play (option *Do you have a PnP operating system ?* : *non*). Désactivez si possible le mode Plug & Play de la carte réseau. À défaut, configurez-la grâce aux utilitaires ISA Plug & Play (isapnp).

La gestion est plus simple dans le cas de cartes PCI. Linux lit les informations communiquées par le BIOS. Les utilitaires PCI (pciutils) confirment la détection correcte de la carte :

```
$ lspci
00:0a.0 Ethernet controller: Realtek Semiconductor Co., Ltd.
RT8029
...
```

De format carte de crédit, les cartes PCMCIA s'enfichent dans les baies d'extension des portables. Les cartes Ethernet viennent avec un connecteur extérieur offrant le plus souvent des prises RJ45 et BNC.

Le paquetage pcmcia-cs regroupe un démon détectant l'insertion et le retrait "à chaud" des cartes, les pilotes des contrôleurs PCMCIA et des cartes Ethernet. Le HOWTO PCMCIA liste les matériels compatibles.

INTERNET

HOWTO PCMCIA

Le HOWTO PCMCIA est disponible sur le site Linux Doc (**http://en.tldp.org/HOWTO/PCMCIA-HOWTO.html**).

Le portable sur lequel est rédigé ce texte dispose d'un pont PCI/Cardbus Texas Instrument.

```
$ lspci
00:04.0 CardBus bridge: Texas Instruments: Unknown device ac51
...
```

La carte Ethernet est insérée dans la première baie :

```
$ cardctl config
Socket 0:
Vcc 5.0V  Vpp1 0.0V  Vpp2 0.0V
interface type is "memory and I/O"
irq 3 [exclusive] [level]
function 0:
config base 0x03f8
option 0x60 status 0x00
io 0x0300-0x031f [auto]
...
```

Configurer

Les pilotes des cartes réseau se présentent sous la forme de modules chargés à la demande. Dans le cas le plus favorable, la carte réseau est détectée lors de l'installation de Mandrake Linux. Dans les autres cas, vous devez un peu travailler.

RENVOI

Le chapitre* Administration système *explique le fonctionnement des modules.

Ajoutez un alias au fichier de configuration */etc/modules.conf* :

Listing 12-31 : Extrait du fichier /etc/modules.conf

```
alias eth0 nom_du_pilote
...
```

Pour une carte PCI compatible NE2000, il faut écrire :

Listing 12-32 : Extrait du fichier /etc/modules.conf

```
alias eth0 ne2k-pci
...
```

Le module sera chargé lors de l'activation de l'interface :

```
$ lsmod
ne2k-pci  4232 1  (autoclean)
8390 6228  0  (autoclean) [ne2k-pci]
...
```

Ajoutez éventuellement une ligne d'options, précisant les paramètres de la carte. Par exemple :

Listing 12-33 : Extrait du fichier /etc/modules.conf

```
options eth0 io=0x280
...
```

Attacher une adresse IP à la carte

Configurez la machine. Elle possède une seule carte Ethernet. Affectez-lui l'adresse IP 192.168.0.1 et l'alias eth0. Ajoutez la section suivante au fichier */etc/host* :

Listing 12-34 : Extrait du fichier /etc/hosts

```
192.168.0.1   robby robby.altair.net
...
```

Activez l'interface :

```
# ifconfig eth0 192.168.0.1 up
```

Vérifiez le résultat :

```
# ifconfig
eth0 Link encap:Ethernet HWaddr 00:C0:F0:1C:FF:FF
inet addr:192.168.0.1 Bcast:192.168.0.255 Mask:255.255.255.0
UP BROADCAST RUNNING MULTICAST  MTU:1500  Metric:1
RX packets:0 errors:0 dropped:0 overruns:0 frame:0
TX packets:0 errors:0 dropped:0 overruns:0 carrier:0
collisions:0 txqueuelen:100
Interrupt:3 Base address:0x300
```

HWaddr représente l'adresse Ethernet de la carte. Vous entendrez parfois parler d'adresse MAC (Medium Access Control). Le MTU (Max Transfer Unit) correspond à la taille maximale des données contenues dans une trame Ethernet. L'adresse broadcast a été fixée par défaut à 192.168.0.255.

Automatiser la configuration

Le fichier */etc/sysconfig/network* précise la configuration réseau globale, les fichiers */etc/sysconfig/network-scripts/ifcfg-eth** les paramètres des interfaces Ethernet. Par exemple :

Listing 12-35 : Fichier de configuration /etc/sysconfig/network-scripts/ifcfg-eth0

```
DEVICE="eth0"
BOOTPROTO="static"
IPADDR="192.168.0.1"
NETMASK="255.255.255.0"
NETWORK="192.168.0.0"
BROADCAST="192.168.0.255"
ONBOOT="yes"
```

12.10 Configuration du modem ADSL Alcatel Speedtouch USB

La technologie ADSL (Asymmetric Digital Subscriber Line) établit des communications haut débit sur la paire cuivrée des installations téléphoniques classiques.

L'offre française

France Télécom propose aux particuliers disposant de l'ADSL un abonnement à 512 Kbit/s pour une cinquantaine d'euros par mois. Le site DSL Valley récapitule l'offre des fournisseurs concurrents.

ADSL Valley

Le site DSL Valley est un portail axé sur le développement des technologies DSL dans les pays francophones (**www.dslvalley.com/**).

Les kits de connexion contiennent généralement un modem Speedtouch USB de marque Alcatel. La petite raie manta bleue est désormais célèbre chez les internautes francophones.

Figure 12.9 : *Modem Speedtouch USB*

Alcatel diffuse un pilote Linux, en partie open source.

Le projet Speedtouch

Intéressons-nous au pilote créé par Benoît Papillaut.

Projet Speedtouch

Le projet Speedtouch est décrit à l'adresse **speedtouch.sourceforge.net/**.

Les options du noyau

Les options suivantes, relatives à la gestion des périphériques USB et à la communication réseau, doivent être activées dans le noyau :

- Support for USB [m] ;
- Preliminary USB [y] ;
- UHCI support [m] ;
- UHCI Alternate Driver support [m] ;
- OHCI support [m] ;
- PPP (point-to-point protocol) support [m] ;
- PPP support for sync tty ports [m] ;
- Non-standard serial port support [*] ;
- HDLC line discipline support [*] ;
- Unix98 PTY support [*].

Le noyau standard des distributions Mandrake Linux 9 est compilé dans ce sens.

RENVOI

Consultez le chapitre Compilation du noyau et des programmes C pour le détail de la procédure de compilation d'un noyau adapté.

Alias de modules

Vérifiez la présence des alias suivants dans le fichier de configuration */etc/modules.conf* :

Listing 12-36 : Extrait du fichier /etc/modules.conf

```
alias char-major-108 ppp_generic
alias tty-ldisc-14 ppp_synctty
alias tty-ldisc-13 n_hdlc
```

Télécharger les sources et le microcode Alcatel

Téléchargez les sources du pilote :

```
$ wget http://unc.dl.sourceforge.net/sourceforge/speedtouch
/speedtouch-1.1.tar.gz
```

Téléchargez le microcode Alcatel *mgmt.o* à l'adresse **http://www.speedtouchdsl.com/support.htm** . Copiez-le dans un répertoire adapté, par exemple */usr/local/lib* :

```
# cp mgmt.o /usr/local/lib
```

Compiler

Décompressez l'archive puis compilez le pilote :

```
# tar -xvzf speedtouch-1 .1.tar.gz
# cd speedtouch-1.1
# make
# make install
```

Configurer

Rassemblez les informations suivantes sur votre compte ADSL :

- login ;
- mot de passe ;
- couple vpi.vci (8.35 pour la France).

Créez un fichier */etc/ppp/peers/adsl* sur ce modèle :

Listing 12-37 : Fichier de configuration /etc/ppp/peers/adsl

```
debug
kdebug 1
noipdefault
defaultroute
pty "/usr/local/bin/pppoa2 -vpi votre_vpi -vci votre_vci"
sync
user "votre_login"
novjccomp
noaccomp
nopcomp
nomagic
noccp
asyncmap 0
usepeerdns
holdoff 1
persist
maxfail 0
```

Ajoutez finalement le login et le mot de passe au fichier */etc/ppp/chap-secrets* :

Listing 12-38 : Fichier de configuration /etc/ppp/chap-secrets

```
# client   serveur  secret
votre_login   *   votre_mot_de_passe
```

Se connecter

Pour vous connecter, exécutez les commandes suivantes :

```
# /usr/local/bin/modem_run -f /usr/local/lib/mgmt.o -m
# pppd call adsl
```

Le pilote charge le microcode Alcatel puis négocie la connexion.

12.11 Installation de Linux en réseau via NFS

NFS (Network File System) est le nom d'un service autorisant le montage de systèmes de fichiers en réseau.

RENVOI

*Au chapitre **Installation de la distribution Mandrake Linux 9.0**, nous évoquons la possibilité d'installer Linux sur un portable dépourvu de CD-Rom, par le biais du réseau.*

Voici comment procéder.

Préparer la disquette de boot

Préparez une disquette de boot destinée au portable, basée sur l'image *network.img*.

RENVOI

*Reportez-vous aux indications du chapitre **Installation de la distribution Mandrake Linux 9.0**.*

Activer le service NFS

Le service NFS repose sur les paquetages portmap, nfs-utils et nfs-utils-clients. Installez-les au besoin côté serveur :

```
# urpmi nfs-utils
```

Activez les services NFS et portmap :

```
# chkconfig portmap on
# chkconfig nfs on
```

Éditez le fichier */etc/exports* et ajoutez la ligne :

Listing 12-39 : Extrait du fichier /etc/exports

```
/mnt/cdrom 192.168.0.2
```

Ici, l'adresse du serveur est 192.168.0.1, celle du portable 192.168.0.2. Relancez le serveur. Placez le CD-Rom d'installation dans le lecteur.

Bootez le portable avec la disquette d'installation. Sélectionnez la méthode d'installation *NFS server*. Fixez l'adresse IP du portable et celle du serveur NFS. Indiquez le chemin du CD-Rom. DrakX monte le volume puis procède à l'installation.

12.12 Sessions sécurisées avec SSH

Telnet est le programme historique pour établir une session sur un système UNIX distant. Malheureusement, les échanges de données n'y sont pas sécurisés. Login et mot de passe, en particulier, sont transmis en clair. Mandrake Linux 9.0 adopte le shell sécurisé SSH (Secure SHell) basé sur des algorithmes de cryptographie robustes.

Le paquetage openssh contient les composants SSH de base. Le paquetage openssh-clients rassemble des clients ssh, slogin et sftp. Nous l'installons sur le portable robby :

```
# urpmi ssh-clients
```

Le paquetage openssh-server propose des serveurs pour ces services. Nous l'installons sur la station Bellerophon d'adresse IP 192.168.0.1 :

```
# urpmi ssh-server
# service sshd start
```

Il est désormais possible d'ouvrir une session sécurisée depuis robby :

```
$ ssh 192.168.0.1
meo@192.168.0.1's password: ********
[meo@bellerophon  meo]$ who am i
meo  pts/0  Nov 5 13:01  (192.168.0.2)
```

CHAPITRE 13

Linux sur portable

CHAPITRE 13

Linux sur portable

Les portables sont moins répandus que les ordinateurs de bureau bien que leur prix se démocratise. De fait, l'attachement au poste de travail traditionnel et l'autonomie des batteries freine le mouvement entamé vers une informatique nomade. Ce chapitre combine un guide d'achat et des conseils pour améliorer l'autonomie des portables.

13.1 Des portables de toutes dimensions

On distingue plusieurs familles de portables en fonction du facteur d'encombrement.

Assistants personnels

Les assistants personnels ou PDA (Personal Digital Assistants) sont des tablettes électroniques conçues pour être tenues d'une main.

Figure 13.1 : *PDA Yopi 3000*

La saisie s'effectue à l'aide d'un stylet que l'on déplace sur l'écran tactile. Un module de reconnaissance d'écriture permet la saisie de texte lettre à lettre, dans une graphie simplifiée.

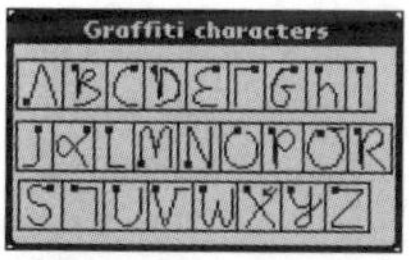

Figure 13.2 : *Alphabet Graffiti*

Les PDA sont animés par des processeurs à basse consommation. Motorola propose ainsi une gamme de processeurs DragonBall dérivée du classique modèle 68000. Des systèmes d'exploitation propriétaires ou sous licence animent ces PDA. Palm OS (Palm, Handspring, Sony) est le leader du marché, suivi de Windows CE. EPOC 32 (Psion) équipe plutôt des systèmes embarqués.

Des versions particulières de Linux sont développées pour ces machines légères. L'assistant Yopi, introduit récemment en France, fonctionne sous une variante de Linux adaptée aux processeurs ARM.

INTERNET

Linux embarqué

Le consortium Embedded Linux regroupe des sociétés impliquées dans le développement de versions embarquées de Linux (**www.embedded-linux.org/**). Le journal "Embedded Linux" présente l'actualité du domaine (**embedded.linuxjournal.com/**).

Dans cette gamme, nous vous conseillons l'achat d'un assistant s'exécutant sous Palm OS. Vous pourrez alors échanger facilement des données avec Linux.

Subnotebooks

Les subnotebooks sont des portables allégés. De format B5 ou inférieur, ils pèsent environ un kilogramme et disposent d'écrans de taille inférieure à 10 pouces. Les périphériques encombrants, comme les lecteurs de CD-Rom ou de DVD-Rom, sont à l'extérieur du boîtier.

Notebooks

Les notebooks rassemblent finalement tous les périphériques nécessaires à une utilisation autonome. Ils reprennent à leur compte l'esprit des ordinateurs de bureau. Les familles de portables PC, Macintosh et Alpha fonctionnent parfaitement sous Linux.

13.2 Guide d'achat

Intéressons-nous d'abord à la technologie particulière d'un portable PC, en décrivant les éléments qui le composent.

Écrans

L'écran est l'élément le plus onéreux d'un portable. Les portables récents bénéficient de dalles dont la diagonale varie de 10,4 à plus de 15 pouces. Une dalle est un "sandwich" formé d'un film de composition variable placé entre des plaques de verre polarisées. Un néon alimenté en haute tension par un circuit électronique spécialisé produit la lumière nécessaire au rétro-éclairage.

> ***Technologie des écrans plats***
> Le site PC Tech Guide décrit les technologies utilisées dans les générations successives d'écrans plats (**www.pctechguide.com/07panels.htm**).

La qualité de l'image produite est primordiale. La diagonale de l'écran est un premier critère de choix. Les écrans de 10,4 à 12,1 pouces équipent plutôt des machines nomades, les écrans de 14 pouces et plus des machines sédentaires. La résolution de l'écran exprimée en pixels fixe le nombre de fenêtres que vous pouvez raisonnablement afficher simultanément dans l'espace du Bureau. La norme VGA est obsolète. Elle a cédé la place aux normes SVGA et XGA.

Tableau 13-1 : Normes graphiques

Norme	**Résolution**
VGA (Video Graphics Array)	640 480
SVGA (Super VGA)	800 600
XGA (Extended VGA)	1 024 768
SXGA (Super XGA)	1 280 1 024
UXGA (Ultra XGA)	1 600 1 200

> ***Taille d'écran et résolution***
> La résolution doit être adaptée à la taille de l'écran. Si vous optez pour un mode XGA alors que votre écran fait moins de 12 pouces, des éléments graphiques vont être affichés en petite taille et seront éventuellement difficiles à lire. De plus, X Window est peu exploitable dans une résolution VGA, certaines boîtes de dialogue débordant du Bureau.

La qualité d'écran peut ensuite être mesurée en termes de luminosité et de contraste. La technologie DSTN (Dual-Scan Twisted Nematic), dite à matrice passive, est moins performante que la technologie TFT (Thin Film Transistor). Dans les deux cas, une plaque de verre porte des colonnes, une autre des lignes. Colonnes et lignes sont formées d'un matériau conducteur transparent. Elles encadrent des cristaux liquides.

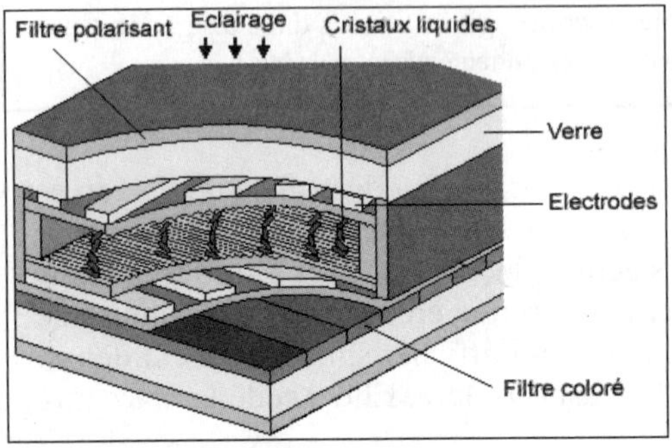

Figure 13.3 : *Dalle DSTN (source PC Tech Guide)*

Pour activer un pixel, on applique un courant à la ligne et à la colonne à l'intersection desquelles il est situé. Les cristaux liquides placés à cet endroit changent d'orientation, agissant comme des valves de lumière.

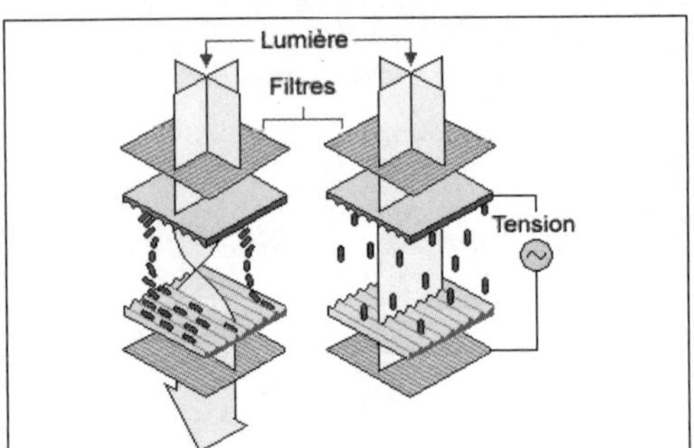

Figure 13.4 : *Orientation des cristaux liquides (source PC Tech Guide)*

La technologie DSTN présente un taux de rafraîchissement moyen, entraînant un suivi délicat du curseur de la souris. L'angle de lecture et la luminosité sont réduits. La technologie TFT (Thin Film Transistor), dite à matrice active, est la plus performante de ce point de vue. La matrice est composée de transistors pour chaque pixel et pour chaque composante RVB. Ces pixels sont adressés individuellement par un circuit décodeur spécialisé.

Sur tous ces points, la technologie HPA (High-Performance Addressing), assez récente, offre un compromis acceptable. Vous la trouverez également sous les noms de Fast DSTN, Super DSTN ou HCA (High Contrast Addressing). Elle équipe des machines de moyenne gamme.

Le tableau suivant permet de comparer les différentes technologies sur la base de plusieurs facteurs :

Tableau 13-2 : Caractéristiques écrans

Technologie	Latence	Contraste	Luminosité	Angle total lecture
DSTN	300 ms	30:1	70 cd/m^2	40°
HPA	150 ms	50:1	100 cd/m^2	50°
TFT	25 ms	200:1	200 cd/m^2	100°

Ces valeurs varient d'un constructeur à l'autre. La luminosité de l'écran s'exprime en candelas (symbole cd) rapportés à 1 m^2 de surface. Vous ne rencontrerez pas de problème de compatibilité Linux lié à la technologie de l'écran.

ASTUCE

Test de l'écran

Avant tout achat d'un ordinateur portable, réclamez une démonstration. Placez-vous face à l'écran, puis déplacez-vous afin de déterminer l'angle limite de lecture. Vous identifierez ainsi facilement la technologie mise en œuvre.

Contrôleurs graphiques

Le site Linux Notebook HQ recense de multiples contrôleurs graphiques compatibles avec X Window, dont ceux d'origine Neomagic et Chips & Technology. Les portables récents intègrent des ATI Radeon et des Nvidia GeForce

INTERNET

Linux Notebook HQ

Le site Linux Notebook HQ est accessible à l'adresse www.linux-notebook.org/.

Si vous envisagez de raccorder un moniteur externe, vérifiez la résolution, le nombre de couleurs et la fréquence de rafraîchissement du circuit.

RAM

32 Mo de RAM sont un minimum requis si vous travaillez sous X Window. 64 Mo sont conseillés si vous ajoutez un bureau KDE ou GNOME. Vérifiez la capacité mémoire totale du portable et le nombre d'emplacements libres. Renseignez-vous également sur le prix des barrettes d'extension, lequel varie fortement d'un constructeur à l'autre. Dans l'idéal, le portable accepte des barrettes SDRAM génériques. Cependant, prenez garde aux portables qui utilisent la mémoire vive également pour les contrôleurs graphiques, vous disposerez d'autant moins de mémoire disponible pour votre système.

Disques durs

Sauf exception, des disques durs 2,5 pouces ATA/IDE équipent les portables. Capacité et débit restent inférieurs à ceux des modèles 3,5 pouces. En effet, le diamètre des plateaux est réduit et leur nombre limité par la puissance d'entraînement d'un moteur alimenté par batteries. Un disque médiocre dégrade immanquablement les performances générales de Linux. Notez aussi que la vitesse de rotation des disques de portable est également inféricure à celle des ordinateurs de bureau, soit 4200 tr/mn au lieu de 5400 ou 7200 tr/mn

La commande Linux hdparm donne une idée des performances du disque dur présent sur un portable. Le format général de la commande est :

```
hdparm [option ...] [peripherique]
```

Avec l'option –t, hdparm affiche le débit en lecture du disque. Le cache Linux est préalablement vidé par un appel ioctl BLKFLSBUF. Sur notre portable Toshiba, nous obtenons la sortie :

```
# hdparm -t /dev/hda
/dev/hda:
Timing buffered disk reads: 64 MB in 6.28 seconds = 10.19 MB/sec
```

La commande doit être répétée deux à trois fois pour un résultat plausible. Les processus concurrents doivent également être réduits au strict nécessaire. Les valeurs obtenues sont indicatives. La lecture d'un flot de données en continu ne rend pas compte de façon précise de l'activité réelle d'un disque sous Linux.

ATTENTION

Commande hdparm

L'usage inconsidéré de la commande hdparm peut endommager un disque dur.

Batteries

Capacité, temps de charge et durée de vie varient selon la technologie de la batterie.

Tableau 13-3 : Capacité des batteries (source Battery Powered Linux Mini HOWTO)

Type	Énergie/Masse	Énergie/Volume
Nickel-Cadmium (Ni-Cd)	40 Wh/kg	100 Wh/l
Nickel-Metal hydrure (Ni-Mh)	55 Wh/kg	160 Wh/l
Lithium-Ion (Li-Ion)	100 Wh/kg	230 Wh/l

Les batteries Ni-Cd sont obsolètes. Elles sont lourdes et leur capacité diminue progressivement en cas de cycles de charge incomplets. Ce phénomène est qualifié d'effet de mémoire. Les batteries Ni-Mh sont les plus répandues. Les batteries Li-Ion sont plus performantes, mais également plus onéreuses.

De nouvelles générations de batteries émergent. Ainsi, la technologie combinant zinc et oxygène semble prometteuse. Plusieurs fabricants proposent des portables avec deux emplacements de batteries et une procédure de charge intelligente.

Dispositifs de pointage

Linux reconnaît les dispositifs de type pointeur et surface tactile. Raccordez un clavier ou une souris au connecteur PS/2 pour un meilleur confort.

Connectique

La connectique des portables est partiellement normalisée. Vous trouverez des prises série, parallèle et PS2. Les portables les plus récents possèdent également un ou deux ports USB. Ce point gagnera en importance avec l'amélioration du support USB, dans les futures versions du noyau Linux.

Slots PCMCIA

Le standard est de deux ports PCMCIA type II. De nombreux contrôleurs sont reconnus, dont i82365 d'Intel ainsi que ToPIC95 et ToPIC97 de Toshiba. Le HOWTO PCMCIA souligne quelques exceptions notables, le plus souvent des contrôleurs maison.

> INTERNET
>
> ***HOWTO PCMCIA***
>
> Le HOWTO PCMCIA est disponible à l'adresse **http://en.tldp.org/HOWTO/PCMCIA-HOWTO.html**.

Le fichier *SUPPORTED.CARDS* inclus dans la documentation du paquetage PCMCIA liste également les cartes reconnues.

La norme est polyvalente. Des pilotes existent pour les cartes modem, de multiples cartes Ethernet, les cartes mémoire Compact Flash, des adaptateurs SCSI, des disques miniatures IDE. Vous retrouverez cette information en ligne sur le site Linux PCMCIA Information Page.

> INTERNET
>
> ***Linux PCMCIA Information Page***
>
> La page Linux PCMCIA Information décrit les services PCMCIA (**http://pcmcia-cs.sourceforge.net/**).

Winmodems

On continue malheureusement à trouver des winmodems sur des portables, même sur du matériel haut de gamme. Dans ce cas, un circuit spécialisé dans le traitement du signal (DSP) est complété par un pilote qui émule la logique d'un modem classique. Le site Linmodems présente des pilotes Linux pour certains winmodems, dont quelques modèles produits par Lucent et Conexant.

Linmodems
Le site Linmodems liste des pilotes adaptés à Linux (**www.linmodems.org/**).

13.3 Choix d'une distribution

Les critères de choix d'une distribution classique s'appliquent au domaine des portables.

Le chapitre Installation de la distribution Mandrake Linux 9.0 compare les qualités des grandes distributions du marché.

Cependant, la tendance est à l'augmentation de l'espace disque nécessaire à une installation standard. Il reste possible de sélectionner individuellement les paquetages en fonction de leur taille. Si l'espace disque est faible (quelques centaines de mégaoctets ou moins), envisagez le choix d'une micro-distribution.

Freshmeat
Le site Freshmeat liste des mini-distributions Linux (**http://freshmeat.net/**).

13.4 Gestion de l'énergie

La gestion de l'énergie a toujours été un facteur clé dans la conception de portables. Les progrès en termes de capacité des batteries et de consommation des processeurs sont contrebalancés par une augmentation constante des fréquences de fonctionnement.

Processeur

La consommation d'un processeur est proportionnelle à sa fréquence d'utilisation, pour une même technique de gravure. Linux accapare peu de ressources système, comparé à Windows 9x/Me. Il peut donc s'avérer intéressant de recycler un portable relativement ancien ou de régler le BIOS d'un portable récent sur une fréquence faible pour en augmenter l'autonomie.

La technologie SpeedStep d'Intel automatise la sélection d'une fréquence élevée lors du raccordement au secteur, et la sélection d'une fréquence plus faible lors du basculement sur batterie. Un moniteur de ressources système comme XosView montre graphiquement la charge du processeur.

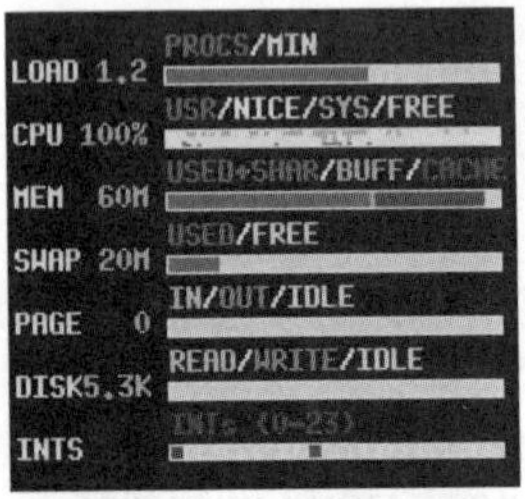

Figure 13.5 : *Moniteur Xosview*

Les fondeurs déclinent des processeurs plus particulièrement adaptés aux systèmes embarqués. La réduction de la taille de gravure, la sélection des matériaux conducteurs et isolants ainsi que l'intégration directe (on die) de mémoire cache de second niveau entraînent une réduction de la consommation. Le tableau suivant indique la consommation de plusieurs générations de processeurs Intel.

Tableau 13-4 : Consommation de processeurs x86 (source Intel)

Processeur	Fréquence	Consommation	Tension
Pentium	100 MHz	5,9 W	2,9 V
Pentium	133 MHz	7,9 W	2,9 V
Celeron	266 MHz	7,9 W	1,9 V
Celeron	500 MHz	16,8 W	1,6 V

Le processeur Crusoe de la société Transmeta équipe certains portables VAIO de Sony. Il se distingue par une consommation d'environ 1 watt et constitue, à ce titre, une solution séduisante.

RAM

La capacité mémoire influe directement sur l'autonomie d'un portable. Linux exploite un mécanisme de mémoire virtuelle. Dans l'architecture x86 d'Intel, la mémoire est découpée en pages de 4 Ko. Une adresse virtuelle se décompose en un index de page et un offset. Une table gérée par le processeur établit la correspondance avec la mémoire physique. Par ce biais, une partition dite de swap peut étendre la mémoire vive. Les pages sont au besoin stockées sur disque.

Ces échanges sont d'autant plus fréquents que l'environnement occupe de la mémoire. Les accès disque se multiplient alors au détriment de l'autonomie. Si 16 Mo sont un minimum pour exécuter une distribution commerciale en mode Texte, 64 Mo ou plus sont nécessaires en mode Graphique. L'optimisation passe par l'ajout de barrettes de RAM ou une gestion fine des processus actifs. La commande free affiche des informations sur l'occupation mémoire du système :

```
$ free -mo
       total  used  free  shared  buffers  cached
Mem:      60 58      2 0        34 14
Swap:    248 0   248
```

Ici, les données utiles et en cache occupent 58 Mo de RAM.

Choix d'un gestionnaire de fenêtres

Les gestionnaires de fenêtres monopolisent des ressources très variables, de quelques mégaoctets à plusieurs dizaines de mégaoctets dans le cas de KDE, un Bureau complet fondé sur la bibliothèque orientée objet Qt. À cela s'ajoute la dizaine de mégaoctets occupée par le serveur X Window. Des gestionnaires légers comme Enlightenment ou Sawfish font gagner quelques mégaoctets parfois précieux.

INTERNET

Gestionnaires de fenêtres

Le site Window Managers for X liste les principaux gestionnaires de fenêtres développés pour X Window (**www.plig.org/xwinman/**).

Consoles virtuelles

Les consoles virtuelles simulent la présence de terminaux. On circule d'une console à l'autre grâce à la combinaison de touches Alt+Fn en mode Texte, et Ctrl+Alt+Fn sous X Window. Cette possibilité s'avère pratique si vous perdez la main suite au blocage d'une application. Chaque processus requiert environ 1 Mo de RAM.

Démons

Les démons sont des processus exécutés en tâche de fond, à l'écoute de requêtes des utilisateurs. Ils mobilisent des ressources système, particulièrement de la mémoire. Il peut être opportun de désactiver les services qui ne sont pas strictement nécessaires.

RENVOI

*Le chapitre **Administration système** liste les services que l'on trouve couramment sur une machine Linux.*

APM

Les BIOS récents proposent une option de gestion de l'énergie nommée APM (Advanced Power Management). APM optimise la consommation d'un PC en contrôlant l'activité du processeur et des périphériques. La norme ACPI (Advanced Configuration and Power Interface) initiée par Intel, Toshiba et Microsoft relaiera progressivement APM dans les prochaines années. Prise en charge à partir de la version 2.3.4 du noyau Linux, elle améliorc la gestion de l'énergie en permettant un contrôle des sous-ensembles d'un portable au niveau des applications.

Le noyau intègre le code nécessaire au pilotage du mode APM version 1.2. Vous devez installer le démon apmd qui surveillera en continu l'état du système. La présence d'un fichier */proc/apm* confirme l'activité d'APM :

```
$ cat /proc/apm
1.9 1.2 0x02 0x01 0x00 0x01 100% 121 min
```

Recompilez éventuellement le noyau en activant le support APM.

RENVOI

*Le chapitre **Compilation du noyau et des programmes C** indique la procédure à suivre.*

Certains modèles de portables ne respectent pas les spécifications APM. Lisez attentivement l'aide associée à chaque option de l'utilitaire de configuration.

APM admet les états internes suivants : inactif, actif, pause, suspension et hibernation. La transition entre états incombe au BIOS. La commande apm affiche en clair les informations stockées dans */proc/apm* :

```
$ apm
AC on-line, battery status high: 100% (2:35)
```

Ici, le portable est connecté au secteur, la batterie pleinement chargée. Pour faire basculer le portable en mode Veille, saisissez sous le compte root :

```
# apm --suspend
```

Les démons At et Cron

Les démons At et Cron (ou sa variante Anacron) automatisent le lancement de commandes selon un calendrier défini par l'administrateur. Les tâches de purge du système, comme la suppression des messages périmés d'un serveur de nouvelles, provoquent des appels disque pénalisants. Vérifiez le contenu du fichier de configuration */etc/crontab* et des répertoires *cron.daily*, *cron.hourly*, *cron.weekly* et *cron.monthly*. Programmez les opérations de nettoyage à l'heure où votre portable a la plus forte probabilité d'être connecté au secteur.

Les démons Klog et Syslog

Les démons Klog et Syslog archivent des informations relatives à l'évolution de l'état du système. Vous pouvez les désactiver si votre portable n'est pas connecté à un réseau.

Les démon Update

Linux associe des tampons aux périphériques en mode Bloc. Deux démons synchronisent les données. La commande update en contrôle l'activité. Les options –5 et –6 fixent le délai minimal, en centièmes de seconde, avant que des données en cache, modifiées en écriture, soient transférées sur disque. Choisissez des valeurs raisonnables, ces informations étant perdues en cas d'interruption brutale de l'alimentation. Par exemple :

```
# update -5 6000 -6 6000 /dev/hda
```

La commande peut être placée dans le fichier */etc/rc.d/rc.local* (distribution Red Hat et dérivées).

INTERNET

Battery Powered Linux Mini HOWTO

Le Battery Powered Linux Mini HOWTO propose quelques pistes pour économiser l'énergie d'un portable (**www.freenix.org/unix/linux/HOWTO/mini/Battery-Powered.html**).

13.5 Communication

Le démon PPP peut servir à établir une liaison point à point entre un portable et une station Linux. Il suffit de les relier par l'intermédiaire d'un câble série Null modem (une cinquantaine de francs dans une boutique informatique). Le démon PPP doit être installé des deux côtés et les ports série de connexion convenablement configurés.

L'utilitaire setserial sait afficher les paramètres de chaque port. La commande s'écrit alors setserial dev, où dev désigne un port avec la correspondance.

Tableau 13-5 : Correspondance Port série/ Fichier de périphérique

COM	TTY
1	/dev/ttyS0
2	/dev/ttyS1
3	/dev/ttyS2
4	/dev/ttyS3

Par exemple, sur notre portable, le port COM1 est libre :

```
# setserial /dev/ttyS0
/dev/ttyS0, UART: 16550A, Port: 0x03f8, IRQ: 4
```

Ici, le contrôleur est un circuit 16550A placé sur l'interruption 4 et sur l'adresse de base 03F8H. Ces paramètres sont modifiables dans le BIOS. L'association MS-DOS standard est :

Tableau 13-6 : Paramètres standard des ports série		
COM	INT	ADR
1	4	3F8H
2	3	2F8H
3	4	3E8H
4	3	2E8H

Lors de l'initialisation de Linux, soit des valeurs par défaut sont appliquées, soit le système tente une auto-détection. Vous pouvez modifier les valeurs manuellement :

```
# setserial dev IRQ irq IO io spd_vhi
```

Attribuez par exemple l'adresse IP 192.168.0.2 au portable, 192.168.0.1 à l'autre machine. Exécutez alors sur le portable :

```
# pppd dev speed -detach crtscts local lock
✂ 192.168.0.2:192.168.0.1
```

Exécutez sur la station :

```
# pppd dev speed -detach crtscts local lock
✂ 192.168.0.1:192.168.0.2
```

Typiquement, le paramètre speed est choisi parmi les valeurs 38 400, 57 600 ou 115 200 bit/s. Vérifiez la création des liens PPP :

```
# ifconfig
ppp0 Link encap:Point-to-Point Protocol
inet addr:192.168.0.2 P-t-P:192.168.0.1 Mask:255.255.255.255
...
```

REMARQUE

Option debug

En cas de problème, ajoutez l'option debug et lisez le contenu du journal situé dans le répertoire */var/log*.

RENVOI

Reportez-vous au chapitre* Linux en réseau *pour obtenir des exemples d'installation de services IP, comme FTP.

13.6 Palm, le compagnon de Linux

Palm OS est le système d'exploitation nomade le plus élégant à ce jour. Il a très tôt intéressé la communauté Linux en tant que complément d'une machine de bureau. Un assistant Palm est conçu pour être tenu d'une main et permet la prise de notes à la volée.

Liaison

Un berceau muni d'un câble série ou USB établit le lien avec un ordinateur de bureau. Nous envisageons ici le cas d'une connexion série traditionnelle.

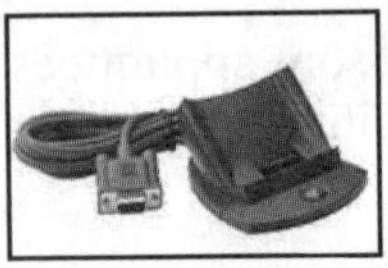

Figure 13.6 :
Berceau et son câble série

Un bouton est dédié à la synchronisation de l'état des deux machines (hot sync). Ainsi, un assistant peut être vu comme un système nomade ouvrant une fenêtre sur les données d'un système central.

Applications

Un assistant Palm offre les services classiques d'un organiseur : Agenda, Carnet d'adresses, liste de tâches et Bloc-notes. Les applications supplémentaires sont chargées directement en RAM. Il existe de nombreux sharewares répertoriés par des sites spécialisés.

INTERNET

Sharewares Palm OS

Consultez par exemple le site Pilot Gear à l'adresse **www.pilotgear.com/**.

Le kit pilot link

Le kit pilot link regroupe un ensemble d'utilitaires ou "conduites" gérant l'échange de données entre Palm et station Linux. Les binaires sont disponibles pour les principales distributions. Sous Mandrake Linux 9.0, installez le paquetage pilot-link placé sur le deuxième CD-Rom :

```
# urpmi pilot-link
```

Configuration de la ligne série

Vous devez disposer d'une interface libre et connaître le nom du fichier de périphérique */dev/ttyn* associé, conformément aux indications du tableau précédent. Vérifiez les paramètres d'interruption (irq) et d'adresse (port) définis à l'initialisation de Linux :

```
# /bin/setserial dev
```

Si les valeurs obtenues ne correspondent pas à la configuration réelle du port, invoquez la commande :

```
# /bin/setserial dev irq irq port port
```

Les valeurs correctes sont normalement affichées sur l'un des écrans de configuration du BIOS. Reste à définir un alias du fichier de périphérique :

```
# ln -s dev /dev/pilot
```

Par exemple, pour une utilisation du deuxième port série, écrivez :

```
# ln -s /dev/ttyS1 /dev/pilot
```

Vitesse des échanges

Par défaut, la vitesse des échanges est de 9 600 bit/s. Vous pouvez l'augmenter en déclarant une variable PILOTRATE. Par exemple, sous Bourne Again Shell, choisissez une valeur de 57 600 bit/s :

```
$ export PILOTRATE=57600
```

Ajoutez cette ligne au fichier *.bashrc* situé à la base de votre répertoire personnel si vous souhaitez automatiser la procédure. Vous pouvez désormais tester vos premières conduites.

pilot-xfer

Installe et sauvegarde les ressources (*prc*) et les bases de données (*pdb*).

La syntaxe est :

```
pilot-xfer [-p dev] -i fichier
pilot-xfer [-p dev] -brs répertoire
pilot-xfer [-p dev] -l
```

Tableau 13-7 : Liste des options	
Option	**Description**
−i fichier	Installe une ressource ou une base de données.
−b répertoire	Opère une sauvegarde complète dans répertoire.
−r répertoire	Restaure la sauvegarde.
−s répertoire	Met à jour la sauvegarde.
−l	Liste le contenu du Palm.

Afin d'installer l'utilitaire système Hack Master, bien connu des propriétaires de Palm, saisissez :

```
$ pilot-xfer -i hmaster.prc
```

Considérons un répertoire de sauvegarde nommé pilot_backup. Pour transférer le contenu du Palm sur la station d'accueil, saisissez :

```
$ pilot-xfer -b pilot-backup
```

Pour restaurer le contenu de la sauvegarde, écrivez :

```
pilot-xfer -r pilot-backup
```

memos

Exporte les notes stockées sur le Palm.

La syntaxe est :

```
memos [-p dev] [-d répertoire]
```

Tableau 13-8 : Liste des options	
Option	**Description**
−d répertoire	Copie les notes dans répertoire, un fichier par catégorie.

Pour récupérer les notes dans un fichier texte, saisissez :

```
$ memos /dev/pilot > memos.txt
```

install-memo

Importe une note dans le Bloc-notes.

La syntaxe est :

```
install-memo [-p dev] [-c catégorie] fichier ...
```

Tableau 13-9 : Liste des options

Option	Description
–c catégorie	Précise la catégorie de la note.

Supposons l'existence d'un texte contenant des horaires de train à placer dans la catégorie Personnel. Saisissez :

```
$ install-memo -c Personnel horaires
```

pi-getrom

Retourne une copie de la ROM Palm stockée dans le fichier *pilot.rom*.

La syntaxe est :

```
pi-getrom [-p dev]
```

La copie peut servir à l'exécution de l'émulateur graphique XCopilot :

```
$ pi-getrom /dev/pilot
```

INTERNET

HOWTO Palm OS

La lecture du HOWTO Palm OS complétera cette introduction (**www.freenix.org/unix/linux/HOWTO/PalmOS-HOWTO.html**).

CHAPITRE 14

Administration système

CHAPITRE 14

Administration système

Linux satisfait le cahier des charges des organisations souhaitant tirer le meilleur parti d'un parc informatique. Les utilisateurs sont correctement authentifiés et les données sont protégées en conséquence. Plus généralement, les ressources matérielles sont partagées efficacement à l'échelle d'un poste de travail ou d'un réseau. Ce chapitre décrit le travail de maintenance quotidien de l'administrateur système Linux.

RENVOI

Le chapitre ***Linux en réseau*** *traite des aspects réseau.*

INTERNET

Guide de l'administrateur système Linux

Le "Guide de l'administrateur système Linux", adapté en français par Éric Jacoboni, constitue une bonne introduction à la gestion élémentaire d'une station de travail (**www.linux-kheops.com/doc/sag-0.6/index-sag.html**).

ATTENTION

Tâche réservée à l'administrateur root

Seul l'administrateur root est habilité à modifier la configuration générale d'un système Linux. Les opérations décrites par la suite se dérouleront principalement sous ce compte, repéré par l'invite # dans les exemples.

14.1 L'art de gérer les ressources

Les ressources informatiques d'une organisation ou d'un particulier sont par nature limitées. Elles consistent en machines, applications et données, habituellement organisées en réseau. L'administrateur système est la personne chargée de maintenir opérationnels ces équipements et de les faire évoluer conformément aux objectifs de l'organisation.

Si vous possédez un ordinateur personnel, votre souci sera certainement d'en exploiter élégamment les capacités, et de préserver les données qu'il renferme. Linux est un système d'exploitation très robuste. La réinstallation totale d'une distribution reste exceptionnelle

14.2 Cartographie de l'arborescence Linux

L'organisation du système de fichiers Linux hérite d'une longue tradition UNIX. Des conventions émergent quant au placement des programmes et des données. À l'heure actuelle, des différences notables subsistent entre les distributions. Pour l'anecdote, SUsE et Red Hat Linux partagent une base commune, mais les fichiers de démarrage sont placés dans des répertoires différents.

Vers une standardisation

Le document FHS (Filesystem Hierarchy Standard) représente la synthèse des réflexions d'un groupe d'utilisateurs impliqués dans la normalisation de la hiérarchie de fichiers Linux.

INTERNET

Structure du système de fichiers Linux

Le standard FHS peut être consulté à l'adresse **www.pathname.com/fhs/**.

Ce standard intéresse au premier chef concepteurs et éditeurs, et limite également le travail de l'administrateur, lequel navigue plus simplement au cœur du système. On distingue des données partageables, spécifiques à une machine, statiques et variables :

Tableau 14-1 : Catégories de données

	Partageable	Local
Statique	*/bin*	*/etc*
Variable	*/home*	*/proc*

Le contenu des répertoires personnels placés sous */home* est par nature variable. Il peut être partagé entre les machines. À l'opposé, les fichiers de configuration placés sous */etc* sont statiques, leur modification réclamant l'intervention de l'administrateur du système. Ils sont propres à la machine qui les contient. Toutes ces données peuvent faire l'objet d'une politique de sauvegarde. Ce sujet est abordé en fin de chapitre.

L'arborescence Mandrake Linux

Voici une vue simplifiée de l'arborescence Mandrake Linux, qui respecte le standard FSSTND (File System Standard) :

Tableau 14-2 : Arborescence de fichiers Mandrake Linux

Répertoire	Contenu
/	Racine de l'arborescence
/bin	Commandes essentielles
/boot	Fichiers d'amorçage
/dev	Fichiers de périphériques
/etc	Fichiers de configuration locaux
/home	Répertoires personnels des utilisateurs
/lib	Bibliothèques partagées
/mnt	Point de montage des systèmes de fichiers temporaires
/proc	Informations sur les processus
/root	Répertoire privé de l'administrateur
/sbin	Commandes principales du système
/tmp	Fichiers temporaires
/usr	Autre hiérarchie majeure
/var	Données dynamiques

Détaillons le contenu de chaque branche.

/bin

La branche */bin* contient des commandes ouvertes à tous les utilisateurs.

/boot

La branche */boot* contient les fichiers d'amorçage de Linux, généralement associés à un chargeur de démarrage tel que LILO ou GRUB.

/dev

La branche */dev* contient les fichiers spéciaux qui servent à la communication avec les périphériques. Voici le sens des préfixes les plus fréquents.

Tableau 14-3 : Préfixes courants des fichiers spéciaux

Préfixe	Famille
console	Console système
fd	Lecteur de disquettes
hd	Disque ATA/IDE
lp	Port parallèle
md	Disque RAID
null	Périphérique fictif
ppp	Liaisons réseau point à point
psaux	Port souris type PS/2
ptyp	Pseudo tty (maître)
ram	Disque RAM
sd	Disques SCSI
st	Lecteurs de cartouches SCSI
tty	Terminaux virtuels
ttyp	Pseudo tty (esclave)
ttyS	Ports série
zero	Source d'octets de valeur 0

La liste des entrées du répertoire */dev* est maintenue globalement.

Linux Device List

Retrouvez la liste officielle des périphériques reconnus par Linux à l'adresse **www.kernel.org/pub/linux/docs/device-list/**.

/etc

La branche */etc* contient l'essentiel des fichiers de configuration du système. À quelques exceptions près, comme les tables d'alias compilées de certaines messageries, ces fichiers sont formés de texte brut. À ce titre, ils peuvent être édités avec des outils légers comme Vi.

Tableau 14-4 : Branche /etc

Répertoire	Contenu
/etc/rc.d	Fichiers de démarrage
/etc/skel	Maquette des répertoires personnels
/etc/X11	Fichiers de configuration X

Le répertoire */etc/skel* sert de modèle lors de la création du répertoire personnel d'un utilisateur. Le fichier *XF86Config* de configuration du serveur X Window est placé dans le répertoire */etc/X11*. Le répertoire */etc/rc.d* contient les fichiers de démarrage décrits à la section *Init System V*.

/home

La branche */home* héberge les répertoires personnels des utilisateurs, à l'exception de celui de root. On y place parfois les documents de serveurs FTP ou HTTP.

Tableau 14-5 : Branche /home

Répertoire	Contenu
/home/user	Répertoire personnel de l'utilisateur user

/lib

La branche */lib* rassemble des bibliothèques partagées et les modules chargés par le noyau.

Tableau 14-6 : Branche /lib	
Répertoire	**Contenu**
/lib/modules	Modules du noyau

/mnt

Le répertoire */mnt* est l'emplacement où sont montés les systèmes de fichiers temporaires inscrits sur disquettes, CD-Rom et disques durs amovibles. Le tableau suivant liste quelques points de montage standard.

Tableau 14-7 : Points de montage standard	
Répertoire	**Contenu**
/mnt/cdrom	Lecteur de CD-Rom
/mnt/dos	Partition DOS
/mnt/floppy	Lecteur de disquettes
/mnt/windows	Partition Windows

/proc

La branche */proc* est le point de montage d'un système de fichiers virtuel, dont les éléments renseignent sur l'activité du système. Voici une partie des informations accessibles en clair :

Tableau 14-8 : Branche /proc	
Entrée	**Contenu**
/proc/n	Informations sur le processus de PID n.
/proc/bus	Informations sur les bus du système.

Tableau 14-8 : Branche /proc	
Entrée	**Contenu**
/proc/cpuinfo	Caractéristiques du processeur.
/proc/ksyms	Liste des symboles exportés par le noyau.
/proc/meminfo	Occupation de la mémoire physique et du swap.
/proc/modules	Liste des modules chargés.
/proc/net	Informations sur les protocoles réseau.
/proc/pci	Liste des périphériques PCI.
/proc/sys	Permet la configuration dynamique du noyau.

/root

Le répertoire */root* appartient à l'administrateur. Les données telles que le courrier et les nouvelles sont adressées de préférence à un utilisateur de base.

/sbin

La branche */sbin* contient des commandes système réservées à l'administrateur.

/tmp

Le répertoire */tmp* contient des fichiers temporaires. Il est régulièrement purgé par l'utilitaire système tmpwatch.

/usr

Autre point d'entrée majeur de l'arborescence Linux, la branche */usr* est montée de préférence en lecture seule.

Tableau 14-9 : Branche /usr	
Répertoire	**Contenu**
/usr/bin	Commandes principales des utilisateurs
/usr/include	Fichiers d'en-têtes C
/usr/lib	Diverses bibliothèques
/usr/local	Logiciels installés localement
/usr/sbin	Utilitaires d'administration auxiliaires
/usr/share	Données indépendantes de l'architecture matérielle
/usr/share/doc	HOWTO et documentation des applications
/usr/share/man	Abrite les pages de manuel (man pages)
/usr/src	Code source du noyau
/usr/X11R6	X Window version 6

La documentation Linux est placée sous */usr/share/doc* et */usr/share/man* ; les sources du noyau et les prototypes de fonctions C sont sous */usr/src*. Les applications que vous installez manuellement devraient logiquement trouver place dans le répertoire */usr/local*.

/var

La branche */var* contient des données qui évoluent sans intervention directe de l'administrateur.

Tableau 14-10 : Branche /var	
Répertoire	**Contenu**
/var/lock	Fichiers de verrouillage des ressources
/var/log	Journaux d'activité du système
/var/named	Fichiers de configuration DNS
/var/nis	Fichiers de configuration NIS

Tableau 14-10 : Branche /var	
Répertoire	**Contenu**
/var/run	Fichiers d'identification des processus en cours d'exécution
/var/spool	Spool de courriers, nouvelles, documents en cache
/var/tmp	Fichiers temporaires encombrants

Le répertoire */var/log* contient les journaux du système. Le répertoire */var/spool* tient lieu de zone de transit pour les données des services offerts par votre machine, comme le courrier électronique ou les forums de discussion.

Chemins de recherche

La variable PATH contient le chemin de recherche des commandes saisies en ligne. Il est différent pour root et les autres utilisateurs.

```
# echo $PATH
/bin:/sbin:/usr/bin:/usr/sbin:/usr/X11R6/bin
$ echo $PATH
/bin:/usr/bin:/usr/local/bin:/usr/X11R6/bin:/usr/games
```

Le shell d'un utilisateur ordinaire ne recherche pas de commandes dans les répertoires */sbin* et */usr/sbin*, qui contiennent des utilitaires système.

14.3 Schéma de partitionnement des disques

RENVOI

*Au chapitre **Installation de la distribution Mandrake Linux 9.0**, vous avez opté pour un partitionnement automatique des disques.*

L'assistant d'installation de votre distribution a créé une partition principale, une partition de swap et, éventuellement, une partition dédiée aux données des utilisateurs. Nous vous proposons ici des schémas de partitionnement alternatifs adaptés à la capacité de votre disque dur.

Disque dur de plus de 1 Go

Un découpage en partitions spécialisées est difficilement envisageable si la capacité de votre disque dur est inférieure à 1 Go. Une installation minimale de Mandrake Linux occupe déjà plusieurs centaines de mégaoctets.

Tableau 14-11 : Partitionnement d'un disque de plus de 1 Go	
Point de montage	**Taille**
/	Environ 1 Go
swap	32 à 64 Mo

L'espace libre sera attribué indifféremment aux programmes ou aux données.

Disque dur de 3 à 4 Go

Avec un disque dur de 3 à 4 Go, envisagez le découpage suivant :

Tableau 14-12 : Partitionnement d'un disque de 3 à 4 Go	
Point de montage	**Taille**
/	Environ 2 Go
/boot	10 Mo
/home	1 Go ou plus
swap	64 à 128 Mo

Une partition réduite montée en */boot* contient les images nécessaires à l'amorçage de Linux. La partition */home* héberge les répertoires des utilisateurs. On peut également y stocker une image ISO avant gravure. Adaptez les dimensions indiquées à vos besoins.

Disque dur d'au moins 10 Go

Si le disque a une capacité confortable, 10 Go ou plus, envisagez un découpage assez fin. Cette approche sécurise Linux dans son intégralité, en limitant la portée des erreurs à une partition donnée. Dans ces conditions, il est rare que le démarrage de Linux soit totalement impossible.

Tableau 14-13 : Partitionnement d'un disque d'au moins 10 Go

Point de montage	Taille
/	Environ 1 Go
/boot	10 Mo
/home	4 Go ou plus
/usr	4 Go ou plus
swap	128 Mo ou plus

L'essentiel de l'espace disque est réservé aux partitions montées en */home* et */usr*. Il peut être intéressant de découper l'espace au-delà de 10 Go en partitions de 1 Go, qui seront regroupées et exploitées en fonction de l'évolution des besoins.

Taille de la partition de swap

La taille de la partition de swap dépend dans une large mesure de la destination de votre ordinateur. Un proxy cachant des documents Web nécessite de la RAM en quantité, le recours au disque ralentissant les requêtes. À l'inverse, un PC sous X Window, équipé de 64 Mo de RAM ou moins, profite d'une partition de swap généreuse.

14.4 Gestion des utilisateurs

L'ajout d'utilisateurs est une tâche essentielle de l'administrateur système. Dans un compte utilisateur sont indiqués les informations d'authentification de la personne concernée et l'ensemble des ressources mises à sa disposition.

Création d'un compte

La commande useradd crée un compte utilisateur dont vous fixez l'identifiant. Ajoutez un compte attribué à un utilisateur temporaire du système :

```
# useradd -c Hote_du_systeme invite
```

L'évolution du contenu des fichiers */etc/passwd*, */etc/shadow* et */etc/group* souligne la logique de la création.

Listing 14-1 : Extrait du fichier /etc/passwd

```
invite:x:502:507:Hote du systeme:/home/invite:/bin/bash
...
```

L'utilisateur invite porte l'UID (User ID) 502. Il est membre du groupe de travail de GID (Group ID) 507 :

Listing 14-2 : Extrait du fichier /etc/group

```
invite:x:507:
...
```

Ce groupe ne contient pas d'autres membres.

Le mot de passe crypté de l'utilisateur invite figure dans le fichier *shadow*, qui ne peut être lu que par l'administrateur. Cette précaution interdit les tentatives de piratage par essais successifs de mots de passe tirés de dictionnaires.

Listing 14-3 : Extrait du fichier /etc/shadow

```
invite:!!:11613:0:99999:7:::
...
```

Les signes !! rappellent que le mot de passe initial de l'utilisateur invite n'est pas encore fixé. Choisissez-en un, puis saisissez :

```
# passwd invite
Changing password for user invite
New UNIX password: ********
Retype new UNIX password: ********
passwd: all authentification tokens updated successfully
```

Il reste à communiquer l'identifiant et le mot de passe au nouvel utilisateur.

Expiration des mots de passe

L'administrateur peut bloquer le compte d'un utilisateur. Le mot de passe crypté est alors précédé d'un !. Les données de l'utilisateur sont préservées.

```
# passwd --lock invite
```

L'utilisateur invite ne peut plus ouvrir de session. Le compte peut être réactivé à tout moment :

```
# passwd --unlock invite
```

L'administrateur peut forcer le changement régulier du mot de passe d'un utilisateur :

```
# passwd --maximum 30 --inactive 7
```

L'utilisateur invite devra changer de mot de passe passé 30 jours. Il disposera de 7 jours pour ce faire.

Contenu initial d'un répertoire personnel

Le répertoire personnel de l'utilisateur invite a été créé sous */home*. Listez son contenu :

```
# ls -A /home/invite
.bash_logout  .bash_profile  .bashrc  .mailcap  tmp/
```

Les fichiers de configuration du shell Bourne proviennent de modèles placés dans le répertoire */etc/skel*.

RENVOI

Lisez le chapitre* Le mode Console *pour en savoir plus sur le shell Bourne.

Suppression d'un compte

La commande userdel supprime un compte utilisateur. Les données concernées sont effacées des fichiers *passwd* et *shadow*, ainsi que du spool. L'option –r force l'effacement du répertoire privé de l'utilisateur. Supprimez le compte invite :

```
# userdel -r invite
```

14.5 Groupes de travail

La création de groupes de travail est un moyen commode d'autoriser des utilisateurs qualifiés à accéder à un jeu particulier de ressources. Voici un extrait du fichier *group* :

Listing 14-4 : Extrait du fichier /etc/group

```
root:x:0:root
bin:x:1:root,bin,daemon
daemon:x:2:root,bin,daemon
sys:x:3:root,bin,adm
adm:x:4:root,adm,daemon
disk:x:6:root
lp:x:7:daemon,lp
mail:x:12:mail
news:x:13:news
cdwriter:x:80:meo
nobody:x:99:
urpmi:x:415:
...
```

Un groupe est associé à un numéro. Un utilisateur appartient à un ou à plusieurs groupes. Par convention, les identifiants de rang inférieur à 500 sont réservés aux groupes système.

L'utilisateur meo est membre du groupe cdrom. Listez les attributs du fichier de périphérique */dev/scd0* lié à votre graveur :

```
# ls -l /dev/scd0
brw-rw----  1  root  cdwriter  11,  0  avr 14 2001  /dev/scd0
```

Les droits rw accordés aux membres du groupe cdwriter autorisent l'utilisateur meo à accéder au graveur.

La commande groupadd crée un groupe original. Par défaut, l'identifiant affecté est supérieur à 500. Créez un groupe projet dédié à un projet collectif :

```
# groupadd projet
```

L'entrée suivante apparaît dans le fichier *group* :

Listing 14-5 : Extrait du fichier /etc/group

```
projet:x:508:
...
```

L'option –r force la création d'un groupe d'identifiant inférieur à 500.

14.6 Installation de paquetages RPM

RENVOI

Le chapitre* Compilation du noyau et des programmes C *explique comment installer une application à partir des sources.

Un paquetage simplifie le travail de l'administrateur système. Il s'agit d'une archive qui regroupe des fichiers et les instructions nécessaires à leur intégration harmonieuse au sein du système.

Cette notion n'est pas nouvelle. Elle apparaît à l'aube des distributions Linux. Slackware Linux répartit les archives d'extension *.tgz* en catégories, repérées par une suite de deux à quatre caractères. Les concepteurs Red Hat ont introduit un format RPM (Red hat Package Manager) très souple, adopté par de nombreuses distributions dérivées, dont Mandrake Linux. Debian GNU/Linux repose sur un format *deb* spécifique, mais des passerelles existent entre les deux mondes.

Utilitaire rpm

L'utilitaire rpm installe et supprime des paquetages. Il maintient une base de données *DB* qui inventorie les paquetages présents sur le système. Elle est située dans le répertoire */var/lib/rpm*.

L'option -i ou --install correspond au mode Installation ; l'option -q ou --query correspond au mode Interrogation ; l'option -e, --erase ou--uninstall correspond au mode Suppression.

Ajout ou mise à jour d'une application

L'option -i ou --install déclenche l'installation d'un paquetage. Combinez-la avec les options -v et -h pour suivre la progression de la copie. Installez l'utilitaire de téléchargement de fichiers wget, placé sur le CD-Rom accompagnant ce manuel :

```
# cd /mnt/cdrom/Mandrake/RPMS
# rpm -ivh wget-1.8.2-2mdk.i586.rpm
```

L'installation porte sur les programmes et les données de l'application, ainsi que sur les fichiers de configuration. L'option -U déclenche la mise à jour d'un paquetage installé.

Sources réseau

L'utilitaire rpm sait également travailler avec des paquetages hébergés par un serveur FTP ou HTTP. Installez par exemple la dernière version du logiciel ProFTPD placé sur un serveur universitaire :

```
# rpm -ivh ftp://ftp.ciril.fr/pub/linux/mandrake/9.0/i586/
✂ Mandrake/RPMS/prof pd-1.2.5-3mdk.i586.rpm
```

Vérification des dépendances

Un paquetage peut dépendre de fonctions proposées par un autre paquetage. Une application recourt ainsi à un ensemble de bibliothèques qui doivent être en place. Le paquetage howto-html-en contient notamment les HOWTO en anglais. Tentez de mettre cette documentation à disposition des utilisateurs :

```
# rpm -ivh howto-html-en-9.0-0.1mdk.noarch.rpm
error: failed dependencies:
howto-utils is needed by howto-html-en-9.0-0.1mdk
```

Ainsi, howto-html-en dépend du paquetage howto-utils, qui doit donc être installé préalablement. Il contient un utilitaire makehowtoindex d'indexation des HOWTO au format HTML.

```
# rpm -ivh howto-utils-0.2.9-1mdk.noarch.rpm
# rpm -ivh howto-html-en-9.0-0.1mdk
```

Notez au passage que le qualificatif "noarch" désigne un paquetage dont le contenu est indépendant de la plate-forme matérielle. Tel est le cas de la documentation au format HTML. Les utilisateurs peuvent désormais la consulter par le biais d'un navigateur en pointant sur le répertoire */usr/share/doc/HOWTO*.

L'option −R ou −−requires, combinée à l'option −q, déclenche l'affichage de la liste des paquetages nécessaires au fonctionnement d'un paquetage particulier :

```
$ rpm -qR howto-html-en
howto-utils
...
```

Nous retrouvons la dépendance de howto-html-en avec howto-utils.

La combinaison des options −i et −−nodeps force l'installation d'un paquetage indépendamment de la présence ou non des autres paquetages requis. L'option −−force autorise l'installation d'une version de paquetage obsolète. Exploitez ces possibilités avec précaution. Nulle application ne saurait fonctionner si l'une des bibliothèques qu'elle interroge est absente.

Description d'un paquetage installé

L'option -i combinée à l'option -q déclenche l'affichage de la fiche signalétique d'un paquetage. Lib C désigne la bibliothèque principale sur laquelle reposent les programmes Linux. Interrogez ce paquetage :

```
$ rpm -qi glibc
Name : glibc                   Relocations: (not relocateable)
Version : 2.2.5                   Vendor: MandrakeSoft
Release : 16mdk                   Build Date: lun 19 aou 2002
12:18:15
Install date: dim 13 oct 2002          Build Host:
hp6.mandrakesoft.com
Group : System/Libraries          Source RPM:
glibc-2.2.5-16mdk.src.rpm
Size : 15490008                Licence: LGPL
Packager : Gwenole Beauchesne <gbeauchesne@mandrakesoft.com>
URL : http://www.gnu.org/software/glibc/
Summary : Bibliothèque GNU C
Description : Contient les bibliothèques standard utilisées par
de nombreux programmes du système.
...
```

Le numéro de version de la bibliothèque est 2.2.5 et le numéro de version du paquetage est 16mdk. La licence GNU GPL permet l'accès au code de la bibliothèque. Le contenu du paquetage ne peut pas être placé dans un répertoire différent de celui qui est prévu par l'auteur, ce qu'indique la mention "not relocateable".

L'option -l affiche la liste des fichiers composant l'archive :

```
$ rpm -ql glibc
/etc/ld.so.conf
/lib/libc.so.6
...
```

Vérification de l'intégrité d'un paquetage

L'option -V ou --verify compare l'état courant du paquetage avec les informations archivées dans la base de données, lors de l'installation. Les contrôles portent sur l'existence des fichiers et leurs attributs. La signature MD5 est également recalculée. Vérifiez l'intégrité du paquetage bash :

```
$ rpm -qV bash
```

La sortie affiche la version du paquetage. Le paquetage est donc intact.

Liste des paquetages installés

La base de données contient le nom de tous les paquetages en place. L'option -a ou -all, combinée à l'option -q, permet de la consulter :

```
$ rpm -qa
readline-4.3-4mdk
libtermcap2-2.0.8-32mdk
...
```

Suppression d'un paquetage

L'option -e déclenche la suppression d'un paquetage. Utilisez-la en cas de saturation d'une partition ou lorsqu'un logiciel ne vous donne pas satisfaction. Supprimez par exemple les sources du noyau, qui occupent une centaine de mégaoctets :

```
# rpm -e kernel-source
```

Les extensions Mandrake Linux

Les distributions Mandrake Linux 8.x et 9.x comprennent de petits frontaux, écrits en langage Perl, qui étendent les possibilités de rpm. L'utilitaire urpmi installe un paquetage intelligemment. Il construit la liste des paquetages nécessaires à son fonctionnement et installe ceux qui sont absents. Reprenons l'exemple des HOWTO :

```
# urpmi howto-html-en
To satisfy dependencies, the following packages are going to be
installed :
howto-utils-0.2.9-1mdk howto-html-en-9.0-0.1mdk
Is it ok (Y/n)? y
howto-utils     ##########################
howto-html-en   ##########################
```

Les dépendances ont été correctement calculées. Les utilitaires urpmi.addmedia et urpmi.removemedia sélectionnent les URL des sources locales ou réseau.

Tableau 14-14 : Préfixes des sources de paquetages	
Préfixe	**Source**
file://	Arborescence locale
removable://	Disque amovible

Tableau 14-14 : Préfixes des sources de paquetages	
Préfixe	**Source**
http://	Serveur HTTP
ftp://	Serveur FTP

Ajoutez la base RPM du serveur LIP6 :

```
# urpmi.addmedia ftp-lip6 ftp://anonymous:meo@free.fr@ftp.lip6.fr/
pub/linux/ distributions/mandrake/9.0/i586/Mandrake/RPMS/ with
  ../base/hdlist.cz
```

La source est désormais listée dans le fichier de configuration */etc/urpmi/urpmi.cfg* avec l'emplacement de son index complet (type *hdlist.cz*) ou synthétique (type *synthesis.hdlist.cz*).

Finalement, l'utilitaire urpmi.update met à jour la liste des paquetages d'une source quelconque. Il est bon d'ajouter l'option "-a" pour mettre à jour les sources qui n'utilisent pas un média amovible (ftp, http, etc.). Cet utilitaire est particulièrement utile dans le cas d'une source réseau dont le contenu évolue avec le temps.

14.7 Gestion des modules

Les modules apparaissent dans la version 1.2 du noyau Linux. Lors de sa compilation, vous pouvez lier les fonctions de votre choix ou les placer dans des modules qui seront chargés à la demande.

RENVOI

Reportez-vous au chapitre ***Compilation du noyau et des programmes C*** *pour apprendre à compiler vos propres modules.*

INTERNET

HOWTO modules

Le Linux Modules HOWTO complète les informations rassemblées dans cette section (**www.linuxdoc.org/HOWTO/Module-HOWTO/index.html**).

Types de modules

Les modules se sont généralisés. Ils touchent des domaines variés :

- Périphériques : les pilotes de périphériques gèrent des matériels variés.
- Systèmes de fichiers : les pilotes de systèmes de fichiers apportent une abstraction d'un support magnétique ou optique, en termes d'arborescence et de fichiers.
- Réseau : les pilotes réseau gèrent des protocoles comme Ethernet ou IP.

Liste des modules chargés

La commande lsmod liste les modules chargés à un instant déterminé :

```
$ lsmod
Module          Size  Used by
sr_mod         13952 0   (autoclean) (unused)
isofs          17808 1   (autoclean)
ne2k-pci        4512 1   (autoclean)
8390 6112      0  (autoclean) [ne2k-pci]
usb-ohci       14496 0   (unused)
usbcore        47248 1   [usb-ohci]
supermount     32496 4   (autoclean)
ide-scsi        7568 0
sd_mod         11048 0   (unused)
scsi_mod       86036 3   [sr_mod ide-scsi sd_mod]
```

Un module peut dépendre de traitements fournis par d'autres modules. Ainsi, le module usb-ohci dépend du module usb-core.

L'activation du drapeau autoclean permet un déchargement automatique des modules qui ne sont plus exploités par le système. Un appel rmmod –as est exécuté à intervalles réguliers. On le place par exemple dans l'une des tables du service cron, décrit à la section *Tâches planifiées*.

Chargement manuel d'un module

La commande insmod charge un module. Chargez le module msdos.o, qui donne accès aux partitions de type DOS :

```
# insmod msdos
msdos.o unresolved symbol fat_date_unix2dos
...
```

Une liste de symboles s'affiche. Ils correspondent à des fonctions externes au module msdos.o. Le chargeur ne les trouve pas dans la liste des symboles exportés par le noyau. La commande ksyms en affiche le contenu. Recherchez le symbole fat_date_unix2dos :

```
$ ksyms | grep -i fat_date_unix2dos
```

Aucune entrée n'a été trouvée. La commande modprobe est plus intelligente en ce sens qu'elle sait établir les dépendances entre modules :

```
# modprobe -k msdos
```

L'appel est un succès. L'option –k force le positionnement du drapeau autoclean :

```
$ lsmod
Module         Size  Used by
msdos          4848 0   (autoclean) (unused)
fat           30720 0   (autoclean) [msdos]
...
```

Le module msdos.o dépend donc du module fat.o. En interne, la commande modprobe a placé deux appels à insmod. Dans certains cas, un module sait déterminer automatiquement les paramètres du matériel nécessaires à son exécution. Dans d'autres cas, ces paramètres doivent être indiqués en ligne. Par exemple :

```
# insmod ne io=0x300 irq=11
```

Ici, sont précisés le numéro d'interruption (irq) et l'adresse d'entrée/sortie (io) d'une carte réseau ISA compatible Novell Eagle 2000.

Alias

Le fichier de configuration */etc/modules.conf* contient une liste d'alias et de paramètres de modules qui simplifie les manipulations. Il est ainsi d'usage de fixer un alias de la carte réseau Ethernet équipant une station. Voici le contenu du fichier sur notre station :

Listing 14-6 : Fichier /etc/modules.conf

```
alias eth0 ne
options ne io=0x300 irq=10
alias sound-slot-0 i810_audio
probeall scsi_hostadapter ide-scsi
probeall usb-interface usb-ohci
```

Le nom eth0 désigne conventionnellement la première interface réseau d'une station.

Emplacement des modules

Les modules sont placés dans le répertoire */lib/modules/version*, où *version* est le numéro de version du noyau installé. La commande uname affiche cette information :

```
$ uname -r
2.4.19-16mdk
```

Les modules sont classés selon leur type.

```
$ ls /lib/modules/2.4.19-16mdk
build  kernel/  modules.dep
...
```

Le fichier *modules.dep* contient l'arbre des dépendances entre modules. La commande depmod le reconstruit :

```
# depmod -v
```

Le thread kmod

Le noyau des distributions Mandrake Linux récentes s'accompagne d'un thread kmod() qui exécute automatiquement la commande modprobe. Vous retrouverez cette information dans le fichier */proc/sys/kernel/modprobe* :

```
$ cat /proc/sys/kernel/modprobe
/sbin/modprobe
```

Le module isofs.o est par exemple chargé lors de la consultation du contenu d'un CD-Rom.

Déchargement manuel des modules

La commande rmmod décharge un module de la mémoire. Le module isofs n'étant pas utilisé pour le moment, supprimez-le :

```
# rmmod isofs
```

Déchargement automatique des modules

Mandrake Linux place un appel rmmod –as toutes les 10 minutes. L'option –a réclame le déchargement des modules non utilisés avec le drapeau autoclean positionné.

14.8 Journaux

Des journaux rassemblés dans le répertoire */var/log* rendent compte de l'activité du système. Leur consultation aide au diagnostic de pannes du logiciel ou du matériel. Dans un second temps, consultez l'abondante documentation en ligne. Posez une question pertinente sur un forum de discussion spécialisé.

Les journaux rendent également compte de la charge d'un serveur dans un contexte réseau.

Principe

Un service particulier aiguille les messages émis par le noyau et les applications : sysklogd (system and kernel log daemons). Le paquetage Mandrake Linux sysklogd installé par défaut contient ce démon.

Activité de sysklogd

La commande ps renseigne sur l'activité des processus :

```
$ ps ax | grep logd
630 ?  S   0:00  syslogd -m 0
639 ?  S   0:00  klogd -c 2
```

Consultez la section *Init System V* si la sortie précédente est vierge. Deux démons nommés klogd et syslogd sont lancés au démarrage de Linux. Ils aiguillent respectivement les messages émis par le noyau et les applications dans les journaux définis par l'administrateur système.

L'option -m 0 désactive l'écriture régulière d'une ligne "MARK" dans l'un des journaux. Par défaut, cette écriture a lieu toutes les 20 minutes. L'entrée ressemble alors à ceci :

Listing 14-7 : Extrait du fichier /var/log/messages

```
Oct 16 20:09:58 bellerophon -- MARK --
...
```

Messages du jour

La commande dmesg affiche les messages relatifs au dernier démarrage. Adressez ce rapport aux correspondants à qui vous réclamez un diagnostic de panne :

```
# dmesg > rapport.txt
```

Les informations rapportées concernent principalement l'architecture matérielle détectée par le noyau Linux, en particulier :

- la version du noyau et les options de boot ;
- la cartographie de la mémoire ;
- le type du processeur ;
- le bus système ;
- les périphériques détectés, y compris les disques.

Le démon klogd

Le démon klogd scrute l'activité du noyau. Il consulte le contenu du fichier */proc/kmsg* ou exécute un appel système syslog(). Les deux méthodes donnent accès au tampon dans lequel le noyau stocke ses messages.

L'option –c 2 visible lors d'un appel ps détermine la priorité des messages qui doivent être dirigés vers la console. La codification est la suivante :

Tableau 14-15 : Priorité des messages du noyau

Priorité	Description
7	Débogage
6	Information
5	Note
4	Mise en garde
3	Erreur
2	Erreur critique
1	Intervention immédiate requise
0	Panique à bord (!)

Dans un second temps, les messages sont distribués au démon syslogd. Au niveau 2, seules les erreurs critiques sont signalées à l'écran.

Le démon syslogd

Le démon syslogd suit plus particulièrement l'activité des applications. La codification est la suivante :

Tableau 14-16 : Priorité des messages des applications

Priorité	Description
debug	Débogage
info	Information
notice	Note
warning	Mise en garde
error	Erreur
crit	Erreur critique
alert	Alerte
emerg	Panique à bord (!)

Un serveur UNIX propose des services variés. Ils sont classés par catégorie :

Tableau 14-17 : Grandes catégories de services

Service	Description
auth[priv]	Authentification
cron	Tâches planifiées
daemon	Divers démons
kern	Messages du noyau
lpr	Impression
mail	Courrier électronique
news	Forums de discussion
syslog	Démon syslogd

Tableau 14-17 : Grandes catégories de services	
Service	**Description**
user	Programmes des utilisateurs
uucp	Réseau série
local0..7	Services locaux

Le fichier de configuration */etc/syslog.conf* est au cœur de l'audit de votre système Linux. Voici le contenu standard du fichier accompagnant Mandrake Linux :

Listing 14-8 : Fichier de configuration /etc/syslog.conf

```
# Entrées diverses
auth,authpriv.*            /var/log/auth.log
*.*;auth,authpriv.none    -/var/log/syslog
user.*                     -/var/log/user.log

# Tout enregistrer de niveau info ou supérieur (excepté le
# courrier)
# Ne pas enregistrer les messages d'authentication !
*.info;mail.none;authpriv.none  -/var/log/messages

# L'accès au fichier authpriv est restreint
authpriv.*  /var/log/secure

# Audit courrier
mail.=debug;mail.=info;mail.=notice  -/var/log/mail/info
mail.=warn                           -/var/log/mail/warnings
mail.err                             -/var/log/mail/errors

# Audit cron
cron.=debug;cron.=info;cron.=notice  -/var/log/cron/info
cron.=warn                           -/var/log/cron/warnings
cron.err                             -/var/log/cron/errors

# Audit noyau
kern.=debug;kern.=info;kern.=notice  -/var/log/kernel/info
kern.=warn                           -/var/log/kernel/warnings
kern.err                             /var/log/kernel/errors

# Audit impression
lpr.=debug;lpr.=info;lpr.=notice  -/var/log/lpr/info
lpr.=warn                         -/var/log/lpr/warnings
lpr.err                           -/var/log/lpr/errors
```

```
# Audit nouvelles
news.=debug;news.=info;news.=notice  -/var/log/news/info
news.=warn                           -/var/log/news/warnings
news.err                             -/var/log/news/errors

# Audit démons
daemon.=debug;daemon.=info;daemon.=notice   -/var/log/daemons/info
daemon.=warn -/var/log/daemons/warnings
daemon.err -/var/log/daemons/errors

# Tous les utilisateurs recoivent les messages urgents
*.emerg  *

# Les messages d'erreurs des services courrier et nouvelles de
# niveau critique ou
supérieur sont enregistrés dans un fichier spécial
uucp,news.crit  -/var/log/spooler

# Enregistrer les messages de boot dans le fichier boot.log
local7.*  -/var/log/boot.log
```

Détail de la syntaxe

La syntaxe du service GNU dérive de celle du service BSD. Un commentaire débute par un signe # et s'étend jusqu'à la fin de la ligne concernée. Une règle comporte un champ *service.priorite*, suivi d'un champ *action*, contenant généralement la description du fichier cible des enregistrements.

Dans notre configuration type, les messages sont ventilés dans des fichiers du répertoire */var/log*, reprenant le nom du service concerné : noyau, courrier, nouvelles, authentification des utilisateurs, etc. Voici la logique des symboles employés :

Tableau 14-18 : Caractères spéciaux du fichier syslog.conf

Séquence	Description	Exemple
none	Aucun service	mail.none
*	Joker	*.*
=	Cette priorité uniquement	daemon.=debug
!	De priorité inférieure à	news.!err

Tableau 14-18 : Caractères spéciaux du fichier syslog.conf		
Séquence	**Description**	**Exemple**
/	Écrire dans un fichier	/var/log/messages
–	Entrées/sorties asynchrones	–/var/log/daemons
;	Combine deux tests	news.info; news.!err

Par défaut, le démon syslogd accède aux fichiers en mode Synchrone. L'ajout d'un – en tête d'un chemin d'accès évite un appel sync() après chaque écriture. Cette mesure améliore les performances des logiciels recourant massivement au service.

Analyse des journaux

La majorité des messages sont enregistrés dans le journal */var/log/messages*. Chaque entrée du journal respecte la syntaxe suivante :

```
date machine programme [ PID ] : info
```

Date, nom et numéro de processus garantissent un suivi très fin du fonctionnement des programmes.

Supposons que votre station possède un modem analogique à 56 Kbit/s, utilisé pour connecter la machine à Internet. La connexion peut être testée simplement. Ajoutez la ligne suivante au fichier */etc/syslog.conf* :

```
daemon.* /var/log/debug
```

Tous les messages envoyés par les démons seront copiés simultanément dans le fichier */var/log/debug*. L'envoi d'un signal SIGHUP au démon syslogd force la relecture de la configuration :

```
# killall -HUP syslogd
```

Lancez la connexion Internet. N'oubliez pas de valider l'option debug. Voici un extrait du fichier que nous obtenons :

Listing 14-9 : Extrait du fichier /var/log/debug

```
Oct 18 16:05:08 robby pppd[75]: pppd 2.4.0 started by root, uid 0
Oct 18 16:05:08 robby pppd[75]: Using interface ppp0
Oct 18 16:05:08 robby pppd[75]: Connect: ppp0 <--> /dev/ttyS0
```

```
Oct 18 16:05:08 robby pppd[75]: sent [LCP ConfReq id=0x1
<asyncmap...
Oct 18 16:05:08 robby pppd[75]: rcvd [LCP ConfNak id=0x1
<asyncmap...
Oct 18 16:05:08 robby pppd[75]: sent [LCP ConfReq id=0x2
<magic...
Oct 18 16:05:11 robby pppd[75]: rcvd [LCP ConfAck id=0x2
<magic...
Oct 18 16:05:11 robby pppd[75]: rcvd [LCP ConfReq id=0x2 <mru...
Oct 18 16:05:11 robby pppd[75]: sent [LCP ConfAck id=0x2 <mru...
Oct 18 16:05:11 robby pppd[75]: sent [IPCP ConfReq id=0x1
<addr...
Oct 18 16:05:11 robby pppd[75]: sent [CCP ConfReq id=0x1
<deflate...
Oct 18 16:05:11 robby pppd[75]: rcvd [IPCP ConfReq id=0x3
<compress...
Oct 18 16:05:11 robby pppd[75]: sent [IPCP ConfAck <compress...
Oct 18 16:05:11 robby pppd[75]: rcvd [IPCP ConfNack id=0x1
<addr...
Oct 18 16:05:11 robby pppd[75]: sent [IPCP ConfReq id=0x2
<addr...
Oct 18 16:05:12 robby pppd[75]: rcvd [LCP ProtRej id=0x4...
Oct 18 16:05:12 robby pppd[75]: rcvd [IPCP ConfAck id=0x2
<addr...
Oct 18 16:05:12 robby pppd[75]: local IP address 212.43.209.175
Oct 18 16:05:12 robby pppd[75]: remote IP address 212.43.192.38
...
```

Une session point à point débute par la négociation des paramètres de communication (compression, taille des paquets échangés...) suivie d'une procédure d'authentification (PAP, CHAP...). Observez la succession des requêtes (req) et des acquittements (ack). Un tel rapport est une aide précieuse pour qui souhaite vous assister.

14.9 Tâches planifiées

Des tâches doivent être exécutées régulièrement par le système : le contenu du répertoire */tmp* doit être supprimé avant saturation du système de fichiers qui le contient ; les journaux doivent être archivés. Ce ne sont là que quelques exemples. Ces tâches gagnent à être automatisées. Le démon crond les planifie. Vérifiez son activité :

```
$ ps ax | grep crond
792 ?  S  0:00  crond
```

Le fichier de configuration */etc/crontab* fixe les heures et les fréquences d'exécution de ces tâches administratives. Voici le contenu de ce fichier sous Mandrake Linux :

Listing 14-10 : Fichier de configuration /etc/crontab

```
SHELL=/bin/bash
PATH=/sbin:/bin:/usr/sbin:/usr/bin
MAILTO=root
HOME=/

# run-parts

01 * * * * root run-parts /etc/cron.hourly
02 4 * * * root run-parts /etc/cron.daily
22 4 * * 0 root run-parts /etc/cron.weekly
42 4 1 * * root run-parts /etc/cron.monthly
```

Le fichier débute par la définition de variables d'environnement.

RENVOI

Leur rôle est précisé au chapitre ***Le mode Console.***

Les lignes suivantes indiquent une date d'exécution, un propriétaire et le répertoire contenant des commandes à exécuter. Le script run-parts prend en charge l'exécution des entrées trouvées.

Le champ correspondant à la date s'étend sur cinq positions. Sont précisés dans l'ordre les minutes, comprises dans l'intervalle [0;59], l'heure dans [0;23], le jour du mois dans [0;31], le mois dans [0;12] et le jour de la semaine dans [0;7] (0 représente le dimanche). Un joker représente toutes les valeurs possibles d'un champ. La notation a-b désigne toutes les valeurs dans l'intervalle [a;b].

Dans notre exemple, les commandes horaires sont exécutées la deuxième minute de chaque heure, les commandes journalières à 04h02, les commandes hebdomadaires le dimanche à 04h22 et les commandes mensuelles le 1er à 4h42.

Listez le contenu du répertoire */etc/cron.daily* :

```
$ ls /etc/cron.daily
logrotate*  tmpwatch*
...
```

Fichiers temporaires

Intéressons-nous au contenu du script tmpwatch :

Listing 14-11 : Script /etc/cron.daily/tmpwatch

```
#!/bin/sh

[ -f /etc/sysconfig/i18n ] &&
    . /etc/sysconfig/i18n

/usr/sbin/tmpwatch 240 /tmp /var/tmp

if [ -d /usr/share/man/$LANG/ ] && [ -d /var/catman/$LANG/ ];
✂ then
    /usr/sbin/tmpwatch -f 240 /var/catman/{X11R6/cat?,cat?,local/
    ✂ cat?,$LANG/cat?} else
   /usr/sbin/tmpwatch -f 240
   ✂ /var/catman/{X11R6/cat?,cat?,local/cat?}
fi
```

La commande tmpwatch appartient au paquetage de même nom. Elle supprime, des répertoires cités, les fichiers qui n'ont pas été consultés pendant la durée en heures, placée en premier argument. Dans le script, elle est fixée à 10 jours. L'option –f force la suppression des fichiers pour lesquels root n'a pas de droit d'écriture.

Les répertoires temporaires */tmp* et */var/tmp* sont nettoyés. Il en va de même du répertoire */usr/share/man* contenant des fichiers temporaires résultant de la consultation du manuel. La variable LANG contient la codification de la langue nationale (ici, fr_FR).

Archivage des journaux

Intéressons-nous maintenant au contenu du fichier */etc/cron.daily/logrotate* :

Listing 14-12 : Script /etc/cron.daily/logrotate

```
#!/bin/sh
/usr/sbin/logrotate /etc/logrotate.conf
```

La commande logrotate appartient au paquetage de même nom. Elle archive des documents et supprime les versions les plus anciennes. Consultez le fichier de configuration */etc/logrotate.conf* :

Listing 14-13 : Fichier de configuration /etc/logrotate.conf

```
# Faire tourner les journaux chaque semaine
weekly

# Conserver les journaux 4 semaines
rotate 4
```

```
# Mailer les erreurs à root
errors root

# Créer des journaux vides après la rotation
create

# Compresser les journaux
compress

# Les paquetages RPM placent leurs fichiers de configuration ici
include /etc/logrotate.d

# Aucun paquetage ne possède lastlog ou wtmp
/var/log/wtmp {
    monthly
    create 0664 root utmp
    rotate 1
}

/var/log/lastlog {
    monthly rotate 1
}
```

Des options fixent le comportement général de la commande. La rotation des journaux a lieu chaque semaine (weekly). Quatre versions successives sont conservées (rotate 4). Au-delà, la plus ancienne est supprimée. Les journaux archivés sont compressés (compress).

Reportez-vous au contenu du répertoire */etc/logrotate.d* :

```
$ ls /etc/logrotate.d
cron  linuxconf  syslog  uucp  xdm
```

Voici un extrait du fichier *syslog* :

Listing 14-14 : Extrait du fichier de configuration /etc/logrotate.d/syslog

```
/var/log/messages {
    rotate 5
    weekly
    postrotate
    /usr/sbin/killall -HUP syslogd
    endscript
}
...
```

Cinq versions successives du journal *messages* sont conservées. Cela est confirmé par la commande :

```
$ cd /var/log; ls messages*
messages        messages.2.gz  messages.4.gz
messages.1.gz  messages.3.gz  messages.5.gz
```

14.10 Init System V

Les distributions Linux, dont Mandrake Linux 9.0, reprennent globalement le mécanisme de gestion de services initialement développé pour Unix System V.

Une architecture flexible

GNU/Linux possède une architecture flexible. Un noyau placé au cœur du système gère l'ordonnancement des tâches et l'accès au matériel, épaulé par des modules spécialisés. Des programmes situés en périphérie satisfont les requêtes des utilisateurs.

Services

Les grandes fonctions du système sont scindées en services spécialisés. L'articulation de ces services repose sur des scripts shells. Voici une liste de services courants :

Tableau 14-19 : Services Mandrake Linux

Type	Service	Description
Base	at	Commandes différées
	cron	Commandes planifiées
	harddrake	Détection du matériel
	hub	Gestion du bus USB
	keytable	Chargement de la table du clavier
	numlock	Activation du pavé numérique
	sound	Chargement du pilote son
	syslog	Journaux système
Réseau	leafnode	Proxy nouvelles
	network	Activation des interfaces réseau

Tableau 14-19 : Services Mandrake Linux		
Type	**Service**	**Description**
	postfix	Serveur de courrier
	wwwoffle	Proxy Web
Administration	webmin	Administration via le Web
X11	xfs	Serveur de fontes

Quelques services ont une fonction limitée à l'initialisation d'un composant. Le service numlock active ainsi le pavé numérique. Les autres prennent la forme de démons. Le service postfix est un serveur qui transmet du courrier électronique.

Scripts de commande

Un script de commande placé dans le répertoire */etc/init.d* est associé à chaque service. Il réclame un argument :

Tableau 14-20 : Mode d'action des scripts de commande	
Argument	**Action**
start	Lancement du service
stop	Arrêt du service
restart	Redémarrage du service
reload	Relecture de la configuration
status	État du service

Le fichier *skeleton* écrit en Bourne Again Shell tient lieu de modèle :

Listing 14-15 : Modèle /etc/init.d/skeleton

```
#! /bin/sh

# Modèle de script d'exécution d'un service X
```

```
case "$1" in
    start)
        echo -n "Lancement service X"
        # démarrage
 ;;
    stop)
        echo -n "Arrêt service X"
        # arrêt
 ;;
    restart)
 $0 stop
 $0 start
 ;;
    status)
        echo -n "Etat: "
        # état
 ;;
    *)
        echo "Usage: $0 {start|stop|status|restart}"
        exit 1
 ;;
 esac
```

Dans le cas d'un démon, le processus est détaché à l'arrière-plan.

Niveaux d'exécution

Un niveau d'exécution, ou "runlevel", symbolise un état de Linux dans lequel un jeu donné de services doit être activé. Les niveaux standard sont :

Tableau 14-21 : Niveaux d'exécution

Niveau	Description
0	Arrêt du système
1	Mode Administrateur
2	Pas de services réseau
3	Tous services activés
4	Généralement inutilisé
5	Login graphique
6	Reboot du système

Au niveau 1, dit mono-utilisateur (single user mode), seuls les services essentiels sont actifs et le système de fichiers est monté en lecture seule. Considérez ce niveau d'exécution comme une variante sophistiquée du mode dégradé de Windows.

Au niveau 2, le service NFS d'accès aux systèmes de fichiers distants est stoppé.

Les niveaux 3 et 5 correspondent à une utilisation normale du système, le niveau 5 ajoutant généralement une procédure de login graphique.

Il existe un fichier */etc/rc.d/rcn.d* par niveau d'exécution n. Des liens symboliques vers les scripts du répertoire */etc/init.d* y sont créés. Par convention, on les écrit :

```
K|S priorite service
```

K est un service qui doit être arrêté (kill) au niveau d'exécution considéré, S un service qui doit être démarré (start). Une séquence numérique marque la priorité du service. Le répertoire */etc/rc.d/rc5.d* de Mandrake Linux contient les entrées suivantes :

```
$ ls /etc/rc.d/rc5.d
S01usb@          S12syslog@       S70alsa@         S90crond@
S99linuxconf@
S02usbd@         S20random@       S71sound@        S90xfs@       S99local@
S05hardrake@     S25netfs@        S75keytable@     S95anacron@
S99medusa-init@
S10network@      S56rawdevices@   S85numlock@      S95header@
```

Le service network, de priorité 10, est lancé avant le service netfs, de priorité 25. Le montage de systèmes de fichiers distants dépend en effet de l'activité générale du réseau.

Le service local reçoit les commandes que vous souhaitez exécuter à chaque lancement du système. De priorité 99, il est lancé en dernier.

Le mode Mono-utilisateur

En mode Mono-utilisateur (single user mode), seuls les services essentiels sont actifs :

```
$ ls /etc/rc.d/rc1.d
K00linuxconf@     K15numlock@   K44rawdevices@   K75netfs@
K92anacron@
K00medusa-init@   K20kheader@   K60crond@        K80random@
K95hardrake@
```

```
K05keytable@       K30usb@       K69sound@       K80syslog@
S00single@
K10xfs@            K30usbd@      K70alsa         K90network@
```

REMARQUE

Le service single

Les services sont interrompus dans l'ordre inverse de leur lancement. Le service single tue les processus restants et passe effectivement au niveau 1.

Le processus init

Étudions maintenant le cheminement du système, depuis l'amorce jusqu'à la présentation de la fenêtre de login. Tous les processus présents dérivent d'un processus initial nommé init, de numéro 0, ce que confirme le graphe suivant :

```
$ pstree
init -+-bdflush
      |-crond
      |-kapm-idled
      |-keventd
      |-khubd
      |-klogd
      |-kreclaimd
      |-kswapd
      |-kupdated
      |-login---bash---pstree
      |-mdrecoveryd
      |-3*[mingetty]
      |-syslogd
      '-xfs
```

Le fichier de configuration inittabu

Le fichier de configuration */etc/inittab* fixe le comportement du processus init :

Listing 14-16 : Fichier de configuration /etc/inittab

```
# /etc/inittab

# Niveau d'exécution par défaut
id:3:initdefault:

# Script général d'initalisation
si::sysinit:/etc/rc.d/rc.sysinit

# Scripts des niveaux d'exécution 0 à 6
```

```
l0:0:wait:/etc/rc.d/rc 0
l1:1:wait:/etc/rc.d/rc 1
l2:2:wait:/etc/rc.d/rc 2
l3:3:wait:/etc/rc.d/rc 3
l4:4:wait:/etc/rc.d/rc 4
l5:5:wait:/etc/rc.d/rc 5
l6:6:wait:/etc/rc.d/rc 6

# Actions à entreprendre à chaque niveau
ud::once:/sbin/update

# La combinaison Ctrl+Alt+Del provoque l'arrêt du système
ca::ctrlaltdel:/sbin/shutdown -t3 -r now

# Coupure de l'alimentation d'un onduleur
pf::powerfail:/sbin/shutdown -f -h 2 "Alimentation coupée"

# Restauration de l'alimentation d'un onduleur
pr:12345:powerokwait:/sbin/shutdown -r "Alimentation restaurée"

# Ouverture de terminaux virtuels
1:2345:respawn:/sbin/mingetty tty1
2:2345:respawn:/sbin/mingetty tty2
3:2345:respawn:/sbin/mingetty tty3
4:2345:respawn:/sbin/mingetty tty4
5:2345:respawn:/sbin/mingetty tty5
6:2345:respawn:/sbin/mingetty tty6

# Login graphique au niveau 5
x:5:respawn:/etc/X11/prefdm -nodaemon
```

Le signe # marque une ligne de commentaire. Les autres lignes suivent la syntaxe :

```
id : niveaux : action : commande
```

id est une séquence de deux à quatre caractères identifiant l'entrée. La liste niveaux fournit les niveaux d'exécution pour lesquels commande s'applique, soit 0 à 6 et A à C. commande est le nom du programme à exécuter lors du passage à l'un des niveaux listés. action décrit un traitement particulier :

Tableau 14-22 : Actions du fichier inittab

Traitement	Description
initdefault	Niveau par défaut
respawn	Relancer la commande à son terme

Tableau 14-22 : Actions du fichier inittab	
Traitement	**Description**
ctrlaltdel	Séquence Ctrl+Alt+Del
powerfail	Coupure de l'alimentation d'un onduleur
powerokwait	Rétablissement de l'alimentation d'un onduleur

Consoles virtuelles

Les consoles virtuelles fonctionnent typiquement en mode respawn. Un processus mingetty est attaché à chaque ligne tty. L'enchaînement mingetty->login->shell caractérise chaque session.

Vous basculez d'un terminal à l'autre en appuyant sur la combinaison de touches Alt+Fn. Chaque processus mingetty mobilise approximativement 500 Ko de RAM. Diminuer le nombre de consoles déclarées dans le fichier *inittab* contribue à libérer de la RAM sur une machine.

Le script rc

Le script rc placé dans le répertoire */etc/rc.d* démarre et stoppe les services en fonction du niveau d'exécution souhaité. En voici l'algorithme dans les grandes lignes :

Listing 14-17 : Algorithme rc

```
PROCEDURE rc(n)
DEBUT
    POUR k DANS /etc/rc.d/rc.n/K* FAIRE
        k stop
    FIN
    POUR s dans /etc/rc.d/rc.n/S* FAIRE
        s start
    FIN
FIN
```

Les liens sont balayés dans l'ordre lexicographique, établissant la priorité souhaitée.

Niveau d'exécution courant

La commande runlevel affiche le niveau d'exécution courant :

```
# runlevel
runlevel
N 5
```

Ici, le système est au niveau 5. La lettre N indique que le système n'est pas passé antérieurement par un autre niveau. Les informations sont recherchées dans le fichier système */var/run/utmp*. Si ce fichier n'existe pas ou que le champ runlevel soit absent, la commande runlevel affiche le mot "unknow" et retourne un code d'erreur :

```
# runlevel /dev/null; echo $?
unknown
1
```

Modifier le niveau d'exécution par défaut

La ligne du fichier *inittab* associée à l'action initdefault fixe un niveau d'exécution par défaut. En récrivant cette ligne id:3:initdefault:, vous réclamez un login en mode Console.

Cependant, la saisie du paramètre single lors de l'affichage du prompt LILO force le passage en mode Mono-utilisateur. En cas de corruption du fichier */sbin/init*, vous pouvez également saisir init=/bin/sh.

Changer de niveau d'exécution

La commande init change le niveau courant. Pour passer au niveau 3, saisissez :

```
# init 3
```

Pour passer en mode Mono-utilisateur, saisissez :

```
# init s
INIT: Going single user
INIT: Sending processes the TERM signal
sh-2.04#_
```

Lancer et arrêter les services

La commande service permet de lister le statut des services (option –s), de les démarrer (start) et de les stopper (stop).

```
# service -s
apmd (pid 1060) est en cours d'exécution...
atd (pid 1101) est en cours d'exécution...
crond (pid 1453) est en cours d'exécution...
...
```

Stoppez le service de gestion de l'énergie :

```
# service apmd stop
Arrêt du service de gestion d'énergie APM : [OK ]
```

14.11 Sauvegardes

Les données stockées sur une machine ont souvent une valeur très supérieure à celle du disque dur qui les héberge. Cette idée est bien comprise des sociétés. En plus des sauvegardes traditionnelles sur support magnétique, elles transfèrent les informations critiques par réseau vers des sites spécialisés.

Le problème est ressenti de manière moins pressante par le propriétaire d'une station Linux personnelle. C'est souvent après la défaillance du disque dur que l'utilisateur constate, dépité, que des données d'apparence anodine ne peuvent plus être restaurées ou que leur restauration va prendre énormément de temps. Carnet d'adresses, correspondance électronique, signets Web ou finances personnelles ne sont que quelques exemples de données auxquelles vous tenez sans doute. Cette section concerne l'administrateur d'un parc réduit.

Étendue de la sauvegarde

L'étendue de la sauvegarde dépend de la nature du périphérique de stockage et du nombre de supports dont vous disposez. Les possibilités varient de la simple disquette à la tour de disques RAID.

Le contenu du répertoire */etc* doit être sauvegardé. Personnaliser les fichiers de configuration prend de nombreuses heures et leur réécriture est laborieuse. Il en va de même pour les répertoires des utilisateurs, stockés dans */home*. Les données du spool */var/spool* seront ou non sauvegardées en fonction de la capacité du dispositif de stockage. Le contenu du répertoire */proc* ne doit pas être sauvegardé.

Les outils de sauvegarde

Trois outils standard sont fournis avec les systèmes d'exploitation de type UNIX : tar, cpio et dump. L'utilitaire tar est adapté à la sauvegarde des données d'un petit réseau. À l'origine, il servait à copier des fichiers sur bande (Tape ARchiver).

Confection de l'archive

L'utilitaire tar sait archiver des fichiers ou des répertoires, et bien sûr les restaurer. Prenons l'exemple du contenu du répertoire */etc* que vous allez sauvegarder sur bande :

```
# tar -cpf /dev/st0 --label=backup_complet --directory /etc
```

L'option -c réclame la création d'une archive, -p la préservation des attributs des fichiers lors de la sauvegarde. L'option -f précise le dispositif de destination, ici un streamer.

INTERNET

Linux Backup

Le site Linux Backup expose les principales techniques de sauvegarde (www.linux-backup.net/). Le HOWTO backup étudie plus particulièrement le cas d'une station personnelle (www.biochemistry.unimelb.edu.au/pscotney/backup/).

CHAPITRE 15

Le centre de contrôle Mandrake

CHAPITRE 15

Le centre de contrôle Mandrake

Le centre de contrôle Mandrake pilote les fonctions système et réseau de Mandrake Linux. Il est basé sur des modules spécialisés, les outils Drake, qui opèrent sur les fichiers de configuration décrits dans cet ouvrage. En complément, un assistant de prise en main de l'environnement fixe l'apparence initiale du Bureau.

15.1 L'assistant de prise en main de l'environnement

L'assistant est appelé automatiquement lors de la première session en mode Graphique. Vous pouvez le rappeler ultérieurement en exécutant la commande drakfw.

RENVOI

Nous avons évoqué le fonctionnement de cet assistant au chapitre De Windows à Linux.

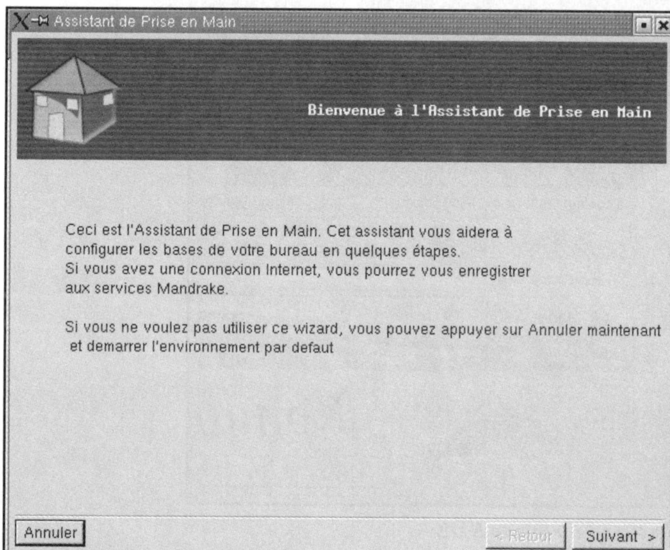

Figure 15.1 : *Assistant de prise en main*

Les experts en quête d'un contrôle direct des applications cliqueront sur **Annuler**, les débutants sur **Suivant**.

Choix d'un Bureau

La première étape vous donne le choix entre plusieurs bureaux graphiques.

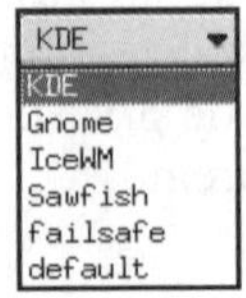

Figure 15.2 : *Sélection d'un Bureau*

Dans la liste déroulante, optez pour l'un des environnements KDE ou GNOME. Sawfish et IceWM sont des gestionnaires de fenêtres légers à privilégier si la machine possède 64 Mo de RAM ou moins.

Des thèmes adaptés s'affichent une fois le Bureau sélectionné. Un thème est un habillage particulier destiné à personnaliser l'aspect du Bureau. Ici, vous conservez le thème KDE par défaut.

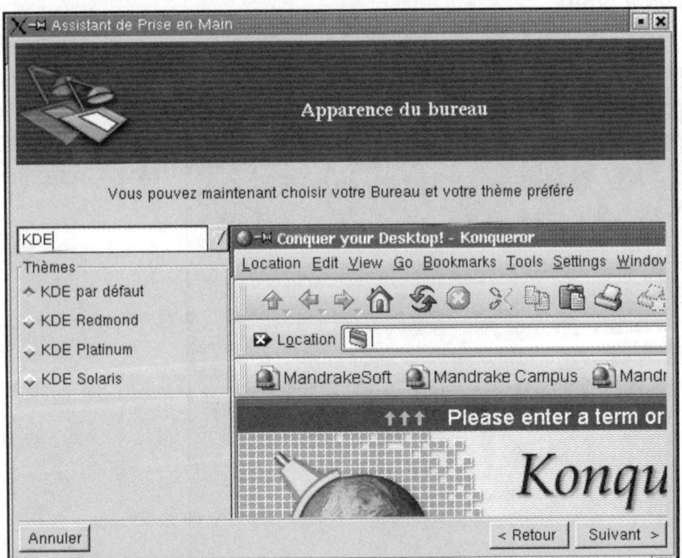

Figure 15.3 : *Sélection d'un thème KDE*

Données personnelles

La société MandrakeSoft collecte des données personnelles sur les utilisateurs de leurs produits. Elle attribue un numéro de client dans la perspective d'achats de logiciels ou de services maison. Une note résume les données archivées et rappelle le droit de regard accordé par la loi française.

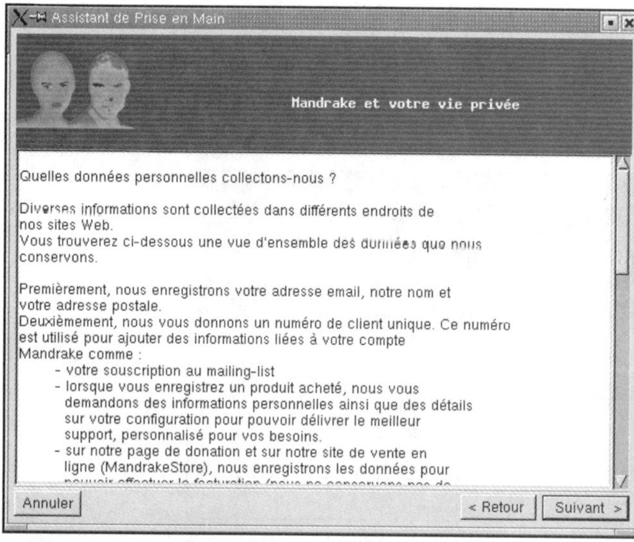

Figure 15.4 : *Nature des données collectées*

Remplissez les champs du formulaire ou laissez-les vide si vous souhaitez conserver l'anonymat.

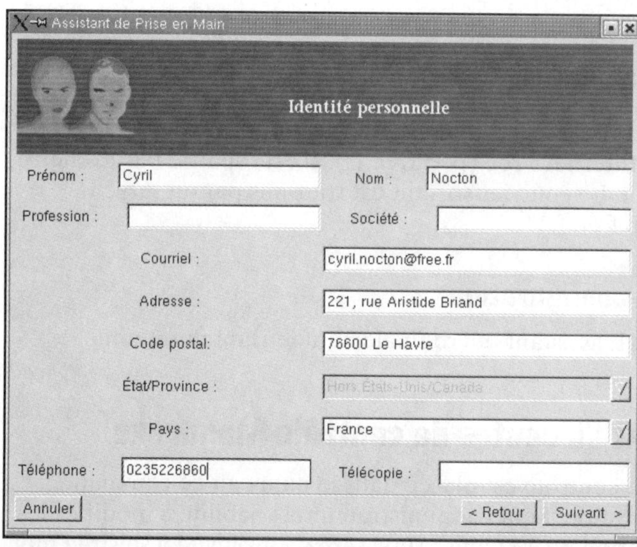

Figure 15.5 : *Identité de l'utilisateur*

Compte de courrier électronique et forums de discussion

Si vous le désirez, indiquez les paramètres de votre compte de courrier électronique et de votre accès à Usenet. Vos comptes seront dores et déjà configurés.

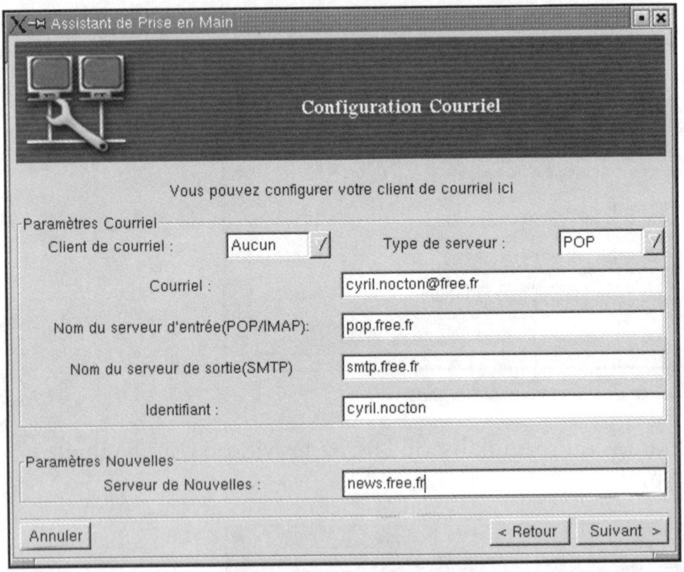

Figure 15.6 : *Compte de courrier électronique*

Dans cet exemple, le courrier entrant est stocké sur un serveur POP du fournisseur d'accès Internet Free (pop.free.fr). Il est rapatrié par le client de messagerie KMail. Le courrier sortant est transmis par un serveur SMTP du FAI (smtp.free.fr).

Sauvegarde de la configuration

Cliquez sur **Valider**. L'assistant ouvre finalement le Bureau retenu.

15.2 Lancement du centre de contrôle Mandrake

L'icône du centre de contrôle est placée dans le panneau de commande. Un clic lance l'application. Seul l'administrateur est habilité à modifier les fichiers de configuration du système. Aussi serez-vous invité à saisir le mot de passe de root si vous travaillez sous un compte ordinaire.

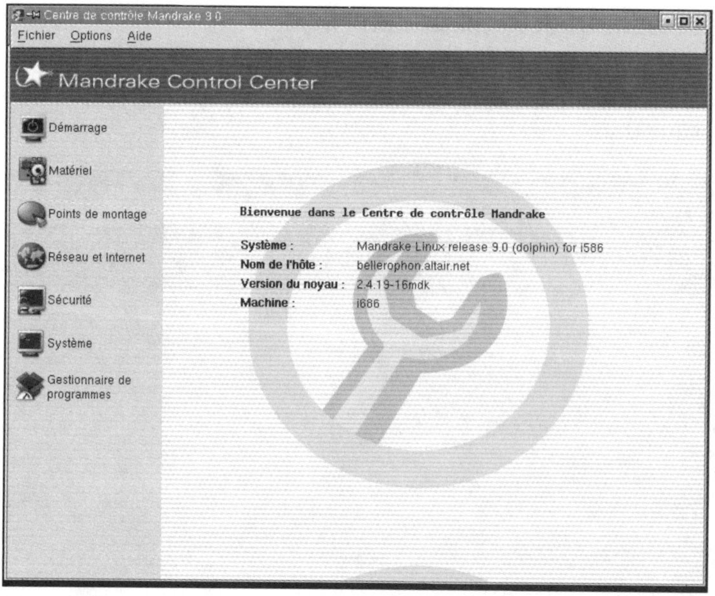

Figure 15.7 : *Le centre de contrôle*

Les thèmes sont représentés dans le panneau gauche du centre de contrôle. Sélectionnez un thème en cliquant sur l'icône qui le symbolise, puis optez pour un réglage particulier dans le panneau droit. L'assistant fonctionne également en mode Texte.

```
$ drakconf
Mot de passe pour root : ********
```

Le centre de contrôle apparaît ici en mode Semi-graphique.

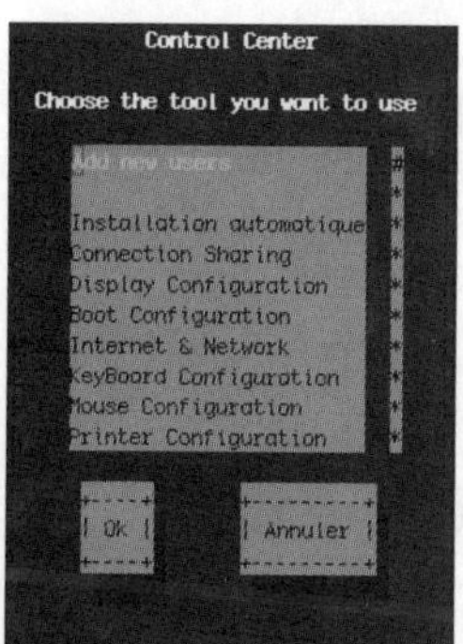

Figure 15.8 :
Mode Semi-graphique

Création d'une disquette de démarrage

L'entrée **Démarrage/Disquette de démarrage** lance l'assistant DrakFloppy. Une disquette de secours permet le boot de Linux en cas de corruption de l'amorce du disque dur.

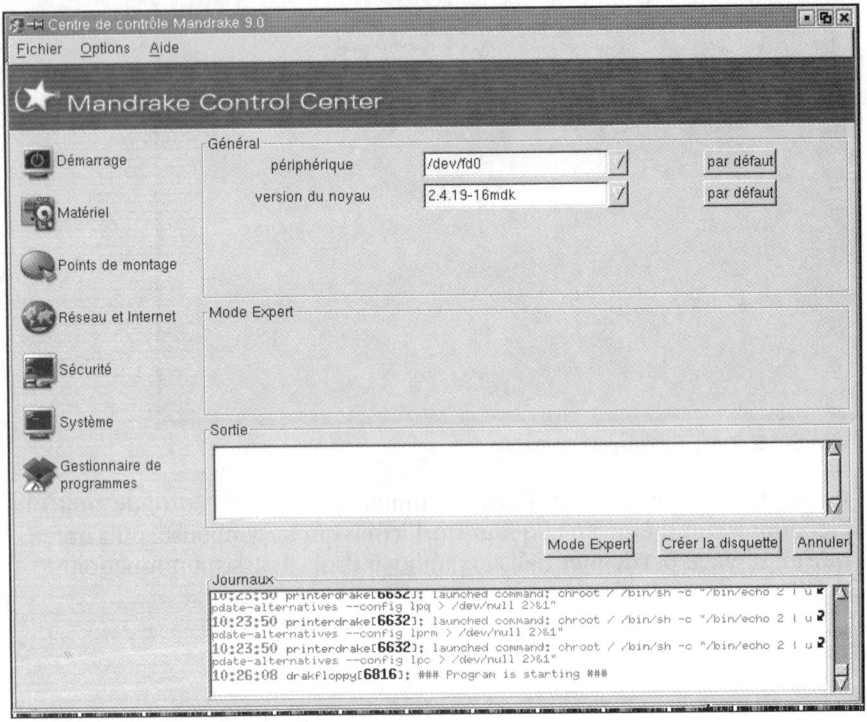

Figure 15.9 : *Sélection d'un noyau*

DrakFloppy a sélectionné le noyau standard de Mandrake Linux 9.0 (version 2.4.19). La copie a lieu par défaut sur la disquette insérée dans le premier lecteur de disquettes (périphérique */dev/fd0*). Le bouton **Mode expert** permet de placer des modules sur la disquette de démarrage.

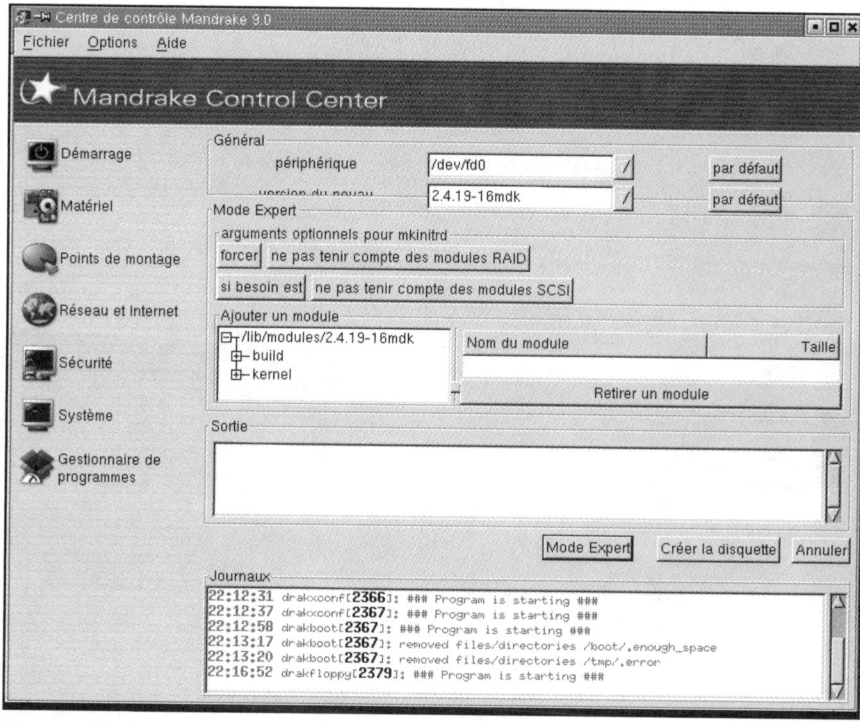

Figure 15.10 : *Passage en mode Expert*

Cliquez sur le bouton **Créer la disquette** pour lancer la copie.

Options de démarrage

L'entrée **Démarrage/Configuration du démarrage** détermine le chargeur Linux et le mode Texte ou Graphique de la procédure de login. Le bouton **Lancer l'interface graphique au démarrage** force un login en mode Graphique. Refusez la **Connexion automatique** d'un utilisateur ; elle limite sérieusement la sécurité de la machine considérée.

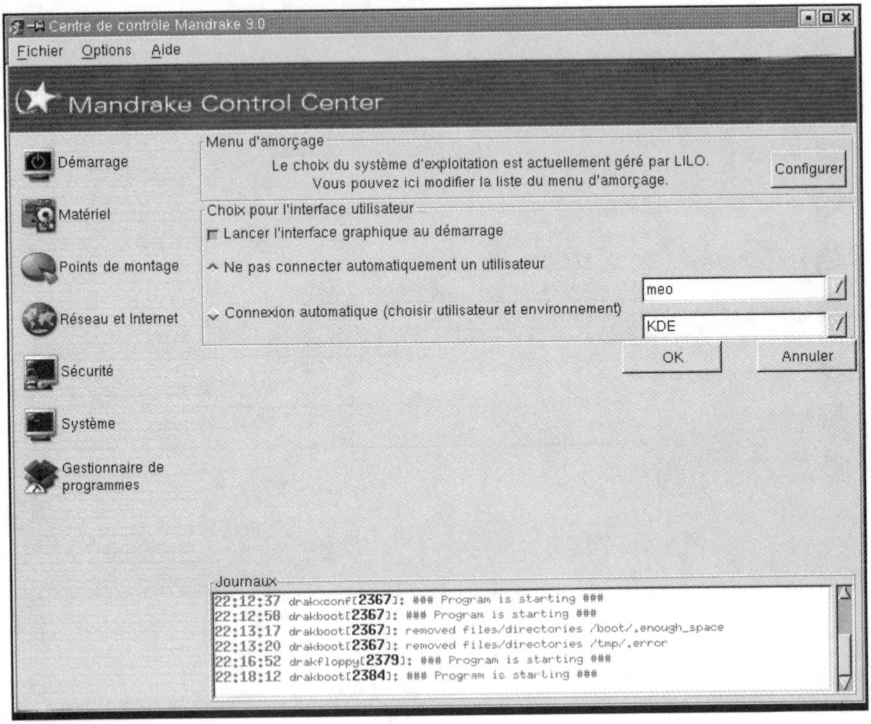

Figure 15.11 : *Options de démarrage*

Cliquez sur le bouton **Configurer** si vous souhaitez rectifier la procédure de boot. Conservez *LILO* comme chargeur de boot. Modifiez éventuellement le délai en secondes avant le chargement du système d'exploitation par défaut.

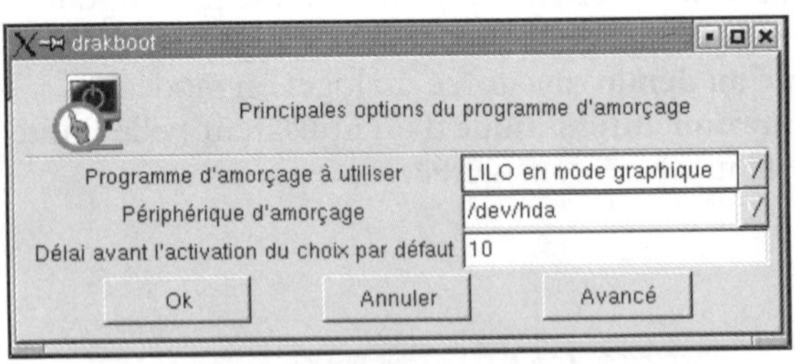

Figure 15.12 : *Options du chargeur*

Inventaire du matériel

L'entrée **Matériel/Liste du matériel** lance l'assistant HardDrake qui va dresser la liste du matériel présent dans votre ordinateur.

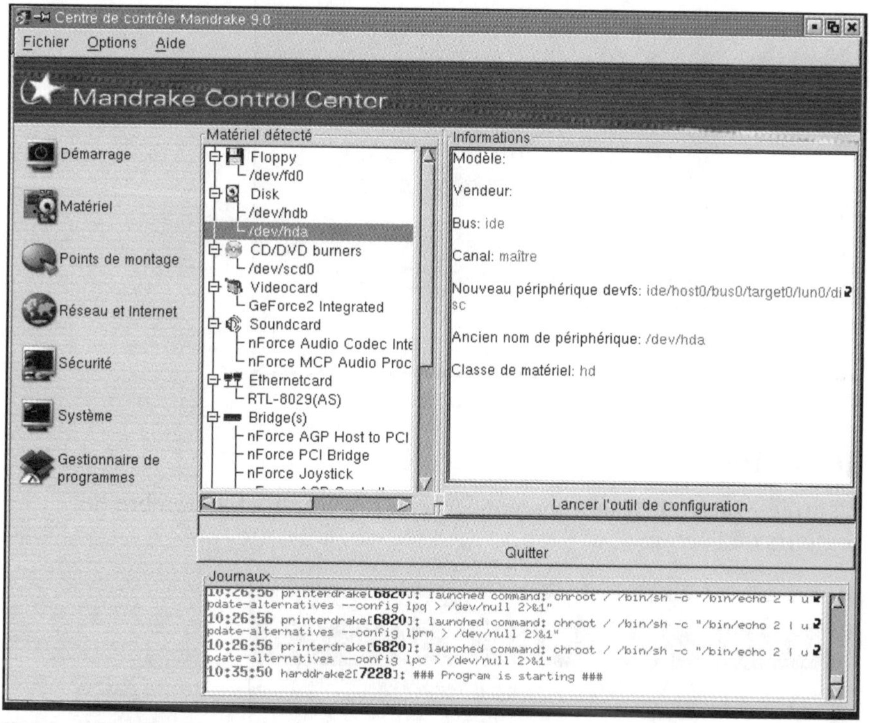

Figure 15.13 : *Inventaire du matériel embarqué*

Vous retrouvez les informations affichées lors de la procédure de boot. Le bouton **Démarrer l'outil de configuration** apparaît lorsque Mandrake Linux dispose d'un outil adapté.

Configuration du serveur X Window

L'entrée **Matériel/Configuration du serveur X** lance XFdrake, l'assistant de configuration du serveur X Window.

RENVOI

***Le serveur X Window est présenté au chapitre* Le système X Window.**

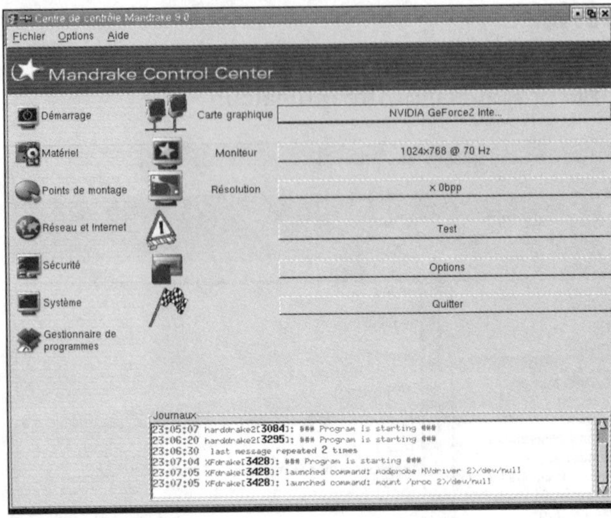

Figure 15.14 : *Configuration du serveur X*

Résolution

L'entrée **Matériel/Résolution** concerne la résolution et le nombre de couleurs de l'écran.

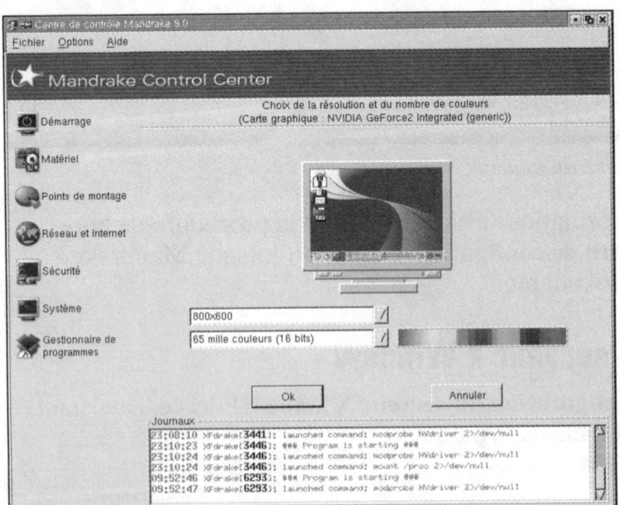

Figure 15.15 : *Résolution et nombre de couleurs de l'écran*

Moniteur

L'entrée **Matériel/Moniteur** fixe la résolution et la fréquence de balayage maximales du moniteur.

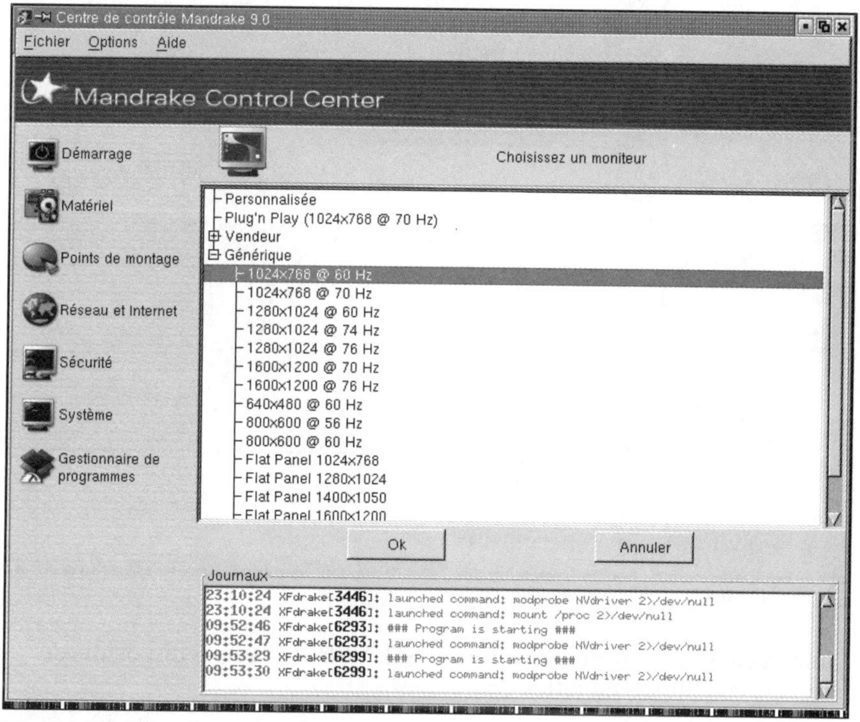

Figure 15.16 : *Caractéristiques du moniteur*

Configuration de la souris

L'entrée **Matériel/Souris** lance l'assistant MouseDrake. Les clics sont visualisés à l'écran. Sur les modèles de souris à deux boutons, l'action du bouton central est simulée par la pression simultanée des boutons gauche et droit.

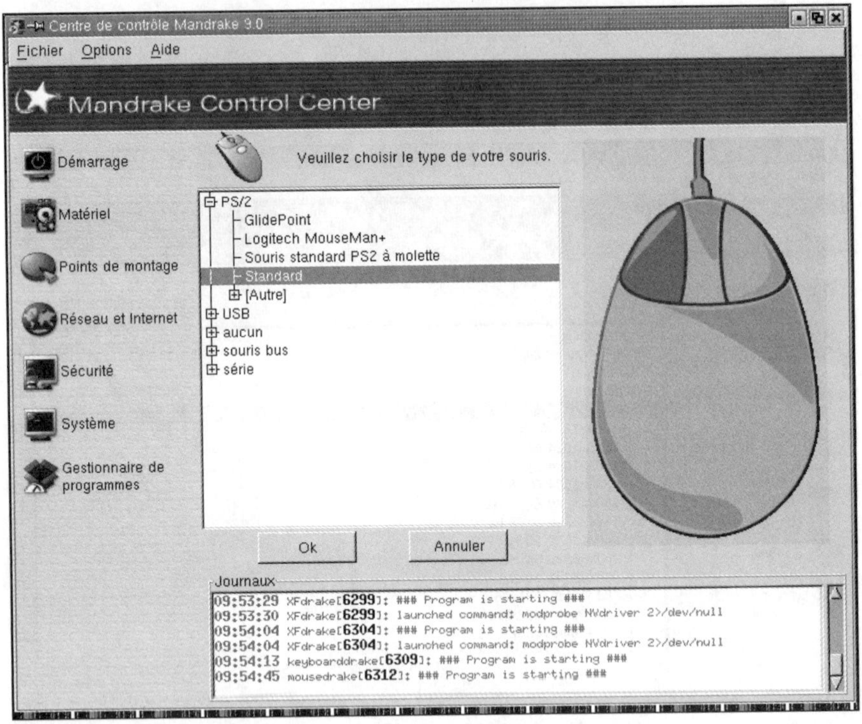

Figure 15.17 : *Action du bouton gauche de la souris*

Linux reconnaît les souris série, bus, PS/2, USB et d'autres dispositifs de pointage comme les tablettes graphiques.

Configuration du clavier

L'entrée **Matériel/Clavier** lance l'assistant KeyboardDrake. Vous pouvez opter pour une déclinaison du clavier national sélectionné par DrakX.

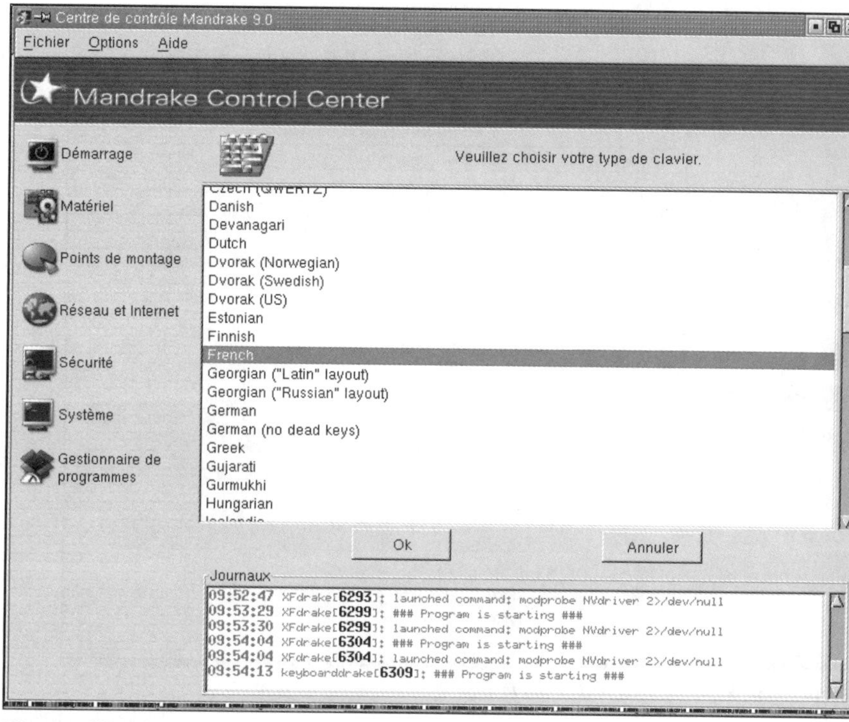

Figure 15.18 : *Choix de la disposition du clavier*

Ajout d'une imprimante

L'entrée **Matériel/Imprimante** lance PrinterDrake, l'assistant de configuration des imprimantes. Les paquetages requis sont installés au besoin.

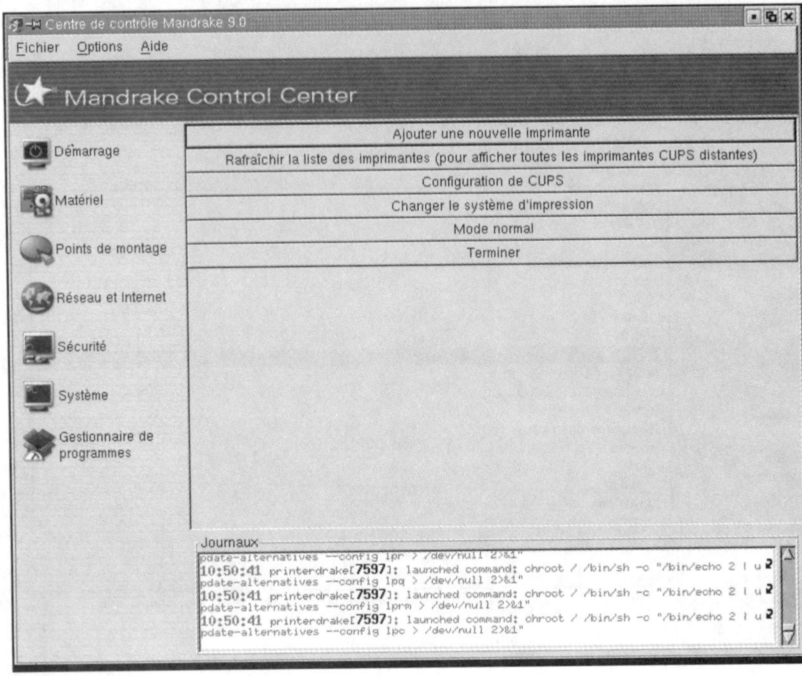

Figure 15.19 : *Assistant PrinterDrake*

Dans les versions antérieures de Mandrake Linux, la gestion des files d'impression incombait au démon lpd (Line Printer Daemon) d'origine Berkeley. Dans les versions 8.x et 9.0, ce travail est assuré par un nouvel ensemble logiciel : CUPS (Common Unix Printing System). CUPS reprend les commandes en ligne du démon Berkeley, ajoutant une interface Web basée sur le protocole IPP (Internet Printing Protocol). Le module d'impression est également redéfini.

INTERNET

CUPS en ligne

Le site officiel introduit les concepts clés de CUPS et du protocole IPP (www.cups.org/).

Cliquez sur **Ajouter une nouvelle imprimante**, puis sur **Autodétection d'imprimante**. PrinterDrake tente de détecter une imprimante locale connectée à un port parallèle ou USB. En cas d'échec, entrez manuellement le port de connexion de cette dernière.

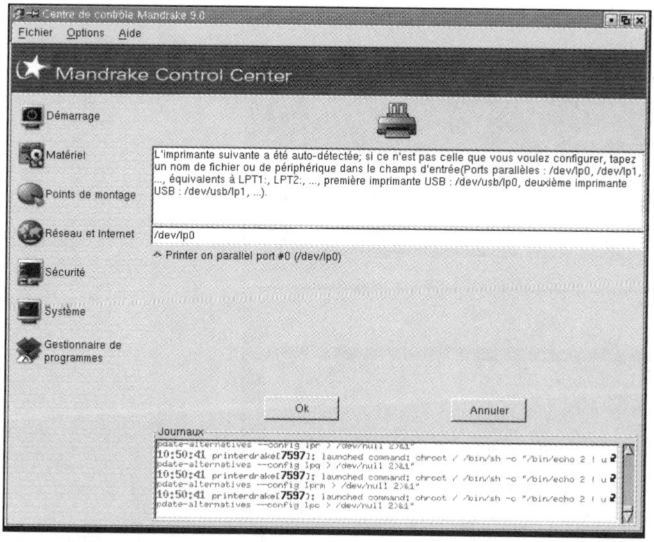

Figure 15.20 : *Sélection du port de connexion*

Nommez l'imprimante. La désignation "lpn", où n est un chiffre, est largement adoptée.

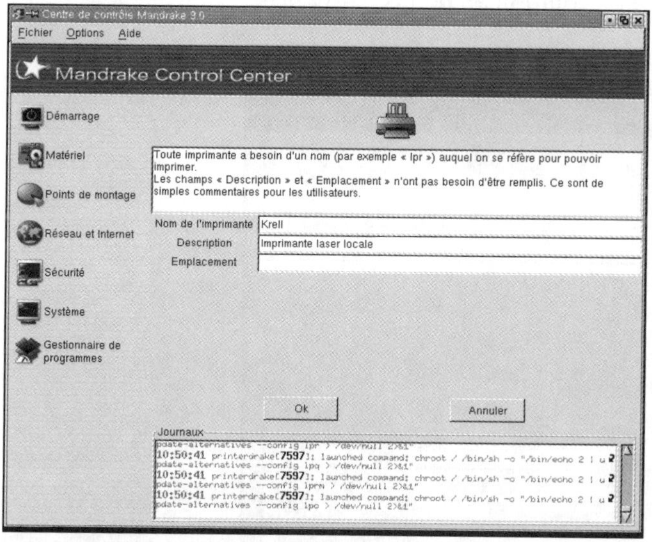

Figure 15.21 : *"Baptême" de l'imprimante*

Choisissez ensuite le modèle dans la liste proposée.

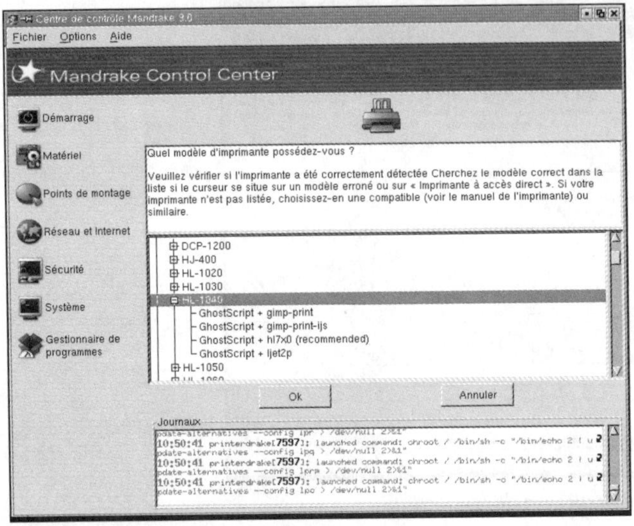

Figure 15.22 : *Choix d'un modèle*

PrinterDrake réclame les paramètres d'impression par défaut, comme le format du papier et la résolution en points par pouce.

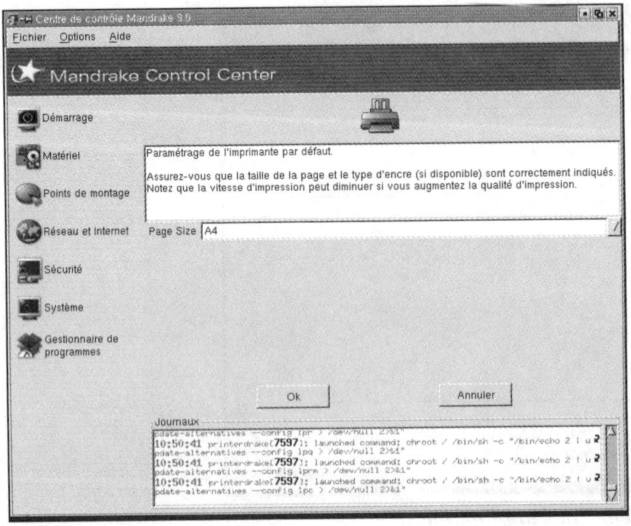

Figure 15.23 : *Paramètres d'impression*

PrinterDrake vous propose d'imprimer une page de test.

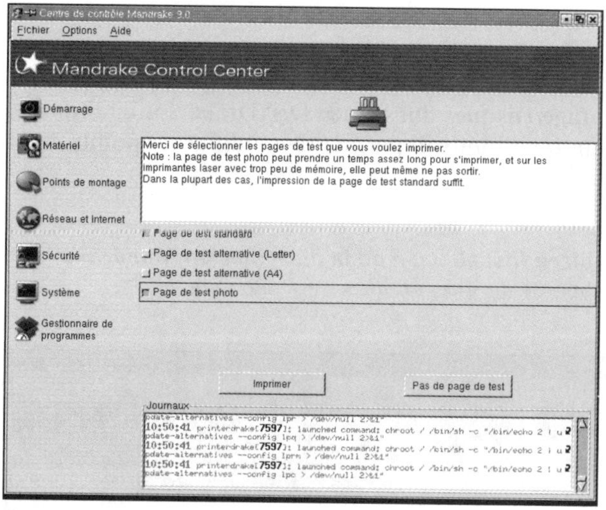

Figure 15.24 : *Test d'impression*

Vous imprimerez vos documents en indiquant le nom attribué précédemment. L'administration repose sur un serveur Web accessible à l'adresse **http://localhost:631**.

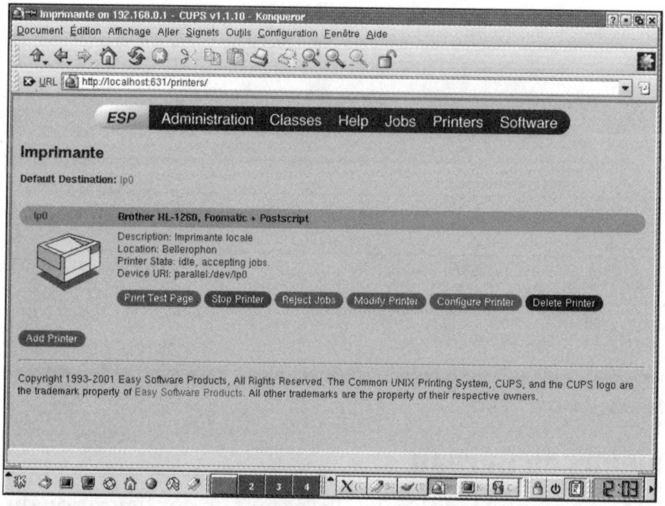

Figure 15.25 : *Interface Web*

PrinterDrake ajoute finalement l'imprimante à la liste des imprimantes configurées.

Changer les points de montage

L'entrée **Points de montage/Disques durs** lance DiskDrake, l'utilitaire de partitionnement de Mandrake Linux. Il permet de modifier les points de montage des partitions.

RENVOI

Consultez le chapitre Installation de la distribution Mandrake Linux 9.0 pour obtenir de plus amples informations.

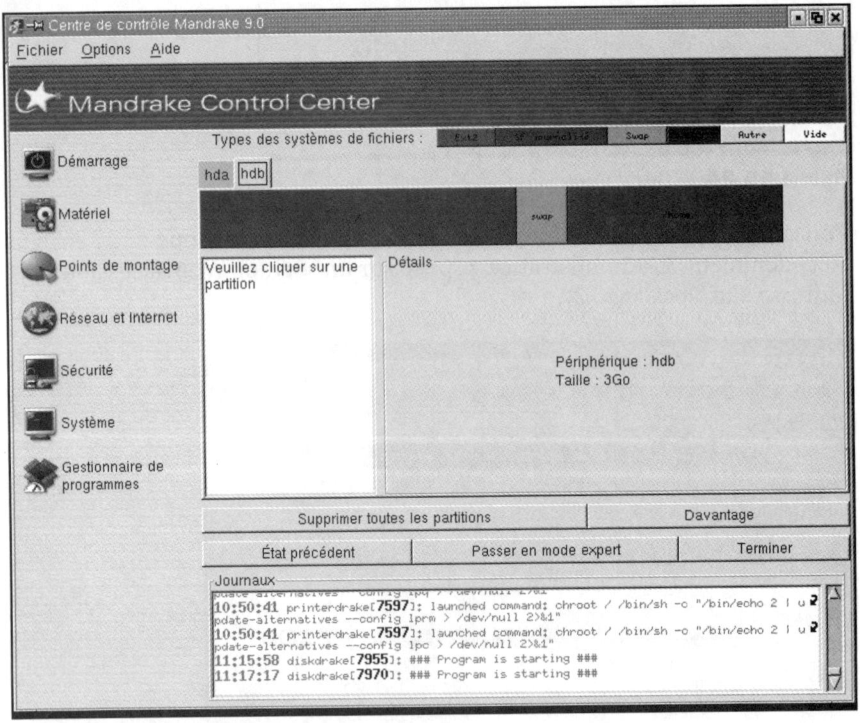

Figure 15.26 : *Assistant DiskDrake*

Modifier les menus du Bureau

L'entrée **Système/Menus** lance MenuDrake, l'assistant de configuration du menu déroulant présent dans la barre de contrôle des Bureaux KDE et

GNOME. Vous pouvez opérer sur l'arborescence générale ou sur celle d'un utilisateur particulier.

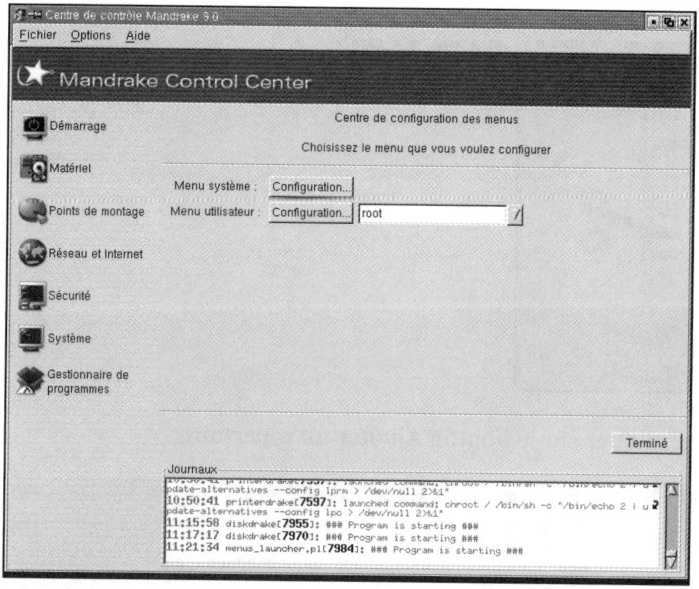

Figure 15.27 : *Configuration des menus*

Voici le menu **K** d'une distribution Mandrake Linux 9.0.

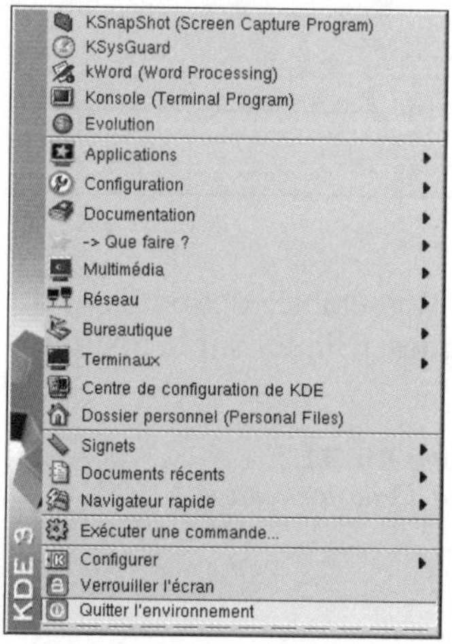

Figure 15.28 : *Menu principal*

Pour ajouter un sous-menu, cliquez sur le bouton **Configuration**. MenuDrake reconstruit la structure du menu en mémoire, ce qui peut prendre quelques secondes.

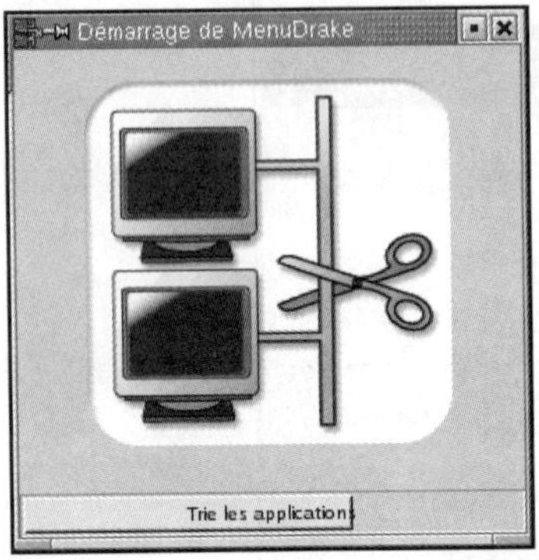

Figure 15.29 : *Construction du menu*

Dans la fenêtre, cliquez sur le bouton **Ajouter un répertoire**.

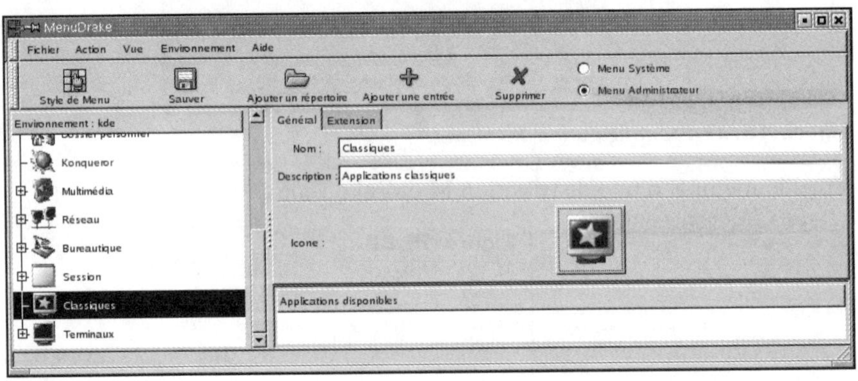

Figure 15.30 : *Assistant MenuDrake*

Entrez le nom du menu dans la zone de saisie. Rassemblez des outils d'usage fréquent dans ce menu intitulé **Classiques**. Cliquez sur le bouton **Ajouter une entrée**.

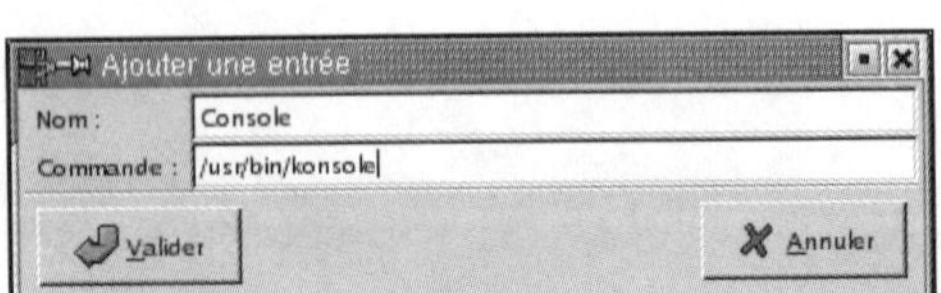

Figure 15.31 : *Ajout d'une application*

Donnez le nom de l'application tel qu'il apparaîtra dans le menu et la commande à exécuter. Konsole est l'émulateur de terminal fourni avec KDE.

15.3 Configuration du réseau

L'entrée **Réseau et Internet/Connexion** lance DrakNet, l'assistant réseau. L'écran d'accueil récapitule les informations fournies lors de la procédure d'installation.

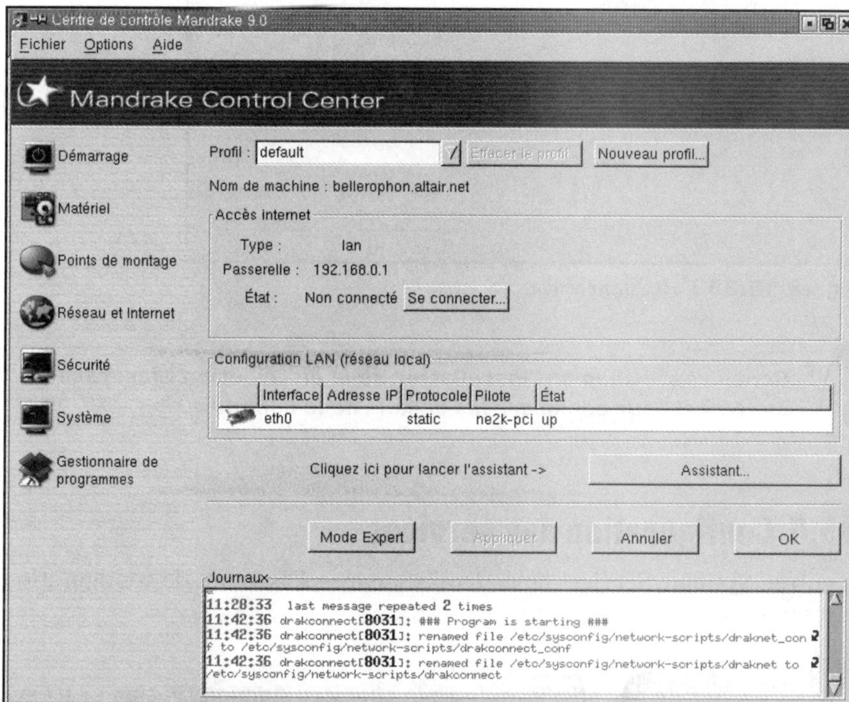

Figure 15.32 : *Paramètres réseau*

Ce serveur possède une carte Ethernet compatible NE2000. La commande **Mode expert** agit directement sur les paramètres du réseau. Préférez l'assistant qui reprend la logique de DrakX.

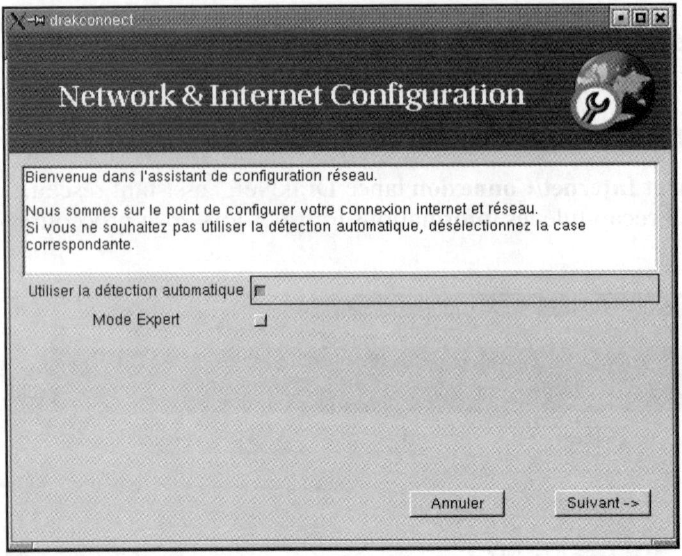

Figure 15.33 : *Assistant réseau*

Consultez le chapitre* Installation de la distribution Mandrake Linux 9.0 *pour connaître les détails de la configuration.

15.4 Configuration des services

L'entrée **Système/Services** lance DrakxServices, l'assistant de configuration des services.

***Au sujet de ces services, lisez le chapitre* Administration système.**

Cochez les cases des services qui s'exécuteront au démarrage de Linux. Lancez et arrêtez un service particulier en cliquant sur les boutons **Start** ou **Stop**. Une fenêtre reprend le message affiché sur la console.

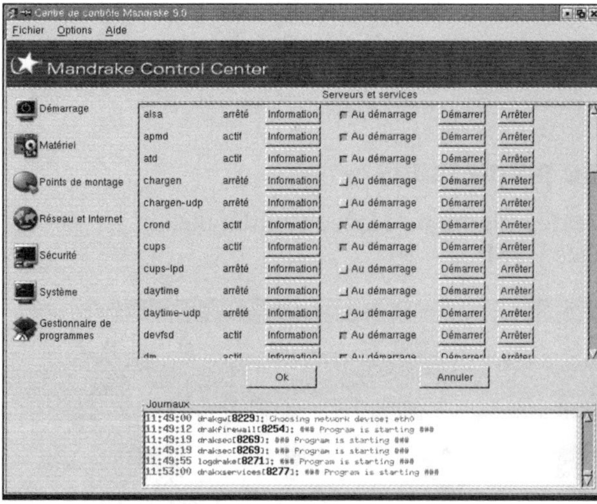

Figure 15.34 : *Choix des services*

15.5 Consultation des journaux

L'entrée **Système/Journaux** lance LogDrake, un utilitaire de visualisation des journaux du système.

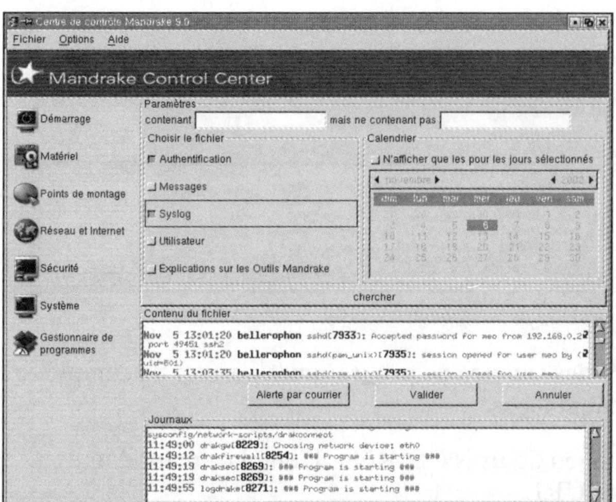

Figure 15.35 : *Contenu du journal d'authentification*

Choisissez les catégories de messages concernés. Ajoutez éventuellement une chaîne de caractères qui devra ou non apparaître dans les messages en question.

15.6 Installation de paquetages

La rubrique **Gestionnaire de programmes** lance RpmDrake, un gestionnaire de paquetages RPM.

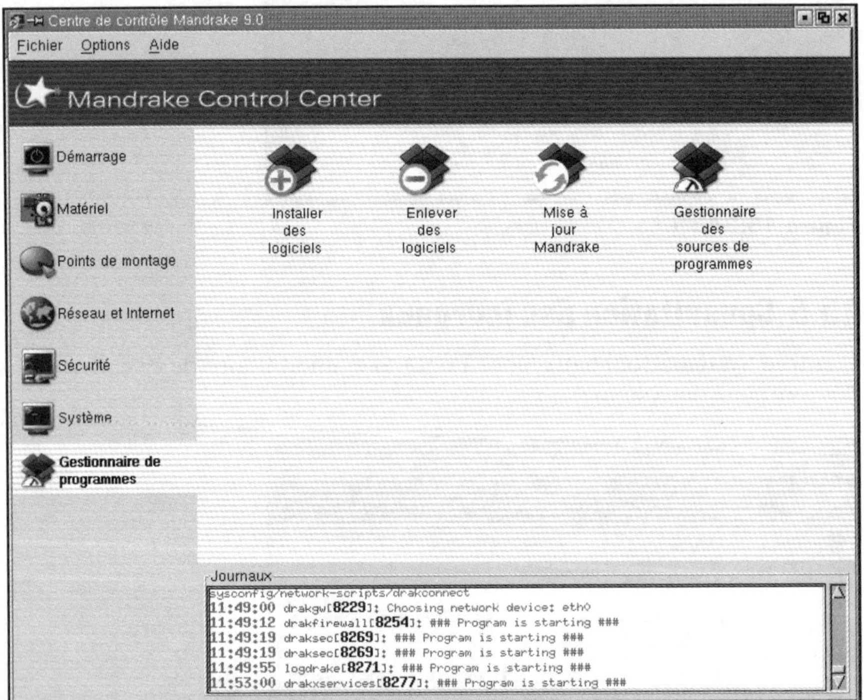

Figure 15.36 : *Gestionnaire de paquetages*

Le bouton **Gestionnaire des sources de programmes** permet de compléter la liste des sources de paquetages.

Vous travaillez ici sur un jeu de trois CD-Rom. L'emplacement d'une source est décrit par une URL.

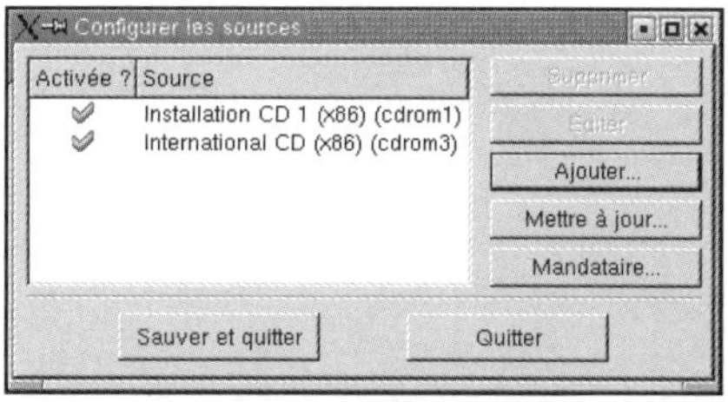

Figure 15.37 : *Définition des sources*

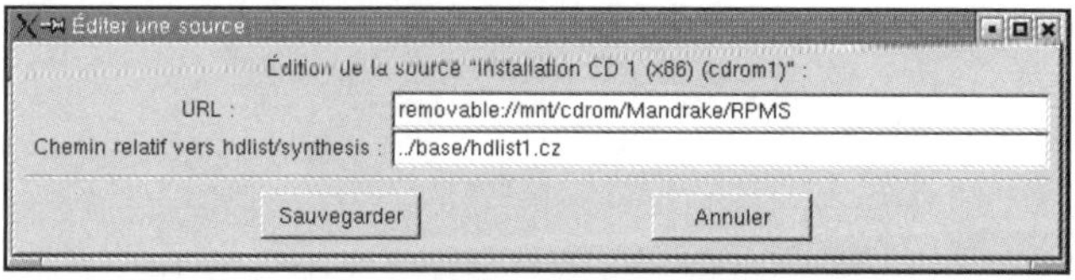

Figure 15.38 : *Emplacement d'une source*

Le mot-clé "removable" indique la nature amovible du support. Le bouton **Mise à jour Mandrake** autorise une mise à jour via Internet.

Les boutons **Installer des logiciels** et **Enlever des logiciels** ajoutent et suppriment des paquetages RPM. Le classement a lieu au choix par ordre alphabétique, par thème ou par source.

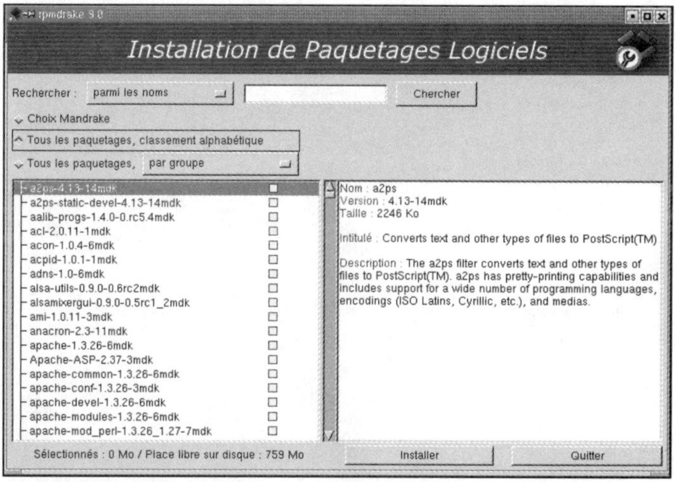

Figure 15.39 : *Liste des paquetages*

Cochez les paquetages à installer ou à supprimer dans l'arborescence. Cliquez finalement sur **Installer/Supprimer** pour opérer les modifications.

CHAPITRE 16

Annexes

CHAPITRE 16

Annexes

16.1 Ressources Web

Internet est une source majeure d'informations techniques. La documentation électronique consacrée à Linux y est abondante. Principalement rédigée en anglais, elle profite du travail de traduction de bénévoles francophones. Cette section prolonge les liens cités au fil de l'ouvrage.

Sites MandrakeSoft

www.mandrakelinux.com

www.mandrakeclub.com

www.mandrakeuser.org

www.mandrakeforum.com

www.mandrakeexpert.com

www.mandrakesecure.net

www.mandrakestore.com

La société MandrakeSoft administre plusieurs sites en rapport avec les distributions qu'elle édite. Des communiqués de presse annoncent la sortie des produits maison, lesquels peuvent être commandés en ligne. Des informations techniques attendent débutants et experts. Il est également envisageable de télécharger gratuitement des paquetages RPM ou de consulter le code source de la distribution.

Portails et moteurs de recherche

Un portail Linux constitue un point d'entrée privilégié pour explorer l'univers du logiciel libre. Les moteurs de recherche spécialisés aident à localiser des ressources ponctuelles.

1st Linux Search

http://1stlinuxsearch.com

Moteur de recherche expérimental, 1st Linux Search indexe plusieurs centaines de milliers de documents Linux.

Google

www.google.com/linux

Très populaire, le moteur de recherche Google se distingue par la pertinence des réponses fournies. Une section du site est dédiée à Linux.

Linux Center

www.linux-center.org/fr

Linux Center est un annuaire de sites consacrés à Linux. Il reproduit l'organisation thématique popularisée par Yahoo!.

Linux Online

www.linux.org

Le portail Linux Online publie des critiques de livres et un cours d'initiation à Linux. L'actualité y est présentée sous forme de flashs.

Teoma

www.teoma.com

Teoma évalue finement la pertinence des pages relevant du thème de votre recherche. Cependant, la base documentaire actuelle est moins riche que celle de Google.

Actualité Linux

L'actualité Linux est foisonnante. Améliorations du noyau, nouveaux projets, accords stratégiques entre acteurs du secteur se succèdent rapidement. Des sites rendent compte de ces aspects.

Annonces de Linux France

www.linux-france.org/annonce

Les annonces de Linux France portent sur l'actualité francophone des logiciels libres.

Da Linux French Page

http://linuxfr.org

Da Linux French Page traite l'actualité Linux sous forme de brèves adressées par les lecteurs du site et approuvées avant publication.

Linux Headquarters

www.linuxhq.com

Linux Headquarters est une source d'informations privilégiée sur les évolutions du noyau Linux.

Linux Today

http://linuxtoday.com

L'actualité Linux au jour le jour.

Linux Weekly News

http://lwn.net/

Autre site d'actualité de parution hebdomadaire.

Nouvelles neuves de Linux

www.portalux.com/nnl

Les Nouvelles neuves de Linux combinent un fil d'informations en ligne et une liste de diffusion.

Slashdot

http://slashdot.org

Slashdot a inspiré de nombreux sites Web. L'actualité des nouvelles technologies y est traitée dans son ensemble. Une large place est réservée au mouvement du libre.

Revues en ligne

Ces revues offrent un contenu original ou reproduisent tout ou partie d'articles publiés en kiosque.

Brave GNU World

www.gnu.org/brave-gnu-world/brave-gnu-world-2002.fr.html

"Brave GNU World" est un bulletin mensuel d'informations axé sur le projet GNU.

Linux Journal

www.linuxjournal.com

"Linux Journal" reproduit une partie des articles de l'édition papier. Le site recense d'autres publications du groupe, comme "Embedded Linux Journal".

Linux Magazine France

www.linuxmag-france.org

"Linux Magazine France" est la principale revue francophone dédiée à GNU/Linux et au projet Hurd. Le site reprend une partie des articles publiés sous licence libre FDL.

Linux World

www.linuxworld.com

"Linux World" adopte une maquette résolument professionnelle. La technicité des articles le destine à un public averti.

Documentation Linux

Des sites se sont spécialisés dans le recensement de la foisonnante documentation Linux.

Linux Documentation Project

http://www.tldp.org

LDP est le portail officiel de la documentation Linux internationale. On y consulte les pages du manuel, des HOWTO, des FAQ et divers guides. Des liens pointent vers les sites engagés dans la traduction de ces textes.

Linux France

www.linux-france.org

Linux France est une source importante de documentation en français. Les articles sont d'un excellent niveau technique. Vous pourrez également consulter des morceaux choisis de la "Linux Gazette".

Traduc Org

www.traduc.org

Traduc Org coordonne les efforts de traduction en français. Abonnez-vous à l'une des listes de diffusion, si vous souhaitez participer à la relecture ou à la traduction de textes. Les HOWTO sont actuellement hébergés par Freenix.

Applications

La logithèque Linux est exceptionnelle en quantité et en qualité. Des bases de données s'imposent pour indexer ces logiciels.

Freshmeat

http://freshmeat.net

La base de données Freshmeat répertorie plusieurs milliers d'applications libres UNIX et assimilées. La recherche s'effectue par mot-clé ou par parcours d'un catalogue.

UK Mirror Service

www.mirror.ac.uk

Ce miroir intéressera tout particulièrement les utilisateurs placés derrière un pare-feu interdisant l'accès FTP. Les principales distributions commerciales de Linux sont archivées.

LIP6

ftp://ftp.lip6.fr/pub/linux

Le serveur FTP du Laboratoire d'informatique de Paris VI a une bonne connectivité. Il héberge les dernières versions du noyau et de grandes distributions de Linux.

Rpmfind

http://fr.rpmfind.net

La base de données Rpmfind exploite les outils rpmfind et rpm2html, programmés par Daniel Veillard. Elle permet la recherche de paquetages RPM. Nous indiquons ici l'adresse du serveur français, hébergé par l'INRIA.

Tucows

http://linux.tucows.com

Le site Tucows, bien connu des adeptes du téléchargement, possède une section Linux bien fournie. Les sites de téléchargement sont choisis en fonction de votre localisation.

Distributions Linux grand public

Les sites des éditeurs autorisent le chargement de la distribution maison et la consultation de la documentation qui lui est consacrée. L'assistance passe par des forums internes, des FAQ ou des bases de connaissances plus complexes. Des formules payantes complètent généralement ces services.

Debian GNU/Linux

www.debian.org

Debian GNU/Linux est une distribution strictement basée sur le noyau Linux et les utilitaires du projet GNU. Très stable, elle est particulièrement appréciée des administrateurs système.

Mandrake Linux

www.mandrake.com

Mandrake Linux est un système d'exploitation convivial. Il est facile d'utilisation aussi bien pour les serveurs en entreprise qu'à la maison. On peut l'obtenir librement dans de nombreuses langues à travers le monde.

Red Hat Linux

www.redhat.com

Red Hat Linux est la distribution la plus connue du grand public. Son format de paquetage RPM a été repris par d'autres éditeurs. En choisissant Red Hat ou Mandrake Linux, vous avez la garantie de trouver de nombreux logiciels prêts à l'emploi.

Slackware Linux

www.slackware.com

Slackware Linux fut l'une des premières versions de Linux diffusée sur CD-Rom. Œuvre de Patrick Volkerding, elle connaît encore de fervents adeptes, en raison de sa stabilité.

SuSE Linux

www.suse.com

SuSE Linux dérive également de Red Hat Linux. Cette distribution d'origine allemande possède un assistant de configuration nommé YaST.

Distributions compactes

Des distributions tenant sur une ou deux disquettes sont très pratiques pour amorcer ou dépanner une machine. Voici une petite sélection.

FREESCO

www.freesco.org

FREESCO est l'abréviation de FREE ciSCO. Cette distribution offre une alternative économique aux routeurs de marque Cisco. La configuration est assistée par des menus. Jusqu'à trois segments de réseau peuvent être mis en relation.

Linux Router Project

www.linuxrouter.org

LRP s'exécute entièrement en RAM, un disque virtuel simulant le système de fichiers. LRP permet de configurer facilement un routeur ou un pare-feu à partir d'un PC de récupération. Le projet initial connaît plusieurs déclinaisons, dont Oxygen et Coyote Linux.

Tomsrtb

www.toms.net/~toehser/rb

Œuvre du programmeur Thomas Oehser, Tomsrtb rassemble les outils nécessaires à la réparation d'un système Linux sur une disquette. L'installation a lieu, au choix, sous DOS ou sous Linux.

Xdenu

www.planetmirror.com/pub/xdenu

Xdenu transforme un simple PC avec 8 Mo de RAM en terminal X fonctionnel. Xdenu existe en version FloppyX tenant sur deux disquettes et en version HdX à installer sur une partition DOS.

Développement C

Les outils C GNU accompagnent toutes les distributions Linux commerciales. C'est l'occasion d'apprendre les rudiments d'un langage très diffusé.

Introduction an langage C

www-clips.imag.fr/commun/bernard.cassagne/Introduction_ANSI_C.html

Les cours de Bernard Cassagne constituent une introduction didactique au langage C.

Source Forge

http://sourceforge.net

Le site Source Forge est un portail qui héberge quelque trente mille projets open source. Il fournit un ensemble complet d'outils de gestion des sources, ainsi que de la documentation.

Logiciel libre

Poursuivons ce panorama par la présentation de promoteurs du logiciel libre.

Association francophone des utilisateurs de Linux et des logiciels libres (AFUL)

www.aful.org

L'AFUL soutient le développement des logiciels libres. Le site définit ce concept et en dresse la revue de presse. Une liste d'associations d'utilisateurs Linux (LUG) vous aidera à trouver assistance dans votre région.

Free Software Foundation France (FSF)

http://france.fsfeurope.org

La FSF promeut les principes du logiciel libre ; elle est à l'origine du projet GNU.

GNU is Not Unix

www.gnu.org/home.fr.html

GNU est l'acronyme "récursif" de GNU's Not Unix. Lancé en 1984, le projet GNU regroupe de nombreux utilitaires. En toute rigueur, Linux devrait être qualifié de système GNU/Linux. À terme, GNU adoptera un cœur Hurd.

Le Hurd

www.hurdfr.org

Hurd est le cœur officiel du projet GNU. Il est composé d'un noyau GNU Mach et d'un ensemble flexible de serveurs. Le site français pointe vers des articles d'initiation portant sur ce thème.

Open Source Initiative (OSI)

www.opensource.org

L'OSI recense les licences libres. Celles-ci doivent garantir l'accès et la diffusion du code des programmes, ainsi que leur libre exploitation.

Forums de discussion

Les forums de discussion, ou newsgroups, sont le lieu d'échanges fructueux autour de Linux. Un forum est une assemblée électronique où sont centralisées les contributions des participants sur un thème particulier. Ces thèmes sont classés au sein de hiérarchies accessibles via un réseau de serveurs spécialisés.

La hiérarchie fr

La hiérarchie francophone fr compte près de trois cents forums, dont une branche informatique fr.comp. Elle est accessible via les principaux FAI et serveurs universitaires français, mais également à l'étranger. Voici une liste de forums pertinents dans le domaine qui nous intéresse.

Tableau 16-1 : Quelques forums de la hiérarchie fr	
Forum	**Description**
fr.bienvenue	Une aide pour les nouveaux venus sur Usenet (avec modérateur)
fr.bienvenue.questions	Les premières questions sur Usenet
fr.comp.applications.libres	Les solutions libres en informatique (avec modérateur)
fr.comp.applications.x11	Système de fenêtrage X11
fr.comp.infosystemes.www.navigateurs	Logiciels de navigation Web
fr.comp.infosystemes.www.serveurs	Administration de serveurs Web
fr.comp.lang.c	Programmation en C
fr.comp.lang.perl	Programmation en Perl
fr.comp.mail	Logiciels de messageries électroniques
fr.comp.os.linux.annonces	Annonces concernant Linux (avec modérateur)
fr.comp.os.linux.configuration	Prise en main d'un système Linux (avec modérateur)
fr.comp.os.linux.debats	Promouvoir et critiquer Linux
fr.comp.os.linux.moderated	Discussions sur le système Linux (avec modérateur)
fr.comp.os.unix	Système Unix
fr.comp.peripheriques.modems	Discussions techniques sur les modems
fr.comp.reseaux.ethernet	Réseaux et matériels Ethernet
fr.comp.reseaux.ip	Discussions sur IP et les protocoles connexes
fr.comp.securite	Sécurité informatique (avec modérateur)
fr.comp.sys.pc	Ordinateurs PC et compatibles
fr.misc.bavardages.linux	Bavardages autour de Linux

Une section de Google permet la consultation et la recherche des messages postés dans les forums publics. La recherche peut s'effectuer par mot-clé, par date, par auteur ou par forum de publication (**http://groups.google.com/**).

Règles d'usage

Les messages d'un forum modéré sont approuvés par une équipe de volontaires, avant publication. Elle rejette ceux qui ne sont pas conformes à la charte du forum de destination. Les messages d'un forum non modéré sont publiés directement. La diffusion prend généralement quelques minutes, mais rien ne garantit ce délai.

Les forums de discussion reposent sur le bénévolat et la collaboration de tous. Le site Usenet-fr dispense des conseils de bon sens pour bien débuter sur la hiérarchie fr. Vous y apprendrez à composer des messages explicites et à choisir le forum le plus adapté à la nature de votre question. La configuration des lecteurs de news est également abordée (**www.usenet-fr.net**).

16.2 Lexique

Ce lexique recense le vocabulaire spécialisé de l'ouvrage. Nous avons tenté d'éviter tout jargon inutile, mais certains termes sont incontournables.

Les mots en italique qui figurent dans les définitions font l'objet d'une entrée dans le lexique.

Administrateur

Gestionnaire d'une machine ou d'un parc de machines.

Adresse IP

Voir *IP*.

ADSL

Abréviation de Asymmetrical Digital Subscriber Line. Technologie réseau transportant plusieurs mégabits de données par seconde (Mbit/s) sur la paire cuivrée du téléphone de l'abonné.

AFUL

Abréviation de Association Francophone des Utilisateurs de Linux et des logiciels libres.

AGP

Abréviation de Accelerated Graphic Port. Bus local rapide améliorant le débit des données vers une carte graphique.

Amorçage

Mise en marche d'un ordinateur en provoquant l'exécution du code machine initial, généralement stocké en ROM.

APM

Abréviation de Advanced Power Management. Mode de gestion de l'énergie intégré aux *BIOS* récents.

Arborescence

Organisation des données d'une *partition* en dossiers qui se ramifient à la manière des feuilles d'un arbre.

Archive

Image transférable d'un ensemble de fichiers. Les archives sont généralement compressées.

ARPANET

Abréviation de Advanced Research Projects Agency NETwork. Réseau américain né dans les années 60 et ancêtre d'*Internet*.

Background

Background process : voir *Tâche*.

BASH

Abréviation de Bourne Again SHell. *Shell GNU* compatible avec la version sh de Steve Bourne.

BIOS

Abréviation de Basic Input Output System. Code stocké dans la ROM d'un ordinateur compatible PC responsable de l'amorçage de la machine et de l'interface avec les composants matériels.

BNC

Abréviation de British Naval Connector. Connecteur pour câble coaxial se verrouillant par rotation.

Boot

Abréviation de Bootstrap. Procédure d'*amorçage* d'un ordinateur.

BOOTP

Protocole d'allocation dynamique d'*adresses IP* délaissé en faveur de *DHCP*.

Bounce

Retour à l'expéditeur d'un courrier électronique qui n'a pu être acheminé jusqu'à son destinataire.

Broadcast

Mode de diffusion de messages à tous les hôtes d'un réseau.

Chargeur

Utilitaire ayant pour rôle de charger un programme puis de lui passer la main.

Chipset

Jeu de puces, soudé à la carte mère, "épaulant" le processeur.

Client

Machine cliente : machine accédant à un *serveur*. **Logiciel client** : agent servant à cette action. **Modèle client-serveur** : modèle de partage des ressources informatiques à base de *services*.

Commutation

Association temporaire de canaux de communication en vue de transmettre des données. **Commutation de circuits** : établit un circuit physique entre utilisateurs. **Commutation de paquets** : découpe les données en *paquets* routés individuellement.

Console

Mode Console : mode Texte de l'environnement Linux. **Console virtuelle** : une des consoles associées à l'écran physique.

DARPA

Abréviation de Defense Advanced Research Projects Agency. Agence américaine à l'origine d'*ARPANET*.

Debian

Debian GNU/Linux : *distribution Linux* composée uniquement de logiciels *libres* et reconnue pour sa stabilité.

Démon

En anglais, "daemon". Dans un environnement *multitâche*, programme exécuté en *tâche* de fond sans intervention directe de l'*utilisateur*.

Démonter

Suspendre l'accès à un *système de fichiers*.

DHCP

Abréviation de Dynamic Host Configuration Protocol. *Protocole* d'allocation dynamique d'*adresses IP*.

Distribution

Distribution Linux : compilation d'un noyau *Linux* et d'applications *GNU*. Les éditeurs y ajoutent une procédure d'installation maison.

Dial Up

Connexion réseau empruntant une ligne téléphonique.

DNS

Abréviation de Domain Name System. Base de données répartie stockant les correspondances entre adresses IP et noms de machine.

Droits

Attributs d'une ressource informatique fixant les opérations que les différents *utilisateurs* peuvent exécuter.

Ethernet

Type de réseau local dont le débit varie de 10 à 1 000 Mbit/s.

Ext2FS

Second Extended File System : *système de fichiers* standard de *Linux*.

Ext3FS

Third Extended File System : *système de fichiers* journalisé. Voir *ReiserFS*.

FAI

Abréviation de Fournisseur d'Accès Internet. Entreprise connectant des clients à *Internet*.

FAQ

Abréviation de Foire Aux Questions. Une FAQ regroupe les réponses aux questions les plus fréquentes sur un sujet déterminé.

Foreground

Foreground process : voir *Tâche*.

Forum

Lieu virtuel où se tiennent des discussions publiques. Les messages postés dans un forum sont diffusés à toute la communauté. Synonymes : groupe de discussion, newsgroup.

FQDN

Abréviation de Fully Qualified Domain Name. Nom complet associé à l'*adresse IP* d'une machine.

Firewall

Voir *Pare-feu*.

FreeBSD

Variante *libre* d'*Unix*.

FSF

Abréviation de Free Software Foundation. Fondation à l'origine du projet *GNU*.

FTP

Abréviation de File Transfer Protocol. *Protocole Internet* de transfert de fichiers.

GID

Abréviation de Group ID. Entier permettant d'identifier un groupe d'*utilisateurs UNIX*.

GIMP

Abréviation de GNU Image Manipulation Program. Logiciel de retouches graphiques du projet *GNU*.

GNOME

Abréviation de GNU Network Object Model Environment. Bureau concurrent de *KDE*, officiellement adopté par le projet *GNU*.

GNU

Abréviation de GNU's Not Unix. Vaste ensemble de logiciels *libres* de qualité. Voir *GPL*.

GPL

Abréviation de GNU General Public Licence. Licence des applications *GNU*.

Groupe de discussion

Voir *Forum*.

GRUB

Abréviation de GRand Unified Bootloader. *Chargeur* du projet *Hurd*, également fourni avec les *distributions Linux* les plus récentes.

Hash

Algorithme calculant une clé unique à partir d'un message donné. Voir *MD5*.

Header

En-tête de message.

Hiérarchie

Ensemble de *forums* de discussion.

HTML

Abréviation de HyperText Markup Language. Langage de description de pages *Web* indépendant de la plate-forme de visualisation.

HTTP

Abréviation de Hypertext Transfer Protocol. *Protocole* de transfert des ressources multimédias diffusées sur le *Web*.

Hurd

Cœur du projet *GNU* combinant un micro-*noyau* Mach et un ensemble de *serveurs*.

Hypertexte

Lien hypertexte : balisage d'une zone d'un document renvoyant vers un autre document qui lui est sémantiquement apparenté.

IANA

Abréviation de Internet Address Naming Authority. Organisme responsable de la gestion des domaines Internet.

IDE

Abréviation de Integrated Drive Electronics. Interface standard des disques durs bon marché.

IETF

Abréviation de Internet Engineering Task Force. Comité de spécialistes universitaires et professionnels qui définit et/ou valide les standards d'*Internet*.

Internet

Réseau des réseaux. Internet fédère une multitude de réseaux *IP*.

Intranet

Réseau *IP* d'une structure commerciale ou publique, normalement protégé par un *pare-feu*.

IP

Protocole IP : *protocole* commun aux équipements connectés à *Internet*. **Adresse IP** : suite de 32 ou 128 bits permettant d'identifier l'interface d'une machine connectée à *Internet*. **Service IP** : *service* fondé sur le *protocole* IP.

IPtables

Utilitaire de configuration du code *pare-feu Netfilter*.

ISA

Abréviation de Industry Standard Architecture. Bus des PC de première génération.

Journal

Fichier enregistrant l'activité d'un système d'exploitation. Un journal sert au suivi administratif ou de sécurité.

KDE

Abréviation de K Desktop Environment. Bureau fondé sur la bibliothèque graphique Qt. KDE calque l'interface de Windows.

Kernel

Voir *Noyau*.

Kill

Voir *Tuer*.

Leafnode

Serveur mettant en cache les contributions de *forums* de discussion pour consultation hors ligne

Libre

Logiciel libre : logiciel sous licence ouverte, garantissant la libre diffusion du code source et de ses améliorations.

Lidie

Liste de Diffusion : discussion thématique se tenant par courrier électronique.

LILO

Abréviation de LInux LOader. *Chargeur Linux*.

Linux

Système d'exploitation *libre* robuste et flexible.

Loader

Voir *Chargeur*.

Loadlin

Chargeur Linux fonctionnant sous DOS.

Log

Voir *Journal*.

Login

Procédure d'authentification d'un *utilisateur*. Par extension, le nom de ce dernier.

LUG

Abréviation de Linux User Group. Groupe local d'adeptes de *Linux*.

Mandrake

Mandrake Linux : *distribution* conviviale de *Linux*.

MBR

Abréviation de Master Boot Record. Programme et données stockés dans le premier secteur logique d'un disque dur. Le MBR aiguille le chargement du système d'exploitation souhaité.

MD5

Algorithme MD5, somme MD5 : algorithme calculant une somme de contrôle de 128 bits à partir d'un document. MD5 sert à l'authentification de documents électroniques et au cryptage des mots de passe.

MDA

Abréviation de Mail Delivery Agent. Programme chargé de la distribution du courrier électronique sur une machine déterminée.

MTA

Abréviation de Mail Transfer Agent. Programme qui reçoit du courrier électronique et qui le transmet localement à un *MDA* ou à un autre *serveur*.

MIME

Abréviation de Multipurpose Internet Mail Extensions. Codification des types de documents multimédias échangés sur Internet.

Minix

Système d'exploitation dérivé d'*UNIX* conçu par le professeur A. Tanenbaum dans le cadre de cours d'informatique. Minix s'exécute sur des micro-ordinateurs peu puissants.

Monter

Ouvrir l'accès à un *système de fichiers*.

MULTICS

Abréviation de Multiplexed Information and Computing Service. Système d'exploitation à temps partagé, développé dès 1965. MULTICS a inspiré *UNIX*.

Multitâche

Système d'exploitation dans lequel plusieurs programmes sont exécutés simultanément par partage du temps processeur ou répartition sur plusieurs processeurs.

Multi-utilisateur

Système d'exploitation adapté au travail simultané de plusieurs *utilisateurs*.

Newsgroup

Voir *Forum*.

Netfilter

Code *pare-feu* des versions 2.4.x du *noyau Linux*.

NNTP

Abréviation de Network News Transfer Protocol. *Protocole* de diffusion des messages *Usenet*.

Noyau

Cœur d'un système d'exploitation moderne, le noyau interface le matériel et les programmes. Il répartit le temps processeur et la mémoire, dans un contexte *multitâche*. Synonyme : kernel.

Open

Open source : voir *Libre*.

OS

Abréviation de Operating System. Voir *Système d'exploitation*.

Package

Voir *Paquetage.*

Paquet

Unité d'information précédée d'un *header* contenant des données de *routage*. **Commutation de paquets** : principe fondateur des réseaux de communication modernes. Les données sont découpées en paquets. Les paquets sont acheminés dans le réseau indépendamment les uns des autres ; ils sont ensuite reconstitués par le destinataire.

Paquetage

En anglais, "package". Archive regroupant un ensemble de fichiers et les données nécessaires à leur intégration cohérente au sein d'un système *Linux*. Le format *RPM* est adopté par plusieurs *distributions*.

Pare-feu

Combinaison de matériel et de logiciel protégeant un réseau des intrusions extérieures.

Partition

Zone logique d'un disque dur attribuée à un système d'exploitation ou à ses données.

PCMCIA

Abréviation de Personal Computer Memory Card International Association. Format de cartes d'extension extractibles adopté par de nombreux fabricants d'ordinateurs portables.

PID

Abréviation de Process ID. Numéro unique permettant d'identifier un *processus*.

Pipe

Voir *Tube*.

Postfix

MTA comparable à *Sendmail*, mais plus simple à configurer.

Processus

Instance de programme en cours d'exécution.

Propriétaire

Logiciel propriétaire, norme propriétaire : logiciel ou norme fondé sur une licence restrictive. Une application de ce type appartient à une organisation considérant le code source comme un secret de fabrication.

Protocole

Ensemble de règles formalisant les échanges de données entre équipements informatiques.

Red Hat

Red Hat Linux : *distribution* populaire de *Linux*.

ReiserFS

Abréviation de Reiser File System. *Système de fichiers* journalisé. Voir *Ext3FS*.

Root

Voir *Superutilisateur*.

Routage

Acheminement des informations dans un réseau à commutation de *paquets*. Ensemble des règles statiques ou dynamiques qui commandent ces échanges.

Routeur

Équipement de *routage*.

RPM

Abréviation de Red Hat Package Manager. Format des *paquetages* de la *distribution Red Hat Linux* également adopté par Mandrake Linux. La commande administrant ces paquetages.

Runlevel

Niveau d'exécution correspondant à l'activation d'un jeu précis de *services*.

SCSI

Abréviation de Small Computer Systems Interface. Norme de connexion de périphériques.

SE

Abréviation de Système d'exploitation.

Sendmail

MTA performant, mais de configuration complexe.

Serveur

Machine hébergeant des *services* auxquels accèdent des *clients*. Par extension, logiciel traitant les requêtes.

Service

Fonction mise à disposition par un *serveur*. Courrier et *forums* électroniques sont des exemples de services.

Shell

Application interprétant les commandes de l'*utilisateur*. Celles-ci peuvent être regroupées en programmes, ou scripts, pour un traitement automatique.

Signal

Équivalent logiciel d'une interruption matérielle. Un signal prévient un *processus* de l'occurrence d'un événement.

Slackware

Slackware Linux : *distribution* historique de *Linux*, qui connaît toujours de nombreux adeptes.

SMTP

Abréviation de Simple Mail Transfer Protocol. *Protocole* de diffusion de courriers électroniques.

Socket

Abstraction du *protocole IP* destinée aux programmeurs d'applications réseau.

SSH

Abréviation de Secure SHell. *Protocole* qui sécurise les opérations de télémaintenance des réseaux *UNIX*. Les commandes de *login* et de transfert de fichiers de la suite SSH échangent des données cryptées, indépendamment de la nature sécurisée ou non des liaisons empruntées.

Superutilisateur

Utilisateur privilégié, possédant possédant tous les *droits* sur un système d'exploitation.

SuSE

SuSE Linux : *distribution Linux* d'origine allemande.

Système de fichiers

Mode d'organisation des données d'une *partition*.

Système d'exploitation

En anglais, "operating system".

Swap

Partition de swap : *partition* d'échange qui sert au déchargement temporaire des pages de code les moins utilisées par le processeur et qui libère par là même de l'espace en RAM pour le code plus sollicité.

Tâche

Synonyme : *processus*. **Tâche de fond** : *processus* détaché des entrées/sorties de la *console*. On parle également de processus en arrière-plan (*background*), par opposition au processus de premier plan (*foreground*).

TAR

Format d'archivage propre à l'univers *UNIX*.

Thread

Mode d'organisation des programmes en unités concurrentes, partageant des ressources communes.

Tube

Mécanisme de communication dans lequel la sortie d'un premier programme est dirigée vers l'entrée d'un second.

Tuer

Adresser un *signal* d'arrêt définitif à un *processus*.

Tux

Nom de la mascotte *Linux*. On confond souvent ce sympathique manchot noir et blanc avec son cousin le pingouin !

UID

Abréviation de User ID. Nombre unique attaché à un *utilisateur*. Le numéro 0 est réservé au *superutilisateur*.

UNIX

Système d'exploitation souple, développé par les laboratoires Bells dans les années 70. UNIX a inspiré de nombreux autres systèmes, tels *FreeBSD* et *Linux*.

URL

Abréviation de Uniform Resource Locator. Adressage universel de ressources Internet. L'URL **www.microapp.com/index.html** désigne la page d'accueil du site Web de Micro Application.

Usenet

Hiérarchie de *forums* de discussion. Hommes, machines et programmes contribuant à la diffusion des messages.

Utilisateur

Personne autorisée à se connecter à un système *multiutilisateur*. **Compte utilisateur** : informations d'authentification et données personnelles d'un utilisateur.

W3C

World Wide Web Consortium : comité de normalisation des technologies *Internet*.

Web ou World Wide Web

Ensemble de sites reliés par des liens *hypertextes*. Synonyme : Toile mondiale.

Wwwoffle

Serveur mettant en cache des documents *Web* pour la consultation hors ligne.

X11

Voir *X Window System*.

XFree86

Implémentation *libre* de *X Window*, adoptée par *Linux*.

X Window System

Environnement graphique distribué standard d'*UNIX* et des *systèmes d'exploitation* qui en dérivent.

16.3 Commandes de base

RENVOI

***Cette annexe complète le chapitre* Le mode Console.**

Vous trouverez dans ce qui suit la syntaxe d'une centaine de commandes GNU/Linux. Un manuel électronique accompagne également votre distribution. Saisissez info pour le consulter.

INTERNET

Manuel en ligne

Le site Linux Kheops reproduit ce manuel en français. La traduction est l'œuvre de Christophe Blaess (**www.linux-kheops.com/**). En complément, le site de Linux Journal autorise une recherche par mots-clés (**www.linuxjournal.com/**).

Dans la description des commandes, les crochets droits ([]) marquent un argument optionnel, les points de suspension (...) la répétition d'un argument. De nombreuses commandes acceptent les options GNU suivantes :

Tableau 16-2 : Options usuelles des commandes

Option	**Description**
--help, -h	Affiche une page d'aide.
--usage	Syntaxe abrégée de la commande.
--verbose, -v	Détaille le déroulement de la commande.
--version	Numéro de version de la commande.
--quiet, -q	Exécution silencieuse.

Les conventions GNU recommandent qu'une option abrégée soit précédée d'un -, une option longue d'un double --. Un - isolé symbolise l'entrée standard. Seules les options principales des commandes seront citées dans l'annexe.

alias

Shell Bourne. Crée un alias de commande ou affiche la liste des alias.

Syntaxe

```
alias [nom=commande]
```

Exemple

```
alias rm='rm -i'
```

Toujours réclamer la confirmation avant de supprimer un fichier.

apropos

Recherche une chaîne de caractères dans la base *whatis*.

Syntaxe

```
apropos chaine...
```

Exemple

```
$ apropos rpm
```

Liste la documentation des utilitaires rpm.

arch

Affiche l'architecture du matériel. Équivaut à uname –m.

Syntaxe

```
arch
```

Exemple

```
$  arch
i686
```

Notre station possède un processeur de génération Pentium.

at

Exécution différée de commandes lues sur l'entrée standard. Les travaux sont placés dans des files d'attente repérées par une lettre. La file c est la file d'attente par défaut. La commande atq en affiche le contenu. La commande atrm supprime une tâche en attente d'exécution.

Syntaxe

at [−q file] [−f fichier] [−m] heure

atq [−q file]

atrm commande [commande...]

Options principales

Tableau 16-3 : Liste des options	
Option	**Description**
−q file	Utilise la file d'attente mentionnée.
−f fichier	Lit les commandes dans fichier.
−m	Adresse un courrier à l'utilisateur une fois la tâche terminée.

Exemple

```
# echo »makewhatis -u » | at -m 23:00
job 1 at 2002-11-03 23:00
```

Indexe les nouvelles pages de la documentation ce soir à 23 heures, puis informe l'administrateur.

atq

Affiche le contenu des files d'attente. Voir at.

atrm

Supprime une commande différée. Voir at.

basename

Élimine les répertoires placés en tête d'un chemin d'accès, et l'extension du fichier résultant si elle correspond à celle passée en argument.

Syntaxe

```
basename chemin [extension]
```

Exemple

```
$ basename /var/log/messages
messages
```

bash

Acronyme de Bourne Again SHell. Interpréteur de commandes standard de GNU/Linux. Un shell restreint limite les actions de l'utilisateur.

Syntaxe

```
bash [option...] [fichier]
```

Options principales

Tableau 16-4 : Liste des options

Option	Description
--	Indique la fin des options.
-c commande	Exécute une commande.
-i	Shell interactif.
--login	Adopte le comportement d'un shell de login.
-r, --restricted	Shell restreint.
--noprofile	Ignore les fichiers de configuration **/etc/profile**, **~/.profile** et **~/.bash***.
--norc	Ignore le fichier de configuration **~./.bashrc**.

Exemple

```
$ bash -r
```

Lance un shell restreint.

bg

Shell Bourne. Place une tâche en arrière-plan.

Syntaxe

```
bg [id]
```

Exemple

```
$ bg %1
```

Détache la tâche numéro 1.

break

Shell Bourne. Quitte une boucle for, while ou until. Si n est indiqué, quitte n niveaux de boucle.

Syntaxe

```
break [n]
```

Exemple

```
$ break
```

Quitte cette boucle.

bunzip2

Décompresse un fichier. Voir bzip2.

bzcat

Décompresse un fichier sur la sortie standard. Voir bzip2.

bzip2

Compresse un fichier en appliquant l'algorithme par tri de blocs de Burrows et Wheeler. Les taux de compression sont supérieurs en moyenne à ceux obtenus avec gzip. Les utilitaires bunzip2 et bzcat pointent vers bzip2.

Syntaxe

```
bzip2 [-ctfks123456789] [fichier...]
bunzip2 [-fks] [fichier...]
bzcat [-s] [fichier...]
bzip2recover fichier
```

Options principales

Tableau 16-5 : Liste des options	
Option	**Description**
−t, −−test	Teste l'intégrité des fichiers, sans les décompresser.
−c, −−stdout	Compresse ou décompresse sur la sortie standard.
−f, −−force	Force l'écrasement des fichiers en sortie.
−k, −−keep	Conserve les fichiers originaux.
−s, −−small	Utilise une variante de l'algorithme plus économe en mémoire.
−#	Taille des blocs de compression de 100 (−1) à 900 Ko (−9).

Exemples

Tableau 16-6 : Exemples	
Exemple	**Description**
bzip2 home.tar	Compresse l'archive ***home.tar***.
bunzip2 home.tar.bz2	Décompresse l'archive ***home.tar.bz2***.

bzip2recover

Tente de récupérer les données de fichiers endommagés. Voir bzip2.

cal

Affiche le calendrier du mois courant ou de la date indiquée au format MM AAAA.

Syntaxe

```
cal [option...] [mois [annee]]
```

Options principales

Tableau 16-7 : Liste des options	
Option	**Description**
−j	Affiche les numéros des jours de l'année.
−y	Affiche le calendrier de l'année courante.

Exemples

Tableau 16-8 : Exemples	
Exemple	**Description**
cal	Affiche le calendrier de ce mois.
cal 4 2002	Affiche le calendrier du mois d'avril 2002.

cat

Concatène le contenu de fichiers. Dirige le résultat sur la sortie standard.

Syntaxe

```
cat [option...] [fichier...]
```

Options principales

Tableau 16-9 : Listes des options	
Option	**Description**
−b, −−number−nonblank	Numérote les lignes non blanches en partant de 1.
−n, −−number	Numérote toutes les lignes en partant de 1.
−s, squeeze−blank	Regroupe les lignes blanches consécutives en une seule.
−A, −−show−all	Équivaut à −vET.
−e	Équivaut à −vE.
−v, −−show−nonprinting	Affiche les caractères de contrôle.

Tableau 16-9 : Listes des options	
Option	**Description**
−E, −−show−ends	Affiche $ à la fin de chaque ligne.
−T, −−show−tabs	La combinaison ^I remplace les tabulations horizontales.

Exemples

Tableau 16-10 : Exemples	
Exemple	**Description**
cat ~/.bashrc	Affiche le contenu du fichier de configuration ***.bashrc***.
cat > note	Crée une courte note. Pour la terminer, utilisez la combinaison de touches Ctrl+D.

cd

Shell Bourne. Change le répertoire de travail. Sans argument, retourne dans le répertoire personnel de l'utilisateur.

Syntaxe

```
cd [repertoire]
```

Exemples

Tableau 16-11 : Exemples	
Exemple	**Description**
cd /etc	Va dans le répertoire général de configuration.
cd	Retourne dans le répertoire personnel.

chgrp

Change le groupe propriétaire d'un fichier.

Syntaxe

```
chgrp [option...] groupe fichier...
```

Options principales

Tableau 16-12 : Liste des options	
Option	**Description**
−c, −−changes	Décrit seulement les fichiers dont l'appartenance change.
−d, −−dereference	Agit sur les fichiers pointés par les liens.
−h, −−no−dereference	Agit sur les liens, et non sur les fichiers pointés.
−R, −−recursive	Change le groupe d'un répertoire et de son contenu.

Exemple

```
chgrp cdwriter /dev/cdrom
```

Étend l'accès au lecteur de CD-Rom.

chmod

Modifie les droits d'accès à un fichier. Des lettres symbolisent les catégories d'utilisateurs :

Tableau 16-13 : Catégories d'utilisateurs	
Catégorie	**Description**
u	Propriétaire
g	Membres du groupe
o	Reste du monde
a	Tous les utilisateurs

Des lettres symbolisent également les droits associés à ces catégories :

Tableau 16-14 : Droits d'accès	
Mode	**Description**
r	Accès en lecture.
w	Accès en écriture.
x	Exécution, ou parcours dans le cas d'un répertoire.
s	Adopte l'identifiant du propriétaire ou du groupe propriétaire lors de l'exécution.
t	Seuls les propriétaires d'un fichier et du répertoire le contenant peuvent le supprimer.

On combine les droits d'accès et la catégorie d'utilisateurs dans des expressions de la forme :

```
categorie (+|-|=) droits
```

Le signe + marque l'ajout de droits, le signe – le retrait de droits, et le signe = l'affectation des droits.

Syntaxe

```
chmod [option...] mode fichier...
```

Options principales

Tableau 16-15 : Liste des options	
Option	**Description**
–c, ––changes	Décrit seulement les fichiers dont le mode change.
–R, ––recursive	Applique les droits à un répertoire et à son contenu.

Exemples

Tableau 16-16 : Exemples	
Exemple	**Description**
chmod u–w vital	Protège le document ***vital*** contre les modifications.

Tableau 16-16 : Exemples	
Exemple	**Description**
chmod go=prive	Limite strictement l'accès au document ***prive***.
chmod u=rwx,go=r lisezmoi	Autorise la lecture du document ***lisezmoi***.

chown

Change le propriétaire d'un fichier, et éventuellement son groupe propriétaire.

Syntaxe

```
chown [option...] proprietaire [:groupe] fichier...
```

Options principales

Tableau 16-17 : Liste des options	
Option	**Description**
–c, ––changes	Décrit seulement les fichiers dont l'appartenance change.
–R, ––recursive	Change le propriétaire d'un répertoire et de son contenu.
–h, ––no–dereference	Agit sur les liens, et non sur les fichiers pointés.

Exemple

```
# chown ftp /home/ftp
```

Change le propriétaire du répertoire */home/ftp*.

clear

Efface la console.

Syntaxe

```
clear
```

cmp

Compare des fichiers de tous types. Par défaut, cmp est silencieux si le contenu des fichiers est identique ; elle retourne alors la valeur 0. Sinon, cmp affiche le numéro d'octet et de ligne de la première différence constatée et retourne la valeur 1.

Syntaxe

```
cmp [-l | -s] fichier fichier [decalage [decalage]]
```

Options principales

Tableau 16-18 : Liste des options	
Option	**Description**
–l	Affiche l'emplacement et la valeur octale de chaque différence.
–s	N'affiche rien en cas de différence.

Exemple

```
# cmp /etc/shadow /etc/shadow-
```

Compare le fichier *shadow* et sa sauvegarde.

continue

Shell Bourne. Passe directement à l'itération suivante d'une boucle for, while ou until. Si n est indiqué, reprend l'exécution au niveau de la n[e] boucle imbriquée.

Syntaxe

```
continue [n]
```

Exemple

```
$ continue 2
```

Passe à l'itération suivante de niveau 2.

cp

Copie des fichiers ou des répertoires. Si le dernier argument est un répertoire, copie dans ce répertoire les fichiers précédents en conservant leurs noms. Sinon, copie le premier fichier en remplacement du second. Les droits d'accès sont masqués (voir umask) et les bits s et t supprimés (voir chmod).

Syntaxe

```
cp [option...] source destination
cp [option...] fichier... repertoire
```

Options principales

Tableau 16-19 : Liste des options	
Option	**Description**
−a, −−archive	Préserve les attributs des fichiers. Équivaut à −dpR.
−R, −−recursive	Copie le contenu des répertoires.
−p, −−preserve	Préserve propriétaire, droits et date, lors de la copie.
−b, −−backup	Effectue une copie de sauvegarde des fichiers à supprimer.
−f, −−force	Force la suppression des fichiers cibles, s'ils existent déjà.
−i, −−interactive	Réclame une confirmation avant la suppression des fichiers.
−u, −−update	N'écrase pas un fichier homonyme plus récent.
−l, −−link	Crée des liens matériels à la place des copies.
−s, −−symbolic−link	Crée des liens symboliques à la place des copies.
−d, −−no−dereference	Copie les liens, et non les fichiers pointés.
−x, −−one−file−system	Ne change pas de système de fichiers.

Exemple

```
# cp -a /etc /backup mnt/backup
```

Sauvegarde les fichiers de configuration du répertoire */etc*.

date

Affiche ou modifie l'heure système. Si la chaîne de format commence par un +, les séquences suivantes sont interprétées.

Tableau 16-20 : Format d'affichage date et heure

Séquence	Description
%%	Le caractère %
%a	Nom du jour en abrégé (lun... dim)
%A	Nom du jour (lundi... dimanche)
%b	Nom du mois en abrégé (jan... déc)
%B	Nom du mois (janvier... décembre)
%c	Heure et date
%d	Jour du mois (01... 31)
%D	Date (MM/JJ/AA)
%e	Jour du mois sans 0 initial (1... 31)
%h	Comme %b
%H	Heure (00... 23)
%I	Heure (01... 12)
%j	Jour de l'année (001... 366)
%k	Heure sans 0 initial (0... 23)
%l	Heure sans 0 initial (1... 12)
%m	Mois (01... 12)
%M	Minutes (00... 59)
%n	Saut de ligne
%p	AM ou PM (vide en France)
%r	Heure sur 12 heures (HH:MM:SS)
%s	Secondes depuis le 1er janvier 1978 à minuit

Tableau 16-20 : Format d'affichage date et heure	
Séquence	**Description**
%S	Secondes (00... 59)
%T	Heure sur 24 heures (HH:MM:SS)
%U	Numéro de la semaine (00... 53), origine dimanche
%V	Numéro de la semaine (01... 52), origine lundi
%w	Jour de la semaine (0... 6), origine dimanche
%W	Numéro de la semaine, (00... 53), origine lundi
%x	Représentation locale de la date (JJ/MM/AA)
%X	Représentation locale de l'heure (HH/MM/SS)
%y	Année sur 2 chiffres (00... 99)
%z	Fuseau horaire dans le style de la RFC 822
%Z	Fuseau horaire

Syntaxe

```
date [option...] [+format]
date [option...] [MMJJhhmm[[CC]YY][.ss]]
```

Options principales

Tableau 16-21 : Liste des options	
Option	**Description**
-d, --date=s	Affiche l'heure représentée par s.
-s, --set=date	Change l'heure système.
-u, --utc	Force l'affectation en temps universel.
-R, --rfc-822	Codification respectant les règles de la RFC 822.

Exemples

Tableau 16-22 : Exemples	
Exemple	**Description**
date +%H:%M	Affiche l'heure sous la forme HH:MM.
date 04161943	Nous sommes le 16 avril, 19 heures 43.

declare

Déclare une variable. Voir typeset.

dd

Copie physiquement un fichier. Les valeurs peuvent être suivies des multiplicateurs *b* (512) ou *k* (1024). Une conversion peut également avoir lieu.

Tableau 16-23 : Principaux modes de conversion	
Mode	**Description**
lcase	Convertit majuscules en minuscules.
ucase	Convertit minuscules en majuscules.
noerror	Poursuit en cas d'erreur de lecture.

Syntaxe

```
dd [option...]
```

Options principales

Tableau 16-24 : Liste des options	
Option	**Description**
if=source	Fichier source.

Tableau 16-24 : Liste des options	
Option	**Description**
of=destination	Fichier destination.
ibs=n	Lit n octets à la fois.
obs=n	Écrit n octets à la fois.
bs=n	Lit et écrit n octets à la fois.
cbs=n	Convertit n octets à la fois.
skip=n	Ignore n blocs en début de lecture.
seek=n	Passe n blocs au début de l'écriture.
count=n	Copie au plus n blocs.
conv=mode	Convertit les données.

Exemple

```
# dd if=pcmcia.img of=/dev/fd0
```

Copie une image Linux sur disquette.

df

Affiche l'espace disque libre des systèmes de fichiers contenant les fichiers passés en arguments ou, à défaut, de tous les systèmes de fichiers montés.

Syntaxe

```
df [option...] [fichier...]
```

Options principales

Tableau 16-24 : Exemples	
Option	**Description**
−a, −−all	Inclut les systèmes de fichiers de 0 bloc.
−T, −−print−type	Affiche le type des systèmes de fichiers.

Tableau 16-25 : Exemples	
Option	**Description**
−k, −−kilobytes	Équivaut à −−blocksize=1024.
−m, −−megabytes	Équivaut à −−blocksize=1048576.
−−block−size=s	Unité de **s** octets.
−h, −−human−readable	Affiche les valeurs en clair.
−H, −−si	Idem en multiples de 10 (SI).
−l, −−local	Limite l'affichage aux systèmes de fichiers locaux.
Liste des options	
Exemples	
Exemple	Description
df − mH	Occupation en mégaoctets des systèmes de fichiers montés
df /home	Occupation du système de fichiers contenant les répertoires personnels

diff

Compare deux fichiers et affiche les lignes différentes, précédées d'un signe < ou > selon qu'elles proviennent du premier fichier ou du second. Le résultat est appelé un "patch". Retourne 0 si les fichiers sont identiques, 1 sinon.

Syntaxe

```
diff [option...] fichier fichier
```

Options principales

Tableau 16-25 : Liste des options	
Option	**Description**
−−brief	Indique seulement si les fichiers diffèrent.

Tableau 16-26 : Liste des options	
Option	**Description**
−i, −−ignore−case	Ignore les différences entres majuscules et minuscules.
−b, −−ignore−space−change	Ignore les différences portant sur le nombre de blancs.
−B, −−ignore−blank−lines	Ignore les différences portant sur des lignes blanches.
−w, −−ignore−all−space	Ignore les blancs dans les comparaisons de lignes.
−I, −−ignore−matching−lines=r	Ignore les différences correspondant à l'expression rationnelle ***r***.

Exemple

```
$ diff aliases aliases.old
```

Recherche les différences entre le fichier *aliases* et sa sauvegarde.

dirname

Affiche la partie répertoire d'un chemin d'accès.

Syntaxe

```
dirname fichier
```

Exemple

```
$ dirname /var/log/messages
/var/log
```

du

Affiche l'espace disque occupé par chaque argument. Dans le cas de répertoires, le calcul est récursif.

Syntaxe

```
du [option...] [fichier...]
```

Options principales

Tableau 16-27 : Liste des options	
Option	**Description**
−a, −−all	Affiche l'occupation des fichiers ordinaires.
−c, −−total	Affiche une somme globale.
−b, −−bytes	L'unité est l'octet
−k, −−kilobytes	Équivaut à −−blocksize=1024.
−m, −−megabytes	Équivaut à −−blocksize=1048576.
−−blocksize=s	Unité de **s** octets.
−h, −−human−readable	Affiche les valeurs en clair.
−H, −−si	Idem en multiples de 10 (SI).

Exemple

```
$  du -mH /home
```

Occupation en mégaoctets des répertoires des utilisateurs.

echo

Affiche un message. Le shell Bourne et ses variantes intègrent une commande identique. On consulte le contenu d'une variable en la faisant précéder d'un $. L'option −e force l'interprétation des séquences de caractères suivantes :

Tableau 16-28 : Séquences de caractères	
Séquence	**Description**
\a	Sonnerie.
\b	Retour en arrière d'un caractère.
\c	Supprime le saut de ligne final.
\f	Saut de page.

Tableau 16-28 : Séquences de caractères	
Séquence	**Description**
\n	Saut de ligne.
\t	Tabulation horizontale.
\v	Tabulation verticale.
\\	Caractère \.
\###	Le caractère de code ASCII ### (octal).

Syntaxe

```
echo [option...] message...
```

Options principales

Tableau 16-29 : Liste des options	
Option	**Description**
−n	Ne pas introduire de saut de ligne
−e	Interpréter les séquences de caractères débutant par \

Exemples

Tableau 16-30 : Exemples	
Exemple	**Description**
echo $PS1	Affiche la chaîne d'invite.
echo – ne "Alerte:\a"	Sonne.

egrep

Extrait les lignes d'un texte qui satisfont une expression rationnelle. Voir grep.

env

Exécute une commande dans un environnement modifié ou affiche la liste des variables de l'environnement courant. Des paires nom=valeur fixent la valeur des variables.

Syntaxe

```
env [option...] [-] [nom=valeur...] [commande [argument...]]
```

Options principales

Tableau 16-31 : Liste des options	
Option	**Description**
-i, --ignore-environment	Démarre avec un environnement vierge.
-u, --unset=nom	Supprime la variable nom.

Exemple

```
$ env
```

Affiche la liste des variables d'environnement.

exec

Shell Bourne. Exécute une commande qui remplacera le shell.

Syntaxe

```
exec [[-] commande [argument...]]
```

Exemple

```
$ exec csh
```

Remplace le shell courant par un shell C.

exit

Shell Bourne. Quitte la session en cours. Retourne le code de résultat n. S'il est omis, retourne celui de la dernière commande exécutée.

Syntaxe

```
exit [n]
```

Exemple

```
$ exit 0
```

Succès.

export

Shell Bourne. Marque une variable de sorte qu'elle soit transmise dans l'environnement des commandes qui seront exécutées par la suite.

Syntaxe

```
export [option...] [nom=[valeur]...]
export -p
```

Options principales

Tableau 16-32 : Liste des options

Option	Description
−n	Supprime le drapeau des variables mentionnées.
−f	Le marquage concerne des fonctions du shell.
−p	Affiche la liste des variables exportables.

Exemples

Tableau 16-33 : Exemples

Exemple	Description
export	Affiche la liste des variables à exporter.
export FLAG	Marque la variable FLAG à exporter.

expr

Évalue des expressions logiques, numériques ou textuelles. Voici la liste des principaux opérateurs :

Tableau 16-34 : Opérateurs de la commande expr	
Opérateur	**Description**
a | b	a si différent de 0 et NULL, b sinon.
a & b	a si les expressions diffèrent de 0 et de NULL, 0 sinon.
a < b	a est inférieur à b.
a <= b	a est inférieur ou égal à b.
a != b	a est différent de b.
a >= b	a est supérieur ou égal à b.
a > b	a est supérieur à b.
a + b	Ajoute a à b.
a – b	Soustrait b de a.
a * b	Multiplie a à b.
a / b	Divise a par b.
a % b	a modulo b.
substr s pos lg	Sous-chaîne de s, position comptée depuis 1.
index s liste	Première position dans la chaîne s d'un caractère de liste, ou 0.
length s	Longueur de la chaîne s.
(a)	Valeur de l'expression a.

Les opérateurs doivent être précédés d'un signe \ quand ils correspondent à des éléments de la grammaire du shell. C'est notamment le cas des signes *, |, &, < et >.

Syntaxe

```
expr expression
```

Exemple

```
$ expr index where e
3
```

e est en position 3.

false

Retourne 1, valeur interprétée comme "Faux" par le shell Bourne.

Syntaxe

```
false
```

fdisk

Agit sur les partitions de façon interactive. fdisk accepte les commandes suivantes, qui seront invoquées par un appui sur la touche [M] :

Tableau 16-35 : Commandes fdisk

Commande	Description
[D]	Supprime une partition.
[L]	Liste les types de partitions connus.
[M]	Affiche un menu d'aide.
[N]	Ajoute une nouvelle partition.
[P]	Affiche la table des partitions.
[Q]	Quitte fdisk sans enregistrer les modifications.
[T]	Modifie le type d'une partition.
[W]	Sauvegarde les modifications puis quitte fdisk.

fdisk affiche des informations sur les partitions d'un disque.

Syntaxe

```
fdisk [-u] peripherique
fdisk -l [-u] [peripherique...]
fdisk -s partition
```

Options principales

Tableau 16-36 : Liste des options

Option	Description
−s partition	Affiche la taille en blocs d'une partition.

Tableau 16-36 : Liste des options	
Option	**Description**
−l	Liste les partitions d'un périphérique.
−u	Fournit la taille des partitions en blocs, et non en cylindres.

Exemples

Tableau 16-37 : Exemples	
Exemple	**Description**
fdisk /dev/hda	Modifie les partitions du premier disque ATA/IDE.
fdisk − l /dev/hdb	Liste la table des partitions du deuxième disque ATA/IDE.

fg

Shell Bourne. Place une tâche au premier plan.

Syntaxe

```
fg [id]
```

Exemple

```
fg %2
```

Place la tâche 2 au premier plan.

fgrep

Extrait les lignes d'un texte qui satisfont une expression rationnelle. Voir grep.

file

Détermine le type d'un fichier. Les tests reposent sur des nombres magiques placés au début des fichiers binaires ou sur des motifs caractéristiques.

Syntaxe

```
file [option...] fichier...
```

Options principales

Tableau 16-38 : Liste des options	
Option	**Description**
-L	Suit les liens symboliques.
-z	Tente de lire le contenu des fichiers compressés.

Fichier

```
/usr/share/magic
```

Liste de nombres magiques.

Exemple

```
$ file /etc/issue
/etc/issue: ASCII text
```

Le message d'accueil est de type ASCII.

find

Recherche les fichiers de l'arborescence répondant à certains critères. Cette recherche débute au niveau du répertoire courant si le chemin est omis. find accepte des expressions rationnelles.

RENVOI

Reportez-vous à la section de l'annexe* Expressions rationnelles *si vous ignorez la syntaxe de ces expressions.

Le critère de type porte sur les valeurs suivantes :

Tableau 16-39 : Types de fichiers	
Type	**Description**
f	Fichier standard

Tableau 16-39 : Types de fichiers	
Type	**Description**
d	Répertoire
l	Lien symbolique
b	Fichier spécial en mode Bloc
c	Fichier spécial en mode Caractère
p	Tube nommé
s	Socket

Une unité précise la taille des fichiers recherchés. Le bloc de 512 octets est choisi par défaut.

Tableau 16-40 : Unité	
Unité	**Description**
b	Blocs de 512 octets
c	Octets
k	Kilo-octets
w	Mots

Les valeurs sont recherchées égales (n), inférieures (−n) ou supérieures (+n) à une valeur de référence n.

Syntaxe

```
find [chemin...] [critere]
```

Options principales

Tableau 16-41 : Liste des options	
Option	**Description**
−atime n	Fichiers consultés il y a n jours.

Tableau 16-41 : Liste des options	
Option	**Description**
−ctime n	Fichiers dont le statut a été modifié il y a n jour.
−mtime n	Fichiers dont les données ont été modifiées il y a n jours.
−mmin n	Comme −mtime, mais en minutes.
−type type	Fichiers d'un type particulier.
−user nom	Fichiers appartenant à un utilisateur déterminé.
−uid n	Fichiers d'UID n.
−group nom	Fichiers appartenant à un groupe particulier.
−gid n	Fichiers de GID n.
−perm -mode	Tous les bits de mode sont positionnés.
−perm +mode	Des bits de mode sont positionnés.
−inum n	Fichier d'i-node n.
−links n	Fichier à n liens.
−fstype type	Système de fichiers d'un type particulier.
−size n [unite]	Fichiers de taille n.
−empty	Fichier ordinaire ou répertoire vide.
−name nom	Fichier de nom déterminé.
−iname nom	Comme −name, mais sans distinguer les minuscules et les majuscules.
−lname nom	Liens symboliques de nom spécifié.
−ilname nom	Comme −lname, mais sans distinguer les minuscules et les majuscules.
−path nom	Chemins d'accès de noms donnés.
−regex r	Le chemin d'accès satisfait l'expression rationnelle r.
−iregex r	Comme regex, mais sans distinguer les minuscules et les majuscules.
−print	Affiche les noms de fichier et les chemins d'accès.

Tableau 16-41 : Liste des options	
Option	**Description**
−printf format	Affichage formaté à la C.
−ls	Liste les fichiers au format déterminé par l'appel ls − dils.
−exec commande ;	Exécute une commande. {} symbolise le fichier en cours de traitement.
−ok commande ;	Comme exec, mais réclame une confirmation de l'utilisateur.
−depth	Parcours en profondeur d'abord.

Exemple

```
$ find / -mtime -1
```

Recherche les fichiers modifiés ces dernières 24 heures.

free

Affiche l'occupation de la mémoire physique et du swap.

Syntaxe

```
free [-b | k | m] [-o] [-t]
```

Options principales

Tableau 16-42 : Liste des options	
Option	**Description**
−b	Affiche les valeurs en octets.
−k	Affiche les valeurs en kilo-octets.
−m	Affiche les valeurs en mégaoctets.
−o	Ne pas afficher de ligne « buffer adjusted ».
−t	Affiche une ligne de total.

Exemple

```
$ free -m
```

Affiche l'occupation de la mémoire en mégaoctets.

fuser

Affiche les numéros des processus qui utilisent un fichier.

Syntaxe

fuser [−signal] [−kmu] fichier...

```
fuser -l
```

Options principales

Tableau 16-43 : Liste des options	
Option	**Description**
−m	Liste les processus accédant à un système de fichiers ou à un périphérique bloc.
−u	Indique les utilisateurs des processus concernés.
−k	Envoie le signal SIGKILL aux processus concernés.
−signal	Envoie le signal indiqué plutôt que SIGKILL.
−l	Affiche la liste des signaux connus.

Exemple

$ fuser − m /var

Affiche la liste des processus accédant au système de fichiers contenant le répertoire /var.

grep

Extrait les lignes d'un texte satisfaisant une expression rationnelle. Retourne 1 si au moins une ligne est trouvée, 0 sinon.

RENVOI

Reportez-vous à la section de l'annexe ***Expressions rationnelles*** *si vous ignorez la syntaxe de ces expressions.*

La commande egrep équivaut à grep –E, et fgrep à grep –F.

Syntaxe

```
grep [option...] [expression] [fichier...]
grep [option...] [-e expression | -f fichier] [fichier...]
```

Options principales

Tableau 16-44 : Liste des options	
Option	**Description**
–i, ––ignore–case	Ne distingue pas les minuscules et les majuscules.
–n, ––line–number	Fait précéder chaque ligne de son numéro.
–v, ––invert–match	Inverse la recherche.
–w, ––word–regexp	Recherche de mots.
–x, ––line–regexp	Recherche exacte.
–e, ––regexp=r	Recherche cette expression rationnelle.
–f, file=f	Lit les expressions rationnelles dans un fichier.

Exemple

```
grep -i login /var/log/messages
```

Cherche les ouvertures de session dans le journal *messages*.

groups

Affiche les groupes auxquels appartient un utilisateur.

Syntaxe

```
groups [utilisateur...]
```

Exemple

```
$  groups
```

Groupes du processus courant.

gunzip

Décompresse des fichiers d'extension *.gz*. Voir gzip.

gzip

Compresse les fichiers passés en arguments en appliquant l'algorithme de compression de Lempel et Ziv (LZ77).

Syntaxe

```
gzip [option...] [fichier...]
gunzip [option...] [fichier...]
zcat [fichier...]
```

Options principales

Tableau 16-45 : Liste des options	
Option	**Description**
–f, – –force	Supprime les fichiers sans réclamer de confirmation.
–#	Compromis taux/vitesse de compression, sur une échelle de 1 à 9.
–best	Taux de compression optimal. Équivaut à –9.
–fast	Compression rapide. Équivaut à –1.
–l, – –list	Affiche les taux de compression obtenus.

Exemples

Tableau 16-46 : Exemples	
Exemple	**Description**
gzip home.tar	Compresse l'archive ***home.tar***.
gunzip home.tar.gz	Décompresse l'archive ***home.tar.gz***.

halt

reboot et poweroff pointent vers cette commande.

Syntaxe

```
halt [option...]
reboot [option...]
poweroff [option...]
```

Options principales

Tableau 16-47 : Liste des options	
Option	**Description**
−i	Désactive les interfaces réseau.

Exemple

```
# poweroff
```

Interruption du service.

head

Affiche les dix premières lignes d'un texte. Lit les données sur l'entrée standard si aucun fichier n'est indiqué, ou si le caractère − est mentionné.

Syntaxe

```
head [option...] [fichier...]
```

Options principales

Tableau 16-48 : Liste des options	
Option	**Description**
−c, −−bytes=n	Affiche n octets (unités b, k, m admises).
−n, lines=n	Affiche n lignes.

Exemple

```
$ head -n 20 /etc/services
```

Affiche les 20 premières lignes du fichier *services*.

history

Bourne Shell. Affiche l'historique des commandes. Avec un argument n, limite l'affichage aux n dernières commandes exécutées.

Syntaxe

```
history [n]
```

Exemple

```
$ history 10
```

Affiche les 10 dernières commandes exécutées.

id

Affiche les UID et GID d'un utilisateur.

Syntaxe

```
id [option...] [utilisateur]
```

Options principales

Tableau 16-49 : Liste des options

Option	Description
-g, --group	Affiche uniquement le GID.
-G, --groups	Affiche uniquement les groupes supplémentaires.
-n, --name	Affiche un nom en clair plutôt qu'un numéro d'identification.
-u, --user	Affiche uniquement l'UID.
-r, --real	Affiche de préférence les UID et GID réels plutôt que les UID et GID effectifs.

Exemple

```
$ id -nu
```

Affiche le nom de l'utilisateur courant.

info

Remplace la commande historique man en ajoutant des fonctions avancées de navigation.

Syntaxe

```
info [commande]
```

Exemple

```
$ info info
```

Explique le fonctionnement de la commande info.

insmod

Charge un module.

Syntaxe

```
insmod [option...] module [symbole=valeur...]
```

Exemple

```
# insmod usb-ohci
```

Charge le module du contrôleur USB OHCI.

jobs

Bourne Shell. Affiche la liste des tâches actives.

Syntaxe

```
jobs [option...]
```

Option principale

–l inclut les numéros des processus.

Exemple

```
$ jobs
```

Liste les tâches contrôlées par ce shell.

kill

Envoie un signal à un ou à plusieurs processus, repérés par leur numéro d'identification (PID). Le signal est représenté par son numéro (#) ou en clair (nom). Le signal par défaut est SIGTERM.

Syntaxe

```
kill [-s signal] pid...
kill -l [signal]
```

Options principales

Tableau 16-50 : Liste des options

Option	Description
−s	Indique le numéro ou le nom du signal.
−l	Affiche la liste des signaux connus.

Exemples

Tableau 16-51 : Exemples

Exemple	Description
kill − l	Liste les signaux connus de Linux.
kill − s 1 626	Adresse un signal SIGHUP au processus dont le PID est 626.

killall

Variante de kill acceptant les noms de commande en cours d'exécution. Le signal est représenté par son numéro (−#) ou indiqué en clair (−nom).

Syntaxe

```
killall [-iv] signal commande...
killall -l
```

Options principales

Tableau 16-52 : Liste des options	
Option	**Description**
−i	Réclame confirmation avant émission du signal.
−l	Affiche la liste des signaux connus.

Exemple

```
# killall -HUP httpd
```

Force la relecture de la configuration d'un serveur Web.

ln

Crée des liens entre fichiers. Il existe deux types de liens. Un lien matériel est une désignation nouvelle d'un fichier existant. La commande ln opère normalement sur ce mode. Un lien symbolique obtenu avec l'option −s est un fichier spécial contenant le chemin d'accès vers un fichier. À ce titre, ce fichier peut être installé sur un système de fichiers différent ou distant.

Syntaxe

```
ln [option...] source [destination]
ln [option...] source... repertoire
```

Options principales

Tableau 16-53 : Liste des options	
Option	**Description**
−f, −−force	Ne réclame pas une confirmation avant la suppression.
−i, −−interactive	Réclame une confirmation avant la suppression.
−s, −−symbolic	Crée un lien symbolique.

Exemple

```
# ln -s /usr/share/doc /usr/doc
```

Établit un lien vers l'ancien emplacement de la documentation.

logname

Affiche l'identifiant de l'utilisateur.

Syntaxe

```
logname [option...]
```

Exemple

```
$ logname
```

Identifiant du propriétaire de cette session.

logout

Shell Bourne. Quitte la session en cours.

Syntaxe

```
logout
```

Exemple

```
logout
```

Quitte cette session.

ls

Affiche le contenu du répertoire passé en argument ou du répertoire courant. Dans le cas d'un fichier ordinaire, affiche les informations le concernant.

Syntaxe

```
ls [option...] [fichier...]
```

Options principales

Tableau 16-54 : Liste des options

Option	Description
–l	Affichage long.
–i, – –inode	Affiche l'i-node de chaque fichier.

Tableau 16-54 : Liste des options	
Option	**Description**
−d, −−directory	Affiche les répertoires, mais non leur contenu.
−a, − all	Affiche les entrées débutant par le caractère ..
−A, −−almost−all	N'affiche pas les entrées . et ...
−k, −−kilobytes	Équivaut à −−blocksize=1024.
−−block−size=s	Unité de s octets.
−h, −−human−readable	Affiche les valeurs en clair.
−H, −−si	Idem en multiples de 10 (SI).
−C, −−format=vertical	Présentation en colonnes.
−F, classify	Ajoute un caractère précisant le type de l'entrée.
−R, −−recursive	Affichage récursif.
−S, sort=size	Classe les fichiers par taille décroissante.

Exemples

Tableau 16-55 : Exemples	
Exemple	**Description**
ls	Affiche le contenu du répertoire courant.
ls − ila /home	Affiche un maximum d'informations sur le contenu du répertoire ***/home***.

lsmod

Liste les modules chargés.

Syntaxe

```
lsmod
```

makewhatis

Construit l'index du manuel consulté à l'aide des commandes apropos et whatis. Ces pages sont stockées dans le répertoire */usr/man* ou */usr/share/man*.

Syntaxe

```
makewhatis [-u] [repertoire]
```

Option principale

–u met à jour la base.

Exemple

```
# makewhatis -u
```

Indexe les nouvelles pages.

man

Formate et affiche la page du manuel concernant une commande. Par défaut, man s'interrompt après l'affichage d'une première page. L'option –a force l'affichage des pages restantes. L'option –S limite la recherche à une liste de sections donnée. Les commandes sont réparties en dix sections, récapitulées dans le tableau suivant :

Tableau 16-56 : Sections du manuel

Section	Description
1	Commandes de l'utilisateur de base
2	Appels système
3	Fonctions des bibliothèques
4	Fichiers de périphériques
5	Format des fichiers de configuration
6	Jeux
7	Divers
8	Outils d'administration

Tableau 16-56 : Sections du manuel	
Section	**Description**
9	Documentation noyau
n	Obsolète

Syntaxe

```
man [-aK] [-C config] [-S liste] commande
```

Options principales

Tableau 16-57 : Liste des options	
Option	**Description**
−a	Affiche les pages trouvées dans toutes les sections.
−C config	Emplacement du fichier de configuration (***/etc/man.config*** par défaut).
−K	Recherche en texte intégral (lent).
−S liste	Limite la recherche à une liste de sections, séparées par le signe :.

Exemples

Tableau 16-58 : Exemples	
Exemple	**Description**
man man	Affiche l'aide de cette commande.
man − K compressor	Affiche toutes les pages contenant le mot "compressor".
man − S 1:8 passwd	Écarte la page commentant l'appel système passwd().

mkdir

Crée un répertoire.

Syntaxe

```
mkdir [option...] repertoire...
```

Options principales

Tableau 16-59 : Liste des options	
Option	**Description**
−m, mode=mode	Fixe les droits d'accès du répertoire (voir chmod).
−p, −−parents	Crée les répertoires parents nécessaires.

Exemple

```
$ mkdir ~/tmp
```

Crée le répertoire temporaire *tmp*.

mkfifo

Crée un tube nommé ou FIFO (First In First Out).

Syntaxe

```
mkfifo [option...] nom...
```

Option principale

−m, mode=mode fixe les droits d'accès du tube (voir chmod).

Exemple

```
# mkfifo ~/tube
```

Crée le tube nommé *tube*.

mknod

Crée un fichier spécial en mode Caractère ou Bloc. La différence porte sur la lecture qui a lieu caractère par caractère dans le premier cas, bloc par bloc dans le second. Un fichier spécial autorise la communication avec le système d'exploitation. Deux nombres dits majeur et mineur fixent le mode.

Tableau 16-60 : Types de fichiers spéciaux

Type	Description
b	Fichier spécial en mode Bloc
c, u	Fichier spécial en mode Caractère
p	Tube nommé

Syntaxe

```
mknod [option...] nom {bcu} majeur mineur
mknod [option...] nom p
```

Option principale

–m, mode=mode fixe les droits d'accès du fichier (voir chmod).

Exemple

```
# mknod /dev/ppp c 108 0
```

Crée un fichier *ppp* pour les communications point à point.

mke2fs

Formate une partition Linux Ext2. Voir mkfs.

mkfs

Formate une partition. Le frontal mkfs invoque les utilitaires spécialisés des grands systèmes de fichiers connus de Linux. Le type de partition par défaut est Ext2.

Syntaxe

```
mkfs -t type [option-fs...] partition [taille]
```

Options principales

–t type : type du système de fichiers.

L'option suivante est a priori acceptée par tous les systèmes de fichiers.

−c recherche les blocs défectueux.

Exemple

```
$ mkfs -t ext2 /dev/hdb6
```

Formate la partition *hdb6*.

mkswap

Formate une partition de swap. L'argument taille est obsolète.

Syntaxe

```
mkswap [option...] peripherique [taille]
```

Option principale

−c vérifie la présence de blocs défectueux.

Exemple

```
# mkswap -c /dev/hdb5
```

Contrôle puis formate la partition de swap *hdb5*.

modprobe

Charge un module et ceux nécessaires à son exécution.

Syntaxe

```
modprobe [option...] module [symbole=valeur...]
```

Option principale

−k, −−autoclean place le drapeau autoclean.

Exemple

```
# modprobe usb-ohci
```

Charge le module OHCI.

more

Affiche un texte page à page. more accepte des commandes entre l'affichage de deux pages.

Tableau 16-61 : Commandes more	
Commande	**Description**
Entrée	Affiche la ligne suivante.
Espace	Affiche l'écran suivant.
B	Affiche l'écran précédent.
Q	Quitte le programme.
/motif	Recherche un motif.
N	Réitère la dernière recherche.

Syntaxe

```
more [option...] [fichier...]
```

Options principales

Tableau 16-62 : Liste des options	
Option	**Description**
−*n*	Nombre de lignes de l'écran
−p	Ne pas scroller, mais effacer l'écran entre deux pages

Exemple

```
$ ls /dev | more
```

Liste le contenu du répertoire */dev* page à page.

mount

Monte un ou des systèmes de fichiers. Les principaux types de fichiers connus de Linux sont résumés dans le tableau suivant :

Tableau 16-63 : Principaux systèmes de fichiers	
Type	**Description**
ext2	Système standard
ext3	Système de fichiers journalisé
proc	Informations système
iso9660	Système de fichiers des disques optiques
msdos	Système de fichiers DOS
vfat	Système de fichiers Windows

Des options fixent le mode d'accès aux systèmes de fichiers :

Tableau 16-64 : Options de montage	
Option	**Description**
defaults	Options par défaut.
exec	Autorise l'exécution de binaires.
noexec	Interdit l'exécution des binaires.
user	Autorise les utilisateurs à monter le système de fichiers.
nouser	Empêche les utilisateurs de monter le système de fichiers.
remount	Remonte un système de fichiers déjà monté.
ro	Montage en lecture seule.
rw	Montage en lecture/écriture.

Les informations manquantes sont lues dans le fichier */etc/fstab*.

Syntaxe

```
mount [option...] [peripherique] [repertoire]
```

Options principales

Tableau 16-65 : Liste des options	
Option	**Description**
−a	Monte tous les systèmes de fichiers.
−r	Montage en lecture seule.
−w	Montage en lecture/écriture.
−t type	Type du système de fichiers (ext2, umsdos, nfs...).
−o option	Options de montage.

Exemple

```
# mount /home
```

Monte la partition hébergeant les comptes des utilisateurs.

mv

Déplace ou renomme des fichiers et des répertoires.

Syntaxe

```
mv [option...] source cible
```

Options principales

Tableau 16-66 : Liste des options	
Option	**Description**
−b, −−backup	Sauvegarde les fichiers qui seront écrasés.
−f, −−force	Supprime les fichiers sans réclamer de confirmation.
−i, −−interactive	Réclame une confirmation avant la suppression d'un fichier.
−u, −−update	N'écrase pas de fichier homonyme plus récent.

Exemple

```
$ mv core /tmp
```

Déplace le fichier *core* dans le répertoire temporaire.

nohup

Prolonge l'exécution d'une commande après la fin d'une session de travail. Le signal SIGHUP est ignoré. Si les flux d'entrées/sorties sont attachés à un terminal, dirige les sorties standard et erreur standard dans le fichier *nohup.out*.

Syntaxe

```
nohup commande [argument...]
```

Exemple

```
# nohup makewhatis &
```

Construit la base *whatis* à l'arrière-plan.

passwd

Modifie le mot de passe. Seul root peut modifier le mot de passe ou bloquer le compte d'un tiers.

Syntaxe

```
passwd [-l] [-u] [-S] [utilisateur]
```

Options principales

Tableau 16-67 : Liste des options

Option	Description
−l	Bloque le compte d'un utilisateur en ajoutant un signe ! au mot de passe crypté.
−u	Réactive un compte bloqué avec l'option −l.
−S	Affiche le statut du mot de passe d'un utilisateur.

Exemples

Tableau 16-68 : Exemples

Exemple	Description
passwd	Un utilisateur change son mot de passe.
passwd − l hote	Bloque le compte de l'utilisateur hote.

poweroff

Arrête le système. Voir halt.

ps

Affiche la vue des processus courants.

Syntaxe

```
ps [option... ]
```

Options principales

Tableau 16-69 : Liste des options	
Option	**Description**
−a	Sélectionne les processus de tous les utilisateurs.
−x	Affiche les processus qui ne sont pas attachés à un terminal.
−A	Sélectionne tous les processus.
−u	Affiche des informations sur l'utilisateur.
−N	Inverse la sélection.
−l	Active l'affichage long.

Exemple

```
$ ps ax
```

Liste tous les processus.

pstree

Affiche l'arbre des processus.

Syntaxe

```
pstree [option...]
```

pwd

Affiche le nom du répertoire courant.

Syntaxe

```
pwd
```

readonly

Shell Bourne. Marque une variable ou une fonction shell en lecture seule.

Syntaxe

```
readonly [-f] nom...
readonly -p
```

Options principales

Tableau 16-70 : Liste des options	
Option	**Description**
−f	Étend le marquage aux fonctions.
−p	Affiche la liste des noms déclarés en lecture seule.

Exemples

Tableau 16-71 : Exemples	
Exemple	**Description**
readonly − p	Liste des noms marqués en lecture seule.
readonly − f foo	Marque la fonction foo() en lecture seule.

Reboot

Reboote le système. Voir halt.

Syntaxe

```
reboot
```

rm

Efface un ou des fichiers. Réclame une confirmation lorsque l'effacement concerne un fichier de l'utilisateur dont le bit w n'est pas positionné.

Syntaxe

```
rm [option...] fichier...
```

Options principales

Tableau 16-72 : Liste des options	
Option	**Description**
-d, --directory	Efface un répertoire, même non vide.
-i, --interactive	Demande une confirmation avant chaque suppression.
-f, --force	Ne demande pas de confirmation.
-r, --recursive	Efface récursivement le contenu des répertoires.

Exemple

```
$ rm -r ~/tmp
```

Efface le répertoire *tmp* et son contenu.

rmdir

Supprime des répertoires vides.

Syntaxe

```
rmdir [option...] repertoire...
```

Exemple

```
$ rmdir ~/tmp
```

Supprime un répertoire temporaire.

shift

Shell Bourne. Décale les paramètres de position vers la gauche. Si n est indiqué, répète le décalage n fois.

Syntaxe

```
shift [n]
```

rmmod

Décharge un module.

Syntaxe

```
rmmod [option...] module...
```

Exemple

```
# rmmod usb-ohci
```

Décharge le module OHCI.

shutdown

Arrête un système Linux en toute sécurité et prévient les utilisateurs de la procédure. Le délai est exprimé en minutes.

Syntaxe

```
shutdown [-krhc] delai [message]
```

Options principales

Tableau 16-73 : Liste des options

Option	Description
-k	Émet un message d'alerte, mais n'arrête pas le système.
-r	Reboote après la procédure de shutdown.
-h	Arrête après la procédure de shutdown.
-c	Annule une procédure de shutdown en cours.

Exemple

```
# shutdown -h 10 "arrêt de maintenance"
```

Arrêt du système dans 10 minutes.

sleep

Entame une pause dont la durée est la somme des valeurs indiquées.

Syntaxe

```
Sleep [option...] duree [smhd]...
```

Exemple

```
$ sleep 5s
```

Pause de 5 secondes.

sort

Trie les lignes d'un texte.

Syntaxe

```
sort [option...] [fichier...]
```

Option principale

`-r` inverse l'ordre de tri.

Exemple

```
$ sort /etc/hosts
```

Trie la base *hosts* des machines locales.

startx

Lance une session X.

Syntaxe

```
startx [option...]
```

su

Change temporairement d'identité. L'utilisateur par défaut est root.

Syntaxe

```
su [option...] [utilisateur]
```

Options principales

Tableau 16-74 : Liste des options	
Option	**Description**
−c, −−command=commande	Changement limité à l'exécution de cette commande.
−p, −−preserve−environment	Conserve l'environnement courant.

Exemples

Tableau 16-75 : Exemples	
Exemple	**Description**
su	Prend l'identité de root.
su − c "mount /home"	Monte une partition.

swapoff

Désactive le swap. Voir swapon.

swapon

Active une partition de swap.

Syntaxe

```
swapon partition
swapon -a
swapoff partition
swapoff -a
```

Option principale

−a : commande étendue aux partitions marquées "sw" dans */etc/fstab*.

Exemple

```
# swapoff -a
```

Désactive le swap.

sync

Synchronise les données des disques stockées dans des tampons en mémoire.

Syntaxe

```
sync [option...]
```

tail

Affiche les dix dernières lignes d'un texte. Lit les données sur l'entrée standard si aucun fichier n'est indiqué, ou si le caractère – est mentionné.

Syntaxe

```
tail [option...] [fichier]
```

Options principales

Tableau 16-76 : Liste des options

Option	Description
–c, – –bytes=n	Affiche n octets.
–n, lines=n	Affiche n lignes.

Exemple

```
# tail -n 20 /var/log/messages
```

Affiche les 20 dernières lignes du fichier *messages.*

tar

Utilitaire GNU de compression de fichiers.

Syntaxe

```
tar [option...] [fichier-tar] [fichier...]
```

Options principales

Tableau 16-77 : Liste des options	
Option	**Description**
−c, −−create	Crée une nouvelle archive.
−f, −−file=fichier	Stocke ou extrait les archives à cet emplacement.
−r, −−append	Ajoute des fichiers à une archive existante.
−x, −−extract	Extrait tout ou partie des fichiers d'une archive.
−z, −−gzip, −−gunzip	Filtre l'archive avec gzip.

Exemples

Tableau 16-78 : Exemples	
Exemple	**Description**
tar − cvf perso.tar ~	Archive un répertoire personnel.
tar − xvf perso.tar	Récupère les fichiers du répertoire personnel.

times

Shell Bourne. Affiche les temps cumulés noyau et utilisateur du shell et des commandes exécutées par celui-ci.

Syntaxe

```
$  times
```

top

Affiche en continu la liste des tâches qui mobilisent le plus de temps processeur. top accepte également des commandes en mode interactif. Appuyez sur la touche H pour accéder à la page d'aide. Voici quelques commandes utiles :

Tableau 16-79 : Commandes top	
Commande	**Description**
F	Ajoute ou supprime un champ.
O	Change l'ordre des champs.
S	Change le délai de rafraîchissement.

Syntaxe

```
top [option...]
```

Options principales

Tableau 16-80 : Liste des options	
Option	**Description**
–d delai	Délai de rafraîchissement
–i	N'affiche pas les processus zombies

Exemple

```
$ top 5
```

Délai de rafraîchissement de 5 secondes.

trap

Shell Bourne. Exécute une commande lors de la réception d'un signal. Si la commande est absente, adopte le comportement par défaut. Si la commande est une chaîne vide, ignore le signal. Le signal est exprimé sous forme numérique ou en clair.

Syntaxe

```
trap [-l] [commande] [signal...]
```

Option

–l affiche la liste en clair des signaux connus.

Exemple

```
$ trap'' 2
```

Ignore la combinaison de touches Ctrl+C.

true

Retourne 0, valeur interprétée comme "Vrai" par le shell Bourne.

Syntaxe

```
true
```

typeset

Shell Bourne. Déclare des variables et affecte leurs attributs.

Syntaxe

```
typeset [option...] [nom [=valeur]]
```

Options principales

Tableau 16-81 : Liste des options	
Option	**Description**
–f	Considère uniquement des noms de fonction.
–r	Marque ce nom en lecture seule.
–x	Marque ce nom pour l'exportation.

Un + à la place d'un – provoque le retrait du drapeau.

ulimit

Affiche ou modifie les limites associées aux ressources du shell Bourne et des commandes qu'il exécute.

Syntaxe

```
ulimit [option [limite]]
```

Options principales

Tableau 16-82 : Liste des options	
Option	**Description**
−a	Affiche les limites courantes.
−c	Taille en blocs des fichiers ***core***.
−d	Taille du segment de données des processus fils.
−f	Taille en blocs des fichiers créés par le shell.
−m	Partie résidante des processus fils.
−s	Taille de la pile d'exécution.
−t	Temps CPU en secondes accordé à un processus.
−p	Taille des tubes en blocs de 512 octets.
−n	Nombre de descripteurs de fichiers ouverts simultanément.
−u	Nombre de processus attribués à un utilisateur.
−v	Quantité de mémoire virtuelle attribuée au shell.

Exemple

```
$ ulimit -Sc 0
```

Interdit la création de fichiers *core*.

umask

Shell Bourne. Fixe ou affiche les droits d'accès accordés lors de la création d'un fichier ou d'un répertoire. Le masque est un nombre octal de trois chiffres. Son complément fournit les droits appliqués lors de la création. Par exemple, les droits rwx r−x r−x donnent le nombre 755, soit 022 après complément.

Syntaxe

```
umask [-S] masque
```

Option principale

−S affiche les droits sous forme symbolique à la fin de l'opération.

Exemples

Tableau 16-83 : Exemples	
Exemple	**Description**
umask – S	Masque courant (typiquement **rwx r-x r-x**).
umask 222	Passe les droits à **r-x r-x r-x**.

umount

Démonte des systèmes de fichiers. Nom de fichier de périphérique ou point de montage sont passés en argument.

Syntaxe

```
umount [option...] [partition]
```

Options principales

Tableau 16-84 : Liste des options	
Option	**Description**
–a	Démonte tous les systèmes de fichiers.
–t type	Démonte uniquement les système de fichiers d'un type particulier.

Exemple

```
# umount /home
```

Démonte la partition contenant les répertoires des utilisateurs.

unalias

Bourne Shell. Supprime un alias.

Syntaxe

```
unalias [-a] [nom...]
```

Option principale

–a supprime tous les alias.

Exemples

Tableau 16-85 : Exemples	
Exemple	**Description**
unalias rm	Supprime l'alias de rm.
unalias – a	Supprime tous les alias.

uname

Affiche des informations sur le système. Équivaut à uname –s quand elle est invoquée sans option.

Syntaxe

```
uname [option...]
```

Options principales

Tableau 16-86 : Liste des options	
Option	**Description**
–a, ––all	Affiche toutes les informations disponibles.
–m, ––machine	Affiche l'architecture du matériel.
–n, ––nodename	Affiche le nom réseau de la machine.
–r, ––release	Affiche la version du système d'exploitation.
–s, ––sysname	Affiche le nom du système d'exploitation.
–p, ––processor	Affiche le type du processeur.

Exemple

```
$ uname -s
Linux
```

unset

Shell Bourne. Supprime une variable ou une fonction.

Syntaxe

```
unset [option...] [nom...]
```

Option principale

−f : le nom concerne une fonction.

Exemple

```
$ unset DEBUG
```

Supprime la variable DEBUG.

uptime

Affiche l'activité de Linux. La ligne de résultat indique, de gauche à droite, l'heure courante, la durée d'utilisation, le nombre d'utilisateurs connectés à cet instant et la charge du système sur 1, 5 et 15 minutes.

Syntaxe

```
uptime
```

useradd

Administration. Crée un compte utilisateur. Des options permettent de forcer le renouvellement régulier des mots de passe des utilisateurs.

Syntaxe

```
useradd [option...] utilisateur
```

Options principales

Tableau 16-87 : Liste des options

Option	Description
−m	Crée le répertoire personnel si nécessaire.
−c commentaire	Informations administratives.
−d repertoire	Répertoire personnel.

Tableau 16-87 : Liste des options	
Option	**Description**
−s shell	Shell de login.
−e expiration	Date d'expiration du compte au format YYYY-MM-JJ.
−f jours	Nombre de jours avant d'invalider définitivement un compte.
−g groupe	Groupe initial de l'utilisateur.
−G groupe [,...]	Groupes supplémentaires.
−u uid	UID unique de l'utilisateur.

Exemple

```
# useradd -m -c invite hote
```

Crée un compte hote.

userdel

Administration. Supprime un compte utilisateur. L'entrée du fichier */etc/passwd* est effacée.

Syntaxe

```
userdel [option...] utilisateur
```

Option principale

−r supprime le répertoire personnel et l'espace de stockage du courrier de l'utilisateur.

Exemple

```
# userdel -r hote
```

Supprime le compte invite et ses données.

which

Affiche le chemin d'accès d'une commande. La recherche a lieu dans les répertoires décrits par la variable PATH.

Syntaxe

```
which commande...
```

Exemple

```
$ which bash
```

Retourne */bin/bash*.

wc

Affiche le nombre de caractères, de mots ou de lignes d'un texte. Par défaut, wc affiche les trois valeurs. Lit les données sur l'entrée standard si aucun nom de fichier n'est fourni ou si le signe – est mentionné.

Syntaxe

```
wc [option...] [fichier...]
```

Options principales

Tableau 16-88 : Liste des options	
Option	**Description**
–c, ––chars	Affiche uniquement le nombre de caractères.
–w, ––words	Affiche uniquement le nombre de mots.
–l, ––lines	Affiche uniquement le nombre de lignes.

Exemple

```
$ wc -l /etc/passwd
```

Compte le nombre d'utilisateurs du système.

whatis

Liste les pages de manuel contenant un ou des mots-clés complets.

Syntaxe

```
whatis mot...
```

Exemple

```
$ whatis man
```

Recherche des pages traitant de la commande man.

xargs

Passe le contenu de l'entrée standard comme argument d'une commande.

Syntaxe

```
xargs [option...] commande [argument...]
```

Option principale

-n, --max-args=n : nombre maximal d'arguments passés.

Exemple

```
$ find ~ -name "*txt" | xargs  cat
```

Affiche le contenu des fichiers *.txt*.

zcat

Décompresse un fichier d'extension *.gz* sur la sortie standard. Voir gzip.

16.4 Expressions rationnelles

Les expressions rationnelles décrivent des classes de chaînes de caractères. Un pan de la théorie des langages étudie leurs propriétés. Les algorithmes au cœur de cette théorie reposent sur des automates finis. Le manuel décrit l'implémentation Linux (voir man 7 regex).

Norme POSIX 1003.2

La norme POSIX 1003.2 fixe la syntaxe des expressions rationnelles dites étendues. Les commandes grep, find et vi adoptent ce format. Une expression rationnelle étendue comprend une ou plusieurs branches, séparées par des signes |. Une chaîne candidate doit satisfaire les conditions exprimées dans au moins une de ces branches. Une branche est composée d'atomes et d'opérateurs. Les opérateurs précisent le nombre ou la position des atomes. Les opérateurs de base sont :

Tableau 16-89 : Opérateurs de base	
Opérateur	**Description**
^	Marque le début d'une chaîne.
$	Marque la fin d'une chaîne.
*	0 occurrence ou plus de l'atome précédent.
+	1 occurrence au moins de l'atome précédent.
?	0 ou 1 occurrence de l'atome précédent.
{i}	i occurrences de l'atome précédent (i) .
{i,}	i occurrences ou plus de l'atome précédent.
{i, j}	i à j occurrences de l'atome précédent (ij) .

Les atomes sont les motifs primitifs des expressions rationnelles. Ils prennent l'une des formes suivantes :

Tableau 16-90 : Atomes	
Atome	**Description**
.	Caractère quelconque, excepté saut de ligne
a	Caractère a
(expr)	Regroupement
[ab...]	Un des caractères a, b...
[a–b...]	Un caractère dans la plage [a;b]
[^ ab...]	Un caractère différent de a, b...
[[:classe:]]	Un caractère appartenant à classe

Les classes décrivent de grandes catégories de caractères. On retrouve les lettres, les chiffres et les caractères de contrôle.

Tableau 16-91 : Classes de caractères	
Classe	**Description**
alnum	Lettres et chiffres
alpha	Lettres
blank	Espace et tabulation
cntrl	Caractères de contrôle
digit	Chiffres
graph	Caractères représentables (excepté l'espace)
lower	Lettres minuscules
print	Caractères représentables
punct	Signes de ponctuation
space	Espace
upper	Lettres majuscules
xdigit	Chiffres hexadécimaux

L'interprétation des classes dépend des conventions nationales. Par exemple, le contenu de la classe alpha n'est pas le même en France et aux États-Unis.

On insère le caractère] dans une liste en le plaçant en première position, le caractère - en le plaçant en première ou dernière position. Le caractère \ neutralise l'évaluation des caractères spéciaux ^ . [$ ( ) | * + ? {\.

Si plusieurs sections d'une chaîne candidate satisfont les conditions d'une expression rationnelle, Linux privilégie celle débutant en premier et de plus grande longueur.

CHAPITRE 17

Index

CHAPITRE 17

Index

!

A

B

C

D

E

F

G

H

I

J

K

L

M

N

O

P

Q

R

S

T

U

V

W

X

Z

Composé en France par Jouve
11, bd de Sébastopol - 75001 Paris

Imprimerie France Quercy - Cahors - N° d'impression : 30006/